权威·前沿·原创

皮书系列为
“十二五”“十三五”国家重点图书出版规划项目

BLUE BOOK

智库成果出版与传播平台

河南省社会科学院哲学社会科学创新工程试点项目

河南蓝皮书
BLUE BOOK OF HENAN

河南文化发展报告（2021）

ANNUAL REPORT ON CULTURAL DEVELOPMENT OF HENAN (2021)

保护传承弘扬黄河文化

主　编 / 谷建全
副主编 / 李立新　杨　波

社会科学文献出版社
SOCIAL SCIENCES ACADEMIC PRESS (CHINA)

图书在版编目（CIP）数据

河南文化发展报告.2021：保护传承弘扬黄河文化 / 谷建全主编. -- 北京：社会科学文献出版社，2021.5
（河南蓝皮书）
ISBN 978-7-5201-8304-8

Ⅰ.①河… Ⅱ.①谷… Ⅲ.①文化发展-研究报告-河南-2021 Ⅳ.①G127.61

中国版本图书馆 CIP 数据核字（2021）第 080441 号

河南蓝皮书
河南文化发展报告（2021）
——保护传承弘扬黄河文化

主　　编 / 谷建全
副 主 编 / 李立新　杨　波

出 版 人 / 王利民
组稿编辑 / 任文武
责任编辑 / 杜文婕

出　　版 / 社会科学文献出版社 · 城市和绿色发展分社（010）59367143
地址：北京市北三环中路甲 29 号院华龙大厦　邮编：100029
网址：www.ssap.com.cn
发　　行 / 市场营销中心（010）59367081　59367083
印　　装 / 天津千鹤文化传播有限公司

规　　格 / 开　本：787mm×1092mm　1/16
印　张：22.75　字　数：342 千字
版　　次 / 2021 年 5 月第 1 版　2021 年 5 月第 1 次印刷
书　　号 / ISBN 978-7-5201-8304-8
定　　价 / 128.00 元

本书如有印装质量问题，请与读者服务中心（010-59367028）联系

主要编纂者简介

谷建全 河南省社会科学院院长，研究员，经济学博士，博士生导师。郑州大学、河南科技大学、河南工业大学、河南理工大学兼职教授。国家"万人计划"首批人选、哲学社会科学领军人才、国务院政府特殊津贴专家、文化名家暨全国宣传文化系统"四个一批"优秀人才、河南省优秀专家、河南省宣传文化系统"四个一批"优秀人才、河南省跨世纪学术技术带头人。中国劳动经济学会副会长，河南省信息化专家委员会副主任委员，主要从事产业经济、科技经济、区域经济研究。近年来，公开发表学术论文200余篇，出版学术专著15部，主持国家级、省级重大研究课题30余项，获得省部级奖励20余项，主持编制各类区域发展规划100余项，30余项应用对策研究得到省委省政府领导批示。

李立新 河南省社会科学院文学研究所副所长、研究员。兼任河南省社会科学院中原文化研究中心副主任、河南省姓氏祖地与名人里籍研究认定中心副主任兼秘书长、河南省姓氏文化研究会副会长兼秘书长、《黄河文化》副主编。长期致力于甲骨学殷商史与中原文化研究，在《考古与文物》《中国历史文物》等杂志发表论文50余篇，并编著《中原文化解读》《华夏历史文明传承创新研究》等。主持并完成国家社科基金课题一项。连续多年参与河南省委省政府文化建设相关文件的起草工作和省内外文化专题调研活动，对河南文化建设有一定的实践感悟和理论积累。

杨　波　河南省社会科学院文学研究所副所长、研究员，第二届河南省直青联委员，河南省宣传思想文化战线第六批“四个一批”人才。兼任中国《三国演义》学会理事、河南省文学学会副秘书长等职。主要从事中国古典文学和中原文化研究，已发表《分类编纂唐诗总集的历史考察》《中原人文精神的文化价值和当代意义》等学术论文30多篇，出版《〈唐诗类苑〉研究》《三国戏曲集成·明代卷》等著作8部，主持或参与完成国家社科基金青年项目1项、省部级以上课题8项，科研成果多次获得省部级优秀社科成果奖。

摘　要

2020 年是我国全面建成小康社会和“十三五”规划收官之年，也是谋划“十四五”规划的关键之年。2019 年 9 月 18 日，习近平总书记在郑州主持召开黄河流域生态保护和高质量发展座谈会并发表重要讲话，黄河流域生态保护和高质量发展正式上升为重大国家战略，强调要保护传承弘扬黄河文化。习近平总书记在河南考察调研期间，要求我们传承、创新、发展好优秀传统文化，推动中原文化繁荣兴盛。2020 年 1 月 3 日，习近平总书记在中央财经委员会第六次会议上强调要“大力弘扬黄河文化。”2020 年年初，一场突如其来的新冠肺炎疫情席卷全国，河南的文化建设也受到影响，但是地处黄河文化腹心地带的河南，大力弘扬黄河文化的工作一直在紧锣密鼓地展开。黄河流域生态保护和高质量发展座谈会后，河南省迅速成立了由王国生书记和尹弘省长任组长的河南省黄河流域生态保护和高质量发展领导小组，并定期召开会议，推进工作。2020 年 1 月 14 日，王国生在河南省第十三届人民代表大会第三次会议闭幕式上发表题为“大力弘扬黄河文化为新时代中原更加出彩凝聚精神力量”的讲话，从家国情怀、为民初心、斗争精神、创新氛围、绿色理念、开放格局六个方面，全面论述了要大力弘扬黄河文化。2020 年 5 月 12 日，河南省召开全省文化旅游大会，会议强调：紧紧抓住黄河流域生态保护和高质量发展的重大战略机遇，大力弘扬黄河文化，推动文化旅游高质量发展，加快文化旅游大省向强省转变。省文化和旅游厅主导编制了《河南省黄河文化保护传承弘扬规划》和黄河流域非物质文化遗产保护利用、文物保护利用、旅游业高质量发展 3 个专项规划。各地市特别是沿黄地市迅速行动，建立工作机制，成立工作专班，编制发展规划，强力推进保护传承弘扬黄河文化的各项工作，取得了显著成效。2020 年 10 月，党的十九届五中全会审议通过了《中共中央关于制定国民经济和社会发展第十四个五年规划和二〇三五年远景目标的建议》，明确提出了到2035 年实现文化强国的目标。河南正抓住国家实施黄河流域生态保护和高质量发展的战略机遇期，乘势而上，主动作为，把河南的文化建设纳入全国的大盘，通过保护传承弘扬黄河文化，推动黄河沿线和黄河故道历史文化资源的开发利用，进而推动全省历史文化资源开发利用，推动河南真正由文化资源大省转变为文化强省，为实现文化强国战略目标，实现中华文明在世界的崛起，发挥中原的力量，做出河南的贡献。

关键词： 河南　黄河文化　旅游强省　文化强省

目　录

Ⅰ　总报告

Ⅱ　主题报告

Ⅲ 区域报告

总报告

General Report

B.1

2020～2021年河南文化发展态势分析与展望

河南省社会科学院课题组*

摘　要：2020年是全面建成小康社会和“十三五”规划收官之年，也是谋划“十四五”规划的关键之年。河南省相关部门通力协作，密集出台了一系列文旅政策，全力应对新冠肺炎疫情；公共文化服务上线特征非常明显，惠民服务热度不减；文旅融合催生出一批新锐项目，新兴业态表现出较为强劲的发展动能，“老家河南”文旅品牌效应日渐凸显，乡村旅游和“夜经济”成为文旅产业发展的新引擎；双槐树遗址考古工作取得重大突破，二里头夏都遗址博物馆展示出超强吸引力，周口淮阳平粮城城址入选“2019年度十大考古新发现”；全省非遗资源普查建档已经基本完成。河南省委省政

* 课题组组长：谷建全；副组长：李立新、杨波；课题组成员：靳瑞霞、郭海荣、陈勤娜、田丹、卢冰；执笔：靳瑞霞、杨波。

府按照党中央的谋划与部署，以保护传承弘扬黄河文化为主线，把讲好新时代“黄河故事”与推动绿色发展有机结合起来，积极构建以全域文旅融合为主导的发展格局。2021年，应以“十四五”时期国家和河南编制出台的文化发展规划纲要为主要依据，妥善处理好保护传承与弘扬、文化与生态、文化与旅游等方面的关系，以机制创新推动公共文化服务提质增效，以整体发展理念推动保护传承弘扬黄河文化大战略，以改革创新推动文化和旅游业高质量发展，推动河南从文化旅游大省向文化旅游强省转变，在新时代黄河大合唱中谱写更加出彩的河南篇章。

关键词：　河南　黄河文化　智慧旅游　高质量发展

一　2020年河南文化建设的基本情况

（一）文旅政策密集出台，全力应对新冠肺炎疫情

2020 年是全面建成小康社会和“十三五”规划收官之年，也是谋划“十四五”规划的关键之年。2020 年 1 月 25 日，河南省启动新冠肺炎疫情防控一级应急响应，省文化和旅游厅迅即进行专题研究并做出部署，要求全省各级文化和旅游部门充分认清严峻形势，切实做好疫情防控工作，并要求暂停演出活动、大型公众聚集性活动，文化场馆、部分旅游景区、全省旅行社暂停开馆、运营。省文化和旅游厅制定并印发了《河南省文化和旅游厅防控新型冠状病毒感染的肺炎疫情工作方案》，各级党组织层层压实责任。以郑州绿博园、开封清明上河园为首的省内各景区纷纷发布暂停运营公告，配合落实疫情防控工作。

在疫情防控期间，省文化和旅游厅指导协调多地出台各项“暖企”新政，扶持企业，共克时艰。以修武县、新县、济源市等国家全域旅游示范区为首，加上巩义、栾川、嵩县、林州、淇县、辉县、博爱、鄢陵、汝州、西峡等10家国家全域旅游示范区创建单位，密集出台多项帮扶政策，涵盖金融支持、社保费用缓缴、税收减免、房租减免、营销费用奖补等，最大限度降低企业损失，助力景区、旅行社等旅游企业应对当前经营困难，提振企业信心，为市场恢复做好准备。如汝州市承诺，可以参照2019年同期上缴税收的30%对受疫情影响较大的A级旅游景区、星级饭店、旅行社进行补助；对因疫情造成退团、退票等直接经济损失的，给予旅行社50%的补贴。

3月，省文化和旅游厅印发了《河南省文化和旅游厅关于支持文化和旅游企业战胜疫情稳定发展的通知》（豫文旅〔2020〕5号），指导文化和旅游企业用好各项扶持政策，谋划好疫情后的文化和旅游活动。全省各级文化和旅游行政管理部门为全省旅行社共退还质保金约1.53亿元，帮助旅行社应对当前的经营困难。在科学分类、统筹部署的基础上，根据《关于科学防治精准施策分区分级做好新冠肺炎疫情防控工作的实施意见》，对全省景区进行了梳理分类，划分Ⅰ类县（市、区）、Ⅱ类县（市、区）、Ⅲ类县（市、区）等，分别施策。做好文化场馆的开放准备工作，鼓励全省各文化场馆在闭馆期间，利用网络媒体等，提供丰富多彩的线上文化惠民活动，丰富大众精神生活。

5月，省内疫情步入完控期，文旅业也随之进入提振期。5月11日，全省文化旅游大会在郑州召开。会议印发了省政府办公厅《关于进一步激发文化和旅游消费潜力的通知》，提出7项激发文旅消费潜力的措施任务，强调要大力发展夜间文化和旅游经济，持续丰富文化和旅游消费产品供给，继续鼓励推行文化和旅游消费惠民措施，进一步优化文化和旅游消费环境，推进文化和旅游消费试点示范工作，完善文化和旅游消费保障措施等，以达到大力推进文旅市场繁荣的目的。

在抗击疫情的队伍中，文艺界也没有缺席。疫情暴发后，河南省文艺工作者积极投身创作，涌现出大量抗疫作品。一曲曲昂扬激荡的旋律，一首首感人至深的歌曲，一幅幅记录战疫时光的画卷，一场场剧作，一次次宣讲，都在传递温暖，鼓舞士气，振奋精神，为打赢抗“疫”阻击战凝聚了强大精神动力。据不完全统计，全省疫情期间共新创戏剧、音乐、曲艺、杂技、舞蹈、美术、摄影等各类抗“疫”艺术作品8000余件，大量文艺作品被学习强国App等国家宣传媒体推送转载，为抗击疫情贡献河南力量。

（二）公共文化服务创新发展，惠民服务热度不减

1. 公共文化服务线上化特征明显

2020年一场疫情，影响了演出活动的线下开展，但群众的精神文化需求并不因此而降低。线上展演、线上展播、线上教学等方式，成为疫情期间公共文化服务群众的重要渠道。为充分发挥优秀文艺作品鼓舞人、影响人、激励人的作用，借助省内众多艺术类媒体平台，2020年2月15日至3月15日，河南省委宣传部、省文化和旅游厅策划组织实施了“河南文艺在行动——优秀舞台剧目展播”，河南省13部获得国家重要奖项的舞台剧目进行线上展播，让群众安心宅家便可享受优质文化资源。另外戏缘App还主办了“艺起战疫——戏曲名家课堂”活动。李树建、汪荃珍、贾文龙、李金枝、孟祥礼、申小梅、王红丽、金不换、方可杰、姚金成、张平、陈涌泉、丁建英等21位河南省艺术名家，以丰富的艺术内容和满满的文化干货，开展在线教学，为广大戏剧爱好者提供了可口的文化大餐。线上平台如传统电视媒体河南电视台梨园频道、移动戏曲频道、新农村频道等，网络新媒体如人民艺术直播中心、西瓜视频、搜狐河南等，以及百姓文化云、戏缘App、抖音、快手各平台之间密切合作，资源共享，形成同步直播、互动宣传的共赢模式，有效扩大了线上演出的覆盖面，形成公共文化服务宣传推广的强大合力，使疫情期间的公共文化服务依然能及时有效地抵达人民群众心中。

2. 公共文化数字平台建设日益强化

疫情的影响也将公共文化数字平台建设的重要性再次凸显。河南省在加快推进公共文化服务的标准化、均等化方面取得了一定成绩，初步构建起从省、市到县、乡、村，自上而下五级公共文化服务网络，建成各级公共博物馆（纪念馆）、图书馆、文化馆近千座。从各级服务站点的连通性和群众的个性化需求，以及便捷度出发，河南正在不断推动公共文化产品和服务数字化，向群众“点菜”式转变。建立全省数字公共文化服务平台，整合联通全省公共文化资源和社会文化资源数据，打造文化服务和产品“超市化”供应模式，使群众通过手机就能享受一站式数字文化服务，是完成“点菜”式服务的基本要求。焦作市重点文化惠民工程——“百姓文化超市”，运用“互联网 +”理念，采用“超市化”供应 + “菜单式”服务 + “订单式”配送的新型文化惠民模式，实现了服务网点全域化、形式订单化、平台数字化、信息公开化、保障机制化，如今已经成为聚拢盘活文化资源，用好用活文化阵地，提升公共文化服务效能，打通“最后一公里”的重要载体和抓手。2020 年 4 月 3 日，河南省文化和旅游厅召开河南省公共数字文化工作推进会。省文化和旅游厅印发了《河南省公共数字文化工程实施方案》，确定了全省公共数字文化建设目标。从“送”文化下乡，到随时随地、即需即点、即点即用，数字化平台建设将使公共文化服务群众迈上崭新的台阶。

（三）文化产业快速复苏，新兴业态动能强劲

1. 文旅融合催生一批新锐项目

2019 年 12 月 26 日，2019 河南文化产业盛典举行，发布了 2019 河南文化产业先锋榜，豫匠代表人物、优秀文化产业人物、文旅融合新锐项目、影响力文化品牌和先锋文化企业等五大类型各有 10 项进入上榜名单（见表 1）。

表1　2019年河南文旅融合新锐项目名单

城市	项目1	项目2
郑　州	建业·华谊兄弟电影小镇	银基国际旅游度假区
洛　阳	爱和小镇	隋唐洛阳城国家遗址公园
焦　作	云上院子	
三门峡	豫西百草园	
南　阳	国际玉城	
信　阳	南湾湖开渔节	
驻马店	皇家驿站	
济　源	王屋老街	

以上项目或以乡村+文化，或以生态+文化，或以民宿+文化，或以中医康养+文化，或以历史+网络时尚等方式，将文化与旅游充分融合，满足了市场多元化需求。上榜项目之外，“文化+”还催生了如新郑《黄帝千古情》、郑州海昌海洋公园、“只有河南”主题乐园等一大批前景好、有特色、有内涵的新型文化产业项目。继河南省经典演艺项目“大宋·东京梦华”“禅宗少林·音乐大典”之后，2020年9月19日正式启动的大型歌舞《黄帝千古情》，开演一周，景区排名即上升至抖音郑州市风景名胜热门榜第1名。中秋国庆黄金周期间该项目更是一天连演8场，3300个座位的大剧院场场爆满，为传承弘扬黄帝文化、黄河文化，丰富广大群众精神文化生活提供了重要载体，成为继黄帝故里拜祖大典之后，郑州市又一展示中原更加出彩的文旅产业项目。

2.“老家河南”文旅品牌效应日渐凸显

多平台宣传“老家河南”文旅品牌。河南省文旅系统多年来持续打造“老家河南”这一文化旅游品牌。2020年，叫响“老家河南”文化旅游品牌被列入省政府工作报告和省对外形象宣传工程。重视央视等官方媒体平台：2020年，河南省文化和旅游厅整合资金，连续在中央电视台投放“老家河南”文旅广告；利用交通枢纽优势，统筹利用高铁载体，建立1+N高铁旅游推广机制，集中展示老家河南文旅形象；重点遴选新媒体平台，充分利用携程、马蜂窝等，围绕“老家河南”中原四季主题，如春满中原、出彩中原、夏爽中原、丰收中原等，进行大主题下个性化的宣传打造。各地丰富多彩的节庆活动也已成为塑造“老家河南”品牌标识的重要窗口。洛阳牡丹文化节、三门峡黄河文化旅游节、开封菊花文化节、清明文化节、宝丰马街书会、许昌三国文化旅游周、鹤壁中原文化产业博览会等内涵丰富的文化活动，向海内外游客尽情展示河南历史文化的丰厚悠长。节庆活动的厚植深耕，成为宣传打造“老家河南”品牌的重要窗口和载体。另外，“老家河南”文化品牌塑造呈现时尚化、个性化元素。河南文旅界积极将抖音、快手、微博、微信、小程序等新平台为我所用，以“老家河南”品牌吸引客流最终落地。2019 年 11 月 2 日，首届全球文旅创作者大会在信阳落下帷幕。据统计，举办大赛半年内，“老家河南”的线上总传播量超过 57 亿次。2020 年第二届全球文旅创作者大会也早在多地市启动。另外，河南联手腾讯，举办 2019 全球文化创意设计大赛，讲“老家河南”的故事；与携程合作，开展“中国功夫老家河南”全球推广计划；与阿里巴巴合作举办了“功守道”城市功夫大会，让“中国功夫”品牌国际化程度纵深化。“老家味道”“老家礼物”“老家乡村”“老家客栈”等系列“老家”品牌形成多位支撑。“老家河南”正是通过一系列的中华民族“根文化”与“魂文化”品牌标识被逐步深化和巩固，成为中华民族心灵的家园、精神的故乡。

3. 文旅产业新业态在多地开花结果

特色小镇经济渗入河南各地市，成为 2020 年河南文旅主打产业之一。2020 年 9 月 25 日，国家发展改革委发布《关于促进特色小镇规范健康发展的意见》，指出：特色小镇的特色在于物理空间相对传统产业园区的“微型”与特色产业的“集聚”。2020 年河南最具特色的小镇当属建业·华谊兄弟电影小镇。电影小镇以 20 世纪初的老郑州为蓝本，将代表相关历史文化的老建筑一一复原，将电影的相关历史文化和电影工业幕后制作转化为互动体验的内容，并巧妙融入街道之中；将“沉浸”“穿越”“电影”等时尚体验贯穿于赏、演、食、宿、购五大业态，沟通电影与实景，联通幻景与现实。据统计，2020 年端午节期间，专程前来电影小镇的游客比例，从节前的 4 成提升到 6 成以上，电影小镇喜见主题客栈一房难求。其间电影小镇累计接待游客近 30000 人次，综合收入 400 余万元。据不完全统计，电影小镇自项目落地以来，截至端午假期，累计带动投资 20.7 亿元，纳税 1.72 亿元，直接解决当地就业及关联从业人员 12000 人，累计游客量达百万人次，经济社会带动效应逐步显现。河南其他地市如洛阳洛宁县爱和小镇、“中国钧瓷之都”禹州市神垕镇、巩义市长寿山风情古镇等也都结合自身资源禀赋，走上了特色小镇经济发展之路。2019 年年底，河南省林业局公布 2019 年度河南省森林特色小镇名单，登封市大熊山森林旅游小镇等 20 个单位上榜。特色小镇正在中原大地发挥其推动经济转型升级和新型城镇化建设的重要作用。

乡村民宿业获得蓬勃发展，成为乡村全面振兴的有力抓手。以民宿作为发展乡村旅游的重要切入口和关键突破点，河南省提出“河南民宿发展全国争最快”目标，以发展民宿业助力脱贫攻坚，推动乡村振兴。2020 年 5 月 11 日召开的全省文化旅游大会明确提出：“要大力发展乡村游，到 2025 年创建 1000 家星级民宿”。2020 年“五一”节假日期间，全省近 100 处省级精品民宿入住率超过 80%。济源王屋山小有洞天精品民宿、焦作高端民宿云上院子、鹤壁民宿之灵泉妙境、三门峡山水隐庐、洛阳元居等 30 多家民宿入住率均达 100%，节后网上预订亦爆满。民宿带动建立了全新的乡村旅游文化认知体系、行动体系和全新文化思维。对乡村文化在挖掘、保护的基础上，进行有限度的创意利用和有效传承。将都市文化导入乡村，使其与乡村文化有机融合，形成健康舒适的生活方式和全新的城乡文化风尚。城市与乡村、传统与现代、古老与时尚，在民宿业实现跨界、混搭、融合发展，极大提高了乡村旅游的文化品位和附加值。如信阳新县围绕民宿产业，注重特色旅游商品开发、非遗民俗文化活动展演，注重“沉浸体验”。而焦作修武县的“云上院子”精品民宿，则十分注重“美学经济”在乡村振兴中的功能，通过拙朴的木家具、扎染的布艺、千年的古槐、亿万年的石头，呈现时间消逝所带来的沧桑美感，吸引了众多游客。又如济源市“那些年”小镇以茶树种植和制作为产业支撑，演绎诠释茶道和茶文化，打造采茶体验、研学旅行等多种旅游方式，引来了大量游客，形成以民宿带动多业联动、多业融合的乡村旅游新业态。

“夜经济”点燃各大城市消费需求，成为文旅产业新引擎。开封近年来陆续推出了两大夜间核心精品演艺节目——《大宋·东京梦华》大型水上实景演出和《大宋·汴河灯影》沉浸式灯光秀。御河夜游、民乐歌舞、演艺节目、夜市小吃等使文化产业链得到合理延长，古老的城市焕发出新生的活力。洛阳也启动了“夜游古都”系列消费活动，出台《打造“古都夜八点”文旅消费品牌行动方案》。应天门“古城夜韵”灯光秀、九洲池“池上繁华”古装演艺等八项特色主题活动，串联老城十字街、洛邑古城、龙门古街等“夜洛阳”地标，创新夜游产品，将夜洛阳旅游资源串珠成链，激活文旅消费，打造“古都夜八点”洛阳文旅新名片。其他如郑州的“醉美夜郑州”系列丰富多彩的夜经济形态，济源市夜游王屋老街等，吸引了众多游客打卡体验，成为助推2020河南文旅市场复兴的新引擎。

（四）文物考古取得重大突破，新立项成绩令人瞩目

双槐树遗址考古工作取得重大成果，坚实了以河南为中心的中原地区为中华文明发源地的根本地位。2020年5月7日，在郑州市会展中心轩辕堂，河南郑州巩义双槐树古国时代都邑遗址考古重大发现发布会举行。巩义双槐树遗址位于河南巩义河洛镇黄河南岸高台地上、伊洛交汇流入黄河之处。考古专家确认其为距今5300年左右的仰韶文化中晚期巨型聚落遗址，建议命名为“河洛古国”。专家们一致认为，该遗址是迄今为止在黄河流域仰韶文化中晚期这一中华文明形成初期阶段发现的，规格最高的，具有都邑性质的中心聚落。其社会发展模式、承载的思想观念以及诸多凸显礼制和文明的现象（如北斗九星所蕴含的天文、祭祀、宗教、礼制等内涵，牙雕蚕所呈现的农桑文明，以及墓葬形制所透露的思维认知等），被后世承袭和发扬。正是赖此主根脉，五千多年中华文明才绵绵延续，不曾

中断。

二里头夏都遗址博物馆正逐步发挥让文物“活起来”的示范和引领作用。自2019年10月19日开馆以来，二里头夏都遗址博物馆即展示出超强吸引力。截至目前，博物馆累计接待游客量已超过70万人次，单日最高游客接待量曾攀升至3.8万人次，创下洛阳市博物馆单日游客接待量的最高纪录。2020年5月18日，博物馆获得第十七届（2019年度）全国博物馆十大陈列展览精品推介活动中的基本陈列精品奖。而通过加强数字馆项目建设，在“文物+科技”引领下，二里头夏都遗址博物馆正在获取“跨界融合”“科技引领”“沉浸体验”等时下文旅融合发展的重要形式。如日渐火爆的博物馆研学游，2020年3月市场复苏至今，该馆已累计接待研学人数超过5000人次。二里头夏都遗址博物馆正逐渐成为洛阳乃至河南文旅融合发展的标杆。

周口淮阳平粮台城址入选考古新发现。2020年5月5日，“2019年度全国十大考古新发现”公布终评结果，河南淮阳平粮台城址成功入选。平粮台古城遗址位于周口淮阳区，近10年的考古发掘揭示确认了城址中轴线上的道路是目前国内经考古发掘确认的最早的城市“中轴线”；遗址发现和确认了目前国内已知年代最早、最为完备的城市排水系统；在“中轴线”发现的我国最早的车辙，将中国造车历史至少前推500年。这些发现都隐含着中国古代城市规划的源头，在城市发展史上具有里程碑式意义，揭示出了龙山时代跨区域文化的交流与融合，有助于深化对中原地区文明起源、国家文明的起源的再认识。截至目前，河南入选“全国十大考古新发现”的考古项目达46项，稳居全国首位。

（五）组织开展非遗展演，促进非遗活态传承

积极组织开展非遗展演活动，促进非遗文化自觉的形成。河南省非遗资源普查建档已经基本完成，截至目前，列入国家、省、市、县四级名录体系的非遗项目有9000多项，其中国家级代表性项目113个，省级代表性项目728个，人类非遗代表作名录项目2个。一方面，河南省通过举办红红火火

过大年——非物质文化遗产展演展示活动、中原古韵——第十届中国（淮阳）非物质文化遗产展演、第七届中国（宝丰）国家级非物质文化遗产曲艺展演、文化和自然遗产日系列活动、第三届晋冀鲁豫四省戏剧展演等系列活动，增加非遗文化的曝光度，拉近非遗文化与群众的距离。另外，河南还通过开封菊花节、周口淮阳太昊陵庙会、鹤壁浚县古庙会、平顶山宝丰马街书会等活动形成的非遗展演品牌效应，推动木版年画、剪纸、泥咕咕等非遗产品形成相关文化产业，融入群众日常生活，增强大众对传统文化的认同感和归属感。在 2019 年世界园艺博览会河南日、国新办举行的河南推介活动等活动上，“河南非遗”作为独具特色的文化承载形式，向海内外观众讲述了生动而又内蕴深厚的“河南故事”。

2020 年，河南省在非遗文化的活态传承方面，除了推动非遗进校园和非遗进社区之外，还大力推动“非遗进景区”。一方面利用景区客流增加非遗文化的活化度，另一方面，也通过非遗文化的独特性增加景区的文化内涵和吸引力。如驻马店皇家驿站景区就将非遗体验馆引入景区，是景区与河南非遗文创联盟、河南非物质文化遗产网联合打造的，融文创手工体验、销售展览、非遗研学游等于一体，是目前国内最大最全最专业的非遗体验馆。除此之外，“五一”小长假期间，国家级非物质文化遗产项目——河南汤阴跑帷子——也在汤阴著名历史文化景区羑里城景区广场火热上演。再如云台上景区在文化遗产日将焦作四大怀药种植与炮制技艺、钧窑烧制技艺、中原棉布印染技艺以及张氏经络收放疗法等非遗项目搬进景区，引来不少省内外参观、体验的游客，可谓既营造了浓厚的文化氛围，让游客共享非遗保护成果，又为景区本身增加了传统文化的独特魅力。汝州市文广旅局积极推动非遗进景区，牵线搭桥将 65 个非遗项目推介给景区，最终促成 17 个非遗项目，共 21 位非遗传承人与 5 个 A 级景区达成合作，使非遗与旅游业结缘，扩展了非遗文化活态传承的途径，增加了群众与游客对非物质文化遗产的体验感，同时也打开了一扇展示本地文化形象的窗口。

二　2020年河南文化建设的主要做法

（一）明确以保护传承弘扬黄河文化为主线的发展定位

河南深入学习习近平总书记的系列讲话精神，群情振奋，行动快速。在省委省政府相关统筹安排下，各地市极其重视，积极响应，在不到一年的时间内，以黄河文化为核心，编制规划，加强研究，积极布局，聚焦特色，挖掘内涵，打造链、带、片、区，实施了众多举措，呈现出较多亮点。

一是成立专班编制发展规划。发展大计，规划先行。依据国家顶层设计，围绕黄河流域规划纲要，河南各地市市委市政府迅速启动编制各市黄河流域文化和旅游高质量发展规划，为保护传承弘扬黄河文化积极布局。洛阳作为黄河流域的重要节点城市，认真贯彻落实习近平总书记的重要讲话精神，高起点编制相关规划。编制了《洛阳黄河流域生态保护和高质量发展规划纲要》和《洛阳市黄河文化保护传承弘扬规划（征求意见稿）》。新乡市更是把推动黄河流域生态保护和高质量发展写进2020年新乡市政府工作报告，委托专业机构编制完成了《新乡市沿黄旅游总体规划》和《新乡市沿黄生态带发展规划》等，将黄河流域生态保护和高质量发展与郑新一体化、乡村振兴、脱贫攻坚等多篇文章一起做，谋划沿黄生态带建设。

二是理清黄河文化本地脉络。洛阳借助学术团体开展黄河文化、河洛文化、客家文化、隋唐大运河、隋唐洛阳城等系统研究，为揭示洛阳黄河文化的历史地位和重要特征，打下了坚实的学理基础。三门峡则致力于理清仰韶文化、虢国文化等与黄河文化之间的脉络联系；召开“中流砥柱精神”研讨会，对黄河文化的精神内核和时代价值进行了深度挖掘。安阳依托殷商文化，与黄河文化建立深度联结。新乡、鹤壁等地市依托自身文化资源特点及优势，密集展开黄河文化资源情况摸排和相关研究，做了许多工作，在更大的格局、更广阔的视野中，使本地黄河文化更好地得到保护传承弘扬。

三是分类推进保护性传承开发。沿黄各地市历史文化资源丰厚，层次多样。各地在发展规划和建设实践中对丰富多样的黄河文化遗产做了分类分层规划和建设开发。文物类的以管控保护展示为主。洛阳坚持保护固态、传承活态、发展业态，打造大运河文化、黄河文化遗产廊道保护传承利用先行区；创建国家文物保护利用示范区，以隋唐洛阳城国家历史文化公园为重点和突破口，在保护利用的理念思路、方式方法和体制机制上进行了创新。生态类的则以涵养和保护为主，主要开发其休闲功能，如各地湿地、绿道等的建设。三门峡重点打造的黄河流域（湖滨区段）生态保护和高质量发展示范区项目，以及百里黄河生态廊道暨文化旅游绿道工程，均以系统修复和保护生态为主要目的，同时融入地域特色文化旅游要素，创造更多的生态文化产品，满足人民群众休闲文化需求。其他如安阳汤阴汤河国家湿地公园建设、洛阳孟津黄河绿道建设、新乡沿黄生态带建设等，均突出了黄河文化的生态功能，做出了时代特色。

四是项目带动促进文旅规模发展。洛阳国家级河洛文化生态保护区已获批，黄河流域非物质文化遗产保护展示中心项目正稳步推进。国家文物保护利用示范区等一大批相关项目正在推进，包括隋唐洛阳城国家历史文化公园项目、汉魏洛阳故城国家考古遗址公园项目、偃师商城国家考古遗址公园项目、邙山陵墓群保护展示项目等。安阳则持续推进殷墟国家考古遗址公园项目、中国文字博物馆续建工程、大运河（滑县段）国家文化公园建设项目，以及二帝陵·三杨庄文化旅游产业综合体项目等，为河南省的黄河文化保护传承弘扬拓展了布局。新乡市致力于打造黄河流域生态保护和高质量发展的“新乡样板”，平原示范区沿黄生态高质量发展项目、封丘黄河公园、原武古镇等19个保护传承弘扬黄河文化重大项目正在推进。各地市以项目为抓手，有力地推动了文物、遗址、文字，以及水系、湿地生态资源等黄河文化遗产向当代旅游资源的价值转化。

（二）构建以全域文旅融合为主导的发展格局

河南拥有重要的全国交通枢纽区位优势，丰富多彩的文旅资源优势，吸引投资的热点产业优势，“一带一路”政策优势，致力于构建全域旅游发展新格局，可谓“天时地利人和”。2019 年，全省共接待海内外游客 9 亿人次，实现旅游总收入 9600 多亿元，在助推经济社会高质量发展方面发挥了重要作用。2019 年河南济源市、修武县、新县三地入选首批国家全域旅游示范区名单。2020 年河南省确定了包括巩义市、栾川县、林州市、淇县、博爱县、鄢陵县等 10 家在内的首批省级全域旅游区名单。2020 年 9 月底，河南省文化和旅游厅发布《关于公布首批创建“省级全域旅游示范区”名单的通知》，确定郑州市中牟县、开封四龙亭区等 22 个市县为首批河南省级全域旅游示范区创建单位，此外还创建 2 家国家中医药健康旅游示范基地、1 家国家体育旅游示范基地，认定 55 家省级教育研学旅游示范基地，打造了 30 个特色生态旅游示范镇、50 家休闲观光园区、100 个精品民宿。黄河文化游、乡村生态游、山水康养游、功夫文化游、古都文化游、教育研学游、红色文化游等旅游线路产品多头并进，文旅餐饮住宿等行业积极融入其中，管理服务监督执法等各部门齐抓共管，全省居民共同参与，充分利用目的地全部的吸引物要素，为游客打造全过程、全时空的体验产品，激发无景点旅游、新业态游等文旅经济，形成全域旅游蓬勃发展的良好格局。

多种主题多个线路的多圈层设计，将全域游的范围日益扩大。以“中华源·黄河魂”为主题的黄河文化之旅，纳入黄河文化三条特色主题游线路，即中华文明溯源之旅、大河风光体验之旅、治黄水利水工研学之旅，具体内容包括郑州黄河风景名胜区、济源黄河三峡、小浪底风景区、三门峡大坝、三门峡天鹅湖国家城市湿地公园等，将沿黄城市中的三门峡、洛阳、济源、郑州等筹划于其中。以河南“四大古都”为主题的中国古都文化之旅则囊括了河南博物院、郑州商代都城遗址博物馆、大河村遗址博物馆、新郑黄帝故里、郑韩故城、巩义宋陵、杜甫故里、洛阳龙门石窟、关林、偃师二里头遗址、明堂·天堂、安阳殷墟、中国文字博物馆、曹操高陵、开封清明上河园、铁塔公园、大宋御河、包公祠等核心内容，将郑州、洛阳、开封、安阳四大古都包揽其中。以“中国功夫”为主题的功夫文化体验之旅则以登封少林功夫、温县陈氏太极为主要支撑，将登封嵩山少林寺、《禅宗少林音乐大典》实景演出、嵩山少林寺武术馆、少林塔沟武术学院、少林鹅坡武术专修院、陈家沟太极拳武术馆等功夫内容整合。以“革命文化”为主题的红色基因传承之旅则包括大别山红军长征线路、中原抗日纪念地遗址线路、豫东解放战争纪念线路、河南拼搏奋斗时代精神线路等。将信阳、驻马店、周口、商丘、鹤壁、濮阳等地市资源梳拢。以“山水游”为主题的中原山水休闲之旅则将安阳的太行大峡谷、红旗渠，焦作的云台山、青天河，新乡的八里沟、宝泉，郑州的嵩山，洛阳的龙潭大峡谷、黛眉山，平顶山的尧山、尧山温泉旅游度假区，南阳的老界岭，驻马店的嵖岈山风景区，信阳鸡公山、南湾湖等自然山水旅游资源集聚呈现。多主题多线路的分类分层，精彩纷呈的非遗文化资源穿插其中，将河南的文旅资源织成一张绵密的大网，蓬勃发展的民宿业、特色小镇和夜经济，使2020年的河南文旅融合发展燃起燎原之势。最直接的表现是，乡村游成为河南省双节旅游的“主角”，全省游客中乡村游人数占比达70%以上。而同程艺龙网最新发布的数据显示，2020年10月1日至4日，在酒店预订量增速最快的城市中，河南郑州、新乡、周口、信阳等市的酒店预订量同比增长超100%。中秋国庆双节期间，河南省接待游客数量和旅游收入已经恢复至2019年同期的80%～90%。

（二）推动以智慧旅游为主要手段的发展思路

首先是智慧城市建设。智慧城市可以为河南省国际旅游目的地建设、全域游的铺开等增加关键支撑。2020年7月15日，《河南省人民政府办公厅关于加快推进新型智慧城市建设的指导意见》发布。其中提出重点任务之一即“发展智慧旅游”，包括加强相关基础设施建设的智慧度，打造一批智慧旅游景区、酒店、旅行社，培育一批“互联网+旅游”智慧旅游创新示范基地；对全省旅游数据资源进行数字整合，用以完善集发布、营销、调度、共享、决策于一体的智慧旅游应用，达到为游客提供智慧的“吃、住、行、游、购、娱”全方位信息服务；以及应用“5G+VR/AR+4K/8K”新技术，建设新型文化旅游在线相关应用场景，等等。与此同时，新型智慧城市建设还被列入《2020年河南省数字经济发展工作方案》重点工作的首项。而郑州市早在2018年即印发了《郑州市新型智慧城市建设三年行动计划工作推进方案》，指出郑州要通过新型智慧城市建设，消除数据壁垒，整合智慧应用数据资源，实现各类数据的采集、共享和利用。依据最新数据，在2020年的中秋国庆八天长假期间，郑州市共接待游客1300万人次，实现旅游总收入52.37亿元。《2020中秋国庆出游总结报告》显示，郑州与上海、北京、深圳、苏州、广州、杭州、成都、武汉、长沙等一起，跻身2020年国庆档长线游十大热门客源地。其中城市所具备的智慧度功不可没，而公共文化服务基础设施的智慧升级，为图书馆、博物馆、文化馆等五馆的创新利用，以及非遗文化的保护传承都提供了更先进更便捷的服务手段和新形式新内容。

其次是智慧景区建设。智慧景区是增加景区吸引力的有力延展。近年来，为满足游客多样化需求，河南积极延伸智慧旅游服务链条。2020年，通过“互联网+旅游”跨界融合，智慧景区建设成为有效突破口。河南在全国率先发布《智慧景区建设评价规范》后，对全省景区开展智慧钻级评定和相应资金奖补。评定洛阳市龙门石窟景区、焦作市云台山风景名胜区等6家景区为2019年度五钻级智慧景区建设先进单位。其中云台山景区2006年即全面实施数字化景区建设工程，具备14年智慧景区的建设积累。其于2014年初自主编制的《旅游景区数字化应用规范》成为国家标准，2017年在全国范围率先实现刷脸入园，2018年与高德地图合作实施“智能云台山”，实现三精准，即精准管理、精准服务、精准营销。2018年云台山被评为三钻级智慧景区，2019年被评为五钻级智慧景区。云台山强大的数据搜集和分析能力，为客源市场的精准决策提供了科学依据，实现了销售业绩的不断突破，促进了景区资源与旅游产业的可持续发展。云台山以外，河南不少景区都装上了智慧的“大脑”，龙门石窟的“刷脸入园”、清明上河园的“十分钟内解决游客问题”等新体验都令人倍感便捷。全省不少景区利用智慧手段，解决了景区在安全、交通、管理等各方面的障碍，大大提高了游客满意度。河南还着力于搭建“掌游中原　老家河南”的移动服务平台，已将省内 110 家 AAAA 级以上景区加以贯通。电子购票、快速入园、导览讲解、智慧餐饮、智慧酒店等一系列智慧服务，打通了河南智慧旅游的最后一公里。

（四）打造以乡村振兴、全面小康为基本目标的发展引擎

文旅产业带动脱贫攻坚，乡村旅游已成为推动乡村振兴的新引擎。近年来，河南省相继制定出台了多项政策支持乡村振兴，推动乡村文旅产业的发展。如《河南省乡村旅游提质升级三年行动计划》《关于加快发展乡村旅游的意见》等系列文件，省财政每年投入 1500 万元作为引导资金，带动社会资本参与乡村旅游开发。在实施精准扶贫和乡村振兴战略中，根据当代社会发展中消费升级、旅游消费需求日趋增长的趋势，河南充分利用文化底蕴丰厚、旅游资源富集的资源优势，大力实施推进文旅融合发展，带动乡村全面振兴。如河南大别山区的新县依靠绿水青山，开发红 25 军出发纪念地等红色文化资源，结合乡村旅游、主题旅游、全域旅游，用文化旅游业带动服务业，将文化产业化，将旅游产业化，创造出金山银山。新县田铺大塆创客小镇、浒湾乡曹湾村芍药基地等“九镇十八湾”的乡村旅游布局，使其迅速焕发出强劲经济活力。作为国家级贫困县，新县 2014 年建档立卡贫困户共 12308 户，贫困发生率达 14.9%。而四年后，经过省级核查公示，新县在 2018 年的综合贫困发生率已经降至 1.36%，退出了贫困县，这一成果得益于借势发展起来的文旅产业。2020 年“五一”期间，国内大部分景区景点旅游收入大幅下滑，新县旅游却不降反升，实现旅游人数和旅游收入的双提升。河南省的济源，洛阳的栾川、嵩县，三门峡的卢氏县等地，乡村游也都成为拉动经济的主动力。

乡村旅游是精准扶贫的稳固抓手，乡村民宿带动乡村全面振兴。河南省培育旅游扶贫示范县 13 个，培育乡村旅游特色村 300 个，旅游扶贫示范户 1034 户，均超额完成目标任务。信阳新县的 32 个旅游扶贫重点村 84% 的建档立卡贫困群众受益旅游业，稳定脱贫。洛阳栾川全县 26 个贫困村转型为旅游专业村，引领 13112 名贫困群众通过发展乡村旅游相关产业实现稳定脱

贫。还有焦作云台山岸上村，从贫困村摇身一变成为全省百村万户旅游富民示范村。除此之外，开封兰考、焦作温县、信阳光山、南阳淅川，以及三门峡卢氏等旅游资源较富集的市县，都是近年来通过发展乡村旅游实现稳定脱贫的典型。旅游扶贫中乡村民宿业促进了乡村的全面振兴，包括产业振兴、人才振兴、生态振兴、文化振兴等。一批批有知识、有情怀、有眼光、有激情的创业者从城市走进乡村或返回乡村，将资金、技术、文化、理念、创意甚至团队带到了乡村。乡村环境得以改善，特色农产品、生态产品得以形成产业，人才队伍得以充实，本地就业机会的增加也对外出务工人员构成回流引力。乡村民宿业的发展还为当地乡民提供了脱贫致富的多元途径。较为创新的形式如通过建立社方式，鼓励乡民以自身房屋、自身承包的集体土地等资产入股民宿项目，享受红利，提高资产性收入。如河南光山县民宿产业以股金分红、提供岗位、提供土地和协助资金等方式，已带动12个乡镇26个村庄贫困人口4200人脱贫致富，对乡村振兴起到了良好的辐射带动作用。依托乡村游，河南省正在努力探索更多更适宜的振兴乡村的文旅实践路径，谱就乡村全面振兴共奔小康的新篇章。

三　2020年河南文化建设存在的主要问题

（一）基层公共文化服务效能有待提升

公共文化服务是政府主导、全民参与的一项民生工作。长期以来，河南省主要在政府主导方面用力较多，财政资金大多用于基础设施建设，基本以体制内人员办文化和“送文化下乡”为主要思路，在全民参与方面引导不够，没有把社会组织、文化企业、业余文化团体、文化志愿者的作用发挥出来，没有把人民群众参与文化、创造文化的主动性和积极性调动起来，目前在基层公共文化服务体系建设中仍面临着不少问题。

一是资金保障不够有力。从配套资金投入情况来看，2018年全省人均文化事业经费28.91元，居全国第31位，相当于全国平均水平（66.53元）

的43%；市县两级应配套乡镇文化站免费开放资金4262.7万元，实际配套只有3220.4万元，配套率仅为75.5%；按规定村级综合性文化服务中心每年运行保障经费应为3000元，但大多数尚未落实。从基层文化机构人员保障上，全省大多数乡镇综合文化站虽有1~2名编制人员，但大多属于“在编不在岗”状态，全省村级综合性文化服务中心文化协管员配备率不足50%，现有配备的也多由村干部兼任，乡镇文化站和村级综合性文化服务中心根本无法提供有效的服务。

二是公共文化服务供给不够精准。目前省内尚未建立起公共文化供需对接的机制或平台，自上而下的行政化配置仍然是公共文化服务的主要模式，“有什么送什么，送什么接什么”，群众对公共文化的“点单”配送服务机制、对公共文化服务的需求反馈机制亟待完善。如河南是文化资源大省，各个地方都有自己独具特色的文化资源，但是在开展基本公共文化服务时，并没有把本地群众喜闻乐见的特色文化服务项目融入其中，缺乏足够的吸引力和有效的传播力；再如广泛分布在河南省各市（县、区）的“农家书屋”，很多书屋配置的图书与农村常住人口的阅读需求不相适应，导致图书的流动周转率和借阅率偏低，这都是供需不够精准，公共文化服务效能不高的具体表现。

三是公共文化服务数字化水平较低。公共文化服务数字化建设是满足群众精神生活的重要民生工作，近年来颇受社会各界的关注。《“十三五”时期公共数字文化建设规划》明确指出：“到2020年，基本建成与现代公共文化服务体系相适应的开放兼容、内容丰富、传输快捷、运行高效的公共数字文化服务体系。”在日新月异的数字化时代，群众对公共文化的消费需求日益增长，对公共文化的服务内容、服务设施、服务模式也提出了更高要求。河南省依托国家文化信息资源共享工程，也制作了一些数字文化资源，但总量偏少、质量偏低、可利用率较低。现有的几家文化服务平台如“智慧广电”“百姓文化云”“数字文化馆”“文化信息资源共享工程”等基本上各自为战，缺乏有效整合，没有形成合力，公益类数字文化资源从内容到平台，在群众中知晓率和满意度普遍偏低，公共文化服务的质量与效果都有待提升。

（二）疫情影响下文化旅游业闯关夺隘的动力不足

思想观念转变的快慢程度，决定着一个企业发展文化旅游的空间大小。作为新的消费热点，文化旅游消费对推动消费升级、恢复经济发展具有非常重要的作用。2020 年疫情防控期间，河南文化旅游业由于采取了阻断式防御措施，受到了较大范围的严重冲击，断崖式减收状况非常明显（见表 2）。

表 2　2019～2020 年河南假日文化旅游情况比较

类目＼年份	2019	2020
端午节	全省共接待游客 944.2 万人次，旅游收入 45.12 亿元	全省共接待游客 575.96 万人次，同比恢复了 61%；旅游收入 18.05 亿元，同比恢复了 40%；分别比全国平均水平高 10 个、9 个百分点
“五一”小长假	“五一”假期（4 天），全省共接待游客 3639.12 万人次，旅游收入 230.37 亿元，同比分别增长 34.12%、38%。其中 AAAA 级及以上旅游景区共接待游客 633.98 万人次，实现旅游总收入 36728.8 万元	“五一”假期（5 天），全省累计接待国内游客 1692.11 万人次，实现旅游总收入 79.26 亿元，其中 AAAA 级及以上旅游景区共接待游客 242.45 万人次，实现旅游总收入 13639.49 万元
国庆假期	国庆假期（7 天），全省七天假期共接待游客 6632 万人次，同比增长 7.2%；旅游收入 502 亿元，同比增长 8.1%	国庆假期（8 天），全省共接待游客 7234.98 万人次，与上年相比增长了 9.09%；旅游收入 360.71 亿元，与上年相比恢复了 71.86%。其中，全省 A 级景区共接待游客 1391 万人，与上年相比恢复了 90.40%；营业总收入 7.2 亿元，与上年相比恢复了 89.2%

资料来源：《2020 国庆中秋河南文化和旅游市场综述》，河南省文化和旅游厅网站，https：//hct.henan.gov.cn/2020/10-08/1819071.html；《端午河南共接待游客 575.96 万人次 旅游市场恢复居全国前列》，河南省文化和旅游厅网站，https：//hct.henan.gov.cn/2020/06-28/1560600.html；《2020 年河南“五一”假期文化和旅游市场综述》，河南省文化和旅游厅网站，https：//hct.henan.gov.cn/2020/06-08/1546313.html；《2019 年河南省“端午节”假日文化和旅游市场接待情况》，河南省文化和旅游厅网站，https：//hct.henan.gov.cn/2019/06-25/841681.html；《2019 年“五一”小长假河南省文化旅游市场接待情况》，河南省文化和旅游厅网站，https：//hct.henan.gov.cn/2019/06-25/841680.html。

从2019～2020年河南假日文化旅游对比情况可以看出，当前河南文化旅游业闯关夺隘的动力仍显不足。深究其原因，除了要考虑新冠肺炎疫情这种不可控突发状况的影响，还与河南文化旅游业自身发展基础不够牢固有密切关系。一是河南文化旅游产业总体规模体量不大，文化资源的整体优势没有得到充分发挥，文化品牌的影响力、知名度、美誉度不高。二是河南有些传统文化资源非常丰富的地方，相当一部分景区仍按照事业单位模式进行管理，市场化、企业化、专业化运营程度不高。三是河南有些市县的旅游基础设施还存在不少短板，不利于将当地主要景区串珠成链，难以发挥区域整体优势。四是有些景区收入来源主要还是依赖门票收入，吃住行游购娱等旅游产业链条存在短板缺项。五是在总体谋划方面，存在各自为战、缺乏统筹现象，没有形成大中小区域范围内文化旅游产业发展一盘棋的良好格局。

（三）沿黄各市县推动黄河文化建设区域发展极不均衡

黄河是中华民族的母亲河，建设黄河文化旅游带是推动黄河流域高质量发展的重要内容。一年来，河南沿黄各市县在保护传承弘扬黄河文化方面积极主动采取了一些具体的措施，也取得了一些成效，但由于各种主客观因素的影响，在区域发展上极不均衡，不利于国家整体发展战略的推进。

1. 对黄河文化的概念认识不统一

通过大量的实地调研发现，省内外不少地区把黄河文化局限于当前黄河流经区域所发生的历史与当代文化，这种认识是极其片面的。黄河流域是一个广义的、动态的和历史的概念，应当包含历史上的黄河流域和当代的黄河流域两大部分。黄河在历史上是一条变迁无常的河流，从先秦时期到中华人民共和国成立前2500多年间，黄河下游共决溢1500余次，改道26次，其中影响特别深远的重大改道有6次，黄河下游变迁的范围和黄河入海的路线屡有变化。下面试以商丘为例简要说明。自远古以来，商丘就是发生黄河水患最多的地方，历史上6次黄河大改道，有2次发生在淮河入海，且都经过商丘广大的区域。其中，金章宗明昌五年（1194），黄河在今原阳决口，流经封丘、长垣、东明，到徐州以南夺淮河而入黄海。清咸丰五年（1855），黄河在今兰考铜瓦厢决口，使黄河长期夺淮入海的局面终结。从南宋初年至咸丰五年，黄河主河道经商丘夺淮入海，在此流经了727年，加上清代改道后的165年，共计892年的历史，相当于我国五千年文明史18%的历程，占黄河流域3000多年文明史的30%时长，现存的黄河故道和故堤遗迹足以证明商丘在历史上属于黄河流域。再如郑州，虽然毗邻黄河，现在却属于淮河流域，但并不影响郑州的历史文化和当代文化属于黄河文化。黄河文化经历萌芽期、形成期、鼎盛期、衰微期、复兴期等不同的发展阶段，不同阶段的文化都是黄河文化的有机组成部分。每次改道流经区域的文化，无论处于辉煌期还是衰微期，都留下了大量的历史文化遗迹，都属于黄河文化的组成部分。因此，黄河文化应指古今发生在黄河流域的物质文化、精神文化和制度文化的融合，包括黄河在不同历史时期流经不同区域的文化。而黄河文化概念上的纷争，关系到黄河文化资源的完整性，应避免因现有行政区划而产生人为割裂的问题。

2. 有些地方存在盲目圈地上项目现象

有的地方出于政绩和经济效益等方面考虑，不顾实际情况和市场需求，一哄而上引入一些圈地开发项目，虽然景区打造得非常恢宏，却无人问津，门可罗雀，造成巨大的资源浪费。有的地方把保护传承弘扬黄河文化等同于项目开发和文化产业，盲目追求大规划、大项目、大园区，以发展工业经济的路径发展文化，以发展产业的名义“圈地”，建文化园区，产业项目、文化内容以及载体建设同质化现象比较严重。有的地方不注重保存保护好旧城遗址和遗留文物，反而为了增加可观度和吸引力，出现了对一些故城遗址大拆大建和仿造仿制现象，非但起不到保护遗址遗迹的作用，还可能因过度商业开发而导致一些文物、遗址、遗迹遭到新的破坏，造成巨大的文化、经济损失。

3. 缺乏保护传承弘扬统筹协调机制

黄河文化不仅包括辉煌的古代文化，近代社会以来中国共产党还为黄河文化注入了富有进步意义的红色文化基因。特别是进入新时代，黄河文化被赋予了基于弘扬社会主义核心价值观、生态文明建设等新的时代内涵，延续了源远流长的黄河文明，显示出黄河文化具有顽强生命力和巨大创造力，需要协调推进护传承弘扬黄河文化。各地在保护传承弘扬黄河文化中也认识到需要协调部署，统一规划，但由于行政区划等原因，依然是各自为政，系统性传承弘扬工作还做得不够。不少地区只注重古代黄河文化内涵的挖掘整理，对近现代和新时代的黄河文化缺乏连贯性系统性的挖掘。在深入挖掘黄河文化深刻内涵与时代价值基础上，缺乏科学布局、统一规划、分级分类的思想观念。此外，河南一些市县在传播黄河文化方面还缺乏较为有效的手段和载体，没有实现大的突破；旅游保护性开发不够，静态展览多，互动体验少；创意产品不足，专业人才匮乏，龙头企业不强，红色资源融入不够，在为人民群众提供高品质文化产品的迫切需求方面还有很大的提升空间。

四　2021年河南文化建设趋势分析

2021 年是“十四五”规划的开局之年，也是黄河流域生态保护和高质量发展上升为国家战略后紧锣密鼓向前推动的一年。尽管受到新冠肺炎疫情的深度影响，但河南全省上下并未停止推动文化建设的步伐，而是紧紧围绕保护传承弘扬黄河文化这篇大文章，明确发展思路，制定长远规划，挖掘文化资源，推进系统保护，阐释时代价值，助力脱贫攻坚，随着文化旅游业市场逐渐转暖，推动河南文化建设高质量发展仍将是今后一段时间的重点内容和努力方向。

新的一年，河南社会各界要进一步学习领会习近平总书记在黄河流域生态保护和高质量发展座谈会上的重要讲话精神，把各地保护传承弘扬黄河文化的工作统一到中央的决策上来。要认真贯彻落实省委省政府部署安排，坚持文化引领、产业融合、生态优先、开放合作、创新驱动，深入挖掘黄河文化的精神内涵和时代价值，讲好古今黄河故事，延续中华民族的历史文脉。要不断深挖黄河文化的历史资源、红色文化资源、社会主义先进文化资源，推进黄河文化遗产的系统保护；要继续深挖黄河文化蕴含的时代价值，不仅要讲好古代的黄河故事，还要讲好新时代的黄河故事，让黄河文化融进人民群众的生产生活；要妥善处理好保护传承与弘扬的关系、文化与生态的关系、文化与旅游等方面的关系，加快构建“一带一核三山五区”文化旅游发展格局，倾力打造具有国际影响力的黄河文化旅游带、传承弘扬华夏文明的核心展示区、国际国内有影响力的休闲度假旅游胜地、乡土中国旅游体验地、红色文化旅游基地，为全省经济社会高质量发展提供精神动力，推动河南从文化旅游大省向文化旅游强省转变，“在新时代黄河大合唱中谱写出彩河南篇章”。

五 推动河南文化建设高质量发展的对策建议

（一）以机制创新推动公共文化服务提质增效

近年来，河南省委省政府陆续出台了《关于加快构建现代公共文化服务体系的实施意见》、《河南省推进基层综合性文化服务中心建设方案》、《关于做好政府向社会力量购买公共文化服务工作实施意见》、《河南省“十三五”期间贫困地区公共文化服务体系建设实施方案》、《河南省现代公共文化服务体系建设绩效考核办法（试行）》、《河南省县级文化馆图书馆总分馆制建设基本标准》、《河南省村（社区）综合性文化服务中心建设和服务标准》、《河南省乡村文化振兴工作方案（2020～2022年）》等一系列政策性文件，成立了由省委宣传部、省委组织部、省文化和旅游厅、省财政厅、省科技厅等21家单位共同参与的河南省公共文化服务体系建设协调领导小组，稳步推进公共文化领域重点改革任务，加快构建现代公共文化服务体系基本政策框架，初步建成省、市、县、乡、村五级公共文化设施网络，基本形成多方参与、齐抓共管、协同推进的工作格局。但由于长期以来河南基层文化建设历史欠账太多，基层公共文化服务“有设施无人手，有人手不专业”的现象屡见不鲜，公共文化服务供给和需求不匹配等问题仍很普遍，亟须进一步完善发展机制，推动公共文化服务提质升级。

1. 督查考核制度化

进一步完善《河南省现代公共文化服务体系建设绩效考核办法》，强化效能考核，优化考核指标，引导各地将工作重心由传统的设施建设转向更切实际的效能提升。联合相关职能部门，争取将考核结果纳入本地党委政府开展的年度绩效考核和党建责任制考核，将公共文化服务设施利用及效能发挥情况纳入意识形态责任制专项巡视巡察，不断完善公共文化服务领域约谈问责机制，推动各级政府落实主体责任，把文化行政部门难以解决的瓶颈问题落实到各级政府和职能部门，尽快妥善解决资金、人员等方面保障不足的问题，切实提升公共文化服务水平。

2. 供给服务精准化

有效整合全省公共文化服务资源，不断丰富优质公共文化产品供给内容，逐步探索建立“上下联动，以需配供”的服务平台。综合运用手机、电脑、微信客户端等线上渠道和调研、走访、座谈、问卷等线下方式，搭建便捷可行的群众需求征询平台，了解群众真实的文化需求，建立不断更新的公共文化服务配送“目录库”。整合全省文化活动、非遗传承、艺术培训、文化产业等公共文化资源，依托公共文化机构、专业院团、社会组织、文化企业和志愿者团体等主体，不断创新供给机制，建立各级公共文化服务配送“资源库”，打造互动便捷的数字化“文化超市”。利用人力督查和客观数据分析等多种方式，及时统计分析各类文化活动的参与人数、人群结构、活动类型、场馆设施利用率、服务半径、群众满意度等大数据信息，对基层公共文化服务活动的供给效能给予科学的评价，并将评价结果作为调整服务“菜单”的重要依据，促进全省文化资源的合理配置，进而实现群众“点单”，文化部门“派单”，各类供给主体“接单”，政府“埋单”的精准服务目标。

3. 智慧服务数字化

年初暴发的新冠肺炎疫情，让公众和政府再次见证了大数据在建立常态化数据监测机制、推动国家治理能力和治理体系现代化、提升政府公共事件响应能力等方面所发挥的重要作用。通过搭建移动网络的服务环境，将河南现有的文化信息资源共享工程、数字图书馆推广工程、公共电子阅览室等整合成综合性数字服务平台，同时加强与“智慧广电”“科技大屏”“百姓文化云”等文化惠民平台的互联互通，形成5级联动的公共文化数字化供给，使公共文化服务通过新技术、新方式延伸到基层群众中，真正建立起“上下联动，以需配供”的公共文化服务平台。通过采购成品资源、委托市场定做、合作共建等方式引导社会化力量参与公共数字文化资源建设，丰富适用于移动互联网传播的资源类型，提高数字资源总量和质量。充分发挥新媒体作用，引导群众利用数字阅读、微信、微博、抖音短视频等传播平台，自主开展丰富多彩的文化活动，把人民群众从接受公共文化服务的对象转变为生产公共文化服务的主体。

4. 志愿服务社会化

努力构建党委统一领导，文化、广电、体育、财政等部门分工负责，企事业单位、民营院团、社会组织等共同参与的志愿服务机制。在全省探索开展公共文化服务设施社会化运营试点，通过委托或招投标等方式吸引有实力的社会组织和企业参与公共文化设施的运营，不断丰富公共文化服务设施网络。推动出台《河南省文化志愿者管理办法》，不断完善文化志愿者注册招募、服务记录、管理评价、激励保障机制。依托新时代文明实践中心建设，组织动员全省各地的文艺工作者、离退休文化工作者、大中专院校学生等不同人群，积极参与基层公共文化志愿服务活动，不断提升文化志愿服务活动的影响力。

（二）以整体发展理念推动保护传承弘扬黄河文化大战略

1. 注重顶层设计和统筹规划

应加强顶层设计和统筹规划，用系统整体观念统筹协调各部门、各文化领域之间的关系，树立“一盘棋”意识，整合各类文化项目，打造黄河文化保护传承弘扬平台，在一定区域内对黄河文化资源进行系统整合，进而实现从整体上保护传承弘扬黄河文化的大目标。沿黄省区一些比较好的经验做法值得借鉴，如山东省编制了《山东省黄河文化保护传承弘扬规划》，结合山东在黄河流域中的特点和优势，突出黄河、泰山、孔子三大标识的文化价值，突出黄河三角洲河海交汇、野生鸟类、新生湿地等旅游资源优势。四川省委、省政府于2019年出台《关于大力发展文旅经济，加快建设文化强省旅游强省的意见》，要求建设高原生态文化、藏羌民族文化、长征文化等融合发展的川西北文旅经济带。

2. 及时摸清黄河文化资源家底

河南省历史资源丰富，文化底蕴深厚，是黄河文化的发祥地，做好全省黄河文化资源的调查，摸清黄河文化资源家底，准确掌握省内黄河文化资源状况，建设黄河文化资源数据库，是保护传承弘扬黄河文化的基础性工作，也是制定黄河文化相关政策的基本依据。在这方面，沿黄一些省区的经验做法值得借鉴。如山东省先后组织人员到黄河大堤、黄河故道和旅游目的地实地考察，参加省里组织开展的资源调查，开展了黄河文化古籍整理、民间文化搜集等工作，基本摸清了黄河文旅资源分布情况。四川省积极开展黄河河源文化探源工程建设，开展高原草原湿地文物抢救性发掘，形成研究体系、普查体系、大数据体系和展示体系。河南黄河流域拥有农耕文化、治黄文化、古都文化、殷商文化、根亲文化、移民文化、红色文化等独具特色的文化资源，标志性黄河元素很多，但是任何一个地标又都代表不了河南文化的丰富内涵。各地黄河文化资源都是打造具有地域特色文化品牌的重要抓手，应找准文化定位，突出地方特色，处理好保护传承与活化利用之间的关系，积极打造黄河文化品牌和亮点，做大做强一批黄河文化龙头企业和骨干企业，让各自的文化遗产“活起来”，让黄河成为真正造福百姓的幸福河和传承中华优秀传统文化的文脉河。

3. 把区域特色文化融入黄河文明

以黄河流域为中心形成的黄河文化博大包容，其本身综合各种文化，包括中国的政治、经济、社会、人文、生态等诸多要素，既包含了中华民族优秀传统文化，也包含了近代中国以来的红色文化、革命文化和社会主义建设文化。各地市只有结合本地文化特色开展保护传承弘扬工作，才能够全面彰显黄河文化底蕴与特色。如郑州是国家中心城市和交通枢纽城市，位于黄河中下游分界点，同时也是黄河流域的四大古都之一和黄河博物馆所在地，应将黄河文化作为郑州城市文化的主打品牌，把与之相关的近期发展目标和远期发展规划纳入《2020 年河南省黄河流域生态保护和高质量工作要点》（豫黄河〔2020〕2 号），坚持生态优先打造沿黄生态保护区，全力建设国家黄河历史文化主地标城市。焦作市则依托当地历史上广为流传的“悬河头、华北轴、百川口、万古流”之说，把规划重大布局与推动重大项目结合起来，着力建设黄河流域生态保护和高质量发展示范区。

4. 注重黄河文化价值的当代阐发

黄河文化包括史前文化、历史传统文化、革命文化、社会主义先进文化。进入新时代，黄河文化被赋予了基于弘扬社会主义核心价值观、生态文明建设等新的时代内涵。保护传承弘扬黄河文化既要注重延续历史文脉，也要注重突出黄河文化在增强文化自信、引领全球文化等方面的价值和作用，反对厚古薄今，这要求讲好黄河故事，延续历史文脉，深入挖掘黄河文化蕴含的时代价值和时代意义，为实现中华民族伟大复兴的中国梦凝聚精神力量。目前黄河文化的展示大多以古城古镇、博物馆、纪念馆等游览参观为主，保护传承弘扬黄河文化应把重点放在创新发展上，把黄河文化与红色文化、革命文化、社会主义核心价值观等紧密结合起来，推进黄河文化的创造性转化与创新性发展。把黄河文化融入国民教育、新闻出版、文学文艺作品等，利用互联网、手机客户端等广泛宣传黄河文化，不断提升黄河文化影响力、辐射力和感召力，增强大众对黄河文化及其所代表的中华文明和中国精神的认同感。综合利用黄河历史文化资源，以文旅融合发展传播黄河文化，以文促旅，以旅彰文，让厚重的黄河文化焕发新的生机。加快建设黄河文化旅游带是展示黄河文化、增强黄河文化影响力的重要载体和抓手，也是推动乡村振兴、满足新时代人民美好生活重要途径。如洛阳是黄河流域的文化旅游大市，是体验黄河文化、展示黄河精神的重要窗口，应坚持用文化的理念发展旅游，用旅游的方式传播文化，加快文化旅游从“老三篇”向“新三篇”转变，从门票经济向产业经济转变，从旅游城市向城市旅游转变，在加快文化旅游深度融合的过程中保护传承弘扬黄河文化。

5. 积极推进黄河文化产业项目和工程建设

积极发展黄河文化产业项目和工程，建设黄河文化产业带，是黄河文化建设的基本内容。河南各地应结合黄河沿岸的自然生态风光和历史人文特点，结合地方政府与企业的文化产业发展需求，积极运作开发黄河文化产业项目，积极鼓励支持创办黄河文化企业，加快黄河文化建设与经济、旅游、资本、科技的融合发展，打造适应市场需求的黄河文化产品。如依水而生、因水而兴的古都开封，城区北部距离黄河只有短短的10公里，是黄河岸边名副其实的明珠。开封应紧紧抓住这一重大国家战略机遇，顺势而为，集思广益，迅速启动一廊、一馆、一城、一中心、一讲述地“五个一”重点项目，用一条生态廊道把开封境内的沿黄文化元素一一串起，如最能展示悬河奇观的黄河悬河城摞城展示馆、最能体现华夏历史文明高峰的宋都古城、最能代表黄河文化精神内涵的黄河国际文化交流中心、最能彰显中国共产党治黄成就的东坝头等标志性建筑群等，探索地域化、民族化黄河文化产业项目，努力把黄河文化资源优势转化为黄河文化产业优势。

6. 建立跨区域协作工作机制

黄河流域面积辽阔，流经9个省区，黄河流域生态环境一旦遭到破坏，将严重影响流域人民生产生活质量和区域经济社会发展。河南应与沿黄各省区、各市县加强信息资源共享，适时研讨协商，加强共同协作，做好黄河保护传承弘扬，交流经验和方法，建立信息共享机制、联合防治协调机制等，推进黄河历史文化遗产的系统性保护和开发。做好黄河文化的保护传承弘扬是一项庞大的系统工程。立足河南省历史文化资源在黄河文化、中华文明中的突出价值和地位，系统整合河南省黄河文化遗产资源，实施黄河文化遗产系统保护工程，做好全省黄河文化保护传承弘扬总体规划布局，充分彰显黄河文化所包含的时代精神和时代价值。全面组织开展对河南黄河流域文化遗产资源的摸底梳理工作，建立健全实物保存、记忆保存、数字保存等保存体系，提升黄河文化保护水平，编制黄河文化河南段保护传承弘扬利用总体规划。协调有关部门和科研机构对黄河文化开展系统性研究，为河南黄河文化的保护、传承及弘扬奠定坚实的理论基础。

（三）以改革创新推动文化和旅游业高质量发展

习近平总书记在深圳经济特区建立 40 周年庆祝大会上的讲话中指出："要坚持发展是第一要务、人才是第一资源、创新是第一动力。"[①] 这对新时代河南文化旅游内涵式发展同样具有非常重要的指导意义。

（1）坚持发展是第一要务，进一步激发文化和旅游消费潜力，促进文化和旅游市场良性循环。河南应依托各地特色鲜明的优势文化资源和基数庞大的本土消费群体，通过提振文化消费势头来促进市场循环，进一步加快文化旅游产业的复苏成长。以安阳市文化旅游产业发展为例。安阳市的文化旅游资源非常丰富，2019 年，安阳市共接待海内外游客人数 4967.82 万人次，旅游总收入 603.1 亿元。但 2020 年"五一"期间，全市 22 家复工的 A 级景区累计接待游客只有 13.6 万人次，门票收入 344.57 万元。今后一段时间，亟须借助诸多利好政策持续出台的良机振奋精神。一是依托底蕴深厚的殷墟、中国文字博物馆、安阳古城、袁林、安阳高陵、羑里城、岳庙、三杨庄·二帝陵等一批顶级文化旅游资源，主打历史文化遗产牌。二是依托特色鲜明的林州太行大峡谷、万泉湖等山水风光资源，吸引省内外游客前来参观游览，主打自然山水牌。三是依托独一无二的红色资源，主打红色旅游牌。安阳是红旗渠精神、岳飞精忠报国精神发源地，拥有全国爱国主义教育示范基地 2 处，全国红色旅游景点景区 2 处，红旗渠、马氏庄园、岳飞庙等红色旅游资源各具特色，具有无限发展潜力。四是依托优势明显的低空旅游资源，主打低空经济牌。安阳是国家通用航空产业综合示范区首批 26 个试点城市之一，拥有 3000 米以下 4420 平方公里的低空开放空域和国家体育总局安阳航空运动学校、林虑山国际滑翔基地等资源，近年来，先后举

① 习近平：《在深圳经济特区建立 40 周年庆祝大会上的讲话》，新华网，http://www.xinhuanet.com/politics/leaders/2020-10/14/c_1126611290.htm，2020 年 10 月 14 日。

办滑翔伞亚洲锦标赛、世界锦标赛等国际赛事，发展低空旅游具有独特优势。

（2）坚持创新是第一动力，进一步处理好文化旅游融合过程中保护和开发的关系，推动发展经济与保护环境振翼双飞。一是坚持内容创新。习近平总书记在河南调研时要求“发展乡村旅游不要搞大拆大建，要因地制宜、因势利导，把传统村落改造好、保护好”[①]。在发展乡村旅游的过程中，要尽量保持乡村建筑风貌和地域文化特色的原汁原味，保护好农业生产、农家生活、民俗文化、古镇古建等乡村文化的原始风貌，坚决杜绝大拆大建、千村一面的现象，坚决不做城市化翻版、简单化复制。大力发展乡村旅游，加快建设精品民宿，打造一批乡村旅游示范县（市、区）、生态旅游示范乡（镇）和乡村旅游特色村。依托农村地区传统文化和非物质文化遗产资源，重点做好非物质文化遗产的保护传承和活化利用，加强乡村文化生态保护，推出一批最能体现河南文化特色兼具时尚气息的“老家礼物”，推出一些地域文化特色突出的乡村旅游产品，做好做扎实乡村文化的“软件”。积极发展以焦裕禄精神、红旗渠精神、大别山精神为代表的红色旅游，打造一批影响省内外的红色经典景区。二是坚持业态创新。立足传统，鼓励创新，促进文化旅游与农业融合、与工业融合、与体育融合、与康养融合、与科技融合，大力发展形式多样的农业旅游、工业旅游、科技旅游、体育旅游等新业态，做好文化旅游融合发展大文章。如推动加快郑州局集团公司黄河南岸实训基地、郑州机务段南院火车模拟驾驶基地两个研学地点推广，利用郑焦城际铁路，结合周边的工业游场馆及游览区，开发铁路研学主题线路，将“铁路工业研学游”产品列入教育部门研学产品目录。组织开展以全球文化创意设计大赛及黄河流域乡村文旅创客大会等为代表的大型主题活动，促进文化创意与数字化、网络化、智能化新技术、新应用的有机融合，持续提升河南文化创意整体水平，打造具有河南特色的文创产品，进一

① 《习近平在河南考察时强调 坚定信心埋头苦干奋勇争先 谱写新时代中原更加出彩的绚丽篇章》，新华网，http：//www. xinhuanet. com/politics/leaders/2019 －09/18/c＿1125011847. htm，2019 年 9 月 18 日。

步激发黄河沿岸各地市创新创业的潜能和活力。三是坚持技术创新。整合省内外文化传播平台资源，打造便捷高效的全省智慧旅游开放平台，让游客对河南文化旅游留下服务全程化、个性化、便利化的深刻印象，不断扩大知名度、美誉度，从而引来更多更优质的游客资源。四是坚持模式创新。如果说山水人文风光是文化旅游的物质基础，那么不断创新的发展模式就是催生文化旅游的“仙和龙”。建议把殷商文化作为黄河文化保护传承弘扬的重要组成部分，在政策、资金上给予大力支持，可参照支持洛阳、开封遗址和古城保护的发展模式，明确对安阳殷墟及文旅产业发展的支持政策，推动殷墟国家考古遗址公园建设，通过对殷墟文化遗产的高水平展示利用，带动安阳经济发展，带动豫北乃至全省文化旅游产业的发展，培育具有世界影响的文化旅游品牌。大力支持河南博物馆、文化馆等文化机构开发文创产品，叫响大家耳熟能详的“老家河南”“少林功夫”“太极文化”等文旅品牌，在模式上多有创新，形成合力，塑造出更多特色鲜明的旅游目的地，打造出更多类似于黄帝文化、河洛文化、根亲文化、功夫文化的超级 IP，不断丰富文化和旅游消费产品，让河南文化可游、可感、可亲、可近，使河南文化旅游业活力四射、蓬勃发展，尽早实现河南“一带一核三山五区”的文旅强省发展布局。

（3）坚持人才是第一资源，进一步健全完善引进人才、培育人才、用好人才、激发人才、服务人才的体制机制，推动河南文化旅游产业转型升级。文化创意产业是国民经济和社会发展的重要支柱产业，是推动河南创新驱动发展、经济转型升级的重要动力。应继续聚焦国家黄河流域生态保护和高质量发展、中部地区崛起、乡村振兴，长城、大运河、长征国家文化公园建设等重大战略，引进和培育一大批高端文化创意人才和文化管理人才，持续谋划实施一批高质量文旅项目，不断增强河南文化旅游产业的强大发展后劲和品牌竞争优势。由省文化和旅游厅主导，继续举办全省文化产业投融资培训班、全省文化创意产品开发培训班、全省文化产业对外文化贸易培训班等，专项培训投融资、营销策划、创意创新、产品出口等方面知识。积极推荐河南省优秀的文化产业经营管理人才参加国家组织的投融资、园区发展、企业管理等高级研修班的学习和培训，继续加大对文旅产业紧缺人才和岗位培训的指导协调。积极引导高等院校、职业培训机构、文化产业园区与文化企业开展合作，加大对文化产业经营管理人才培养培训的工作力度。积极探索建立以知识产权、无形资产、技术要素等参与分配的新路径，营造有利于人才脱颖而出的良好氛围，以高素质的人才队伍带动企业提升建立完善现代企业制度的意识。积极组织和协调相关院校、社会培训机构对文化创意从业人员定期开展业务培训，切实提升从业人员文化素质和专业技能。鼓励相关产业协会机构定期开展交流学习活动，推动发展文化众创空间，搭建更多文化创业创新平台，建成一批文化产业创业实训基地和创业园区。

参考文献

[1] 习近平：《在深圳经济特区建立40周年庆祝大会上的讲话》，新华网，http://www.xinhuanet.com/politics/leaders/2020-10/14/c_1126611290.htm，2020年10月14日。

[2] 中共中央政治局8月31日召开会议，审议《黄河流域生态保护和高质量发展规划纲要》和《关于十九届中央第五轮巡视情况的综合报告》，新华网，http://www.xinhuanet.com/politics/leaders/2020-08/31/c_1126435706.htm，2020年8月31日。

[3]《河南省文化旅游大会召开 王国生尹弘讲话》，《河南日报》2020年5月12日。

[4] 国家统计局社会科技和文化产业统计司、中宣部文化体制改革和发展办公室：《中国文化及相关产业统计年鉴（2019）》，中国统计出版社，2019。

[5]《河南省人民政府办公厅关于进一步激发文化和旅游消费潜力的通知》，河南省人民政府门户网站，http://www.henan.gov.cn，2020年5月22日。

[6]《河南宣传》2020年第1～12期，内部资料。

[7]《2020国庆中秋河南文化和旅游市场综述》，河南省文化和旅游厅网站，https://hct.henan.gov.cn/2019/06-25/841680.html。

[8]《河南省文化和旅游厅对省政协十二届三次会议第1231043号提案的答复》，河南省文化和旅游厅网站，https://hct.henan.gov.cn/2020/09-15/1767641.html。

[9]《牢记嘱托 奋斗出彩 大河奔腾这一年》，《河南日报》特刊，第13～27版，

2020 年 9 月 18 日。

[10]《2020 年河南省政府工作报告》,《河南日报》2020 年 1 月 17 日。

[11]《2020 年郑州市人民政府工作报告》,郑州市人民政府网站,http://www.zhengzhou.gov.cn/news1/3321145.html。

[12]《2020 年开封市政府工作报告》,开封市人民政府网站,http://www.kaifeng.gov.cn/sitegroup/root/html/ff8080814225c2b7014225e300ca016b/78f181d6c32844a2b44c0f70e7efc62b.html。

[13]《2020 年洛阳市人民政府工作报告》,洛阳市人民政府网站,http://www.ly.gov.cn/html/1/2/10/29/32/10924798.html。

[14]《2020 年安阳市人民政府工作报告》,河南省人民政府网站,http://www.henan.gov.cn/2020/05-19/1490044.html。

[15]《2020 年焦作市政府工作报告》,《焦作日报》2020 年 5 月 19 日。

主题报告

Topical Reports

B.2 保护传承弘扬黄河文化的思考与建议

联合调研组 *

摘　要： 为深入贯彻落实习近平总书记关于保护传承弘扬黄河文化的指示精神，河南省文化体制改革和发展工作领导小组办公室会同河南省社会科学院组成联合调研组，围绕黄河文化保护传承弘扬工作进行专题调研。在2020年6月至8月底两个多月时间内，围绕保护传承弘扬黄河文化工作，对河南省内11个地市和省外6个省区进行了专题调研，形成了强化机遇意识、做好顶层设计、抓住重点工作、加强文旅融合、讲好黄河故事、重视薄弱环节、统筹组织协调七个方面的思考与建议。中原文化是黄河文化的核心和主干，河南要抓住国家实施黄河流域生态保护和高质量发展的战略机遇期，把“构建保护

* 联合调研组组长：马正跃。副组长：王承哲。成员：张新斌、杨恒智、李立新、唐金培、杨波、赵志浩、李龙、靳瑞霞、武广兴、杜松江。执笔：李立新、唐金培、杨波、李龙、靳瑞霞。

传承弘扬黄河文化核心示范区”作为河南文化发展战略，通过大力弘扬黄河文化，推动黄河沿线和黄河故道历史文化资源的开发利用，进而推动全省历史文化资源开发利用，推动河南文化强省建设。

关键词： 保护传承弘扬黄河文化　核心示范区　河南　文化强省

为深入学习贯彻习近平总书记在黄河流域生态保护和高质量发展座谈会上的重要讲话精神，落实省委省政府安排部署，进一步做好黄河文化保护传承弘扬工作，按照江凌部长和省委宣传部“八大工程”的有关要求，河南省文化体制改革和发展工作领导小组办公室会同河南省社会科学院组成联合调研组，围绕黄河文化保护传承弘扬工作进行专题调研。自 2020 年 6 月至 8 月底，在两个多月的时间内，联合调研组先后对省内的三门峡、洛阳、济源、鹤壁、安阳、新乡、郑州、开封、焦作、濮阳、商丘 11 个地市，和省外的宁夏、甘肃、青海、山东、四川、山西 6 个省区进行了专题调研，通过实地调查、座谈研讨的形式，获取了省内外黄河文化资源现状和开发利用情况的一批基本资料，形成了对河南省保护传承弘扬黄河文化的一些思考与建议。

一　强化机遇意识

河南是中华民族和华夏文明的重要发祥地，是黄河文化的核心区域，历史文化资源积淀丰厚，是文化资源大省。自 2004 年开始，河南近 20 年来先后提出了从文化资源大省向文化强省跨越、建设华夏历史文明传承创新区、打造文明河南、构筑全国重要文化高地等文化发展战略，河南文化建设在这些文化战略的叠加之下得到了长足发展，但与河南拥有的丰厚历史文化资源相比，与河南在黄河文化中所占据的主干核心地位相比，还远远不够。黄河流域生态保护和高质量发展重大国家战略的确立，使保护传承弘扬黄河文化成为国家意志，河南文化大发展大繁荣也迎来了重要的机遇期，应抢抓机遇，把“构建保护传承弘扬黄河文化核心示范区”作为河南文化发展战略。

（一）深刻领会习近平总书记重要讲话的深刻内涵和重大意义

习近平总书记关于“保护传承弘扬黄河文化”的重要论述和部署，把黄河文化提升到国家、民族的高度，明确了黄河文化不仅是中华文明的核心，还是国家的符号、民族的象征，提出“黄河文化是中华文明的重要组成部分，是中华民族的根和魂”①。把保护黄河文化确立为我们一代人的神圣职责，“要推进黄河文化遗产的系统保护，守好老祖宗留给我们的宝贵遗产”②。把传承弘扬黄河文化提升到事关中华民族的伟大复兴的重要地位，提出“要深入挖掘黄河文化蕴含的时代价值，讲好黄河故事，延续历史文脉，坚定文化自信，为实现中华民族伟大复兴的中国梦凝聚精神力量。”2020 年 1 月 3 日，习近平总书记在中央财经委员会第六次会议上强调：“要实施黄河文化遗产系统保护工程，打造具有国际影响力的黄河文化旅游带，开展黄河文化宣传，大力弘扬黄河文化。”③ 习总书记的重要讲话蕴含了对黄河文化的深刻思考与科学把握，提出了对黄河文化的准确定位与发展要求，内涵丰富、思想深邃、导向鲜明，具有很强的政治性、思想性、理论性和指导性，为保护传承弘扬黄河文化提供了强大动力、科学指导和根本遵循，为河南黄河文化传承发展，进而带动河南历史文化的开发利用提供了难得的机遇。

（二）积极融入保护传承弘扬黄河文化的国家战略和各类规划

2019 年 9 月 18 日，习近平总书记在郑州主持召开黄河流域生态保护和高质量发展座谈会并发表重要讲话，标志着黄河流域生态保护和高质量发展

① 习近平：《在黄河流域生态保护和高质量发展座谈会上的讲话》，《求是》2019 年第 20 期。

② 习近平：《在黄河流域生态保护和高质量发展座谈会上的讲话》，《求是》2019 年第 20 期。

③ 《习近平主持召开中央财经委员会第六次会议》，人民网，http：//politics. people. com. cn/n1/2020/0103/c1024 –31534394. html，2020 年 1 月 3 日。

同京津冀协同发展、长江经济带发展、粤港澳大湾区建设、长三角一体化发展一样，正式上升为重大国家战略。国家相关规划开始了紧锣密鼓的编纂颁布实施，2020 年 8 月 31 日，中共中央政治局审议通过了《黄河流域生态保护和高质量发展规划纲要》，对保护传承弘扬黄河文化做出了顶层设计和谋划。2020 年 10 月，党的十九届五中全会审议通过了《中共中央关于制定国民经济和社会发展第十四个五年规划和二〇三五年远景目标的建议》，明确提出了到 2035 年实现文化强国的目标。中原文化是黄河文化的核心和主干，要抓住国家实施黄河流域生态保护和高质量发展的战略机遇期，乘势而上，积极对接，主动作为，把河南的文化建设纳入全国的大盘，通过保护传承弘扬黄河文化，推动黄河沿线和黄河故道历史文化资源的开发利用，进而推动全省历史文化资源开发利用，推动河南真正从文化资源大省转变为文化强省，推动河南华夏历史文明传承创新区建设，推动全国重要文化高地的构建，为实现黄河文化在新时代的勃兴，实现文化强国战略目标，实现中华文明在世界的崛起，发挥中原的力量，做出河南的贡献。

（三）充分认识河南在弘扬黄河文化中的重要地位和责任担当

河南地处黄河文化的腹心地带，是黄河文化形成、融合、发展的核心区域，历史文化资源丰富是最大的优势，在保护传承弘扬黄河文化中处于十分重要的地位。

河南是黄河流域文明曙光最早闪现之地。司马迁在《史记》中说："昔三代之居，皆在河洛之间。"从巩义市双槐树仰韶文化具有都邑性质的大型聚落遗址、灵宝市铸鼎塬仰韶文化遗址群，到登封市禹都阳城王城岗龙山文化城址、偃师市二里头夏都遗址，考古发现和文献记载都把中华文明的起源地指向河南的黄河沿岸地带。

河南是黄河流域文化序列最为完整之所。自距今 50 万年的南召猿人开始，安阳小南海洞穴遗址、许昌灵井旧石器时代文化遗存的发现，表明一直有人类生产生活在这片土地上。进入新石器时代，从裴李岗文化、仰韶文化，到河南龙山文化，不仅遗址分布密集，而且传承成序列、不断绝，此后的二里头文化，商、周文化城址星罗棋布，薪火相传，形成了中华文化最为完整的文化传承体系。

河南是黄河流域政治文明最为发达之区。从仰韶文化中晚期到龙山文化时代，即5000年到4000年前，中国古史的“五帝时代”，黄帝都有熊、颛顼都帝丘、禹都阳城，均位于河南。河南发现了为数众多的都邑遗址，直到偃师二里头夏都遗址，中国早期国家形态在中原完成了从“邦国时期”向“王国时期”的过渡。其后从夏商周三代直到北宋3000余年的漫长历史中，中原长期居于政治、经济、文化中心，形成了郑州、洛阳、开封、安阳等著名古都，中华政治文明在这里呈现出灿烂辉煌的图景。

河南是黄河流域元典文化最为繁荣之域。思想文化是民族的灵魂。中国历史上最主要的两大学派儒家和道家产生于河南，十六位先秦诸子中有一半是河南人。周公制礼作乐于洛邑，孔子祖籍河南夏邑，孔子周游列国主要在中原，他的三大弟子子贡、子夏、子张都是河南人；道家的鼻祖老子是鹿邑人，庄子是民权人，他们都是春秋宋国人。汉代经学、魏晋玄学、宋明理学与佛教文化等的核心区域都在中原，河南是中华元典文化积淀最为深厚的地区。

河南是黄河流域农耕文明最为灿烂之地。黄河流域的中原地带是中国农耕文化最发达的地区，无论是文献记载的伏羲氏作网罟、神农氏制耒耜、嫘祖始蚕丝，还是裴李岗文化、仰韶文化、龙山文化等新石器时代遗址考古发现的大量石质农具、农作物标本，以及春秋战国时期的铁制农具、秦汉时期的耧车，唐时的曲辕犁等，每一项农耕文化的创新成就都是黄河文化的结晶。以《四民月令》《齐民要术》《四时纂要》《耒耜经》《农桑辑要》等为代表的古代农学著述，至今仍闪烁着智慧的光芒。发达的农耕文明成就了河南“天下粮仓”的美誉。

河南是黄河流域众多科技文明肇兴地。中国的河图洛书、周易八卦、天文历法、桑蚕丝绸、青铜铸造、冶铁、陶瓷、中医等方面的重大突破，尤其是代表中国古代杰出科学成就的“四大发明”，大都是在中原地区孕育创造的。酒圣杜康、科圣张衡、医圣张仲景、乐圣朱载堉等，他们的创造发明使中原科技展现了时代辉煌。

河南是中华民族文化基因和黄河精神滥觞地。中原数千年发达的农耕文化，固化了安土重迁、敬天法祖、家国同构的思想意识和行为范式，形成了儒道互补的中华文脉，生成了崇仁爱、重民本、守诚信、讲辩证、尚和合、求大同等核心思想理念，涵养了自强不息、敬业乐群、扶危济困、见义勇为、孝老爱亲等中华传统美德，滋养了独特丰富的文学艺术、科学技术、人文学术等方面的中华人文精神。这里历代政治纷争、兵燹人祸不断，水旱天灾不绝，磨砺了中华民族自强不息、坚韧不拔、吃苦耐劳的性格。

河南是古丝绸之路和大运河文化带交会地。中国古代路上丝绸之路的起点是洛阳，丝绸之路世界文化遗产项目包括 33 个遗产点，其中 4 个遗产点在河南，均在洛阳，分别是汉魏洛阳城、隋唐洛阳城定鼎门遗址、崤函古道石壕段遗址和新安汉函谷关遗址。中国大运河世界文化遗产河南段遗产点包括洛阳市回洛仓遗址和含嘉仓遗址、通济渠郑州段、通济渠商丘南关段等 7 项，其中以洛阳为中心的隋唐大运河最为重要。丝绸之路文化带和大运河文化带在古都洛阳交会，洛阳是两大世界文化遗产的重要节点城市。

河南是全球华人精神家园和心灵故乡的主要承载地。中原是三皇五帝的主要活动区域，桐柏和泌阳盘古文化之乡、淮阳太昊陵、西华女娲城、新郑黄帝故里、内黄二帝陵等，都是全球华人魂牵梦绕的寻根圣地。在前 300 大姓中有 171 个姓氏起源于河南；在前 100 大姓中，有 78 个姓氏起源于河南，河南是全球华人寻根谒祖圣地。河南不仅是中华民族的血脉之根，也是文化之源。

总之，河南是“华夏文明主根、国家历史主脉、中华民族之魂”，河南在保护传承弘扬黄河文化中具有无与伦比的历史地位和当仁不让的责任担当。

（四）大力弘扬黄河文化，全面推动中原文化繁荣兴盛

习近平总书记在河南省考察调研期间，用很大的篇幅历数河南省的丰富文化资源，要求河南传承、创新、发展好优秀传统文化，推动中原文化繁荣

兴盛。座谈会之后，河南迅速行动，成立了以王国生书记和尹弘省长任组长的河南省黄河流域生态保护和高质量发展领导小组，并定期召开会议，推进工作。2019 年 12 月 2 日，文化和旅游部、河南省委省政府在洛阳召开学习贯彻习近平总书记关于保护传承弘扬黄河文化重要论述精神座谈会，研究谋划推进黄河文化保护传承弘扬的重点措施。2020 年 1 月 14 日，王国生在河南省第十三届人民代表大会第三次会议闭幕式上发表题为《大力弘扬黄河文化为新时代中原更加出彩凝聚精神力量》的讲话，从家国情怀、为民初心、斗争精神、创新氛围、绿色理念、开放格局六个方面，全面论述了要大力弘扬黄河文化。2020 年 3 月 1 日，《2020 年河南省黄河流域生态保护和高质量发展工作要点》颁布，提出构建黄河历史文化主地标体系、推进黄河文化与大运河文化融合发展、实施黄河文化遗产系统保护等八大标志性项目。2020 年 5 月 12 日，河南省召开全省文化旅游大会，会议强调：紧紧抓住黄河流域生态保护和高质量发展的重大战略机遇，大力弘扬黄河文化，推动文化旅游高质量发展，加快河南从文化旅游大省向强省转变。省文化和旅游厅主导编制了《河南省黄河文化保护传承弘扬规划》和黄河流域非物质文化遗产保护利用、文物保护利用、旅游业高质量发展 3 个专项规划。各地市特别是沿黄地市迅速行动，建立工作机制，成立工作专班，编制发展规划，强力推进保护传承弘扬黄河文化的各项工作，取得了显著成效。

二　做好顶层设计

保护传承弘扬黄河文化是一项长远的系统工程，离不开高水平的顶层设计和高质量的统筹规划。在新一轮科技革命和产业变革的进程中，河南应紧紧抓住黄河流域生态保护和高质量发展这一国家战略机遇，着眼于未来 5 年、15 年甚至更长一段时期的发展来谋篇布局，把前瞻性思考与长远性规划结合起来，综合考量整个黄河流域的文化空间布局，制定实施科学可行的中长期文化发展战略，进而从整体上保护传承弘扬黄河文化。

（一）确立“保护传承弘扬黄河文化核心示范区”的定位

站位全国看河南，目标定位是关键。在黄河流域国家战略的发展大格局中，中原地区的河洛文化与黄河上游的四川河源文化和中下游的三晋文化、齐鲁文化等一起，共同构成了中华民族多元一体化的格局，形成了从上游到中下游的黄河文化谱系，而河洛文化在黄河文化中处于源头和核心地位。要从历史资源和当代价值、文化事业和文化产业的角度，发掘文化内涵，打造黄河文化保护传承弘扬的样板工程，彰显河南在这一国家战略全局中的使命担当。确立河南建设“保护传承弘扬黄河文化核心示范区”的目标定位，是守护黄河文脉、讲好黄河故事、弘扬黄河精神的关键所在。

站位流域看河南，兄弟省区可借鉴。目前，沿黄九省区以习近平总书记关于黄河流域生态保护和高质量发展的系列讲话精神为指导，结合各地的资源优势和发展实际，基本明确各自在黄河流域国家战略格局中的发展定位，保护传承弘扬黄河文化的发展规划已经出台或正待出台。如地处黄河源头的四川省，是最古老的羌民族起源地和藏羌文化核心区，是世界自然文化遗产旅游目的地黄河第一湾、九寨沟等的构成部分，于是以黄河上游独特的“河源文化”标识为统筹，把“生态文明”“民族融合”“人文遗址”“旅游圣地”等核心元素汇聚起来，提出加快建设“河源文化、天人合一的生态文明高地，藏羌走廊、和而不同的多元文化高地，红色长征、脱贫攻坚的时代精神高地，高原雪山、民俗体验的世界旅游目的地”的发展目标。其他省区如甘肃省提出“甘肃是黄河流域史前文明的肇兴之地，是黄河流域传统政治文明的重要策源地，是黄河流域古代文化步入巅峰前的再出发之地，曾长期是黄河文化对外交流的窗口，曾是黄河文化与世界文化融合的前沿基地”，青海省提出“青海黄河文化的五个特质，即青海黄河文化是中华民族文明发祥地的源头文化，是人与自然和谐相处的共荣文化，是传承融合包容开放的多元文化，是治水兴水护水乐水的水利文化，是新时代贯彻新发展理念的生态文化”，宁夏回族自治区提出“推进黄河流域生态保护和高质量发展先行区建设”，文化方面重点建设“黄河文化传承彰显区”，山西省提出

“全力打造黄河流域生态保护和高质量发展的山西标杆”，也都与当地的综合优势紧密结合起来。

地处黄河下游的山东省，则提出了黄河文化保护传承弘扬的“五个定位”：一是突出黄河、泰山、孔子三大标识汇聚的巨大文化价值，建设中华文明保护传承示范区；二是突出黄河三角洲河海交汇、野生鸟类、新生湿地等旅游资源优势，建设国际知名生态旅游目的地；三是突出山东半岛城市群龙头带动作用，建设黄河流域文旅产业高质量发展先行区；四是突出尼山论坛、儒学大会和稷下学宫等世界文明交流的高端平台优势，打造世界文明交流互鉴高地；五是突出黄河下游地区沿海区位优势，打造黄河文化出海大通道。山东的文化发展定位地域特色鲜明，文化优势突出，产业带动有力，其发展思路和主要做法很值得河南借鉴。

站位河南看河南，传承创新是主线。河南地处黄河中下游分界线，黄河在河南境内流经三门峡、洛阳、郑州、焦作、新乡、开封、濮阳和济源示范区等7市1区，河道总长711公里，是华北平原的重要生态安全屏障，也是黄河文化孕育、形成、融合、发展的核心区域。要深刻理解黄河流域生态保护和高质量发展的核心要义，明确河南在黄河流域发展中的特点优势、文化定位、使命担当，以黄河、黄帝、古都、甲骨文、功夫等最具中原文化特质的文化标识为底色，以传承创新华夏历史文明为动力，以推动黄河文化与旅游业深度融合发展为重点，全力打造覆盖全省、辐射周边、互联互通的黄河文化保护传承弘扬核心示范区，真正把黄河河南段建设成为传承历史的文脉河、造福人民的幸福河。

（二）构建“一核两带两翼多点”的黄河文化空间布局

保护传承弘扬黄河文化，河南既要重视黄河沿线的三门峡、济源、洛阳、郑州、焦作、新乡、开封、濮阳八个核心地市，又要重视黄河故道经过的周口、商丘、鹤壁、安阳四个地市，同时还要兼顾其他黄河文化辐射地区。应依据河南各地市的沿河地理特征、境内水系分布、文化资源禀赋和产业发展潜力，按照核心区、拓展区、辐射区的空间范围，按照突出重点、分类推进、错位发展的基本思路，在对黄河文化资源全面精准掌握的基础上做到全省一盘棋，构建“一核两带两翼多点”的黄河文化空间布局，统筹推动黄河流域文化建设高质量发展。

“一核”引领，重点突破。“一核”，即郑、汴、洛黄河文化核心展示带，包括新乡、焦作、许昌在内的郑州大都市区城市。郑州市按照“两带一心”即黄河文化带、环嵩山文化带和中心城区文化板块的思路布局，重点围绕建设核心示范区黄河文化遗产廊道，搭建黄河文化传播交流平台，打造具有国际影响力的黄河文化旅游带，强化国内外对郑州“华夏之根、黄河之魂、天地之中、文明之源”的黄河文化主地标城市认可度，充分彰显黄河文化所包含的时代精神和时代价值，不断提升黄河文化的影响力、辐射力和感召力。开封市启动了“一带一馆一城一中心一讲述地”建设。“一带”，即沿黄生态廊道示范带；“一馆”，即黄河悬河城摞城展示馆；“一城”，即宋都古城；“一中心”，即黄河国际文化交流中心；“一讲述地”，即东坝头中国共产党治黄故事讲述地。通过黄河历史文化主地标建设，打造具有世界意义国家价值的标志群。洛阳市高起点编制了《洛阳黄河流域生态保护和高质量发展规划纲要》《洛阳市黄河文化保护传承弘扬规划》等相关规划，提出要打造大运河文化、黄河文化遗产廊道保护传承利用先行区，以隋唐洛阳城国家历史文化公园为重点和突破口创建国家文物保护利用示范区，在保护利用的理念思路、方式方法和体制机制上进行了创新。新乡市把推动黄河流域生态保护和高质量发展写进 2020 年新乡市政府工作报告，按照“黄河岸边的山水园林、郑新一体的生态纽带、黄河文化的传承创新样板区”等定位，谋划沿黄生态带建设。焦作市提出以黄河为纽带，构建“一河通五轴、一带联三心、一区融六点、两山协两拳”的布局思路。

“带”“翼”齐飞，多轮驱动。“带”即黄河文化拓展带，包括三门峡、济源和濮阳三个地区；“翼”即黄河文化历史沉积带，包括豫北安阳、鹤壁和豫东商丘、周口等黄河文化的富集的黄河故道地带，力争把黄河历史文化展示带打造成为亮点鲜明、内涵丰富、内容全面的人文景观带。三门峡坚持“保护生态，涵养水源”原则，以系统修复和保护生态为主要目的，重点打造的黄河流域（湖滨区段）生态保护和高质量发展示范区项目及百里黄河生态廊道暨文化旅游绿道工程，同时融入地域特色文化旅游要素，创造更多的生态文化产品，尽量满足人民群众休闲文化需求。济源以愚公移山干部学院和愚公移山精神展览馆为依托，实现了愚公移山精神的有效落地，并打通了交通瓶颈，将传播力和影响力延伸至京畿地区。濮阳提出了“一核两带四片区”的发展新格局，“一核”即以历史文化资源为依托，以市中心城区、濮阳县城区为重点，将其打造成为具有全国影响力的龙文化、杂技文化核心展示区。“两带”即以黄河、金堤河自然生态为依托，建设濮范台黄金生态旅游带；以马颊河、引黄入冀补淀工程沿线生态资源、农业资源为依托，建设濮清南乡村旅游示范带。“四片区”即重点建设上古文化展示区、杂技文化示范区、红色文化传承区、现代体育体验区。安阳、鹤壁和豫东商丘、周口等黄河故道地市黄河文化积淀丰厚，也应列入黄河文化保护传承弘扬拓展带，与三门峡、济源、濮阳三地市形成东西两带共进、南北两翼齐飞的发展格局。

“多点”辐射，错位发展。“多点”黄河文化辐射带，包括黄淮交界区域的漯河市、驻马店市、平顶山市、南阳市、信阳市，要抓住国家重大战略机遇期，强力推进各地历史文化资源的开发利用、创新发展。在编制各类文化发展规划时，要主动对接国家和全省战略，积极沟通沿黄地市，尽可能地统筹各部门、各地区、各行业之间的协调发展，确立各地文化定位，突出地域文化特色，避免同质竞争，建立信息共享机制、联合防治协调机制等，积极融入保护传承弘扬黄河文化的国家战略之中。

（三）谋划黄河文化保护传承弘扬的突破口

黄河文化保护传承弘扬要有国际视野和时代眼光，要深刻认识黄河文化的历史意义和时代价值，深刻理解黄河流域生态保护和高质量发展的核心要义，抓住发展机遇，凸显黄河文化特别是河南段黄河文化的优势与特色，打造核心区、先行区与样板区，谋划黄河文化保护传承弘扬的突破口。

打造黄河文化保护传承弘扬核心区。以大项目建设为引领，充分彰显河洛文化在黄河文化中的中心地位。通过组织申报世界文化遗产、搭建文明对话平台等具有世界影响力的文化工程，重点实施一批中华古都名城展示、大遗址保护、非遗传承等具有国家意义的文化项目，将以河南为主体的大中原地区建设成为黄河文化保护传承弘扬核心区。

打造黄河国家文化公园建设先行区。发挥郑州、洛阳、开封、安阳四大古都和龙门石窟等世界文化遗产集群优势，整合始祖文化、河洛文化、仰韶文化、二里头文化、古都文化、功夫文化等。黄河国家博物馆建设要从国家层面定位规划，吸纳全流域的文化特色，突出郑州黄河主地标城市的文化元素，打造一站式展示黄河地理、人文、历史、治理的综合平台和地标建筑。

打造黄河文化和旅游融合发展样板区。发挥文化大省和旅游大省优势，以“融合发展”为主线，坚持“宜融则融、能融尽融，以文促旅、以旅彰文”的发展理念，加快整合优质旅游资源，完善全域旅游空间体系，打造文旅产业IP，在乡村振兴、智慧旅游、黄河滩区生态旅游、城市文化修复与有机更新等领域先行先试，建设郑汴洛国际文化旅游带，争当全国文旅融合的“模范生”，全力推进融合、融通的智慧化旅游目的地建设。

三　抓住工作重点

依托河南数千年来积淀的丰厚历史文化资源，凭借河南在黄河文化中占据的重要地位，确立“保护传承弘扬黄河文化核心示范区”这一目标定位，通过狠抓一批重点工作，推进“保护传承弘扬黄河文化核心示范区”建设。

（一）推进文明起源和早期中国研究

黄河是中华文明重要的发祥地和“最早中国”所在地，要推动黄河文化保护传承弘扬，一项最根本、最重要的工作就是通过考古、历史工作推进文明起源和早期中国研究。习近平总书记在2020年9月28日主持中共中央政治局集体学习时强调，考古发现展示了中华文明起源和发展的历史脉络，展示了中华文明的灿烂成就，展示了中华文明对世界文明的重大贡献。文明起源和早期中国研究，揭示、构建、充实了黄河文化，奠定了黄河文化保护传承弘扬的物质基础。河南是文明起源和早期中国研究重大项目实施的核心区域，强化此项工作是黄河文化保护传承弘扬应有之义。

持续深入开展文明起源探索。中华文明5000年已经成为我国学术界的共识，但在文明发展的源头、内在机制与发展动力等方面依然受到西方学界的质疑，因此文明起源研究是增强文化自信的客观要求。黄河中下游流域是中华文明起源研究的重心所在，与陕西、山西、山东比较，河南拥有更加完整的史前文化谱系，数量众多的史前文化遗址点自然成为文明起源研究的核心区域。要以登封老奶奶庙、新密李家沟、巩义双槐树、郑州大河村、灵宝铸鼎塬、濮阳西水坡等关键节点遗址为突破口，联合国内顶尖考古科研机构，多学科联合攻关，寻找早期文明的线索，更深入触及文明起源的文化基因。要加大考古成果的展示力度，加快推出文明起源研究成果，申报国家考古遗址公园，建设黄河早期文明研学基地，展示黄河早期文明的丰富内涵。

着力推进夏文化研究。夏文化研究的突破，将成为我国考古界、史学界近几十年最具标志性的成果，必将极大推动黄河文化保护传承弘扬，增强我国民族自信心与自豪感。河南曾经是夏文化研究的中心区域，近年来面临专业人才匮乏、考古经费不足、话语权不强等诸多问题。夏文化研究关键在人才与资金，要利用“考古中国·夏文化研究”项目启动的机遇，启动人才振兴工程，引进专业人才，培养领军人才，获取夏商文化研究话语权。建议省委省政府牵头，成立省文物考古研究基金，为抢占夏文化研究制高点提供资金保障。要以偃师二里头遗址为中心推进夏文化研究，加大考古工作力度，结合历史文献，找出更多二里头文化是夏文化的直接证据，持续掀起二里头文化研究热潮。加快建设二里头国家考古遗址公园，启动二里头夏都遗址申报世界文化遗产工作。扩大“早期中国”研究范围，推进对王城岗遗址、郑州商城等夏商古都遗址考古与保护开发力度，展示黄河中游夏商文化的深厚底蕴和核心地位。

（二）打造郑汴洛黄河文化核心地带

郑、汴、洛作为我国八大古都的成员，历史资源丰富，有世界文化遗产项目4项，全国重点文物保护单位158处，国家级非物质文化遗产20项，具备打造郑汴洛黄河文化核心地带的文化底蕴，但目前黄河文化保护传承弘扬并不理想。主要表现为历史文化保护利用不够，与城市发展不相融，资源整合不充分，文化地标效应不鲜明。因此，河南要发掘古都文化资源特色，构建“一核三极”的郑汴洛黄河文化核心展示带。

打造以嵩山为中心的黄河文化核心区。嵩山是中原文化也是黄河中游文化的符号与象征，是中华文明主要起源地之一。中原文化区要凸显嵩山的“一核”文化地标，通过考古、历史研究工作，构建清晰的嵩山文化发展脉络，凸显嵩山为中华文明起源地之一的地位。要整合嵩山文化资源，以“天地之中”历史建筑群为核心，加大嵩山历史文化资源保护，进一步提升嵩山世界文化遗产的品位。以少林武术产业为抓手，带动体育器械、健身疗养、影视动漫等相关文化产业发展，建设泛嵩山文化产业区。联手关中文化区、齐鲁文化区，打造“一河连三山”的黄河文化高地，擦亮嵩山这张世界文化遗产名片，提升黄河文化国际地位。

构建郑汴洛古都文化保护利用特色区。郑汴洛三大古都各具特色，要将文化资源保护利用与城市建设相统一，进行创造性转化、创新性发展。西安大唐不夜城能成为网红历史文化名片，曲阜古城文创产业能利用传统文化异军突起，关键在特色与创新。洛阳作为十三朝古都，既不能眼红于西安开发大唐文化的成功，更不能亦步亦趋照葫芦画瓢，零敲碎打。洛阳应该立足夏商、汉魏、隋唐三大成片古都文化核心区，探索构建洛阳文物保护传承工作特区。大手笔、大投入将三大成片古都文化区融为一体，成片展现十三朝古都风貌。郑州在保护夏商文化资源的基础上，要在遗址保护利用的可观性上下功夫，要杜绝盲目上项目，搞面子工程。目前要搞好黄河国家博物馆、大河村国家考古遗址公园和郑州商城国家考古遗址公园等项目建设，并做好研学基地建设规划，从地标性、品牌性与城市名片的角度进行策划和建设，而不是流于形式、平庸化，要从二砂文化创意园的兴建上寻找创意经验与兴奋点。同时整合郑州市黄帝文化资源，加大新郑黄帝故里文化品牌的保护开发力度。开封突出宋都古城特色，在三大古都中文创最为成功。目前要加快实施宋都古城考古发掘、保护与修缮工程，不断丰富清明上河园文创产品，整合开封府、天波杨府等宋文化主题公园，更多激活类似开封古城马道博物馆VR重现古城风貌的文化创意。

建设三城融合黄河文化保护传承弘扬示范区。黄河文化保护传承弘扬，要杜绝当代行政辖区的局限性，进行跨区域资源整合，融城共建。青海目前有兰西城市群文旅产业项目，陕西有关中城市群文旅融合项目，可见只有城市文化资源整合，才能达到“1+1>2”的效果。郑汴洛文化资源整合，要从文化资源共同之处着手。郑洛共建“河洛文化片区”和“世界一流佛教文化保护展示区”。郑汴以宋都、宋陵为支点，打造大区域宋文化片区。郑汴洛联手，上起河洛汇合处，下到开封东坝头，以邙山陵墓区、楚汉霸王城等为支点，连点成线，扩线成片，结合黄河生态廊道建设，建设河洛郎碑刻等标志性建筑，打造黄河核心文化带，进而整合大运河文化带、丝绸之路文化带建设，“三带”共进，构建内容丰富的“保护传承弘扬黄河文化核心示范区”。

（三）推动黄河非物质文化遗产活态传承

河南沿黄非物质文化丰富，是黄河文化保护传承弘扬的重要内容。目前，非物质文化遗产存在发掘不深入、保护不完整、利用不充分等问题，急需采用强有力的措施推动非物质文化遗产活态传承。

实施非物质文化遗产保护工程。沿黄九省区都对非物质文化遗产进行了初步普查登记，河南要与其他省市合作，进一步分类分档建立数据库。要挖掘非物质文化遗产文化内涵，借鉴陕西推行的非遗记忆工程，出版非物质遗产记忆丛书。要积极推进推动国家级、省级文化生态试验区创建。青海、陕西、山西、河南目前各有一个国家级文化生态试验区，山东沿黄地区有十个省级文化生态试验区，显然走在其他省市的前面。河南要积极筹备申报国家嵩山文化生态保护试验区、温县太极文化生态保护试验区、濮阳杂技文化生态保护试验区等，筹建沿黄省级文化生态保护试验区。建设沿黄城市非物质文化遗产保护展示中心，推动非物质文化遗产展览展示。

推进非物质文化遗产活态传承工程。非物质文化遗产要保护，更要活态传承。山东发掘儒学尊师重教非遗文化，恢复传统礼仪。山西实施“乡村非遗记忆工程”，充分发掘乡村戏曲、民歌、舞蹈艺术。河南要提升豫剧、曲剧等传统戏曲艺术及黄河号子等民歌的活态展示力度。要借鉴山东恢复曲阜国家级非物质文化遗产——祭孔大典的做法，发挥新郑黄帝故里拜祖大典、内黄颛顼帝喾祭拜大典的影响力，彰显黄河文化之根的底蕴。

提升非物质文化遗产创新性转化工程。四川开发羌绣、唐卡、藏香等羌族、藏族少数民族非遗产品，在阿坝建立少数民族文化产业园区，青海推出“指尖上的青绣”，山西广泛兴办非物质文化遗产转化企业，举办非物质文化遗产博览会，都在经济效益、社会效益方面取得了较好的成果。河南要加强对焦作四大怀药种植与炮制、孟州黄河澄泥砚、巩义窑瓷艺、开封汴绣等民间手工技艺及民间艺术等非物质文化遗产科学开发转化，谋划成立生产企业进行规模化生产，打造文化产业片区。提升杂技、体育竞技等演示类非物质文化遗产的转化力度，建设类似于濮阳水秀国际大剧院、登封少林武术教育培训产业区、温县黄河生态与太极文化融合新区的演示中心、教育基地和文化片区。

（四）实施黄河文化重大项目带动战略

黄河文化保护传承弘扬要以重大项目为载体，实施龙头带动战略。河南在谋划项目方面走在沿黄各省区的前面，但面临统筹不够、定位不准、起点较低、同质化严重等问题，实施重大项目过程中，必须解决这些问题。

打造国家级的黄河文化公园和博物馆。沿黄各省区都在推动建设黄河文化公园，黄河国家文化公园建设要从国家层面进行顶层设计。河南沿黄各市要积极参与《黄河国家文化公园专项规划》编制工作，深入研究国家文化公园的相关政策，加强沟通协调，突出地域文化特色，避免同质化低起点竞争，争取将沿黄重点文化、旅游项目列为黄河国家文化公园核心展示区、集中展示带、特色展示点，重点打造郑州、开封、洛阳、三门峡、濮阳黄河国家文化公园。黄河国家博物馆建设要以“国家级”定位规划，吸纳全流域文化特色，突出郑州黄河主地标城市的文化元素，打造一站式展示黄河地理、人文、历史、治理的综合平台和地标建筑。

建设地标性考古遗址公园。实施沿黄大遗址保护工程，是推动黄河文化保护传承弘扬的重要途径。青海建设喇家国家考古遗址公园，甘肃兴建锁阳城国家考古遗址公园，山东打造鲁国故城、城子崖遗址等国家考古遗址公园，均取得了明显成果。考古遗址公园建设可极大避免黄河文化保护传承弘扬项目的低质化、同质化，河南要重点建设二里头、汉魏洛阳故城、隋唐洛阳城、大河村、郑州商城、安阳殷墟等沿黄地标性国家考古遗址公园。筹建登封王城岗、新密新寨等省级考古遗址公园，丰富黄河文化保护传承弘扬的内容。

实施黄河文化与生态共融项目。文化与生态共融是黄河文化保护传承弘扬的有效手段。山东东营兴起文化与生态融合战略，以黄河口国家公园为核心，培育了“黄河入海，我们回家”的特色文旅品牌。四川将藏、羌民族文化、草原游牧文化与高原湿地生态文化结合，全力打造国家级若尔盖湿地公园，扩大了“中华水塔”的功能。河南要推广郑州大遗址保护生态绿化经验，为全国文物保护树立郑州范式。要进一步构建沿黄生态、文化融合长廊。按照全省黄河生态廊道“一廊三段七带多节点”的总体规划布局，融合沿黄河沿线仰韶村、郑州商城等文化遗址点，实现“走黄河生态绿道，品华夏文化风情”的愿景。要科学理解黄河文化的内涵，发掘商丘、安阳、鹤壁三市黄河故道历史文化资源，打造豫东、豫北黄河故道风情园。

四　加强文旅融合

真正破解黄河文化和旅游融合发展方面存在的诸如融而不合、融而不深等问题，不仅要寻找推进工作的着力点，打造精品工程，而且要积极推进黄河文化和旅游区域、产业、市场、服务、交流等方面的深度融合，并以此带动全省文化旅游的高质量发展。

（一）找准黄河文化与旅游融合发展的着力点

黄河文化与旅游融合发展是一个系统工程，既要有前瞻性思考、全局性谋划、战略性布局、整体性推进，又要从以下几个方面找准切入点和突破口。

以黄河生态保护区建设为抓手打造沿黄生态文化旅游带。学习借鉴山东、甘肃、陕西等省区的成功经验，将郑州与开封、郑州与洛阳、郑州与新乡、郑州与焦作、洛阳与三门峡、洛阳与济源、开封与濮阳、新乡与濮阳等黄河沿线城市之间的沿黄生态文化旅游观光廊道及生态保护区串联起来，将河南沿黄地区打包打造成统一管理、协调发展的黄河生态文化旅游示范带。同时，将黄河沿线的古都文化、考古遗址公园、山水景观及水利工程等有机结合起来，进一步完善黄河沿线基础配套设施，建设一批地方特色鲜明的黄河文化旅游地标和标志性人文景观，将河南沿黄地带打造成具有国际影响力的黄河文化生态旅游的重要样本。①

以重点文化旅游景区为龙头打造河南沿黄文化旅游共同体。河南是全国范围内唯一同时拥有黄河、大运河、古丝绸之路、南水北调水利工程以及长城、长征等线性文化旅游资源的省份。为此，一定要珍惜和综合利用好这些文化旅游资源。要以洛阳、郑州、开封、安阳、浚县古城等国家历史文化名城为重要节点，以黄河现有河道为主线，以三门峡大坝、小浪底黄河风景区、巩义河洛交汇处、武陟嘉应观、温县陈家沟、登封少林寺、郑州黄河文化公园、郑州花园口旅游区、兰考东坝头黄河湾风景区等重点文化旅游景区为龙头，整合其他相关文化旅游资源，努力构建河南沿黄文化旅游共同体，将河南建设成为整个黄河流域乃至全国的重要文化旅游融合发展先行区。②

① 唐金培：《根植黄河文化 推动文化旅游融合发展》，《河南日报》2020 年 12 月 16 日。

② 唐金培：《根植黄河文化 推动文化旅游融合发展》，《河南日报》2020 年 12 月 16 日。

以传统产业转型升级为突破口打造全国有影响力的文化旅游产业集群。河南是文化资源大省也是文化旅游产业大省，要使河南由文化资源大省和文化产业大省变成文化旅游产业强省，必须充分发挥河南的文化资源优势和传统文化产业优势，将以黄河文化为代表的各种文化元素以及相关科技元素有机融入相关传统文化产业和旅游产业之中，不断丰富传统文化产业和旅游业的文化内涵，将传统文化产业装上腾飞的翅膀，将传统旅游产业附上不朽的灵魂。同时，通过对文化旅游产业的业态创新、内涵创新、品牌创新，积极推进传统文化产业和旅游产业转型升级，逐步形成发展动力强劲、集约化程度高、市场竞争力强的文化旅游产业发展新格局。为推进河南文化旅游强省建设和实现中原更加出彩提供强有力的支撑。

（二）打造黄河文化旅游融合发展精品工程

作为全国唯一列入长城、大运河、长征、黄河等国家文化公园大盘的省份，河南要牢牢抓住和把握好文化旅游发展重大战略机遇，在黄河文化旅游融合发展方面着力打造精品工程。

大力实施一批黄河文化展示活化工程。以黄河文化遗产的系统性保护为出发点，紧紧围绕并重点突出“中华源·黄河魂”这一主题，深入挖掘以轩辕黄帝、颛顼、帝喾等为代表的中华人文始祖文化，活化再现以王城岗、庙底沟、大河村、二里头、双槐树等为代表的史前考古遗址遗迹，保护传承好以洛阳水席制作技艺、唐三彩烧制技艺、河洛大鼓、洛阳宫灯、河图洛书、开封汴绣、朱仙镇木版年画、开封盘鼓等为代表的非物质文化，充分发挥好历代黄河治理故事、大禹治水传说等民间传说，推出一批河南地方特色鲜明、中原文化底蕴深厚的文艺作品和演艺精品，充分发挥以黄河博物馆和河南博物院为代表的展示平台，充分展现辉煌灿烂的河南黄河文化的独特魅力。

着力推出一批黄河文化旅游产品。要以国家和省十四五规划纲要编制和实施为契机，在河南黄河沿线城市重点规划建设一批展现黄河历史变迁、黄河文化传承保护、黄河精神及其时代价值的重点文化旅游产业项目。通过建设黄河国家湿地公园、黄河国家地质公园、黄河国家文化公园、黄河故道森林公园、黄河文化产业园、黄河悬河文化国家公园等重大文化旅游产业项目，实现河南黄河文化旅游产业整体提档升级，真正让黄河文化通过文化旅游产业高质量发展得到保护传承和弘扬，使黄河文化从博物馆、书斋中走出来融入人们的日常生活，而且能够使人们在消费文化旅游产品和服务的过程中轻轻松松就能看得见、摸得着、感受得到。

集中打造一批黄河文化旅游精品线路。一是集中打造穿越千年的中华古都探秘游精品线路。凸显河南洛阳、郑州、开封、安阳、商丘、许昌等地的古都文化特色。二是集中打造中华文明溯源游精品线路。将新郑郑韩故城遗址、郑州商城遗址、偃师二里头遗址、巩义双槐树遗址、渑池仰韶文化遗址等串珠成链，重点突出河南在中华文明起源中的重要地位。三是集中打造中华姓氏寻根游精品线路。以新郑黄帝故里、登封大禹故里故都、偃师客家先人出发地以及众多单姓祖地等为节点，使河南成为海内外华人寻根问祖的心灵故乡。四是集中打造中华武术文化体验游精品线路。使登封、温县、荥阳等地分别成为少林功夫、太极拳、苌家拳等武术文化体验地。五是集中打造黄河水利水工研学游精品线路。重点展示河南黄河大堤、三门峡大坝、小浪底水利枢纽工程、南水北调穿黄工程等重要水利工程。

（三）实施黄河文化旅游融合发展带动战略

从整体上看，河南黄河流域八市区的历史文化资源和旅游资源相对比较丰富，近年在文化旅游融合发展方面所取得的成绩相对比较明显。不仅要充分发挥比较优势，而且要以此带动全省文化旅游融合和高质量发展。

以黄河文化旅游上下统筹带动，实现全省文化旅游区域协调发展。近年来，河南特别是黄河流域生态保护和高质量发展座谈会召开以来，河南黄河文化旅游风生水起，形势喜人。然而，黄河上下游和左右岸在发展文化旅游方面各自为战、互不协调等现象明显存在。为进一步统筹协调黄河文化旅游区域融合，既要着力打造晋豫陕、冀鲁豫、豫皖苏等跨省文化旅游协作区，又要重点建设郑洛汴、洛济焦、郑汴新等跨市跨区黄河文化旅游协作区。在实现黄河上下游、左右岸文化旅游资源的优势互补及其在各领域、全方位、全链条深度融合的基础上，形成全省文化旅游区发展合力。①

以特色黄河文化旅游项目带动，促进全省文化旅游产业发展。要准确把握文化旅游发展业态多样化、品质高端化、需求多元化等阶段性特征，积极培育演艺、文博、研学、休闲、康养等文化旅游产业新业态，培育一批黄河文化旅游龙头企业，推出一批独具地方特色的黄河文化旅游拳头产品，使黄河文化旅游产业真正成为河南沿黄市县具有核心竞争力的支柱产业。并以此带动河南全省文化旅游产业提档升级，进一步拉长和完善全省文化旅游产业链条，增强全省文化旅游产业的影响力和竞争力。

以开放的黄河文化旅游市场带动，营造全省文化旅游营商环境。文化旅游需要广阔的市场，更需要一个良好的营商环境，要充分利用河南居天下之中的区位优势，通过地上、天上、网上等立体通道，扩大黄河文化旅游产品的市场营销。同时要鼓励和吸引民间资本进入文化旅游产业特别是黄河文化旅游产业投融资领域，积极推进投资主体多元化和投资方式多样化，不断激发黄河文化旅游市场主体活力。此外，要建立集中统一的市场监管主体和运行机制，统筹国内国外、省内省外市场，加强对全省文化旅游市场的监督和管理，营造良好的文化旅游营商环境。

以高标准黄河文化旅游服务带动，提升全省文化旅游服务水平。随着生活水平的不断提高，人们对文化旅游的个性化和差异化需求随之不断扩大，对文化旅游服务的标准和规范化水平的要求也越来越高。为此，要尽快建立和完善旅馆、民宿、剧场、影院、书店、娱乐场所等公共服务设施，构建主客共享的文化和旅游新空间。要通过提升黄河文化旅游服务水平来带动和提高全省文化旅游服务水平。要运用人工智能、大数据、云计算等技术手段打造智慧文化旅游服务平台，并以游客体验为中心全面提升文化旅游智能化服务能力，以黄河文化旅游高品质促进全省文化旅游高质量。

以黄河文化旅游品牌带动，扩大全省文化旅游对外交流合作。针对当前

① 唐金培：《以文旅融合推进文化旅游强省建设》，《河南日报》2020 年 4 月 10 日。

河南黄河文化旅游品牌整体影响力不高的现实状况。要创新宣传推介模式，着力提升载体平台，通过持续举办全省文旅大会、黄河文化国际旅游节等活动，进一步完善黄河文化旅游品牌体系，提升黄河文化旅游品牌竞争力。要创作一批有影响力、有分量的体现河南人文特点和河南精神面貌的文艺精品，并借助广播影视、网络媒体、户外广告、社交媒体等多种途径推介黄河文化旅游产品，不断扩大河南黄河文化旅游品牌的竞争力和影响力。

五 讲好黄河故事

古往今来，中华民族的繁衍生息和文明进步与黄河息息相关，国家治理、人民幸福与黄河安澜紧密相连。正是千千万万个“黄河故事”汇聚成一部黄河儿女的奋斗史和文化史，凝结了中华民族自强不息、勇于拼搏、勤劳务实、开拓进取、团结奋斗、无私奉献的精神，铸就了黄河磅礴雄伟的气势和百折不挠的品格。为此，要积极探索讲好黄河故事的河南方案，扛牢讲好黄河故事的河南担当，突出讲好黄河故事的河南篇章。

（一）扛牢讲好黄河故事的河南担当

地处黄河中下游过渡地带的河南，在黄河文化孕育、形成和发展进程中发挥不可替代的作用，在黄河文化的保护传承弘扬中肩负着不可推卸的历史责任和时代使命。

坚定黄河文化自信。黄河文化蕴含众多的历史记忆和价值理念，是中华民族的根与魂。而河南是中华文明的重要发源地和黄河文化的重要滥觞地，在黄河流域九省区具有丰厚的黄河文化优势。河南应该坚定黄河文化自觉自信，用生动的语言讲好河南的黄河故事，用人们喜闻乐见的艺术表现形式再现黄河文明的绚丽画卷，为新时期增强人们的文化自信和文化自觉提供新的内生动力。

增强黄河忧患意识。以“豆腐腰”“地上悬河”著称的河南段黄河，虽然只占黄河干流长度的13%，但在历史上一个较长时期内“三年两决口，百年一改道”，给河南人民带来了巨大的灾难。讲好历史上河南人民与水患做斗争的“黄河故事”，不仅有助于从中体会治理黄河的艰辛和加强黄河流域生态保护的极端重要性，而且有助于借鉴历史经验，增强忧患意识，处理好黄河文化资源保护和经济社会发展之间的辩证关系，实现黄河流域经济社会高质量发展。

凝聚黄河精神力量。黄河文化所蕴含的精气神，以及历代治黄过程中所形成的保家卫国的理想信念、忧国忧民的忧患意识、顽强不屈的奋斗精神，都是维系国家统一的精神支柱和增强民族认同的文化根基。讲好河南黄河故事，大力弘扬以愚公移山精神、红旗渠精神、焦裕禄精神等为代表的中原人文精神，为实现中原文化更加出彩和中华民族伟大复兴汇聚起强大的精神动力。

（二）重点讲好黄河故事的河南篇章

讲好河南黄河故事，既要重点突出河南在黄河文化形成发展中的独特地位和作用，也要重点介绍河南历代黄河治理的故事，以及相关红色文化故事和先进文化故事，突出讲好河南黄河文化鸿篇巨制中最绚丽的篇章。

讲好河南黄河文化根源性故事。河南是中华民族和中华文明的重要发祥地。讲好河南黄河故事首先要聚焦中华文明起源，讲好伏羲和女娲的故事、黄帝和炎帝以及黄帝和嫘祖的故事，讲好河图洛书的故事，讲好颛顼帝喾的故事。此外还要讲好仓颉造字和甲骨文的故事，讲好河南作为中国姓氏发源地最多的省份和客家人的重要祖居地的故事，讲好司母戊大方鼎、莲鹤方壶等文物的故事，讲好龙门石窟、天地之中历史建筑群等文化遗产的故事。通过讲好河南黄河文化的根源性故事，充分发挥河南在增强文化认同和民族认同中的独特作用。

讲好河南历代黄河治理故事。河南是历史上黄河泛滥最为严重的地方，也是历代治黄水利工程最集中的地区。三皇五帝时期的大禹治水、东汉时期的王景治河、唐代的滑州治河、宋代治河工艺埽工的发明、元代的贾鲁治河、明代刘大夏主持修建的“太行堤”以及潘季驯的“束水攻沙”理论和实践等，都是古代中华民族治理黄河的杰出代表。新中国成立之初，修建了引黄灌溉济卫工程（后改为人民胜利渠）。20世纪50年代后期至60年代初期修建的千里黄河第一坝——三门峡大坝，是当时规模最大、技术难度最大、机械化水平最高的水利水电工程。20世纪90年代在河南孟津和济源交界处修建的小浪底工程，是规模仅次于长江葛洲坝水利工程的具备防洪、减淤、防凌灌溉、供水、发电等综合效益的水利枢纽工程。通过讲好历代河南治理黄河的故事，充分展现当代河南在黄河治理和生态建设等方面所取得的巨大成就，充分彰显河南在黄河治理中的独特地位和重要作用。

讲好与黄河有关的河南红色文化和先进文化故事。新民主主义革命时期，黄河是抵抗外来侵略的一道重要屏障。河南人民在中国共产党领导下，积极参军参战，涌现了爱国将领吉鸿昌、新四军第五师师长兼政委彭雪峰、抗日民族英雄杨靖宇以及狼牙山五战士之一的宋学义等将士的英雄故事。新中国成立后又先后涌现了杨贵、任羊成等人战天斗地修建红旗渠的故事，焦裕禄带领群众治理三害的故事，新乡史来贺、吴金印、张荣锁等先进群体舍小家为大家的故事，等等。要把这些故事及其所蕴含的抗战精神、红旗渠精神、焦裕禄精神等时代精神与黄河精神的传承弘扬有机结合起来。深刻揭示黄河精神的科学内涵和当代价值，为实现中原更加出彩和中华民族伟大复兴中国梦凝聚精神力量。

（三）探索讲好黄河故事的河南方案

为讲好黄河故事，黄河流域九省区各有各的妙招。要学习借鉴“天下黄河贵德清”“天下黄河富宁夏”等宣传口号，进一步突出河南段黄河的地方特色，制定和实施讲好黄河故事的河南方案。

搭建讲好黄河故事的新平台。在充分利用好新郑黄帝拜祖大典、郑州少林国际武术节、洛阳牡丹文化节、开封菊花节、三门峡黄河文化旅游节等文化旅游节会的基础上，搭建国际传播黄河故事的外文平台和载体，大力宣传河南厚重的黄河文化，讲好河南独特的黄河故事，进一步扩大河南黄河文化的国际影响力和美誉度。

用活讲好黄河故事的新载体。讲好黄河故事既要充分发挥广播电视、报纸刊物等传统主流媒体的宣传作用，也要与时俱进地发挥好互联网、微信、微博、快手等新媒体介质的作用，进一步拓展黄河文化旅游的传播渠道，通过制作黄河文化保护传承弘扬短视频、开设黄河水利史知识专栏等多种宣传推广渠道，进一步扩大黄河文化和河南黄河文化旅游品牌的影响力。

探索讲好黄河故事的新路径。讲好黄河故事的路径有千万条。其中一条重要路径就是打造具有国际影响力的黄河文化河南品牌。通过打造黄河文化旅游品牌，积极探索品牌精准营销方式，助力黄河文化旅游 IP 活化，进一步增进人们对黄河文化特别是河南黄河文化旅游的认识和了解，让黄河文化旅游品牌走出国门，叫响世界。

运用讲好黄河故事的新手段。坚持政治性、思想性、艺术性相统一，认真组织开展河南黄河故事的发掘和整理，选取历史片段、人物轶事、风土人情等，通过戏曲、电视、微电影、动漫、实景演出等多种形式，讲述河南人民治理黄河的典型事例。运用现代科技手段还原堵口救灾的历史场景，再现古今著名治黄人物的感人事迹，用小切口反映大主题，用小故事反映大时代。通过举办黄河故事演讲比赛，评选优秀作品，传承黄河文化，弘扬黄河精神，传播正能量，助力河南经济社会高质量发展，谱写中原更加出彩的新篇章。

六　重视薄弱环节

一年来，全省上下对保护传承弘扬黄河文化倾注了极大的热情与心力，也取得较多可观的成效，但是在诸如黄河文化的学理研究、中原农耕文化研究展示、河工文化挖掘呈现、黄河左岸文化建设、黄河故道文化发掘、黄河精神的提炼等方面还相当薄弱，亟待裨补缺漏，应予以重视。

（一）深化黄河文化的学理研究

理论是实践的先导。河南地处黄河中下游分界线，黄河在河南境内流经三门峡、洛阳、郑州、焦作、新乡、开封、濮阳7个省辖市和济源产城融合示范区，河道总长711公里，是黄河文化形成、融合、发展的核心区域。河南历史上一直是治理黄河的主战场，黄河下游1500多次决口2/3发生在河南，黄河26次大改道有3/4发生在河南，大禹治水、汉武帝堵口、潘季驯"束水攻沙"等重大历史事件也发生在河南，这些都是河南黄河文化丰富的资料库，也彰显了河南开展黄河文化学理研究的使命担当。

目前，沿黄九省区关于黄河文化的研究如火如荼，也形成了一大批比较有分量的研究成果，但仍然存在着散、乱和碎片化的问题，总的来说，对区域文化资源的梳理和研究着力较多，而对黄河文化的概念、内涵、特征的界定和总结，还缺乏权威的观点；对黄河文化中的物质文化的研究挖掘着力较多，而对黄河精神的提炼和宣传尚有待推进；对历史文化的研究着力较多，而对同属于黄河文化内涵的革命文化和社会主义先进文化，黄河文化的时代精神与传播路径等领域，则有待加大研究力度，还不能适应当前大力弘扬黄河文化的现实需要。当前，亟须从学理层面持续加以研究、推进和提升，需要在前人研究的基础上，普查调研有所拓展，研究内容有所提升，研究形式有所创新，做到重点突破。

（二）加大中原农耕文化的研究展示力度

中国农业的起源与发展、农业技术的发明与创造、农业的制度与理念，均与河南密切相关。河南裴李岗文化有关遗存中出土的锯齿石镰、条型石铲，尤其是琢磨精制的石磨盘石磨棒，是我国发现的最早的粮食加工工具；周朝晚期铁制农具在中原地区渐次使用；作物施肥，病虫防治，土地连作与休耕制被人们所采用。耕作方式上出现了耦耕和犁耕；到魏晋南北朝时，已经形成了耕、耙、耱、压、锄相结合的农业耕作技术体系。中原地区在农作物品种的选育、栽培和粮食的加工、储藏等方面，也处在中国传统农业文化的发展前列。于农耕基础上发展起来的丝麻的栽培与纺制，也大大推动了中华文化的形成和发展。中原农学思想、农耕制度也与河南密切相关。战国末年卫国（今濮阳）人吕不韦所著《吕氏春秋》其中四篇以"天地人""三才”为中心进行论述，传统的二十四节气即“三才观”贯穿在日常农耕生活中。另一重要农书贾思勰《齐民要术》也是以反映中原地区，即太行山以东黄河以北地区的农业情况为主。

当历史跨入21世纪，在时代转换和文明嬗变的历史节点上，之前常见的传统农业的生产方式、生产工具和农民的生活方式、生活用品，如今已经或正在发生着革命性变革，一部分甚至行将湮灭。然而从历史、文化、生态农业以及乡村旅游观光体验的角度来看，以农耕文化为切入点弘扬传统文化，又是前景广阔大有可为的。实际上，近年来传统媒体与网络新媒体频频以“回归自然、守望家园、传承文化、莫忘乡愁”等为主旨制作播出的栏目和文化作品，以及以“美丽新田园，休闲慢生活”为焦点的综艺节目，最典型如湖南卫视《向往的生活》等，都大受欢迎；农业观光体验田园游也正如星星之火般发展，这些都充分说明农耕文化资源具有创新性发展的良好基础。河南拥有丰富农耕历史文化资源，在保护传承与创新利用农耕文化资源方面却亟待加强。要重视起来，采取举措，补足短板，做好中原农耕文化的保护传承展示与开发利用。要切实加强学术研究，深入发掘传统农耕文化的内涵，开展抢救性田野调查和实证研究。通过深入挖掘和整理，对传统农耕文化进行系统性扒梳，辨别良莠，提取精华，传承弘扬。要多途径推动优秀农耕文化的传播与弘扬。大力倡导现代传媒、教育领域、文学艺术领域以优秀农耕文化为素材进行宣传教育和艺术创作。要积极推动优秀传统农耕文化的开发应用和传承发展，鼓励和支持休闲观光旅游业对农耕文化资源的开发利用，通过器物展示、活态呈现、体验感受、观光采摘等手段，大力发展休闲农业，将农耕文化创新性传承下去。

（三）加强黄河河南段河工文化的研究挖掘展示

历史上，黄河以“善淤、善决、善徙”著名，号称“三年两决口，百年一改道”，曾给下游两岸人民频繁制造灾难。而历代黄河的泛滥、改道发生地基本都与河南有关。因此，引水、治沙等诸多治河技术和治水实践也大多发生在此，河南成为积累治黄经验与取得治黄成就最多的地区。从公元前

602 年到 1938 年 2540 年中，黄河泛滥次数达 1590 余次，其中较大的黄河改道记载有 26 次，最为严重的有 5 次。黄河决口的重要地点，一是河南郑州附近，二是河南开封兰考附近，还有一个就在河南濮阳内黄附近。正因这些地区是历代黄河泛滥最为严重的地方，历代治黄也就集中在这个地区，有文献记载的如西汉“瓠子决河”（现有滑县宣房宫遗址），东汉王景治河的“荥口石门”，唐代的滑州（今滑县）治河的记载，宋代治河工艺埽工的发明，元代的贾鲁治河，明代刘大夏的“太行堤”（延津），潘季驯的“束水攻沙”理论的实践（商丘黄河古堤）等。当代治黄史上，黄河河南段不仅有人民胜利渠渠首、黄河第一座大型综合水利工程三门峡水利枢纽工程以及“世纪工程”黄河小浪底水利枢纽工程，还有武陟嘉应观、兰考东坝头、封丘曹岗险工等治黄遗迹及工程节点，此外还有近年实施的荥阳孤柏渡南水北调穿黄工程等。历代的治黄经验以及河工文化尚缺乏系统挖掘提炼和有力展示。应从省级层面，重视从历代治河史及治河工程遗迹出发，发掘河南所具有的治黄经验智慧，提炼治河文化中孕育的黄河精神；要积极借助 5G、互联网、大数据、云计算、人工智能等信息技术的发展优势，构筑有效的河工文化展示平台，加强对黄河文化的开发以及黄河文化遗产的保护与展示等。

（四）强化黄河左岸的黄河文化保护传承弘扬

河南 8 个沿黄地市中，郑州、洛阳、开封均在黄河右岸，以都城文化为核心，多年来不断挖掘和深度开发，具有厚重的历史文化禀赋和较好的文化建设基础，容易吸引资金项目和人才。然而，从黄河文化的本质特征来看，河南段黄河文化资源丰富，并不仅仅局限于郑汴洛黄河右岸历史文化旅游资源，黄河左岸的焦作、济源、新乡、濮阳同样流淌融合了中华历史文脉，蕴藏着丰富的历史文化资源，只是因种种原因经常被忽略或遗忘。以焦作为例，焦作市现有全国重点文物保护单位 27 处，省级文物保护单位 104 处，国家级非遗代表性项目 13 项。它们承载和诠释着怀川大地丰富的历史文化，但其中许多却不为人所知，其历史和时代价值有待深入挖掘。国家实施的黄河流域生态保护和高质量发展战略，恰恰为黄河左岸诸地市的历史文化资源及生态文化建设提供了千载难逢的历史发展机遇。系统整合黄河两岸文化资源，深入挖掘开发黄河左岸文化遗存，全面展示黄河流域河南段的文化魅力，对河南顺势提升全省整体经济文化实力具有十分重要的意义。因此要重视左岸诸市黄河文化的研究展示，如济源的河济文化的研究梳理；要加强左岸诸市黄河文化发展规划，如左岸黄河文化地标体系的构建，可以把武陟嘉应观、人民胜利渠渠首、滑县宣房宫、延津到长垣的太行堤、封丘曹岗险工段等纳入规划；要增加左岸黄河文化重大项目配置，如新乡滩区生态文化建设等。

（五）重视黄河故道文化的发掘弘扬

河南境内黄河故道具有时间上的多层性，空间上流域广、河道长等特点，因此，相关历史文化遗存相当丰富厚重。河南有历史记载的黄河故道所过之地有武陟、新乡、卫辉、修武、淇县、鹤壁、汤阴、滑县、内黄、西华、民权、梁园、虞城等 20 余市县。其中年代较早的黄河故道是由武陟至河北馆陶境内的黄河故道，长 270 余公里，故道两岸有残堤。明清黄河故道经开封市兰考，流经民权、商丘、虞城入安徽砀山，在河南境内面积 626 平方公里，长 156 公里，流域平均宽度为 9 公里，保存有国内最完整的黄河故道大堤。黄河故道所经之处，如安阳、鹤壁、商丘、周口等地市，留下了大量文化遗存。安阳与黄河文化有关的文化遗存中仅世界文化遗产就有 2 处——安阳殷墟、大运河文化（滑县段）。其中世界文化遗产殷墟遗址距黄河故道仅约 60 公里。殷商时期的滑县境内 97% 属于黄河流域，县域内多达 23 条黄河支流河道。内黄县的命名更是与黄河密切相关。内黄县三杨庄汉代遗址，与青海喇家遗址同属于罕见的灾难遗址，首次再现了汉代农业乡里的真实景象，不仅为研究汉代的基层社会组织结构提供了可靠的实物资料，也为黄河河道变迁等黄河水文史方面的研究提供了重要的考古资料，被誉为“中国庞贝古城”。商丘境内保存完好的明清故道黄河大堤，记录了商丘 700 多年的黄河变迁，是研究黄河变迁和古代治理黄河的活标本，为现代治黄事业留下了宝贵经验，毫无疑问是黄河文化的重要自然河体遗迹。

如果说中华文明的发生发展与黄河密不可分，是交织在一起的，既浸透了历代无数的艰辛，也浇铸了众多令人振奋的辉煌。那么黄河故道文化遗存作为黄河历史、黄河文明的重要组成部分，所记载的悲壮的历史、璀璨的文明，绝不应当被忽略或遗忘。全面而完整地记载黄河故道的历史，保护和传承黄河故道留存的文化遗产，应当是保护传承弘扬黄河文化工作中相当重要的一部分。因此应将黄河故道所经地市纳入黄河流域生态保护与高质量发展国家战略规划范围，同时积极组织科研力量研究并传播河南黄河故道文化，对河南黄河故道文化遗存进行核查与保护、传承与开发。应将黄河故道涉及的河床、堤防、闸坝遗址、渡口、河口等；黄河故道沿线的相关附属建筑，包括河湖闸坝，治黄的官署、卫所，祈祷祭祀的庙宇遗址，皇帝巡视及名臣建功的纪念性建筑，有关“河漕”的各类遗迹等；黄河故道区域内被黄河冲毁、淤废、淹埋的古运河、古城址（河南开封的城下城）、古墓葬和其他古遗址等；黄河故道区域内产生的非物质文化遗产，如相关的神话传说、民间故事、民歌民谣，黄河故道沿线和黄河夺淮700年间黄泛区所产生的各类相关表演艺术、相关民俗、礼仪、节庆，包括各种庙会等，还包括相关的传统手工艺技能以及与上述传统文化表现形式相关的文化空间（包括历史地名）等纳入核查、保护与开发利用范围。

（六）提炼黄河精神发挥黄河文化时代价值

进入新时代，黄河文化又被赋予了弘扬社会主义核心价值观、推动生态文明建设等新的时代内涵。保护传承弘扬黄河文化，既要注重延续历史文脉，突出其当代价值，强调黄河文化在增强文化自信、引领文化风尚、践行文化理念、担当文化使命等方面的价值作用，又要反对崇洋媚外、厚古薄今，这就要求各地在积极讲好黄河故事、创新延续历史文脉的同时，深入挖掘黄河文化蕴含的时代价值和时代意义，为实现中华民族伟大复兴的中国梦凝聚精神力量。

弘扬黄河文化的当代价值，需要走出历史古籍和文物古迹的束缚，需要与文化产业相融合，与现代生活相融合。既要注重挖掘黄河文化的精神特质，传播其中蕴含的天人合一的和合精神、百折不挠的斗争精神、家国同构的爱国精神、兼收并蓄的包容精神、革故鼎新的创新精神，把黄河流域孕育出来的延安精神、西柏坡精神、愚公移山精神、红旗渠精神、焦裕禄精神、大别山精神、南水北调精神、沂蒙精神等红色文化基因融入其中，又要注重借鉴古今中外治理江河的经验智慧，把那些鲜活的追求河清海晏的仁政理想、敬天爱民的民本思想、除害兴利的辩证思维、因势利导的治河理念合理吸纳进去，汇入中华民族的精神谱系，凝聚伟大复兴的精神力量。

七　统筹、组织、协调

保护传承弘扬黄河文化，要坚持优化协同高效，要统筹协调好国家战略和省级规划之间的关系，黄河上、中、下游的关系，黄河文化与生态保护、经济发展、社会进步的关系，中华优秀传统文化、革命文化和社会主义先进文化的关系。

（一）统筹好黄河文化国家战略与省级规划之间的关系

要深入学习领会《黄河流域生态保护和高质量发展规划纲要》（以下简称《规划纲要》），深刻理解黄河国家战略含义，并紧密衔接“十四五”规划，做好相应的省级规划，做到与各专项规划相互统一，融为一体，形成系统的政策规划体系。《规划纲要》将黄河文化的保护传承弘扬凝练为“延续历史文脉，挖掘时代价值，坚定文化自信”。习近平总书记在《在黄河流域生态保护和高质量发展座谈会上的讲话》中也首先强调了黄河文化为整个中华民族提供的持续深厚的精神滋养。而黄河文化精神的源头、内涵的积淀都与中原文化密切相连。河南在省级规划的制定中，要紧扣“历史文脉”和“时代价值”，充分利用自身的文化基础和优势，深入发掘黄河文化的精神内涵，对文化遗产和历史文脉着重进行创新性价值转化，充分展示其时代价值，进而为文化自信的建构打通路径。要结合“十四五”规划中的文化建设要求，找准自己的文化发展定位，以提高社会文明程度、提升公共文化服务水平为抓手，打造现代文化产业体系，讲好中国黄河故事，创新推进黄河文化的国际传播，加强多层次文明对话，从沿黄九省区中凸显出自身的文化优势和发展潜力。同时，要坚定不移贯彻第十九届五中全会精神，以文化强国、美丽中国的建设为目标，以人民的美好生活为终极指向，深刻领会新发展理念，使“新发展阶段、新发展理念、新发展格局”成为贯彻落实《规划纲要》的逻辑主线，组织立项黄河文化相关重点工程、重点项目、重要试点，制定相关重要政策，力争纳入国家规划，获取国家层面的支持。

（二）统筹好黄河文化上中下游之间的关系

要重视河南与黄河上中下游文化之间的协同联动。黄河文化包括黄河上游的河湟文化、陇右文化、河套文化，黄河中游的三晋文化、关中文化、河洛文化，以及黄河中下游的中原文化、齐鲁文化。河南处于黄河中下游，在文化的互动联结方面既有以中原为花蕊向外散发之中心优势，同时也具有承东启西进行文化交流融汇方面得天独厚的优势。在黄河文化的传承弘扬方面，要注意对黄河中上游以及下游的协同联动发展，其中尤以优秀传统文化资源的跨区域开发为典型。如黄帝文化的当代化方面，河南与陕西拥有黄帝文化的类似资源，曾经多年相争，如今看来，搁置争议，一起发展，共同将黄帝文化发扬光大，无疑是中华民族的一大幸事。类似案例还有诸如老子文化资源的开发，河南拥有鹿邑、灵宝、洛阳等重要老子活动节点，同时陕西周至县的楼观台与甘肃临洮的古狄道也存在相关的老子传说，省级之间摒弃隔阂进行协同开发无疑是互利共赢之举。再如儒家鼻祖孔子，虽然孔子生于山东葬于山东，但其政治生涯中的周游列国史，前前后后达十四年之久，都发生在河南，从濮阳、周口，到商丘、驻马店、郑州，都留下了他的足迹。儒家思想的产生与河南有很深的渊源，如果河南在孔子儒家思想相关文化资源开发方面能与山东有所联动，进行互补互融式开发，那么黄河文化的传承与弘扬无疑会迎来前所未有的历史机遇。

要突出河南在黄河上中下游全流域中的文化特色。在上中下游的黄河文化保护传承弘扬方面，中原文化优势明显。河南要立足自身特色，统筹经济、生态与文化，统筹各地市的文化资源禀赋与经济基础，以将河南打造为“保护传承弘扬黄河文化核心示范区”为目标。2019 年 9 月 18 日《在黄河流域生态保护和高质量发展座谈会上的讲话》中，习总书记对黄河的上中下游的生态保护和高质量发展有清晰明确的定位与功能划分，即上游以生态涵养和环境保护为主，中游以水土保持与污染治理为主。文化的发展根本上还是要依赖于经济基础。上中游七省区的经济发展不充分，自然环境的恶劣是非常重要的原因。河南处于沿黄九省区的中下游，在近年来的发展中，呈崛起之势，发展速度提升较快，具备相对较好的经济基础，因此也相对更好地具备经济与文化相互促进发展的整体条件。在上中下游的黄河文化保护传承弘扬方面，河南既有深厚的文化积淀以供挖掘、开发、展示、转化，也具备良好的投融资环境来支持文化的发展。河南要充分利用和抓住黄河国家战略带来的历史机遇，大力促成以经济基础支持生态的修复和文化的传承弘扬，再以生态的“绿水青山”换来经济发展的“金山银山”，以黄河文化的建设机遇形成强盛的文旅经济，从而促进经济的高质量发展，形成生态、文化、经济三者之间良性互动，力争为沿黄九省区的发展做出先行示范。

（三）统筹好黄河文化与五位一体总体布局的关系

黄河文化应该成为黄河流域生态保护与经济发展的重要路径和抓手。黄河文化的保护传承弘扬进入国家战略，标志着我们党和国家经济发展理念的又一重要变化——以生态加文化发展绿色经济的复合型发展理念显现。依据文化或生态大主题进行跨区域协同发展，展现出更宏大、更协调的经济发展战略布局和多元发展理念。黄河流域一方面因生态环境脆弱、水资源保障形势严峻、耕地红线所限等因素，传统经济发展模式严重受限；另一方面，由于历史、自然条件等多方面原因，黄河流域又是我国贫困人口相对集中的区域。破除以上困局，黄河文化的经济支撑功能必须得到凸显。文旅经济的发展又是建立在生态保护所造就的“绿水青山”基础之上，生态的保护与修复也获得逻辑基础。因此，黄河文化实际上是为黄河流域提供了新的经济发展模式和发展契机。依据传统历史文化资源和诸多红色历史文化遗存，“宜山则山，宜水则水”，统筹好黄河文化与生态保护，成为大力发展文旅融合业态、文创产业、文化研学等绿色经济的基础。

黄河文化也是当代政治建设和社会进步的重要动力与载体。内蕴丰富的黄河文化提供了许多有当代价值的中华传统伦理道德与民族精神元素，其保护传承和弘扬是促进社会进步的极其重要的思想动力之源。要将儒家一以贯之的“仁、义、礼、智、信”等中国传统社会伦理道德中的核心内容，经过创新性发展和创造性转化，使之成为河南省社会主义道德建设中的重要内容。要将黄河文化经典之一的《易经》所提出的“厚德载物”“自强不息”等中华民族精神的核心内容，以及格物致知、诚意正心、修身齐家、治国平天下等思想智慧作为中华儿女认识社会与人、家与国的逻辑关系的理论资源，加以传承弘扬。在革命战争时期，黄河文化在实践中发展出不怕牺牲、敢于拼搏的斗争精神，如大别山精神；中华人民共和国成立后，艰苦卓绝的治河史也形成了艰苦奋斗、无私奉献的精神，如兴建三门峡、小浪底等大型水利工程时广大建设者们的拼搏精神，将生命献给治沙事业的焦裕禄精神等。这种拼搏奋斗精神是当代政治建设的重要内容，也是烛照和激发当代中国经济社会建设的动力之源。

（四）统筹好黄河文化中三类文化之间的关系

一要注重优秀传统文化的当代转化，发掘发挥其当代价值。在漫长的历史进程中，以河南为代表的中原地区逐渐孕育了厚重博深、灿烂辉煌的古代文化。古都城是文化的集中展现，以古都文化为例，洛阳、开封、安阳、郑州，均为中国著名古都，其中三个都在黄河岸边，而安阳的殷墟距离黄河故道仅有60公里。再看科技文化，世界四大发明均发轫于中原；哲学宗教领域，中国第一部佛教经典诞生于洛阳，登封少林寺是汉传佛教禅宗的祖庭；文学文艺方面，名人著作更是不可胜数。在当代转化方面，河南虽然也做出了郑州的黄帝文化、少林文化，洛阳的隋唐文化，以及开封的大宋文化等，然而绝大多数传统文化资源仍处于沉睡状态，等待唤醒。黄河文化保护传承弘扬对河南来讲是一个将传统文化“活化”的重大历史机遇，要充分调动各种要素，积极创设各种条件对其进行当代价值转化，发掘和释放其作为文化产业的巨大经济潜力。二要注重现代革命文化的传承展示，使革命精神薪火相传。黄河文化的保护传承弘扬不能忽略了中国共产党创造的革命文化。在对中华优秀传统文化传承和发展的基础上，中国共产党人在实现自身历史使命的进程中，在中原大地上创造了不朽的革命文化。抗战时期，毛泽东同志把愚公移山精神与改变中华民族命运、打败日本帝国主义侵略、夺取新民主主义革命胜利紧紧联系了起来，赋予其崭新的革命精神文化含义。大别山精神中的红二十五军最终会师延安，成为延安精神中不可忽略的重要精神谱系之一。河南要梳理盘活这些珍贵的革命文化资源，使之在新时代闪现出更为璀璨的光芒。三要注重社会主义先进文化的大力发扬，使社会主义核心价值观深入人心。中华人民共和国成立以来，在中原优秀传统文化与现代革命精神的哺育下，焦裕禄精神、红旗渠精神、南水北调精神在全国脱颖而出；以史来贺、吴金印、张荣锁等为代表的新乡先进模范群体，更充分体现了社会主义先进文化建设在河南的辉煌成果。以黄河文化保护传承弘扬为契机，河南要继续在社会主义先进文化建设方面持续发力，将社会主义核心价值观的传播融入广大群众的日常文化建设，使优秀传统文化的当代化、革命文化的薪火传承与社会主义先进文化的深入传播，拧成黄河文化建设的一股绳，为中原文化的繁荣发展、中华民族的文化复兴做出贡献。

B.3
黄河文化保护传承弘扬路径研究

河南省文化和旅游厅课题组*

摘　要：以河南为代表的黄河中下游地区是华夏文明的重要发祥地之一，是中华民族的根和魂所在。河南省黄河流域文化遗产资源厚重、非物质文化遗产资源多姿多彩、文化旅游资源丰富，前期河南省就黄河文化保护已开展相关工作，打造出康百万庄园、杜甫故里、石窟寺、河洛汇流等黄河文化旅游知名品牌。目前，河南省黄河文化遗产保护在系统性、整体性方面仍有待加强，创新性不足，深入挖掘研究不够。建议建设黄河国家文化公园河南示范段、建设黄河黄金文化旅游带，构建起黄河文化保护传承弘扬的空间格局，在保护传承弘扬黄河文化中赋予河南更大的使命当担。

关键词：河南　黄河文化　黄金文化旅游带

2019年9月18日上午，习近平总书记在郑州主持召开黄河流域生态保护和高质量发展座谈会并发表重要讲话，就“保护、传承、弘扬黄河文化”强调指出：“黄河文化是中华文明的重要组成部分，是中华民族的根和魂。要推进黄河文化遗产的系统保护，守好老祖宗留给我们的宝贵遗产。要深入挖掘黄河文化蕴含的时代价值，讲好‘黄河故事’，延续历史文脉，坚定文

---

* 课题组组长：宋丽萍，河南省文化和旅游厅党组书记、副厅长；成员：李建峰，河南省文化和旅游厅办公室副主任；张飞，河南省文化和旅游厅信息中心副主任。

化自信，为实现中华民族伟大复兴的中国梦凝聚精神力量。”[①] 以河南为代表的黄河中下游地区是华夏文明的重要发祥地之一，是中华民族的根和魂所在。为保护好、传承好、弘扬好黄河文化，建设人民“幸福河”，配合国家相关部门做好《黄河流域生态保护和高质量发展纲要》和《黄河文化保护传承弘扬专项规划》编制工作，现将河南有关情况研究报告如下。

一　河南省黄河流域的地市范围

河南位于黄河中下游，黄河自陕西潼关进入河南，西起灵宝，东至台前，全长 711 公里。流经郑州、开封、洛阳、安阳（滑县）、新乡、焦作、濮阳、三门峡 8 个省辖市和济源产城融合示范区的 72 个县（市、区），国土面积 5.96 万平方公里，占全省 35.7%，常住人口 3865 万人，占全省 40.2%。考虑到延续国家“十三五”规划关于“推进沿黄生态经济带建设”的相关内容和河南省“地上悬河”的特性，建议将河南省规划范围扩展至以上沿黄 8 市 1 区的所有区域。此外，历史上黄河在河南省境内曾发生多次改道，黄河故道的范围也涉及商丘、安阳、周口等部分地区。

二　河南省黄河流域的资源特点

（一）文化遗产资源得天独厚

河南沿黄 8 市 1 区共有世界文化遗产 4 处，全国重点文物保护单位 201 处，省级文物保护单位 506 处；国家考古遗址公园 9 个（含挂牌和立项两类），大遗址 15 处；国家级历史文化名城 4 个，国家级历史文化名镇 3 个，省级历史文化名镇 11 个，国家级历史文化名村 3 个，省级历史文化名村 13 个；传统村落 258 个，其中中国传统村落 46 个；各级各类博物馆 178 家，藏品 726450 件（套）。

---

① 习近平：《在黄河流域生态保护和高质量发展座谈会上的讲话》，《求是》2019 年第 20 期。

河南沿黄文化资源呈现以下价值特点：一是河南黄河流域历史文化一脉相承没有断线。从距今60多万年到1万多年前均有大量旧石器遗存；9000多年前开始农业生产的裴李岗文化，文明诞生的仰韶文化以及国家诞生前的龙山文化均具有连续发展的特征。从夏朝的二里头第一座都城开始，在三千多年的时间里有20多个王朝在这里建立都城。二是这里文化的根源性、核心性、连续性、包容性，充分展现了黄河文明作为华夏文明主干的特征。三是丝绸之路、大运河两个世界文化遗产在洛阳交会，使黄河文化在历史上具有了国际意义。四是古代、近现代人们治理黄河、利用黄河，留下了丰富的遗迹、遗物和非物质文化遗产，是人们认识黄河、改造黄河的重要遗产，是黄河精神文化的重要承载。

（二）非物质文化遗产资源丰富多彩

沿黄市县共有人类非物质文化遗产代表性项目1项（二十四节气）、国家级非物质文化遗产代表性项目52项，省级非物质文化遗产代表性项目367个，省级文化生态保护实验区5个。以上非物质文化遗产呈现出三个特点：一是影响大，如二十四节气、黄帝祭典、少林功夫、太极拳、豫剧、洛阳牡丹花会、唐三彩烧制技艺、河图洛书传说、朱仙镇木版年画、大相国寺梵乐、汴绣、黄河号子、东北庄杂技、浚县正月古庙会等一大批项目因其价值突出，在全国乃至世界范围内都具有较高知名度和影响力；二是资源多，据普查统计，全省有价值非物质文化遗产线索达22万多条，黄河沿线地区占比较大且相对集中；三是价值高，很多项目如神话传说、民俗节庆等流传久远，对于中华民族文化传承等具有广泛影响和重要价值。

（三）旅游资源丰富多彩

河南黄河流域旅游资源类型较为全面，自然与人文资源相得益彰，大类资源中，建筑与设施、人文活动、生物景观类资源最为丰富。据不完全统计，区域内共拥有旅游资源单体7个主类，22个亚类，47种基本类型。具有一定国际影响力的旅游资源有大运河世界遗产、龙门石窟、杜甫故里、北魏石窟寺、北宋皇陵、少林寺、河南博物院、黄河风景名胜区等；具有国内影响力的旅游资源有三门峡天鹅湖、虢国遗址、仰韶文化遗产、龙潭大峡谷、重渡沟、白云山、老君山、鸡冠洞黄河小浪底、神农山、嵩阳书院、二七纪念塔、楚河汉界、商城遗址、大河村遗址、黄河花园口、黄河博物馆、云台山、青天河、清明上河园、焦裕禄陵园等；具有地区影响力的文旅资源有函谷关、甘山国家森林公园、豫西大峡谷、木札岭景区、西泰山、关山、百泉湖、八里沟、万仙山、陈桥兵变处、封丘县黄河湿地、嵩山、康百万庄园、河洛汇流、虎牢关、潘安故里、郑州国家森林公园、毛主席视察黄河处、桃花峪景区、荥阳孤柏渡、黄河塬，巩义浮戏山雪花洞、青龙山慈云寺、中牟国家农业公园、雁鸣湖等。截至目前，河南黄河流域共有 A 级旅游景区 231 家，其中 AAAAA 级 8 家，AAAA 级 85 家，AAA 级 100 家；有省级旅游度假区 11 家，国家生态旅游示范区 2 家。

三　前期开展的工作

（一）坚持高位推动，持续做好黄河文化保护传承弘扬工作

河南历来重视沿黄地区生态环境保护与经济社会发展，一直致力于推动黄河流域纳入国家战略。2019 年 12 月，河南省政协在郑州发起和组织召开“沿黄九省区政协黄河生态带建设协商研讨会议”。根据会议共识，河南省政协主席刘伟联合沿黄九省区政协主席向全国政协十三届二次会议提交提案，建议将黄河生态带列入国家战略规划。2020 年 3 月，习近平总书记参加十三届全国人大二次会议河南代表团审议时，王国生同志就黄河生态文化带建设做了专题汇报。习近平总书记在河南宣布黄河流域生态保护和高质量发展重大国家战略后，省委书记王国生同志随即主持召开全省领导干部大会，明确提出要“实施黄河文化旅游精品工程，全面启动黄河母亲地标复兴，把黄河建设成传承历史的文脉河、造福人民的幸福河”。2020 年 9 月 30 日，王国生同志再次主持召开河南省黄河流域生态保护和高质量发展座谈会，听取省文化和旅游厅等 8 部门汇报工作思路，

并就黄河文化保护传承弘扬作出重要指示。陈润儿省长、江凌部长、戴柏华副省长也先后针对黄河文化保护传承弘扬作出指示。按照文化和旅游部的总体部署，根据省委、省政府的指示要求，省文化和旅游厅迅速行动，积极调研谋划。成立了黄河文化和旅游发展工作领导小组，姜继鼎同志任组长，李延庆副厅长和省文物局田凯局长任副组长，李延庆兼任办公室主任，跨处室抽调精兵强将推进此项工作。先后召开 3 次高规格专家座谈会，专题研讨黄河文化保护传承弘扬。委托黄河水利委员会、黄河文化研究会、河南省黄河河务局、河南大学黄河文明与可持续发展研究中心、河南省文物考古研究学会等开展前期研究。

（二）坚持保护优先，持续开展黄河文化遗产保护利用工作

一是抓好大遗址保护利用，彰显城市和区域文化特色。黄河沿岸的洛阳、开封、郑州是我国八大古都的三个重要都城，洛阳、郑州还是国家两个重要的大遗址片区。近几年来洛阳重点打造隋唐洛阳城，实施了天堂、明堂、定鼎门、应天门等保护展示工程，展示隋唐洛阳城“七天”中轴线，彰显了盛世古都气派。郑州以商都片区、古荥大运河片区等四大片区打造一脉相承的历史文化，开封推进北宋东京城顺天门遗址、州桥的保护发掘展示，沟通河湖水系，打造满城宋韵半城水的宋都开封形象。二是不断完善博物馆体系，展示传播黄河流域优秀历史文化。目前，洛阳市有各类博物馆 68 家，开封市有博物馆 32 家，郑州市有博物馆 31 家。洛阳和郑州都提出了建设百家博物馆的目标。沿黄各市初步形成了以河南博物院为龙头展示中原文明，以黄河博物馆为专题展示黄河文化，以各地市博物馆和各类专题馆、行业馆、民营馆为补充的全面展示黄河流域历史文化的体系。三是活态传承特色非物质文化遗产，弘扬活化黄河文化。沿线建立了相对完善的国家、省、市、县四级非遗名录体系，少林功夫、太极拳、黄河澄泥砚、洛阳唐三彩、开封汴绣、木板年画等优秀国家级非物质文化遗产传承体系较为完备，非遗展演、传习体验深入百姓生活，丰富了黄河文化的内涵。四是文化产业发展态势良好。现有国家文化产业示范园区 1

个，国家文化产业示范基地8个，省级文化产业示范园区6个，省级文化产业示范基地67个，以“禅宗少林·音乐大典”“大宋·东京梦华”“水秀”等新型演艺娱乐项目享誉全国。中国（三门峡）黄河国际文化旅游节、洛阳牡丹文化节、新郑黄帝故里拜祖大典、开封清明文化节、濮阳中国杂技艺术节享誉全球。

（三）坚持融合发展，持续打造大黄河之旅精品旅游线路

一是编好规划引领发展。近年来，河南省沿黄河各地区分别编制了黄河生态文化旅游带总体规划。三门峡市以天鹅湖旅游度假区为中心，着力引爆天鹅湖、地坑院、三门峡大坝、函谷关等核心景点，打造精品线路。焦作市实施“两山两拳”战略，构建“一带一路”重要节点黄河文明重大亮点暨打造区域高质量发展战略支撑点。新乡市以区别于西部太行山水传统观光的发展道路，依托黄河风光、现代农业、生态湿地等优势资源，以休闲度假为方向，重点培育了一批乡村旅游景点。郑州市围绕沿黄山水风光、生态休闲、文化古迹类等主要旅游景（区）点，正式推出了“中华文明溯源之旅”“文化名人修学之旅”“历史遗迹探寻之旅”“大河风光体验之旅”“生态养生休闲之旅”等5条沿黄旅游带精品线路。二是积极融入沿黄9省区旅游协作发展大格局。按照“遵循景观延续性、文化完整性、市场品牌性和产业集聚性”原则的联动开发战略，积极参与“沿黄九省（区）黄河之旅旅游联盟”活动，致力于打造一条集世界文化遗产、华夏文明、中华古都群、黄河湿地生态于一体的黄河华夏文明旅游带。推出“中国大黄河旅游十大精品线路”，将大黄河旅游推向实质性合作。在中国（三门峡）黄河国际文化旅游节举办期间，召开沿黄九省（区）“对话黄河·智慧旅游峰会”，加强沿黄九省（区）智慧旅游合作。三是加强郑州黄河文化旅游融合发展协作。郑州市、巩义市、荥阳市、中牟县、惠济区、郑州黄河生态旅游风景区等相关成员单位，有效整合康百万庄园、杜甫故里、石窟寺、河洛汇流、楚河汉界等文化旅游资源和丰乐农庄、绿源山水等生态旅游资源，共同打造郑州“黄河旅游”知名品牌。

四 存在的问题

（一）黄河文化遗产保护系统性、整体性不够，碎片化现象比较突出

黄河文化遗产分散于河南省沿黄地区的8个省辖市和1个产城融合示范区，在安阳、商丘等黄河故道区域也多有分布。长期以来，对黄河沿线文化遗产缺乏线性文化遗产统领下的整体性、系统性规划和发掘研究，对黄河沿线的非物质文化遗产也缺乏系统整理和保护。

（二）黄河文化展示载体不足，缺乏创造性开发和创新性转化

现有的黄河博物馆建设规模、展示水平均难以满足要求，对于黄河文明、黄河流域非物质文化遗产的展示较为薄弱。沿线博物馆展示黄河文化尚不成体系，建设层次参差不齐，展示主题缺乏有效统筹。围绕黄河文化的文艺创作、文创开发、旅游利用等均较为滞后。

（三）对黄河文化的内涵和精神特质挖掘研究不够，黄河文化的当代价值、时代精神及世界影响力尚未彰显

长期以来，对于黄河文化的认识停留在地域文化的层面，大多限于对黄河沿线物质遗存的研究梳理，对其精神内涵的挖掘和凝练不够，对黄河文化所蕴含的宇宙观、民族观、文明观阐释不足，缺乏面向世界讲好黄河故事、弘扬黄河文化的载体和平台。

五 基本思路及工作重点

（一）建设黄河国家文化公园河南示范段

河南地处黄河中下游交汇地带，是黄河文化的融汇交流和繁荣鼎盛之

地。河南在治理黄河过程中所形成的自强不息的民族精神、多元一统的家国情怀，是新时代坚定文化自信、实现中华民族伟大复兴中国梦的力量源泉，也是建设黄河国家文化公园的根本落脚点。围绕建设黄河国家文化公园河南示范段，我们计划重点抓好以下工作。

第一，建设一批博物馆，讲好黄河故事。优化黄河博物馆陈列展示，推进黄河文明博物馆建设，筹建中国古都博物馆和黄河非物质文化遗产馆。建设殷墟遗址博物馆，推进中国文字博物馆二期工程建设。推动二里头夏都遗址博物馆尽快对外开放。提升渑池仰韶文化博物馆，加快建设庙底沟仰韶文化博物馆。高标准建好河南博物院新馆和河南省文物考古研究院新院。

第二，提升一批大遗址，展示黄河文化。河南分布于黄河两岸的大遗址数量多，规模大，历史悠久，绵延不绝，是华夏文明的集中体现。我们将实施中华文明“培根铸魂”工程，着力打造三门峡—洛阳—郑州—开封沿黄河大遗址公园走廊。一是发掘展示灵宝北阳平和西坡仰韶文化遗址群、偃师二里头遗址、偃师商城遗址、巩义双槐树遗址、郑州大河村、郑州商城遗址等大遗址，做好黄河文化核心区文明起源与早期中国研究。二是提升邙山陵墓群、巩义宋陵和龙门石窟、巩义石窟寺的展示利用水平，推进汉魏洛阳故城、隋唐洛阳城、北宋东京城等整体保护与利用，展现黄河流域多民族融合发展与中华民族“大一统”思想观念的形成历程。

（二）建设黄河黄金文化旅游带

推动文化和旅游融合发展，是黄河流域生态保护和高质量发展的重要抓手，也是建设人民“幸福河”的重要体现。河南郑、汴、洛“三点一线”沿黄旅游发展已较为成熟，基本建立了以古都为载体的陆上旅游产品体系。下一步，重点是要推动沿黄旅游业“向河发展”，加快构建“陆河互动、区域协同”的国际黄河旅游目的地。

第一，建设三大文化旅游片区，打造黄河文化旅游精品工程。（1）黄河小浪底片区。主要包括三门峡、洛阳、济源。计划构建长达550公里的环湖风景廊道，串点成线，打造具有世界影响力的滨水旅游度假区。(2) 郑州花园口片区。结合郑州大都市区建设，以巩义康百万庄园、郑州古荥—黄河风景名胜区—花园口生态旅游区、焦作嘉应观—陈家沟等为依托，打造适应郑州大都市区近 3000 万人口常态化游憩需求的首选旅游目的地。(3) 开封东坝头片区。以开封为中心，依托城摞城遗址、兰考东坝头黄河九十度大拐弯等，以宋文化为展示核心，大力发展都市游、生态游、湿地游，建设新时代生态文明思想体验型旅游目的地。

第二，构建三个文化旅游协作区，推动沿黄区域文化旅游协同发展。(1) 豫晋陕黄河文化旅游协作区。对接晋陕豫黄河金三角国家区域发展战略，加强三门峡（陕州、灵宝等）与山西运城（平陆、芮城、永济等）、临汾（侯马、乡宁等）及陕西渭南（潼关、华阴等）的文化资源整合与旅游协作，大力发展豫晋陕黄河文化寻根游。(2) 冀鲁豫黄河文化旅游协作区。以濮阳市（台前、范县）为支点，联动聊城（阳谷、东阿、莘县）、济宁（梁山）、泰安（东平）、邯郸（大名）等，重点建设刘邓大军挺进大别山（孙口渡口）、东平湖风景名胜区、水泊梁山旅游区、大名府故城等，构建以黄河文化、运河文化、红色文化、水浒文化为内容的区域文化旅游目的地。(3) 豫皖苏黄河文化旅游协作区。整合商丘、宿州、徐州境内的黄河故道文化遗存、工业遗产、生态湿地、民间艺术等资源，共同打造黄河故道文化风情体验区。

六　相关意见和建议

（一）建议国家构建“一轴一核六片区”的黄河文化保护传承弘扬空间格局

“一轴”即青海、四川、甘肃、宁夏、内蒙古、陕西、山西、河南、山东等 9 省区境内黄河干流所串联的多元一体的中华文明长廊。“一核”即由西安、洛阳、郑州、开封等黄河流域四大古都所支撑的黄河文化核心区，该区域居于全国政治、经济、文化中心长达3000多年，是中华民族根和魂的孕育之地。“六片区”即黄河流域的河湟文化、河套文化、关中文化、三晋文化、河洛文化、齐鲁文化等地域文化区。

（二）建议国家在河南郑州举办大河文明国际论坛

郑州是国家中心城市和交通枢纽城市，位于黄河中下游分界点，具有“悬河头、华北轴、百川口、万古流”的独特地理优势，同时也是黄河流域的四大古都之一和黄河文明博物馆所在地。建议国家支持郑州定期举办大河文明国际论坛，建设论坛永久会址，开展黄河与尼罗河、印度河两河等大河流域文明对话，交流互鉴。

（三）建议国家启动黄河流域世界遗产系列申报工作

黄河是超大规模的线性自然和文化遗产，建议国家：一是启动黄河世界自然和文化双遗产申报工作；二是支持黄河沿线的重要水利灌溉工程申报世界灌溉工程遗产；三是支持豫陕晋等相关省份联合将仰韶文化重要遗址申报为世界文化遗产；四是支持河南将太极、少林功夫等申报为世界非物质文化遗产，将灵宝川源古枣林、新安传统樱桃种植系统等申报为全球重要农业文化遗产。

（四）加强与丝绸之路经济带、大运河文化保护传承利用等国家重大战略的对接融合

丝绸之路经济带的区域范围与黄河中上游在地理层面高度吻合，大运河的空间走向在河南和山东境内与黄河相互交错，这三大国家战略共同串联起世界上最长、最具发展潜力的文化和经济大走廊。河南是丝路文化、大运河文化、黄河文化的融汇交织区域，建议国家支持河南统筹实施黄河文化、丝路文化、大运河文化的保护传承弘扬，赋予河南更大的使命担当。

附件1 河南黄河流域世界文化遗产

1. 洛阳龙门石窟。

2. 安阳殷墟。

3. 登封“天地之中”历史建筑群。

4. 大运河河南段：洛阳含嘉仓160号仓窖遗址、洛阳回洛仓遗址、通济渠郑州段、卫河（永济渠）滑县浚县段。

5. 丝绸之路河南段：隋唐洛阳城遗址、汉魏洛阳城遗址、新安汉函谷关遗址、崤函古道石壕段遗址。

附件2 河南黄河流域国保单位（201家）

郑州市：

1. 太室阙	东汉	登封
2. 少室阙	东汉	登封
3. 启母阙	东汉	登封
4. 嵩岳寺塔	北魏	登封
5. 观星台	元	登封
6. 郑州商代遗址	商	郑州
7. 郑韩故城	东周	新郑
8. 净藏禅师塔	唐	登封
9. 打虎亭汉墓	东汉	新密
10. 西山遗址	新石器时代、东周	郑州
11. 王城岗及阳城遗址	新石器时代	登封
12. 初祖庵及少林寺塔林	唐—清	登封
13. 裴李岗遗址	新石器时代	新郑
14. 大河村遗址	新石器时代	郑州

15. 古城寨遗址	新石器时代	新密
16. 古荥冶铁遗址	汉	郑州
合并项目：荥阳故城	汉	郑州
17. 后周皇陵	五代	新郑
18. 会善寺	元至清	登封
19. 法王寺塔	唐	登封
20. 永泰寺塔	唐	登封
21. 中岳庙	清	登封
22. 大唐嵩阳观纪圣德感应之颂碑	唐	登封
23. 织机洞遗址	旧石器时代	荥阳
24. 新砦遗址	新石器时代至夏	新密
25. 唐户遗址	新石器时代至周	新郑
26. 大师姑遗址	夏至商	荥阳
27. 小双桥遗址	商	郑州
28. 大周封祀坛遗址	唐	登封
29. 欧阳修墓	宋	新郑
30. 李诫墓	宋	新郑
31. 刘碑寺碑	南北朝	登封
32. 崇唐观造像	唐	登封
33. 郑州二七罢工纪念塔和纪念堂	1971 年、1952 年	郑州
34. 韩王陵	战国	新郑
35. 新郑轩辕庙	明至清	新郑
36. 李家沟遗址	旧石器时代至新石器时代	新密
37. 尚岗杨遗址	新石器时代	管城回族区
38. 后庄王遗址	新石器时代	中原区
39. 青台遗址	新石器时代	荥阳
40. 秦王寨遗址	新石器时代	荥阳
41. 人和寨遗址	新石器时代	新郑

42. 曲梁遗址	新石器时代至夏、商、汉	新密
43. 南洼遗址	夏商至唐宋	登封
44. 望京楼遗址	夏、商	新郑
45. 祭伯城遗址	周	金水区
46. 娘娘寨遗址	新石器时代至周	荥阳
47. 华阳故城	东周	新郑
48. 京城古城址	东周	荥阳
49. 苑陵故城	东周、秦、汉	新郑
50. 汉霸二王城	秦	荥阳
51. 密县瓷窑遗址	唐、宋	新密
52. 苌村汉墓	汉	荥阳
53. 后士郭壁画墓	东汉	新密
54. 少林寺	唐至清	登封
55. 千尺塔	宋	荥阳
56. 寿圣寺双塔	宋	中牟
57. 凤台寺塔	宋	新郑
58. 清凉寺	金至清	登封
59. 南岳庙	明至清	登封
60. 郑州城隍庙（含文庙大成殿）	明至清	管城回族区
61. 登封城隍庙	明至清	登封
62. 郑州清真寺	清	管城回族区
63. 密县县衙	清	新密

洛阳市：

64. 龙门石窟	北魏至唐	洛阳
65. 白马寺	金至清	洛阳
66. 汉魏洛阳故城	东汉至北魏	洛阳
合并项目：辟雍碑	西晋	偃师

67. 二里头遗址	夏商	偃师
68. 尸乡沟商城遗址	商	偃师
69. 隋唐洛阳城遗址	隋唐	洛阳
70. 千唐志斋石刻	西晋—民国	新安
71. 邙山陵墓群	汉至北魏	洛阳、孟津
72. 唐恭陵	唐	偃师
73. 潞泽会馆	清	洛阳
74. 王湾遗址	新石器时代	洛阳
75. 滑国故城	周	偃师
76. 范仲淹墓	宋	伊川
77. 两程故里	宋至明	嵩县
78. 洛阳周公庙	明至清	洛阳
79. 关林	明至清	洛阳
80. 河南府文庙	明	洛阳
81. 祖师庙	明	洛阳
82. 洛阳山陕会馆	清	洛阳
83. 八路军洛阳办事处旧址	1938～1942 年	洛阳
84. 升仙太子碑	唐	偃师
85. 七里坪遗址	旧石器时代	栾川
86. 北窑遗址	旧石器时代	瀍河区
87. 土门遗址	新石器时代	伊川
88. 桥北村遗址	新石器时代	嵩县
89. 西王村遗址	新石器时代	洛宁
90. 洛阳东周王城	东周	西工区、涧西区
91. 刘国故城	春秋、汉	偃师
92. 宜阳韩都故城	战国、秦、汉	宜阳
93. 新安函谷关	西汉	新安
94. 宋陵采石场	北宋	偃师

95. 洛南东汉帝陵	东汉	偃师
96. 魏明帝高平陵	三国	汝阳
97. 后晋显陵	五代	宜阳
98. 程颐、程颢墓	北宋	伊川
99. 五花寺塔	宋	宜阳
100. 灵山寺	金至清	宜阳
101. 水泉石窟	南北朝	偃师
102. 万佛山石窟	南北朝	吉利区
103. 大宋新修会圣宫铭碑	北宋	偃师
104. 洛阳西工兵营	1914 年	西工区
105. 洛阳涧西苏式建筑群	1954 年	涧西区

开封市：

106. 祐国寺塔（铁塔）	北宋	开封
107. 北宋东京城遗址	北宋	开封
合并项目：繁塔	宋	开封
延庆观	元	开封
108. 开封城墙	清	开封
109. 山陕甘会馆	清	开封
110. 焦裕禄烈士墓	1966 年	兰考
111. 鹿台岗遗址	新石器时代至周	杞县
112. 尉氏兴国寺塔	宋至明	尉氏
113. 朱仙镇清真寺	清	开封
114. 开封东大寺	清	开封
115. 刘青霞故居	清末民初	开封、尉氏
116. 河南留学欧美预备学校旧址	民国	开封
117. 段岗遗址	新石器时代至春秋	杞县
118. 启封故城	春秋	开封

119. 朱仙镇岳飞庙（含关帝庙）	明至清	开封
120. 相国寺	清	鼓楼区
121. 天主教河南总修院旧址	1932 年	顺河区
122. 国共黄河归故谈判旧址	1946 年	禹王台区

三门峡市：

123. 仰韶村遗址	新石器时代	渑池县
124. 虢国墓地	西周	湖滨区
125. 宝轮寺塔	金	湖滨区
126. 北阳平遗址	新石器时代	灵宝市
127. 鸿庆寺石窟	北魏至唐	义马市
128. 庙底沟遗址	新石器时代	湖滨区
129. 不召寨遗址	新石器时代	渑池县
130. 卢氏城隍庙	明	卢氏县
131. 陕县安国寺	明、清	陕州区
132. 庙上村地坑院	清、民国	陕州区

济源市：

133. 济渎庙	宋至清	济源市
134. 奉仙观	金至清	济源市
135. 大明寺	元至清	济源市
136. 柴庄延庆寺塔	宋	济源市
137. 轵国故城	周	济源市
138. 阳台宫	明至清	济源市
139 五龙口古代水利设施秦至清	秦至清	济源市

濮阳市：

140. 唐兀公碑	元	濮阳市

141. 冀鲁豫边区革命根据地旧址	1941～1946年	范县、清丰
142. 西水坡遗址	新石器时代、东周、汉	濮阳县
143. 濮阳卫国故城	周	濮阳县
144. 戚城遗址	春秋	濮阳县

新乡市：

145. 比干庙	明、清	卫辉
146. 共城城址	周	辉县
147. 白云寺	明至清	辉县
148. 望京楼	明	卫辉
149. 孟庄遗址	新石器时代至商周	辉县
150. 百泉	明清	辉县
151. 西明寺造像碑	南北朝	新乡县
152. 琉璃阁遗址	商周至汉	辉县
153. 沙门城址	汉、宋、金	延津
154. 玲珑塔	宋	原阳
155. 广唐寺塔	宋	延津
156. 天王寺善济塔	元	辉县
157. 香泉寺石窟	南北朝至清	卫辉
158. 尊胜陀罗尼经幢	唐	卫滨区
159. 陀罗尼经幢	五代	卫辉
160. 新乡文庙大观圣作之碑	北宋	红旗区
161. 河朔图书馆旧址	1935年	卫滨区
162. 潞简王墓	明	新乡县

焦作市：

163. 朱载堉墓	明	沁阳
164. 天宁寺三圣塔	金	沁阳

165. 妙乐寺塔	五代	武陟
166. 嘉应观	清	武陟
167. 山阳故城	汉	焦作
168. 当阳峪窑址	宋至元	修武
169. 韩愈墓	唐	孟州
170. 百家岩寺塔	金	修武
171. 胜果寺塔	宋	修武
172. 青天河摩崖	南北朝至唐	博爱
173. 千佛阁	明至清	武陟
174. 徐堡古城址	新石器时代	温县
175. 西金城遗址	新石器时代	博爱
176. 商村遗址	新石器时代至商、周	武陟
177. 邘国故城	商、周、汉	沁阳
178. 汉献帝禅陵	东汉	修武
179. 许衡墓	元	中站区
180. 药王庙大殿	元	山阳区
181. 显圣王庙	元、清	孟州
182. 寨卜昌村古建筑群	明至清	博爱
183. 青龙宫	清	武陟
184. 西关清真寺	清	博爱
185. 窄涧谷太平寺石窟	南北朝至清	沁阳
186. 水南关清真寺阿文碑	元	沁阳
187. 府城遗址	商	焦作

巩义市：

188. 黄冶唐三彩窑址	唐	巩义
189. 康百万庄园	清	巩义
190. 巩义窑址	隋至唐	巩义

191. 花地嘴遗址	新石器时代至夏	巩义
192. 稍荣遗址	新石器时代、夏	巩义
193. 铁生沟冶铁遗址	汉	巩义
194. 慈云寺石刻	元至清	巩义
195. 张祜庄园	清至民国	巩义
196. 刘镇华庄园	民国	巩义
197. 巩义石窟	北魏至宋	巩义
198. 宋陵	北宋	巩义

滑　县：

199. 明福寺塔	宋	滑县

巨型线性遗产：

200. 长城河南段		河南
201. 大运河河南段	9 个省辖市和 3 个直管县	

大运河河南段国家保护单位包括：大运河浚县段、回洛仓遗址、济阳镇大运河故道、大运河滑县段、大运河枋城堰遗址（浚县）、云溪桥（浚县）、合河石桥、洛口仓遗址、黎阳仓遗址（浚县）及通济渠郑州段。

附件3　河南黄河流域大遗址及国家考古遗址公园

郑州市

大遗址：郑州商代遗址、郑韩故城、大河村遗址、新密古城寨城址、巩义宋陵、巩义窑址。

考古遗址公园（含挂牌和立项两类）：郑州商城国家考古遗址公园（立项）、大河村国家考古遗址公园（立项）、郑韩故城国家考古遗址公园（挂牌）。

洛阳市

大遗址：偃师二里头遗址、偃师商城遗址、汉魏洛阳故城、隋唐洛阳城遗址、邙山陵墓群。

国家考古遗址公园：隋唐洛阳城国家考古遗址公园（挂牌）、汉魏洛阳故城国家考古遗址公园（挂牌）、偃师二里头国家考古遗址公园（立项）、偃师商城国家考古遗址公园（立项）。

开封市

大遗址：北宋东京城遗址。

三门峡市

大遗址：灵宝北阳平遗址群、渑池仰韶村遗址、庙底沟遗址。

国家考古遗址公园：渑池仰韶村国家考古遗址公园（立项）、庙底沟国家考古遗址公园（立项）。

附件4　河南黄河流域历史文化名镇

序号	省辖市/直管县	县/区/市	村镇名称	级别及批次			
				国家级	批次	省级	批次
1	开封市	祥符区	朱仙镇	国家级	第四批	省级	第一批
2	郑州市	惠济区	古荥镇	国家级	第四批	省级	第二批
3	直管县	滑县	道口镇	国家级	第六批	省级	第三批
4	新乡市	封丘县	陈桥镇	否		省级	第一批
5	洛阳市	新安县	铁门镇	否		省级	第二批
6	郑州市	巩义市	康店镇	否		省级	第三批
7	开封市	尉氏县	洧川镇	否		省级	第四批
8	直管县	滑县	万古镇	否		省级	第四批
9	济源市	济源市	轵城镇	否		省级	第四批
10	郑州市	登封市	君召乡	否		省级	第五批
11	三门峡市	灵宝市	函谷关镇	否		省级	第五批
12	郑州市	登封市	颍阳镇	否		省级	第六批
13	郑州市	荥阳市	汜水镇	否		省级	第六批
14	直管县	滑县	瓦岗寨镇	否		省级	第六批

附件5 河南黄河流域历史文化街区

序号	地市	名称	级别及批次		
			国家级	省级	批次
1	开封市	开封市双龙巷历史文化街区	否	省级	第一批
2	开封市	开封市书店街历史文化街区	否	省级	第一批
3	开封市	开封市马道街历史文化街区	否	省级	第一批
4	洛阳市	洛阳市东南隅历史文化街区	否	省级	第一批
5	安阳市	安阳市仓巷街历史文化街区	否	省级	第一批
6	安阳市	安阳市西大街历史文化街区	否	省级	第一批
7	安阳市	安阳市城隍庙－高阁寺历史文化街区	否	省级	第一批
8	濮阳市	濮阳县明清四街历史文化街区	否	省级	第一批
9	郑州市	新密市县衙－礼节街历史文化街区	否	省级	第一批
10	郑州市	新密市仁育街历史文化街区	否	省级	第一批

附件6 河南黄河流域历史文化名村

序号	省辖市/直管县	县/区/市	乡镇	名村名称	级别及批次			
					国家级	批次	省级	批次
1	洛阳市	孟津县	朝阳镇	卫坡村	否		省级	第二批
2	新乡市	卫辉市	狮豹头乡	小店河村	否		省级	第二批
3	洛阳市	嵩县	田湖镇	程村	否		省级	第三批
4	濮阳市	清丰县	双庙乡	单拐村	否		省级	第三批
5	直管县	固始县	武庙乡	锁口村	否		省级	第三批
6	洛阳市	汝阳县	蔡店乡	杜康村	否		省级	第五批
7	洛阳市	汝阳县	小店镇	圣王台村	否		省级	第五批
8	洛阳市	孟津县	小浪底镇	乔庄村	否		省级	第五批
9	三门峡市	陕县	西张村	庙上村	国家级	第七批	省级	第五批
10	三门峡市	渑池县	段村乡	赵沟村	否		省级	第五批
11	三门峡市	义马市	东区办事处	石佛村	否		省级	第五批
12	济源市	济源市	承留镇	南姚村	否		省级	第五批
13	郑州市	上街区	峡窝镇	方顶村	否		省级	第六批
14	洛阳市	栾川县	三川镇	抱犊寨村	否		省级	第六批
15	焦作市	修武县	岸上乡	一斗水村	国家级	第七批	省级	第六批
16	焦作市	修武县	西村乡	双庙村	国家级	第七批	省级	第六批

附件7　河南黄河流域传统村落

序号	省辖市/直管县	县/区/市	传统村落名称	级别及批次			
				国家级	批次	省级	批次
1	洛阳市	孟津县	小浪底镇乔庄村	国家级	第一批	省级	第一批
2	洛阳市	汝阳县	蔡店乡杜康村	国家级	第一批	省级	第一批
3	新乡市	卫辉市	狮豹头乡小店河村	国家级	第一批	省级	第一批
4	濮阳市	清丰县	双庙乡单拐村	国家级	第一批	省级	第一批
5	三门峡市	陕县	西张村镇庙上村	国家级	第一批	省级	第一批
6	洛阳市	孟津县	朝阳镇卫坡村	国家级	第二批	省级	第一批
7	洛阳市	孟津县	常袋镇石碑凹村	国家级	第二批	省级	第一批
8	洛阳市	嵩县	九店乡石场村	国家级	第二批	省级	第一批
9	洛阳市	新安县	石井镇寺坡山村	国家级	第二批	省级	第一批
10	洛阳市	洛宁县	上戈镇上戈村	国家级	第二批	省级	第一批
11	洛阳市	洛宁县	河底镇城村	国家级	第二批	省级	第一批
12	洛阳市	洛宁县	东宋镇丈庄村	国家级	第二批	省级	第一批
13	洛阳市	洛宁县	底张乡草庙岭村	国家级	第二批	省级	第一批
14	焦作市	中站区	府城街道办北朱村	国家级	第二批	省级	第一批
15	焦作市	修武县	岸上乡一斗水村	国家级	第二批	省级	第一批
16	焦作市	修武县	岸上乡东岭后村	国家级	第二批	省级	第一批
17	焦作市	修武县	西村乡平顶窑村	国家级	第二批	省级	第一批
18	焦作市	修武县	西村乡双庙村	国家级	第二批	省级	第一批
19	焦作市	沁阳市	常平乡九渡村	国家级	第二批	省级	第一批
20	三门峡市	湖滨区	会兴街道会兴村			省级	第一批
21	三门峡市	渑池县	段村乡赵沟村	国家级	第二批	省级	第一批
22	三门峡市	渑池县	段村乡赵坡头村	国家级	第二批	省级	第一批
23	三门峡市	陕县	西张村镇南沟村	国家级	第二批	省级	第一批
24	三门峡市	卢氏县	朱阳关镇杜店村	国家级	第二批	省级	第一批
25	三门峡市	义马市	东区办事处石佛村	国家级	第二批	省级	第一批
26	三门峡市	灵宝市	竹阳镇竹阳村	国家级	第二批	省级	第一批
27	郑州市	登封市	大金店镇大金店村老街	国家级	第三批	省级	第一批
28	郑州市	登封市	徐庄镇柏石崖村	国家级	第三批	省级	第一批
29	洛阳市	新安县	石井镇东山底村	国家级	第三批	省级	第二批
30	洛阳市	栾川县	潭头镇大王庙村	国家级	第三批	省级	第二批

续表

序号	省辖市/直管县	县/区/市	传统村落名称	级别及批次			
				国家级	批次	省级	批次
31	洛阳市	栾川县	三川镇火神庙村抱犊寨	国家级	第三批	省级	第二批
32	洛阳市	宜阳县	张坞镇苏羊村	国家级	第三批	省级	第二批
33	新乡市	辉县市	拍石头乡张泗沟村	国家级	第三批	省级	第二批
34	新乡市	辉县市	沙窑乡郭亮村	国家级	第三批	省级	第二批
35	焦作市	修武县	西村乡长岭村	国家级	第三批	省级	第二批
36	焦作市	温县	赵堡镇陈家沟村	国家级	第三批	省级	第一批
37	三门峡市	陕县	西庄村镇丁官营村	国家级	第三批	省级	第三批
38	三门峡市	陕县	张汴乡刘寺村	国家级	第三批	省级	第一批
39	郑州市	登封市	大冶镇垌头村			省级	第一批
40	郑州市	登封市	大冶镇朝阳沟村			省级	第一批
41	郑州市	登封市	颍阳镇刘村			省级	第一批
42	郑州市	登封市	君召乡君召村			省级	第一批
43	郑州市	登封市	君召乡三过尧村			省级	第一批
44	郑州市	登封市	君召乡胥店村			省级	第一批
45	郑州市	登封市	中岳街道北高庄村			省级	第一批
46	郑州市	新密市	刘寨镇吕楼村	国家级	第四批	省级	第一批
47	郑州市	荥阳市	高村乡油坊村			省级	第一批
48	郑州市	荥阳市	高村乡刘沟村			省级	第一批
49	洛阳市	孟津县	会盟镇扣马村			省级	第一批
50	洛阳市	汝阳县	城关镇云梦村			省级	第一批
51	洛阳市	汝阳县	小店镇圣王台村			省级	第一批
52	洛阳市	汝阳县	陶营乡铁炉营村			省级	第一批
53	洛阳市	汝阳县	陶营乡南庄村			省级	第一批
54	洛阳市	汝阳县	蔡店乡蟒庄村			省级	第一批
55	洛阳市	嵩县	田湖镇程村			省级	第一批
56	洛阳市	嵩县	大章镇大章村			省级	第一批
57	洛阳市	嵩县	白河镇下寺村			省级	第一批
58	洛阳市	汝阳县	大安工业园区曹刘庄村			省级	第二批
59	洛阳市	洛宁县	下峪镇后上庄村	国家级	第四批	省级	第二批
60	洛阳市	栾川县	潭头镇拨云岭村			省级	第二批
61	洛阳市	栾川县	潭头镇党村村			省级	第二批
62	洛阳市	栾川县	潭头镇张村村			省级	第二批

续表

序号	省辖市/直管县	县/区/市	传统村落名称	级别及批次			
				国家级	批次	省级	批次
63	洛阳市	洛龙区	龙门镇田山村			省级	第二批
64	洛阳市	洛龙区	李楼镇楼村			省级	第二批
65	洛阳市	新安县	铁门镇土古洞村			省级	第二批
66	新乡市	封丘县	陈桥镇陈桥村			省级	第一批
67	新乡市	辉县市	南寨镇凤凰山村			省级	第二批
68	新乡市	辉县市	西平罗乡西平罗村			省级	第二批
69	焦作市	孟州市	大定街道办事处庙底村			省级	第一批
70	焦作市	孟州市	河阳街道办事处缑村			省级	第一批
71	焦作市	孟州市	化工镇横山村			省级	第一批
72	焦作市	孟州市	槐树乡龙台村			省级	第一批
73	焦作市	沁阳市	常平乡山路平村			省级	第一批
74	焦作市	温县	招贤乡安乐寨村			省级	第一批
75	焦作市	武陟县	大封镇大司马村			省级	第一批
76	焦作市	武陟县	龙源镇万花村			省级	第一批
77	焦作市	武陟县	嘉应观乡西营村			省级	第一批
78	焦作市	武陟县	乔庙乡冯丈村			省级	第一批
79	焦作市	武陟县	小董乡北归善村			省级	第一批
80	焦作市	武陟县	小董乡磨庄村			省级	第一批
81	焦作市	武陟县	小董乡小董庄村			省级	第一批
82	焦作市	修武县	西村乡后河村			省级	第一批
83	焦作市	修武县	西村乡陪嫁妆村			省级	第一批
84	焦作市	博爱县	寨豁乡青天河村			省级	第二批
85	焦作市	修武县	西村乡桃园村			省级	第二批
86	焦作市	博爱县	苏家作乡寨卜昌村			省级	第二批
87	濮阳市	南岳县	城关镇南街村			省级	第一批
88	濮阳市	南岳县	寺庄乡邱辛店村			省级	第一批
89	濮阳市	南岳县	寺庄乡前郭村			省级	第一批
90	濮阳市	华龙区	岳村乡东北庄村			省级	第二批
91	三门峡市	灵宝市	大王镇西路井村			省级	第一批
92	三门峡市	灵宝市	川口乡三圣村			省级	第一批
93	三门峡市	灵宝市	朱阳镇秦池村			省级	第一批
94	三门峡市	灵宝市	尹庄镇杨公寨村			省级	第一批

续表

序号	省辖市/直管县	县/区/市	传统村落名称	级别及批次			
				国家级	批次	省级	批次
95	三门峡市	灵宝市	尹庄镇北厥山村			省级	第一批
96	三门峡市	灵宝市	焦村镇沟东村			省级	第一批
97	三门峡市	卢氏县	杜关镇民湾村			省级	第一批
98	三门峡市	卢氏县	官道口瓮观村			省级	第一批
99	三门峡市	陕县	西张村镇人马寨村			省级	第一批
100	三门峡市	陕县	西张村镇反上村			省级	第一批
101	三门峡市	陕县	观音堂镇石壕村			省级	第一批
102	三门峡市	陕县	张汴乡寺院村			省级	第一批
103	三门峡市	陕县	张汴乡北营村			省级	第一批
104	三门峡市	渑池县	陈村乡池底村			省级	第一批
105	三门峡市	渑池县	段村乡上中关村			省级	第一批
106	三门峡市	渑池县	南村乡关底村			省级	第一批
107	三门峡市	渑池县	南村乡金灯河村			省级	第一批
108	三门峡市	渑池县	天池镇陶村村			省级	第一批
109	三门峡市	渑池县	坡头乡圪增村			省级	第一批
110	三门峡市	渑池县	仁村乡马跑泉村			省级	第一批
111	三门峡市	灵宝市	焦村镇南上村			省级	第二批
112	直管县	滑县	道口镇顺南街村			省级	第一批
113	直管县	滑县	道口镇顺北街村			省级	第一批
114	直管县	滑县	牛屯镇暴庄村			省级	第一批
115	直管县	滑县	万古镇樵邱村			省级	第一批
116	直管县	滑县	万古镇西万古村			省级	第一批
117	直管县	滑县	老店乡马兰集村			省级	第一批
118	直管县	滑县	慈周寨乡前李方屯二村			省级	第一批
119	直管县	滑县	小铺乡三家村			省级	第一批
120	直管县	滑县	慈周寨镇尹庄村			省级	第二批
121	直管县	长垣市	蒲东办事处街道学堂岗村			省级	第一批
122	直管县	长垣市	丁栾镇杜沙邱村			省级	第一批
123	直管县	长垣市	魏庄镇大车村			省级	第一批
124	直管县	长垣市	恼里镇蔡占村			省级	第一批
125	郑州市	新密市	大隗镇大隗村			省级	第三批

续表

序号	省辖市/直管县	县/区/市	传统村落名称	级别及批次			
				国家级	批次	省级	批次
126	郑州市	新密市	超化镇超化村			省级	第三批
127	郑州市	新密市	米村镇范村			省级	第三批
128	郑州市	荥阳市	高山镇石洞沟村	国家级	第四批	省级	第三批
129	郑州市	登封市	徐庄镇杨林村			省级	第三批
130	开封市	杞县	葛岗镇古空桑村			省级	第三批
131	开封市	通许县	冯庄乡杨庄村			省级	第三批
132	开封市	通许县	长智镇岳寨村			省级	第三批
133	开封市	通许县	长智镇后七步村			省级	第三批
134	开封市	通许县	孙营乡南李佐村			省级	第三批
135	开封市	祥符区	朱仙镇估衣街村			省级	第三批
136	开封市	祥符区	朱仙镇西街村	国家级	第四批	省级	第三批
137	开封市	祥符区	杜良乡国都里村			省级	第三批
138	开封市	尉氏县	洧川镇南街村			省级	第三批
139	洛阳市	洛宁县	下峪镇故东村			省级	第三批
140	洛阳市	洛宁县	小界乡李家原村			省级	第三批
141	洛阳市	汝阳县	刘店镇滕岭村			省级	第三批
142	洛阳市	新安县	北冶镇甘泉村	国家级	第四批	省级	第三批
143	洛阳市	新安县	仓头镇孙都村	国家级	第四批	省级	第三批
144	洛阳市	新安县	石井镇井沟村			省级	第三批
145	洛阳市	新安县	石井镇王家沟村			省级	第三批
146	洛阳市	新安县	石井镇山窝村			省级	第三批
147	洛阳市	栾川县	潭头镇古城村			省级	第二批
148	洛阳市	栾川县	潭头镇汤营村			省级	第三批
149	洛阳市	栾川县	潭头镇石门村			省级	第三批
150	新乡市	辉县市	沙窑乡水磨村	国家级	第四批	省级	第三批
151	新乡市	辉县市	南寨镇齐王寨村			省级	第三批
152	三门峡市	灵宝市	焦村镇东村			省级	第三批
153	三门峡市	灵宝市	豫灵镇董村			省级	第三批
154	三门峡市	渑池县	张村镇苏秦村	国家级	第四批	省级	第三批
155	郑州市	登封市	少林街道办事处玄天庙村杨家门			省级	第四批
156	洛阳市	洛宁县	罗岭乡皮坡村			省级	第四批
157	洛阳市	偃师市	山化镇游殿村			省级	第四批
158	洛阳市	偃师市	山化镇新明村			省级	第四批

续表

序号	省辖市/直管县	县/区/市	传统村落名称	级别及批次			
				国家级	批次	省级	批次
159	洛阳市	偃师市	山化镇光明村			省级	第四批
160	洛阳市	孟津县	麻屯镇薄姬岭村			省级	第四批
161	新乡市	辉县市	南村镇石盆村			省级	第四批
162	新乡市	辉县市	南村镇西王村			省级	第四批
163	新乡市	辉县市	张村乡平岭村			省级	第四批
164	焦作市	孟州市	西虢镇莫沟村			省级	第四批
165	焦作市	孟州市	槐树乡耿沟村			省级	第四批
166	焦作市	修武县	西村乡西岭后			省级	第四批
167	焦作市	修武县	西村乡东交口村			省级	第四批
168	焦作市	温县	番田镇南张伦村			省级	第四批
169	三门峡市	陕州区	张湾乡官寨头村	国家级	第四批	省级	第四批
170	三门峡市	陕州区	张汴乡曲村			省级	第四批
171	三门峡市	灵宝市	朱阳镇犁牛河村			省级	第四批
172	三门峡市	灵宝市	朱阳镇两岔河村			省级	第四批
173	三门峡市	灵宝市	王家村			省级	第四批
174	郑州市	登封市	白坪乡寨东村小红寨			省级	第五批
175	郑州市	登封市	徐庄镇安沟村			省级	第五批
176	郑州市	登封市	大冶镇后柿杭村			省级	第五批
177	郑州市	登封市	唐庄镇搬倒井村			省级	第五批
178	洛阳市	洛龙区	庞村镇彭店寨村			省级	第五批
179	洛阳市	洛龙区	诸葛镇西山张村			省级	第五批
180	洛阳市	洛宁县	河底镇河底村			省级	第五批
181	洛阳市	洛宁县	上戈镇庙洼村			省级	第五批
182	洛阳市	洛宁县	故县镇窑瓦村			省级	第五批
183	洛阳市	洛宁县	故县镇隍城村			省级	第五批
184	洛阳市	洛宁县	小界乡苇山村			省级	第五批
185	洛阳市	洛宁县	罗岭乡讲理村			省级	第五批
186	洛阳市	洛宁县	兴华镇西南村			省级	第五批
187	洛阳市	孟津县	朝阳镇刘寨村			省级	第五批
188	洛阳市	孟津县	平乐镇后营村鹞店			省级	第五批
189	洛阳市	孟津县	常袋镇半坡村			省级	第五批
190	洛阳市	孟津县	宋庄镇朱家寨村牛家寨			省级	第五批
191	洛阳市	孟津县	横水镇横水村			省级	第五批
192	洛阳市	孟津县	城关镇寺河南村大阳河			省级	第五批

续表

序号	省辖市/直管县	县/区/市	传统村落名称	级别及批次			
				国家级	批次	省级	批次
193	洛阳市	孟津县	小浪底镇李家岭村			省级	第五批
194	洛阳市	孟津县	小浪底镇庙护村			省级	第五批
195	洛阳市	伊川县	白沙镇白沙村			省级	第五批
196	洛阳市	伊川县	吕店镇温沟村			省级	第五批
197	洛阳市	嵩县	白河镇白河街村			省级	第五批
198	洛阳市	嵩县	白河镇大青村			省级	第五批
199	洛阳市	嵩县	白河镇栗扎树村			省级	第五批
200	洛阳市	嵩县	白河镇火神庙村			省级	第五批
201	洛阳市	嵩县	白河镇黄柏树村			省级	第五批
202	洛阳市	嵩县	田湖镇陆浑村			省级	第五批
203	洛阳市	嵩县	九店乡王楼村洼口村			省级	第五批
204	洛阳市	新安县	铁门镇薛村村			省级	第五批
205	洛阳市	新安县	曹村乡袁山村			省级	第五批
206	洛阳市	偃师市	山化镇汤泉村			省级	第五批
207	洛阳市	偃师市	山化镇马洼村			省级	第五批
208	新乡市	辉县市	张村乡赵窑村			省级	第五批
209	新乡市	辉县市	张村乡和漫村			省级	第五批
210	新乡市	辉县市	张村乡里沟村			省级	第五批
211	新乡市	辉县市	张村乡滑峪村			省级	第五批
212	新乡市	辉县市	沙窑乡新庄村			省级	第五批
213	新乡市	辉县市	黄水乡韩口村			省级	第五批
214	新乡市	辉县市	南村镇丁庄村			省级	第五批
215	新乡市	辉县市	南村镇司北村			省级	第五批
216	新乡市	辉县市	薄壁镇周庄村			省级	第五批
217	新乡市	卫辉市	狮豹头乡雪白庄村			省级	第五批
218	新乡市	卫辉市	狮豹头乡蜘蛛窑村			省级	第五批
219	新乡市	卫辉市	狮豹头乡土池村			省级	第五批
220	新乡市	卫辉市	狮豹头乡定沟村			省级	第五批
221	新乡市	卫辉市	狮豹头乡正面村			省级	第五批
222	新乡市	卫辉市	狮豹头乡里峪村			省级	第五批
223	焦作市	博爱县	柏山镇柏山村			省级	第五批
224	焦作市	博爱县	寨豁乡方山村			省级	第五批
225	焦作市	博爱县	许良镇于庄村			省级	第五批
226	焦作市	孟州市	城伯镇西武章村			省级	第五批

续表

序号	省辖市/直管县	县/区/市	传统村落名称	级别及批次			
				国家级	批次	省级	批次
227	焦作市	武陟县	嘉应观乡杨庄村			省级	第五批
228	濮阳市	南乐县	梁村乡北张庄村			省级	第五批
229	濮阳市	范县	杨集乡刘辛店村			省级	第五批
230	三门峡市	灵宝市	阳平镇南阳平村			省级	第五批
231	三门峡市	灵宝市	豫灵镇文峪村			省级	第五批
232	三门峡市	渑池县	张村镇河南庄村			省级	第五批
233	三门峡市	卢氏县	文峪乡大桑沟村			省级	第五批
234	三门峡市	卢氏县	文峪乡窑子沟村			省级	第五批
235	三门峡市	卢氏县	东明镇祁寸湾村			省级	第五批
236	三门峡市	卢氏县	东明镇北苏村			省级	第五批
237	三门峡市	卢氏县	东明镇先峪村			省级	第五批
238	三门峡市	卢氏县	范里镇东寨村			省级	第五批
239	三门峡市	卢氏县	范里镇范里村			省级	第五批
240	三门峡市	卢氏县	横涧乡青山村			省级	第五批
241	三门峡市	卢氏县	横涧乡照村照村岭			省级	第五批
242	三门峡市	卢氏县	官道口镇江槽村			省级	第五批
243	三门峡市	卢氏县	官道口镇杨眉河村			省级	第五批
244	三门峡市	卢氏县	双龙湾镇龙驹村			省级	第五批
245	三门峡市	卢氏县	五里川镇河南村			省级	第五批
246	三门峡市	卢氏县	沙河乡三角村			省级	第五批
247	三门峡市	卢氏县	沙河乡留书村			省级	第五批
248	三门峡市	卢氏县	汤河乡高沟口村			省级	第五批
249	三门峡市	陕州区	原店镇新建村			省级	第五批
250	济源市	济源市	大峪镇王庄村周庄村			省级	第五批
251	济源市	济源市	承留镇张河村			省级	第五批
252	济源市	济源市	思礼镇水洪池村			省级	第五批
253	济源市	济源市	邵原镇双房村			省级	第五批
254	济源市	济源市	邵原镇东阳村			省级	第五批
255	直管县	滑县	万古镇东妹村			省级	第五批
256	直管县	长垣县	孟岗镇伯玉村			省级	第五批
257	直管县	长垣县	赵堤镇大浪口村			省级	第五批
258	直管县	长垣县	赵堤镇前小渠村			省级	第五批

附件8　河南黄河流域博物馆

序号	地市	博物馆名称	性质	质量等级	藏品数量（件/套）
1	郑州市	河南博物院	文物	一级	110812
2	郑州市	郑州博物馆	文物	一级	53459
3	郑州市	郑州二七纪念馆	文物	二级	2815
4	郑州市	郑州市大河村遗址博物馆	文物	二级	2764
5	郑州市	郑州市古荥汉代冶铁遗址博物馆	文物	无级别	39
6	郑州市	新郑市博物馆	文物	二级	11887
7	郑州市	新密市博物馆	文物	无级别	3747
8	郑州市	荥阳市博物馆	文物	无级别	12000
9	郑州市	登封历史博物馆	文物	无级别	202
10	郑州市	阳城遗址博物馆	文物	无级别	748
11	郑州市	巩义市博物馆	文物	二级	16027
12	郑州市	河南省地质博物馆	行业	无级别	50000
13	郑州市	黄河博物馆	行业	无级别	12440
14	郑州市	河南戏曲声音博物馆	行业	无级别	3500
15	郑州市	郑州自然博物馆	行业	无级别	13448
16	郑州市	嵩山地质博物馆	行业	无级别	686
17	郑州市	登封市革命烈士纪念馆	行业	无级别	380
18	郑州市	徐庄八路军豫西抗日根据地纪念馆	行业	无级别	3
19	郑州市	郑州大象陶瓷博物馆	非国有	三级	30366
20	郑州市	郑州仁清金石传拓艺术博物馆	非国有	无级别	1298
21	郑州市	郑州赛思齿艺博物馆	非国有	无级别	318
22	郑州市	郑州市天中艺术博物馆	非国有	无级别	300
23	郑州市	郑州大信厨房博物馆	非国有	无级别	2921
24	郑州市	郑州市登封窑陶瓷博物馆	非国有	无级别	466
25	郑州市	登封嵩山少林古兵器博物馆	非国有	无级别	0
26	郑州市	新密市国辰艺术博物馆	非国有	无级别	0
27	郑州市	郑州天祥博物馆	非国有	无级别	334
28	郑州市	河南炎黄明清家具博物馆	非国有	无级别	328
29	郑州市	郑州市华夏文化艺术博物馆	非国有	无级别	1223

续表

序号	地市	博物馆名称	性质	质量等级	藏品数量（件/套）
30	郑州市	郑州瞻世博物馆	非国有	无级别	448
31	郑州市	郑州旭日青铜博物馆	非国有	无级别	399
32	郑州市	郑州市黄淮艺术博物馆	非国有	无级别	494
33	郑州市	郑州共襄润德文化艺术博物馆	非国有	无级别	357
34	郑州市	郑州城外城陶瓷艺术博物馆	非国有	无级别	533
35	郑州市	郑州山海砖碟博物馆	非国有	无级别	5895
36	郑州市	郑州市东方翰典文化博物馆	非国有	无级别	0
37	郑州市	郑州弘瓷艺术博物馆	非国有	无级别	0
38	郑州市	郑州至为古代艺术博物馆	非国有	无级别	429
39	开封市	开封市博物馆	文物	一级	22285
40	开封市	刘青霞故居纪念馆	文物	无级别	49
41	开封市	尉氏刘青霞故居纪念馆	文物	无级别	2406
42	开封市	开封市状元书法博物馆	非国有	无级别	0
43	开封市	兰考县焦裕禄纪念馆	文物	三级	137
44	开封市	兰考县刘岘纪念馆	文物	无级别	110
45	开封市	开封警察博物馆	行业	无级别	5583
46	开封市	开封市包公司法文化博物馆	行业	无级别	230
47	开封市	开封市电子显微镜博物馆	行业	无级别	310
48	开封市	开封市报纸博物馆	行业	无级别	920
49	开封市	开封大宋中医药文化博物馆	行业	无级别	280
50	开封市	开封市汴京灯笼张民间艺术博物馆	非国有	无级别	0
51	开封市	开封北宋官瓷艺术博物馆	非国有	无级别	309
52	开封市	开封市悟味饮食博物馆	非国有	无级别	0
53	开封市	开封市至和宋代钱币博物馆	非国有	无级别	342
54	开封市	王炯民俗博物馆	非国有	无级别	470
55	开封市	开封市宋都木版年画博物馆	非国有	无级别	0
56	开封市	开封市兰生电影艺术博物馆	非国有	无级别	1085
57	开封市	开封市可望黄河农耕文化博物馆	非国有	无级别	400
58	开封市	开封市酒文化博物馆	非国有	无级别	443
59	开封市	汴梁婚俗文证博物馆	非国有	无级别	408
60	开封市	开封市弘古轩陶瓷艺术博物馆	非国有	无级别	327
61	开封市	开封市德庄陶瓷博物馆	非国有	无级别	322
62	开封市	开封市素花宋绣博物馆	非国有	无级别	374

续表

序号	地市	博物馆名称	性质	质量等级	藏品数量（件/套）
63	开封市	开封市盛泉民国钱币博物馆	非国有	无级别	375
64	开封市	开封市小张打铁博物馆	非国有	无级别	324
65	开封市	开封市抚古轩传统家具博物馆	非国有	无级别	361
66	洛阳市	洛阳博物馆	文物	一级	20315
67	洛阳市	洛阳民俗博物馆	文物	二级	53000
68	洛阳市	洛阳匾额博物馆	文物	二级	8183
69	洛阳市	洛阳老子纪念馆	文物	无级别	5148
70	洛阳市	洛阳契约文书博物馆	文物	无级别	9180
71	洛阳市	洛阳周王城天子驾六博物馆	文物	二级	111
72	洛阳市	洛阳古代艺术博物馆	文物	二级	1381
73	洛阳市	河南古代壁画馆	文物	无级别	400 余平方
74	洛阳市	八路军驻洛办事处纪念馆	文物	三级	457
75	洛阳市	洛阳隋唐大运河博物馆	文物	三级	4360
76	洛阳市	洛阳市隋唐城遗址博物馆	文物	无级别	0
77	洛阳市	洛阳周公庙博物馆	文物	无级别	28
78	洛阳市	偃师商城博物馆	文物	三级	26517
79	洛阳市	新安县博物馆	文物	三级	5148
80	洛阳市	栾川县常氏石刻艺术博物馆	文物	无级别	36
81	洛阳市	新安县千唐志斋博物馆	文物	二级	2019
82	洛阳市	张钫宅院	文物	无级别	339
83	洛阳市	东方红农耕博物馆	行业	无级别	210
84	洛阳市	洛阳警察博物馆	行业	无级别	1600
85	洛阳市	河洛古代石刻艺术馆	行业	无级别	2183
86	洛阳市	洛阳日记博物馆	行业	无级别	6000
87	洛阳市	洛阳龙门博物馆	非国有	二级	2053
88	洛阳市	洛阳碑志拓片博物馆	非国有	无级别	0
89	洛阳市	洛阳唐艺金银器博物馆	非国有	无级别	437
90	洛阳市	洛阳爱心书法博物馆	非国有	无级别	0
91	洛阳市	洛阳三彩艺术博物馆	非国有	无级别	432
92	洛阳市	洛阳周氏银器博物馆	非国有	无级别	0
93	洛阳市	洛阳金石文字博物馆	非国有	无级别	2280
94	洛阳市	洛阳驿站博物馆	非国有	无级别	368
95	洛阳市	洛阳河洛石文化博物馆	非国有	无级别	356
96	洛阳市	洛阳牡丹瓷博物馆	非国有	无级别	368

续表

序号	地市	博物馆名称	性质	质量等级	藏品数量（件/套）
97	洛阳市	洛阳唐三彩陶艺博物馆	非国有	无级别	351
98	洛阳市	洛阳围棋博物馆	非国有	无级别	2228
99	洛阳市	洛阳动漫博物馆	非国有	无级别	865
100	洛阳市	洛阳真不同水席博物馆	非国有	无级别	0
101	洛阳市	洛阳老雒阳饮食文化博物馆	非国有	无级别	411
102	洛阳市	洛阳老龙门农家博物馆	非国有	无级别	1075
103	洛阳市	洛阳古典红木家具博物馆	非国有	无级别	385
104	洛阳市	洛阳树威古瓷鉴藏博物馆	非国有	无级别	490
105	洛阳市	洛阳古雒斋艺术博物馆	非国有	无级别	740
106	洛阳市	嵩县嵩州古灯博物馆	非国有	无级别	624
107	洛阳市	洛阳河洛当代碑林博物馆	非国有	无级别	0
108	洛阳市	洛阳白河书斋晁氏藏书博物馆	非国有	无级别	5171
109	洛阳市	洛阳保险文化博物馆	非国有	无级别	571
110	洛阳市	洛阳华源艺术博物馆	非国有	无级别	315
111	洛阳市	洛阳洛卫军品博物馆	非国有	无级别	5203
112	洛阳市	洛阳星月紫砂博物馆	非国有	无级别	500
113	洛阳市	洛阳志成酒器博物馆	非国有	无级别	1321
114	洛阳市	洛阳钟鼎青铜艺术博物馆	非国有	无级别	333
115	洛阳市	嵩县古陶文化博物馆	非国有	无级别	227
116	洛阳市	洛阳汉画艺术博物馆	非国有	无级别	99
117	洛阳市	洛阳汉林古代珍藏博物馆	非国有	无级别	5227
118	洛阳市	洛阳上阳宫文化博物馆	非国有	无级别	300
119	洛阳市	洛阳胜利唐白瓷艺术博物馆	非国有	无级别	396
120	洛阳市	洛阳无篱园石雕艺术博物馆	非国有	无级别	704
121	洛阳市	洛阳百年留声博物馆	非国有	无级别	360
122	洛阳市	洛阳九朝刻石文字博物馆	非国有	无级别	300
123	洛阳市	洛阳平乐正骨博物馆	非国有	无级别	697
124	洛阳市	洛阳石画艺术博物馆	非国有	无级别	300
125	洛阳市	洛阳市洛阳铲博物馆	非国有	无级别	308
126	洛阳市	洛阳伊龙砖雕艺术博物馆	非国有	无级别	762
127	洛阳市	洛阳烟云涧青铜艺术博物馆	非国有	无级别	339
128	洛阳市	洛阳华夏金石文化博物馆	非国有	无级别	513
129	洛阳市	洛阳华夏酒文化博物馆	非国有	无级别	614
130	洛阳市	洛阳华夏文房文化博物馆	非国有	无级别	358

续表

序号	地市	博物馆名称	性质	质量等级	藏品数量（件/套）
131	洛阳市	洛阳华夏香山文化艺术博物馆	非国有	无级别	914
132	洛阳市	洛阳市瀍河古代艺术品博物馆	非国有	无级别	432
133	洛阳市	偃师白云居耕读博物馆	非国有	无级别	1143
134	洛阳市	洛阳市铁军博物馆	非国有	无级别	310
135	洛阳市	洛阳华夏喜庆文化博物馆	非国有	无级别	369
136	新乡市	新乡市博物馆	文物	三级	30240
137	新乡市	延津县博物馆	文物	无级别	468
138	新乡市	延津县陈玉成纪念馆	文物	无级别	7
139	新乡市	卫辉市博物馆	文物	无级别	2922
140	新乡市	辉县市博物馆	文物	无级别	14646
141	新乡市	新乡县历代石刻艺术博物馆	文物	无级别	22
142	新乡市	新乡市潞简王墓博物馆	文物	无级别	0
143	新乡市	新乡市汉风博物馆	文物	无级别	1445
144	新乡市	封丘县博物馆	文物	无级别	1068
145	新乡市	长垣县中国烹饪文化博物馆	文物	无级别	1000
146	新乡市	新乡市老城民俗博物馆	非国有	无级别	1081
147	焦作市	焦作市博物馆	文物	三级	15598
148	焦作市	沁阳市博物馆	文物	三级	5099
149	焦作市	孟州市博物馆	文物	无级别	2914
150	焦作市	武陟县博物馆	文物	无级别	2828
151	焦作市	温县博物馆	文物	无级别	3521
152	焦作市	修武县博物馆	文物	无级别	1320
153	焦作市	博爱县博物馆	文物	无级别	4156
154	焦作市	沁阳市朱载堉纪念馆	文物	无级别	130
155	焦作市	武陟县嘉应观治黄博物馆	文物	无级别	355
156	焦作市	沁阳曹谨纪念馆	文物	无级别	102
157	濮阳市	濮阳市博物馆	文物	三级	5376
158	濮阳市	冀鲁豫边区革命根据地旧址（范县）纪念馆	文物	无级别	120
159	濮阳市	郑板桥纪念馆	文物	无级别	500
160	濮阳市	刘邓大军渡黄河纪念馆	文物	无级别	99
161	濮阳市	南乐县仓颉文化博物馆	文物	无级别	16
162	濮阳市	濮阳市戚城博物馆	文物	无级别	174
163	濮阳市	子路博物馆	文物	无级别	19

续表

序号	地市	博物馆名称	性质	质量等级	藏品数量（件/套）
164	濮阳市	清丰县冀鲁豫边区革命根据地旧址纪念馆	文物	无级别	1000
165	濮阳市	清丰县火车站旧址博物馆	文物	无级别	170
166	濮阳市	中原杂技博物馆	行业	无级别	81
167	濮阳市	南乐县博物馆	文物	无级别	374
168	三门峡市	虢国博物馆	文物	二级	4094
169	三门峡市	三门峡市博物馆	文物	二级	15000
170	三门峡市	三门峡市文物陈列馆	文物	无级别	34
171	三门峡市	渑池县博物馆	文物	无级别	2945
172	三门峡市	渑池县仰韶文化博物馆	文物	无级别	166
173	三门峡市	八路军渑池兵站纪念馆	文物	无级别	87
174	三门峡市	灵宝市博物馆	文物	无级别	119
175	济源市	济源市博物馆	文物	三级	15078
176	济源市	济源市扑克博物馆	非国有	无级别	14396
177	济源市	济源市黄河奇石博物馆	非国有	无级别	0
178	滑县	滑县民俗博物院	文物	三级	1000

备注：博物馆 178 家，藏品数量 716450 件/套。

附件9　河南黄河流域国家级非物质文化遗产资源

序号	类别	项目名称	申报地区或单位
1	传统音乐	笙管乐(超化吹歌)	新密市
2	传统体育、游艺与杂技	少林功夫	登封市
3	传统体育、游艺与杂技	苌家拳	荥阳市
4	传统美术	登封窑陶瓷烧制技艺	登封市
5	民俗	黄帝祭典(新郑黄帝拜祖祭典)	新郑市
6	民间文学	杞人忧天传说	杞县
7	传统音乐	锣鼓艺术(开封盘鼓)	开封市
8	传统音乐	佛教音乐(大相国寺梵乐)	开封市
9	传统戏剧	二夹弦	开封市

续表

序号	类别	项目名称	申报地区或单位
10	传统体育、游艺与杂技	撂石锁	开封市
11	传统美术	朱仙镇木版年画	开封市
12	传统美术	灯彩(汴京灯笼张)	开封市
13	传统美术	汴绣	开封市
14	民间文学	河图洛书传说	洛阳市
15	曲艺	河洛大鼓	洛阳市
16	传统美术	灯彩(洛阳宫灯)	洛阳市
17	传统技艺	唐三彩烧制技艺	洛阳市
18	传统技艺	真不同洛阳水席制作技艺	洛阳市
19	传统医药	中医正骨疗法(平乐郭氏正骨法)	洛阳市
20	民俗	民间信俗(关公信俗)	洛阳市
21	民俗	洛阳牡丹花会	洛阳市
22	传统美术	锣鼓艺术(中州大鼓)	新乡县
23	传统舞蹈	大平调	延津县
24	传统体育、游艺与杂技	剪纸(辉县剪纸)	辉县市
25	民俗	药市习俗(百泉药会)	辉县市
26	民间文学	董永传说	武陟县
27	传统音乐	唢呐艺术	沁阳市
28	传统舞蹈	灯舞(苏家作龙凤灯舞)	博爱县
29	传统舞蹈	龙舞(火龙舞)	孟州市
30	传统舞蹈	高跷(高抬火轿)	沁阳市
31	传统舞蹈	耍老虎	焦作市
32	传统戏剧	怀梆	沁阳市
33	传统戏剧	二股弦	武陟县
34	传统体育、游艺与杂技	太极拳(陈氏太极拳)	焦作市
35	传统体育、游艺与杂技	太极拳(和式太极拳)	温县
36	传统体育、游艺与杂技	八极拳(月山八极拳)	博爱县
37	传统技艺	当阳峪绞胎瓷烧制技艺	焦作市
38	传统医药	中药炮制技术(四大怀药种植与炮制)	焦作市
39	传统美术	麦秆剪贴	清丰县
40	传统戏剧	大平调	濮阳县
41	传统戏剧	柳子戏	清丰县
42	传统戏剧	大弦戏	濮阳县
43	传统戏剧	四平调	濮阳市

续表

序号	类别	项目名称	申报地区或单位
44	传统戏剧	目连戏(南乐目连戏)	南乐县
45	传统戏剧	罗卷戏	范县
46	传统体育、游艺与杂技	东北庄杂技	濮阳市
47	民间文学	老子传说	灵宝市
48	传统美术	剪纸(灵宝剪纸)	灵宝市
49	传统美术	剪纸(卢氏剪纸)	卢氏县
50	传统技艺	窑洞营造技艺(地坑院营造技艺)	陕县
51	传统舞蹈	狮舞(小相狮舞)	巩义市
52	传统舞蹈	麒麟舞	兰考县

附件10　河南黄河流域 AAAA 级以上旅游景区

序号	景区名称	所在市、县	等级
1	嵩山少林景区	郑州市	AAAAA
2	开封清明上河园	开封市	AAAAA
3	洛阳市龙门石窟景区	洛阳市	AAAAA
4	洛阳白云山国家森林公园	洛阳市	AAAAA
5	洛阳市老君山－鸡冠山景区	洛阳市	AAAAA
6	龙潭大峡谷	洛阳市	AAAAA
7	修武县云台山风景名胜区(神农山－青天河)	焦作市	AAAAA
8	芒砀山汉文化旅游区	商丘市	AAAAA
9	郑州黄河风景名胜区	郑州市	AAAA
10	郑州丰乐农庄有限公司	郑州市	AAAA
11	富景生态世界	郑州市	AAAA
12	嵩阳书院景区	郑州市	AAAA
13	中岳庙景区	郑州市	AAAA
14	新郑市黄帝故里景区管理委员会	郑州市	AAAA
15	康百万庄园	郑州市	AAAA
16	竹林长寿山景区	郑州市	AAAA
17	中原福塔	郑州市	AAAA
18	郑州绿博园管理中心	郑州市	AAAA

续表

序号	景区名称	所在市、县	等级
19	荥阳孤柏渡飞黄旅游区	郑州市	AAAA
20	方特欢乐世界	郑州市	AAAA
21	古柏渡丰乐樱花园景区	郑州市	AAAA
22	三泉湖景区	郑州市	AAAA
23	银基国际旅游度假区	郑州市	AAAA
24	红石林景区	郑州市	AAAA
25	巩义市杜甫故里管理所	郑州市	AAAA
26	樱桃沟旅游景区	郑州市	AAAA
27	伏羲大峡谷景区	郑州市	AAAA
28	郑州园博园	郑州市	AAAA
29	开封市龙亭景区	开封市	AAAA
30	中国翰园	开封市	AAAA
31	开封府	开封市	AAAA
32	开封大相国寺	开封市	AAAA
33	包公祠	开封市	AAAA
34	开封市铁塔公园	开封市	AAAA
35	兰考焦裕禄纪念园	开封市	AAAA
36	朱仙镇启封故园	开封市	AAAA
37	万岁山·大宋武侠城	开封市	AAAA
38	河南省洛阳市白马寺	洛阳市	AAAA
39	洛阳关林景区	洛阳市	AAAA
40	新安县千唐志斋博物馆	洛阳市	AAAA
41	栾川县重渡沟风景区	洛阳市	AAAA
42	龙峪湾国家森林公园	洛阳市	AAAA
43	洛阳伏牛山滑雪度假乐园	洛阳市	AAAA
44	栾川养子沟景区	洛阳市	AAAA
45	抱犊寨景区	洛阳市	AAAA
46	黄河小浪底水利枢纽风景区	洛阳市	AAAA
47	洛阳木札岭旅游区	洛阳市	AAAA
48	天池山国家森林公园	洛阳市	AAAA
49	神灵寨国家森林公园	洛阳市	AAAA
50	中国国花园	洛阳市	AAAA
51	洛阳市隋唐城遗址植物园	洛阳市	AAAA
52	中国河南西泰山风景区	洛阳市	AAAA

续表

序号	景区名称	所在市、县	等级
53	黛眉山	洛阳市	AAAA
54	洛阳 · 薰衣草庄园	洛阳市	AAAA
55	洛阳恐龙谷漂流	洛阳市	AAAA
56	天河大峡谷	洛阳市	AAAA
57	洛阳青要山景区	洛阳市	AAAA
58	二程文化园	洛阳市	AAAA
59	洛阳 · 豪泽国际郁金香花海欢乐城	洛阳市	AAAA
60	洛阳凤翔温泉旅游区	洛阳市	AAAA
61	八里沟景区	新乡市	AAAA
62	万仙山景区	新乡市	AAAA
63	九莲山景区	新乡市	AAAA
64	比干庙	新乡市	AAAA
65	回龙天界山景区	新乡市	AAAA
66	京华园景区	新乡市	AAAA
67	潞王陵	新乡市	AAAA
68	宝泉景区	新乡市	AAAA
69	轿顶山景区	新乡市	AAAA
70	圆融寺景区	焦作市	AAAA
71	嘉应观景区	焦作市	AAAA
72	黄河文化影视城	焦作市	AAAA
73	温县陈家沟景区	焦作市	AAAA
74	戚城文物景区	濮阳市	AAAA
75	濮上园	濮阳市	AAAA
76	冀鲁豫边区革命根据地旧址纪念馆	濮阳市	AAAA
77	三门峡市虢国博物馆	三门峡市	AAAA
78	三门峡市天鹅湖国家城市湿地公园	三门峡市	AAAA
79	灵宝市函谷关历史文化旅游区	三门峡市	AAAA
80	卢氏豫西大峡谷	三门峡市	AAAA
81	灵宝市汉山景区	三门峡市	AAAA
82	燕子山生态旅游景区	三门峡市	AAAA
83	灵宝市娘娘山景区	三门峡市	AAAA
84	三门峡黄河公园	三门峡市	AAAA
85	双龙湾风景区	三门峡市	AAAA
86	三门峡黄河丹峡	三门峡市	AAAA

续表

序号	景区名称	所在市、县	等级
87	仰韶文化博物馆	三门峡市	AAAA
88	三门峡甘山国家森林公园	三门峡市	AAAA
89	陕州地坑院景区	三门峡市	AAAA
90	豫西百草园	三门峡市	AAAA
91	黄河小浪底水利枢纽风景区	济源市	AAAA
92	小浪底黄河三峡景区	济源市	AAAA
93	小沟背·银河峡风景区	济源市	AAAA

B.4
宁甘青三省区大力弘扬黄河文化调研报告

联合调研组一组*

摘　要：　联合调研组一组围绕保护传承弘扬黄河文化，对宁夏回族自治区、甘肃省、青海省三省区进行了实地调研考察，总结了宁甘青三省区的做法与成效，一是紧扣本地特征，注重资源梳理；二是抓牢本地特色，把握工作重点；三是认真对标对表，精心编制规划；四是推进重大项目，注重产业实效，结合艺术媒介，讲好黄河故事；五是立足既有基础，持续文化开发。调研组还总结了三省区的经验与启示，一是摸清黄河文化资源家底，彰显黄河历史文化区域特色；二是建立完善协调机制，推进黄河沿线城市带动区域共同发展；三是利用区位和资源优势，打造黄河历史文化主地标；四是依托众多考古遗址，建设国家考古遗址公园；五是加强河工文化展示，讲好历代黄河治理故事；六是抢抓国家重大战略发展机遇，打造黄河文化旅游项目；七是深化区域融合发展，建设跨河而治的国家中心城市。

关键词：　保护传承弘扬黄河文化　宁甘青　国家中心城市

---

* 联合调研组一组组长：马正跃。成员：张新斌、杨恒智、李立新、唐金培、靳瑞霞、杜松江。执笔：唐金培、靳瑞霞。

2020年8月12日至21日，河南省委宣传部和河南省社会科学院联合调研组围绕保护传承弘扬黄河文化，对宁夏回族自治区、甘肃省、青海省三省区进行了实地调研考察，并和当地文化宣传部门进行了座谈交流，了解了三省区的做法与成效，为河南省保护传承弘扬黄河文化提供了经验和启示。

一　宁甘青三省区的做法与成效

（一）紧扣本地特征，注重资源梳理

甘肃着重研究和梳理了黄河文化在其境内呈现出的特征，如文明的源头性特征。甘肃省秦安县大地湾遗址发现距今约8000年的早于仰韶文化的新型史前文化类型，证明渭水上游地区是黄河流域最先展露文明曙光的区域之一。甘肃又是黄河流域传统政治文明的重要策源地。礼乐文化与郡县制度滥觞于甘肃境内，其后在整个黄河流域成熟光大，并最终成为中国传统政治文明的核心元素。黄河文化在甘肃境内又具有鲜明的交流融合特征。自西汉设立河西四郡之后，河西走廊成为黄河文化对外交流的重要孔道。以佛教为代表的印度文化，以及来自西方的物种、艺术、医学等文化要素，通过敦煌、武威等输入黄河流域腹地。同时，出自黄河流域腹地的丝绸珍宝、生产技术乃至文化典籍、审美趣味向西传播，对亚洲腹地乃至更远的西方世界产生了深远的影响。外来文化与黄河文化的首次碰撞融合，使新的文化体系在此得以形成。举世闻名的敦煌文化即是黄河文化在大漠雪山之间的变奏。在源头性与交流融合特征之外，甘肃还将境内的治水文化与生态文化进行了梳理与定位，这被认为是甘肃现代黄河文化的重要组成部分。青海则以2016年习近平总书记考察青海时所提出的“三最”——“青海最大的价值在生态、最大的责任在生态、最大的潜力也在生态”[①] 为中心，围绕“生态”功能的

① 习近平：《尊重自然顺应自然保护自然 坚决筑牢国家生态安全屏障》，新华网，http：//www.xinhuanet.com/politics/2016－08/24/c_1119448608.htm，2016年8月24日。

特征和要求展开境内黄河文化的研究梳理定位和规划布局。青海黄河文化五个特质之二是治水兴水护水乐水的水利文化和新时代贯彻新发展理念的生态文化。在挖掘工作中，河湟文化是重中之重，而河湟文化中，昆仑生态文化和水文化的研究阐释更是重中之重。在"1 +1 +3 +5"的总体发展布局中，"1"就是坚持生态保护优先的发展理念统领黄河文化的保护传承弘扬。"5"是布局"五个功能区"，第一个是黄河上游生态文化保护区，第二个是河湟文化生态保护实验区，第三个是黄河上游生态旅游体验区，第四个是黄河上游国家公园创新区，第五个是兰西城市群协同发展区。"生态"功能的特殊区位特质可见一斑。宁夏则抓住黄河流经其境的"全域性"、文化的"多元性"特点及丰富的水利灌溉工程文化遗存进行梳理。黄河在宁夏境内流程397 公里，宁夏回族自治区总面积6. 64 万平方公里，全区近90% 的水资源来自黄河。所有河流、湖泊的水都最终汇入黄河。发源于六盘山的黄河支流清水河纵贯南部山地和中部丘陵区，北部宁夏平原是黄河两岸的带状冲积平原，引黄灌溉地理条件得天独厚。引黄自流灌溉、无坝引水等水利工程，使区域内旱作农业、稻作农业交错分布，互为补充，造就了我国特大型古老灌区之一。2017 年10 月，宁夏引黄古灌区被国际灌溉排水委员会列入世界灌溉工程遗产名录，成为黄河干流上首个世界灌溉工程遗产。多样的水利遗产和水利文化景观构成了宁夏黄河文化带的景观基础。

（二）抓牢本地特色，把握工作重点

甘肃黄河文化保护传承弘扬工作的基本布局思路非常清晰。它是依据地理特征、水系分布、文化禀赋和发展潜力，按照核心区、重点区、拓展区空间范围和统筹兼顾、突出重点、分类推进的发展思路，构建"一带贯通、四区协同、五个高地"的甘肃黄河文化保护传承弘扬空间格局。地理特征和水系分布显然是黄河文化的物质基础，先划分物质基础，再考察附着于其上的文化禀赋，而文化禀赋又决定了其在文旅产业中的发展潜力。这一思路的内在逻辑很完整，其中的"一带贯通"，即由境内黄河干流串联的甘南、临夏、兰州、白银四市州所形成的甘肃黄河文化发展带，这是由黄河文化在

甘肃的地理分布决定的。“四区协同”则以黄河在甘肃境内的几个支流水系为依据，划分为洮河文化片区、渭河文化片区、泾河文化片区以及河西文化片区，通过这些水系划分文化片区，更容易将接近的文化禀赋联合为一体，进行整体发掘、包装和开发。如洮河文化片区涵盖甘南、临夏、定西等洮河流域及周边区域，史前文化、民族文化、宗教文化、草原文化及农、商、牧多元文化交汇区地理特征较为突出，彰显多民族融合发展特色。而河西文化片区涵盖甘肃内陆河流域的河西五市，突出丝路文化、长城文化、石窟文化、边塞文化、生态文化等，彰显兼收并蓄、交流互鉴、开放进取等甘肃黄河文化特质。在打造五个高地方面，甘肃则从古代文明角度推出了“黄河上游古文明保护展示高地”、“中华民族共同体建构示范高地”和“全球华人根祖文化认同高地”，从现代革命精神红色文化角度推出“全国红色文化传承弘扬高地”，从当代生态价值方面推出“西部治水文化与生态文明示范高地”。在紧扣本地文化特色的同时，从历史纵深和横向内涵构成方面形成内在的逻辑思路。素有“三江源”“中华水塔”美誉的青海省，约90%的面积被列入限制和禁止开发区，体现了青海省独特的生态地位。青海抓住“生态保护优先”与“绿色发展”两个关键，着力打好发展“四张牌”，其中之一就是文化旅游产业。青海黄河文化建设在生态保护红线内，全力围绕旅游为中心开展工作，包括打造“河湟文化”品牌，推进“三项工程”，打造“五个功能区”，实施黄河旅游带“五段”建设：黄河源头生态旅游段、海南黄河大峡谷旅游段、龙羊峡—李家峡黄河旅游段、贵德—坎布拉旅游段、化隆—循化—民和旅游段，等等。

（三）认真对标对表，精心编制规划

在研究梳理，确定工作重点之后，甘肃省成立了黄河文化保护传承弘扬规划编制工作领导小组，研究制定了《甘肃省2020年黄河流域生态保护和高质量发展工作要点任务分解表》《甘肃省黄河文化保护传承弘扬工作任务细化落实方案》《关于加快推进甘肃省黄河文化保护传承弘扬工作的通知》，确定了专班，强力推进规划编制、重点工作落实。并同步推进“1+2”规

划体系，“1”即编制《甘肃省黄河文化保护传承弘扬规划》，“2”指黄河流域非物质文化遗产保护传承弘扬、黄河文化遗产保护利用等2个专项规划。目前，“1＋2”规划已完成初稿，并先后两次在征求专家学者意见后进行了认真修改。甘肃省文化和旅游厅积极对接了解国家、文旅部、省级规划编制情况，对标对表，及时对规划做进一步修改完善。青海省成立课题研究组，围绕文化和旅游部正在研究的黄河文化保护传承弘扬路径，形成了《青海省黄河文化保护传承弘扬路径研究报告（初稿）》，并围绕管好、治好、用好黄河水，扎实做好重大问题、重大工程、重大政策、重大体系等方面工作，通过编制《青海省黄河文化保护传承弘扬专项规划》初步确定“1＋1＋3＋5”的黄河文化总体发展布局：“1”是坚持生态保护优先的发展理念为统领，“1”是打造河湟文化品牌，“3”是推进“三项工程”，“5”是布局“五个功能区”。还围绕“喇家遗址”“青绣”等，编制了《黄河流域沿线文物保护利用青海省专项规划》，制定出台《“青绣”三年提升行动计划（2021—2023年）》等子规划。宁夏回族自治区水利厅则迅速编制了《黄河宁夏段生态保护治理规划》。黄河在宁夏境内长达397公里，贯穿宁夏全省。宁夏按照“一河双线三带四区”对这近400公里沿河区域进行了空间划分和规划布局，总投资达641.6亿元。宁夏在河道水域、滩涂湿地、堤防及堤防外围100米区域，实施堤防达标、河道整治、环境治理、生态绿化、道路交通、文化建设、智慧黄河等七大工程21个具体项目。

（四）推进重大项目，注重产业实效

甘肃在遗产保护方面，加快推进临洮战国秦长城西起首核心园项目，洮州卫城抢险加固项目主要工程已基本完工，炳灵寺石窟大寺沟小流域综合治理项目已列入国家黄河文化保护传承弘扬项目库。在谋划重大文旅项目方面，策划75个招商项目，成功签约28个文旅产业和交旅融合项目，签约金额343.72亿元。同时从项目库中遴选13个项目上报文旅部推荐列入国家黄河文化旅游带建设。积极推进“读者印象”精品文化街区建设，扎实推进大敦煌文化旅游经济圈建设，指导酒泉市展开鸣沙山—月牙泉景区基础设施

提升、悬泉置遗址保护利用等 30 个带动性项目建设。敦煌莫高里工匠文化村、肃州六分湿地景区等 7 个项目建成运营，锁阳城遗址国家考古公园、阿克塞沙漠公园等项目也在紧锣密鼓推进。青海在项目推进上仍然以保护生态为要，实效性、针对性强，如黄河流域贵德河阴段水污染防治和水生态修复项目的推进。该项目是贵德县贯彻落实黄河流域高质量发展和高水平保护，推进“一优两高”战略部署的具体举措。该项目于 2019 年 10 月正式动工建设，2020 年 7 月全面完工，完成投资 3226 万元，已通过环保部门竣工验收。项目主要针对该县黄河吊桥南岸芦苇荡内水生植物退化、污染物富集，形成黑臭水体的现状，通过引流县城污水处理厂尾水，建设复合流潜流湿地 4.76 公顷（有效面积 4.47 公顷）、表流生态湿地 8.22 公顷，用生态型湿地污水深度净化系统工艺技术，实施尾水深度净化生态湿地系统建设，达到天然湿地生态修复、自然湿地内源污染物清除及尾水二次净化的目标任务，从而削减该河段入黄污染物总量，实现黄河流域贵德断面水质稳定优于地表水Ⅲ类并逐步提升，有效完善贵德黄河风情线“水－草－鱼－鸟－人”共生系统，改善区域生态环境和人居环境。该项目不仅提高了黄河干流贵德河阴段水体净化功能与水生态保护能力，带动了周边旅游产业链发展，更为当地群众营造出一片环境优美、休闲赏景的暂歇地，使群众“望得见青山绿水，留得住乡愁”。

（五）结合艺术媒介，讲好黄河故事

青海省在黄河文化保护传承弘扬中，把河湟文化研究开发作为重中之重，结合当下，采取针对性措施，努力讲好河湟故事。一是挖掘素材，创作时代精品。以西汉末期熏炉为文化符号，设计河湟文化品牌 Logo——河湟鸾凤——作为河湟文化的符号象征，较好彰显了青海河湟文化内涵。同时加强现实题材创作，创作舞剧《大河之源・河湟》、歌曲《河湟神韵》等，以文艺精品讲好河湟故事。二是开拓创新，拓展传播渠道。办好河湟文化论坛，扩大知名度；开展博物馆日、文化和自然遗产日、“非遗购物节”、“黄河・河湟文化”惠民消费季等节日节庆惠民活动；针对传统青绣开展创造

性转化，推出“指尖上的青绣”，打造讲好河湟故事的金名片。三是结合科技，赋能新业态。利用青海数字文旅大数据平台，把河湟文化特色的文化元素、文化符号和精神标识整理提炼出来，开发数字目录，结合客流量特征的数字化分析，为以后的文化旅游开发提供依据。借力高等院校科研力量，积极打造河湟文化研究平台，组建河湟文化研究院和博物馆，为河湟文化研究、讲好河湟故事提供智力支持。四是多措并举，营造文化体验新方式。创建省级河湟文化生态保护实验区，以生态保护实验区为平台，将河湟一带丰厚多样的非物质文化遗产聚拢集中起来，进行深入挖掘和集中开发，充实和拓展河湟文化内涵。重视河湟地区乡村文化旅游开发，重点打造一批国家级乡村旅游重点村，建设省级全域旅游示范区，推出精品生态游、研学游、自驾游、休闲游、乡村游等乡村旅游线路和文化产品，同时全面提升乡村服务设施和服务水平。甘肃则强调讲好新时代甘肃黄河故事。一是凸显红色旅游。重点培育红色沃土、长征丰碑、浴血河西三大红色旅游区，集中打造南与四川相连的红色丰碑旅游线、北与银川相接的长征胜利旅游线、东与延安呼应的红色沃土旅游线、西与新疆相通的英雄史诗旅游线等红色旅游精品线路，加快建设30个红色旅游经典景区。二是联动开展黄河流域旅游产品和线路宣传推广。把黄河流域旅游产品和线路作为全省文化旅游宣传推介重点，先后制作投放《甘肃旅游手绘图》《如意甘肃自驾游手册》等系列宣传品；积极推出“玛曲—碌曲—夏河—永靖—兰州”“兰州—白银—景泰—银川”等黄河旅游主题精品线路，“千里风情·黄河水韵”主题旅游线入选“疫去春来·江山多娇”全国百条精品旅游线路。三是打响黄河旅游主题形象品牌。以“交响丝路·如意甘肃”旅游整体形象为统领，大力宣传推介兰州黄河风情线、景泰黄河石林、永靖黄河三峡、定西渭河源等特色旅游产品，打响“黄河之滨也很美”“天下黄河第一弯”“华夏文明渭河源”等黄河旅游主题品牌。讲好黄河故事，推出精品话剧《天下第一桥》、情景歌舞剧《黄河之上·多彩白银》，两剧均已经推荐入选文旅部晋京演出剧目。

（六）立足既有基础，持续文化开发

甘肃省委省政府在文化建设与开发方面下手较早，2012 年即创造性地提出建设华夏文明传承创新区的战略构想，2013 年 1 月即获得国务院办公厅正式批复。立足于全省丰厚的历史文化禀赋和转型跨越的现实需要，甘肃华夏文明传承创新区较早即成为国家级文化发展战略平台。2013 年以来，华夏文明传承创新区建设按照“以文化建设为主题，以经济结构战略性调整和经济发展方式根本性转变为主线，着力打造一带三区十三板块”的总体思路，坚持“祖业、事业、产业”三业并举、“敦煌、兰州、天水”三头齐抓、“历史再现、乡村舞台、文化集市”三大工程带动，取得了显著成效。甘肃省黄河文化保护传承弘扬工作与华创区建设成绩实行了有效接续和有机结合。如“十二五”期间，全省共有 10 处大遗址列入国家保护范围。同时积极推动丝绸之路联合申遗，全省世界文化遗产总数达 7 处，包括麦积山石窟、锁阳城遗址、悬泉置遗址和玉门关遗址等。甘肃加大对文化资源的挖掘整理和保护，出台了《甘肃省非物质文化遗产条例》。数字敦煌、“历史再现”工程，有效推动了黄河文化资源的创造性转化和创新性开发展示。大力弘扬红色文化，打造红色文化品牌，组织实施了一批红色文化建设工程。大力深挖和开发特色独具的丝绸之路文化资源，成功打造丝绸之路沿线国家文化交流合作战略平台；丝绸之路（敦煌）国际文化博览会被列入国家“一带一路”战略规划。敦煌品牌资源持续开发，品牌影响力不断提升，国际文化旅游名城建设全面推进，国家级文化产业示范园区建设获批。注重品牌的立体打造和充实，国家级旅游综合改革试验区、文化生态保护实验区、生态文明建设示范区等多个国家级项目创建顺利推进。积极主动参与国家丝绸之路旅游经济带、文化产业带建设，多届敦煌行·丝绸之路国际旅游节效果良好，还发起成立了丝绸之路旅游推广联盟等。宁夏方面则具有参与沿黄区域协同发展的文化发展建设经验与基础。早在 2017 年 9 月，陕甘宁蒙晋沿黄地区文化旅游产业合作交流会便在榆林召开。陕甘宁蒙晋沿黄地区是我国重要的能源富集区、生态功能区，也是大漠草原、黄河黄土、长城边

塞、红色革命等旅游文化资源集中区。该区域占全国面积的21%，人口1.32亿，加强区域协作，凝聚发展合力，促进产业集群，培育增长动能，无疑对促进沿黄各地市经济社会发展具有重要意义。黄河文化保护传承弘扬上升为国家战略之后，2019年12月宁夏与内蒙古再次牵手，召开宁蒙沿黄流域文化和旅游协同发展推进会，会上双方签署了《蒙宁文化和旅游协同发展合作框架协议》《4+4沿黄城市文旅合作框架协议》等文旅合作协议，进一步从制度层面推动了两地顶层合作。根据协议，双方将建立、健全两区文化和旅游常态化合作机制，推动两区文化和旅游交流与合作向更宽领域、更深层次、更高水平迈进；深入挖掘黄河文化蕴含的时代价值，建立黄河蒙宁段资源库，努力实现黄河流域优秀文化的创造性转化和创新性发展；联合推进黄河文化精品艺术创作，设计制作反映黄河文化内涵和地方特色的旅游文创产品；重点打造巴彦淖尔—乌海—石嘴山—银川—吴忠—中卫—阿拉善盟、鄂尔多斯—银川—石嘴山—乌海等精品旅游线路，积极为双方在本地开展旅游宣传促销活动提供便利等。长期连续的多样化的区域协作推广，毫无疑问将为宁夏独具特色的文旅项目如沙坡头、黄河宿集等持续提供源源不断的客流。

二　宁甘青三省区的经验与启示

（一）摸清黄河文化资源家底，彰显黄河历史文化区域特色

黄河文化包括河岸文化和流域文化，而流域文化又分为干流文化和支流文化。黄河历史文化资源更是涉及方方面面，既有历史文化遗址遗迹、河工等物质文化资源，也有与黄河有关的历史传说、民间故事及黄河号子等非物质文化资源，还有黄河治理等方面的制度文化资源。在黄河历史文化资源梳理和分类整合方面，甘肃、青海等省的一些做法值得借鉴。

甘肃省依托大地湾文化、马家窑文化、齐家文化等史前文化遗址，推进国家考古遗址公园建设，打造“考古中国”和中华文明探源工程研究和展

示基地；突出甘肃黄河流域在中华民族多元一体格局形成进程中的历史贡献，大力繁荣少数民族优秀文化，铸牢中华民族共同体意识；整合挖掘伏羲、女娲、轩辕黄帝、西王母等始祖文化资源，打造高品质祭庆活动品牌和创新传承体系，等等。除重点突出甘南、临夏、兰州、白银等4市州境内黄河干流所串联的甘肃黄河文化资源外，还重点梳理和突出洮河文化片区的史前文化、民族文化、宗教文化、草原文化及农、商、牧多元文化交汇区地理特征，突出始祖文化等在华夏文明起源中的重要地位，突出泾河文化片区周祖文化、农耕文化、养生文化、宗教文化、红色文化在农耕兴邦、治水利民、艰苦奋斗等方面的文化精神，以及突出河西文化片区在丝路文化、长城文化、石窟文化、边塞文化、生态文化等方面的黄河文化特质。

青海省也对该省的黄河文化特质进行了系统梳理。认为青海黄河文化是中华民族文明发祥地的源头文化，是人与自然和谐相处的共荣文化，是传承融合包容开放的多元文化，是治水兴水护水乐水的水利文化，是新时代贯彻新发展理念的生态文化。将河湟文化作为该省黄河文化保护传承弘扬的重中之重，广泛开展黄河文化旅游资源的普查、分类和系统研究，并建立权威性的、动态性的大数据库。

河南省地处黄河中下游，黄河历史文化资源非常丰富。但在黄河历史文化资源爬梳剔抉、归纳分类等方面做得还很不够。为此，要充分借鉴黄河沿线相关兄弟省份的先进做法，进一步摸清自己的家底，充分挖掘黄河流域河南段的人文始祖文化、黄河水患及其治理等各类历史文化资源，切实做好黄河历史文化资源归类分析和相应的数据库建设，为更好地保护传承弘扬黄河文化奠定坚实基础。

（二）建立完善协调机制，推进黄河沿线城市带动区域共同发展

黄河上中下游、左右两岸要做到共同发展必须加强区域协同合作，搞好统筹协调。要在党和国家有关部门的集中统一领导下建立沟通协调机制，既要树立“一盘棋”思想，又要种好“责任田”；既要横向协同，又要纵向联动。河南郑州、洛阳及济源、三门峡等地在建立和完善区域协调

机制方面做了大量的工作，并取得了阶段性成果。然而，全省层面的统筹协调工作还有待进一步强化。在这方面，甘肃省为我们提供了一些值得借鉴的经验。

近年来，甘肃省根据自身水系的分布特点和区域文化特色，按照统筹兼顾、突出重点、分类推进的发展思路，构建以“一带贯通”“四区协同”“五个高地”等为发展目标的空间格局。其中，“一带贯通”是指以黄河干流所流经的甘南、临夏、兰州、白银等4市州为主体，联合打造甘肃黄河文化发展带。同时发挥兰州中心城市在经济区位和交通枢纽等方面的优势，荟萃多元文化底蕴，打造联动两翼、辐射全省的甘肃黄河文化保护传承弘扬示范带。此外，还通过统筹协调，建立完善相关机制，实现洮河、渭河、泾河、河西等4个文化片区协同发展。在协同发展的同时也注意突出各自的文化特点和资源优势，如甘南、临夏、定西等洮河流域及周边区域重点突出史前文化、民族文化、宗教文化、草原文化等多元文化交汇的历史地理特征；定西、天水、陇南等渭河流域及周边区域，重点突出始祖文化、姓氏文化等黄河上游华夏文明起源及其发展演变脉络；等等。

河南要以郑州、洛阳、开封为黄河文化保护传承弘扬核心区，以黄河沿线的8市（区）以及黄河曾经流过的今鹤壁、安阳、商丘等市为黄河文化保护传承弘扬拓展区，并以此带动和辐射省内其他相关地区对黄河文化的保护传承和弘扬，真正做到朝着同一个目标、站在同一平台、互相借鉴、扬长避短、共同促进。

（三）利用区位和资源优势，打造黄河历史文化主地标

作为黄河文化的重要代表性符号，黄河文化主地标是展示体验黄河历史文化的重要平台，也是海内外华人万众归心的心灵感知之所。要在系统性保护黄河历史文化遗产的前提下，经过充分论证，在河南郑州打造一个能够充分体现“民族根”“中华源”“黄河魂”等基本元素的综合性黄河历史文化主地标。进一步提升黄河文明和黄河文化在国际上的影响力，进一步凸显河南在黄河文化保护传承弘扬中的领军作用和龙头地位。

近年来，特别是习近平总书记在郑州主持召开黄河流域生态保护和高质量发展座谈会以来，郑州、洛阳、焦作、新乡等地先后通过举办学术研讨会、实地考察等多种方式，积极酝酿和规划建设有地方特色的黄河历史文化坐标。然而，至今大都仍停留在口头上或规划中。而宁夏、甘肃等省区在黄河文化主地标建设方面已经先行一步，并积累了比较丰富的经验。

宁夏回族自治区和甘肃省先后于2012年、2020年分别在青铜峡市和兰州市的黄河岸边建成黄河地标建筑——黄河楼。其中，位于吴忠青铜峡市滨河大道的黄河楼尤为壮观。该楼上下11层，高108米，占地面积23600平方米。以“黄河颂”为主题的地上第一层，主要从自然层面展示黄河之水天上来的磅礴气势，诠释黄河母亲的神圣伟大；以“黄河情”为主题的地上第二层主要从中华人文始祖到诸子百家、从中华汉字到四大发明等方面解读黄河作为中华文明之摇篮的重要地位。以“黄河风”为主题第三至七层，主要展示甲骨、青铜、陶瓷、玉石和非物质文化遗产等，彰显中华黄河文明的文物精华。以“黄河心”为主题的第八层主要供游客远眺黄河美景。该楼与周边配套的黄河母亲园、文字园、忠义园、孝道园、诸子园、史学园、家道园、文学园、艺术园、奇石园等黄河文化园相映成趣，共同构成黄河历史文化展示的一个绝佳平台。

河南地处黄河中下游，黄河历史文化资源非常丰富，有足够的理由打造一个代表全流域的国家级黄河历史文化主地标。为此，要借鉴兄弟省份在打造黄河历史文化地标的先进经验，加快行动，抢占先机，在系统梳理黄河历史文化特征的基础上，争取早日打造一个具有国际影响力的国家级黄河历史文化主地标。并进一步挖掘郑州、洛阳、开封、新乡、三门峡、焦作、济源、濮阳等地的黄河历史文化资源，突出体现各自的资源优势和地方特色，打造若干个省级黄河历史文化主地标，相关县区也可以结合当地实际情况，打造若干个市级黄河历史文化主地标，共同构成一个结构完整、内容互补、时空融合的黄河历史文化地标体系。通过规划建设黄河历史文化主地标及黄河历史文化地标体系，全方位、多角度展示黄河河南段丰富的文化内涵，充分彰显河南治理黄河的悠久历史和独特的文化魅力。

（四）依托众多考古遗址，建设国家考古遗址公园

众多的考古遗址是黄河流域历史悠久的重要见证和文化厚重的重要表现。河南境内黄河沿线的考古遗址更是星罗棋布。从距今8000年的裴李岗文化到距今7000年至5000年的仰韶文化，再从距今约4500年至4000年的龙山文化到距今4300至2900年的夏商文化，都一直延绵不断。河南已经发掘的考古遗址虽然为数不少，但真正在保护和利用两个方面都做得好的并不多。相反，宁夏、青海、甘肃等省区的考古遗址虽然数量非常有限，但在保护利用方面的一些经验却值得我们借鉴。

宁夏回族自治区人民政府与国家文物局于2011年7月签署《合作加强宁夏文化遗产保护工作框架协议》，并着手编制《西夏陵国家考古遗址公园总体规划》。[①] 2017年12月，西夏陵国家考古遗址公园入选第三批国家考古遗址公园名单，这也是宁夏回族自治区获得的首个国家考古遗址公园。宁夏回族自治区党委和政府以及银川市委市政府对此高度重视，并投入了大量财力、人力和物力，不仅对陵区现存9座帝陵和140多陪葬墓进行了有效保护，而且修建了西夏博物馆、西夏史话艺术馆、西夏碑林等场馆，使之很快成为人们领略西夏文化和探寻西夏奥秘的重要平台和旅游胜地。

被誉为“东方庞贝古城”的喇家考古遗址位于青海省海东市民和回族土族自治县官亭镇喇家村，保留有史前地震、黄河大洪水和泥石流等多重灾难遗迹，既是黄河上游地区发掘的以新石器时代齐家文化为主的大型聚落遗址，也是迄今为止发现的国内规模最大的灾难遗址。[②] 在青海省委省政府和民和县委县政府的高度重视和积极争取下，2013年12月进入国家文物局第二批国家考古遗址公园立项名单。这也是青海省首家获批立项的国家考古遗址公园。截至目前，已经投入5.33亿元，基本建成集文物考古、学术交流、

① 房名名：《宁夏政府与国家文物局签署〈合作加强宁夏文化遗产保护工作框架协议〉》，《宁夏日报》2011年7月6日。

② 石延寿：《规划投资5.33亿元 青海国家级考古遗址公园呼之欲出》，《人民日报》2018年3月30日。

科学研究、文物展示和文化体验为一体的国家考古遗址公园，[①] 不仅建有喇家遗址博物馆，而且建有 3 个保护展示棚、纳顿传习所和土族服饰展示中心等。在 2018 年召开的中国黄河旅游大会上，该国家考古遗址公园被评为“中国黄河 50 景”之一。

相比之下，河南的国家考古遗址公园不仅数量多而且主要集中在黄河沿线。截至目前，河南先后列入第一、二、三批国家考古遗址公园的分别有殷墟、隋唐洛阳城、汉魏洛阳故城、郑韩故城；先后列入国家考古遗址公园立项名单的分别有汉魏洛阳故城、郑州商城、三杨庄考古遗址公园、新郑郑韩故城、偃师商城、信阳城阳城、仰韶村、二里头、贾湖、庙底沟、大河村。在建设这些国家考古遗址公园时，有必要借鉴兄弟省区的好做法和好经验，进一步加大投入力度，尽可能运用现代手段，保护好、利用好这些考古遗址，通过打造国家考古遗址公园，加大推进具有国际影响力的黄河文化旅游带建设，实现社会效益和经济效益的双丰收。

（五）加强河工文化展示，讲好历代黄河治理故事

治理黄河的河工文化是黄河历史文化的重要组成部分，也是黄河文化保护传承弘扬的重要内容。随着时代的发展变迁，绝大多数古代黄河水利工程已经踪迹难觅，古代水利工程及其河工技术的保护传承弘扬主要通过书籍、博物馆以及现代科技手段等途径来实现。作为隶属水利部黄河水利委员会的国家级博物馆，黄河博物馆也是我国唯一以黄河为陈列主题的自然科技类博物馆。[②] 郑州地处黄河中下游的枢纽，在黄河文化展示方面有着独特的优势。近年来，虽然一直讨论在郑州建设黄河文明博物馆的事情，但至今仍然没有落地。宁夏、甘肃等省区在这方面的先进经验值得我们借鉴。

坐落于青铜峡水利枢纽下黄河右岸的宁夏水利博物馆，是由宁夏回族自治区水利厅于 2010 年 3 月投资兴建，并于 2011 年 9 月建成的水利专题博物

---

① 赵睿、石延寿：《喇家国家考古遗址公园局部开放》，《青海日报》2020 年 5 月 2 日。

② 张海涛：《郑州黄河之畔：新黄河博物馆开馆运行》，《河南日报》2012 年 9 月 28 日。

馆。集中展示宁夏2000多年来源远流长的水工文化和水利发展史。该馆共设序厅、千秋流韵、盛世伟业、水利未来、水利文化、水利人物等6个部分23个单元，全面反映了宁夏深厚的水文化积淀以及中华人民共和国成立以来宁夏水利建设所取得的辉煌成就。通过参观展览，人们能够身临其境地领略从秦启引河到汉续开渠、从北魏筑坝到西夏举国开渠、从元立木闸到明修石堰及清兴水利这2000多年宁夏引黄灌区的辉煌历史和宁夏水利事业的巨大成就。

坐落于甘肃永靖县刘家峡水库大坝北侧的黄河文化博览馆（原名黄河水电博览馆），2013年年底开工建设，2016年4月落成开馆，是全国目前唯一以“治水文化”为主题的博物馆和全国唯一的水电博览中心，也是黄河三峡景区的重要地标和打卡地。该馆以“黄河情·水电魂·中国梦”为主题，分为“文化”“治理”“水电”“景观”等4个分项，运用高科技展览手段重点展现辉煌灿烂的黄河文化、筚路蓝缕的黄河治理历史、威力无比的黄河水电、景色宜人的黄河风光。其中，第一层的主题为“大河梦·中华源”，主要有序厅以及“水与人类文明”“黄河文化大观”“黄河文化撷英”等展区；第二层的主题为“薪火相传·千秋伟业”，该层有情系黄河、黄河治理历程、治黄名贤、建设者之歌、3D主题影院等展区，中央天井区域设置穹幕影院；第三层的主题为“九曲安澜·水电摇篮”，该层设置刘家峡水电站展区、黄河水电站展区、世界水利水电博览展区；第四层的主题为“中华圆梦·黄河览胜”，该层有黄河风光掠影展区、黄河三峡旅游区规划展区、炳灵丹霞国家地质公园展区和尾厅。

一部黄河治理史也是一部治国史。自公元前602年到1938年的2540年中，黄河下游一共发生1593次决口，其中2/3发生都在河南；一共发生大的改道26次，其中就有20次发生在河南。中华人民共和国成立之前的河南素有“三年两决口，百年一改道”之说。作为黄河治理的重点区域和核心区域，河南要充分借鉴兄弟省区的有益经验，突出河南段黄河历史上决口多、改道多、水工多等区域特色，打造黄河水工博物馆或黄河治理博物馆等。

（六）抢抓国家重大战略发展机遇，打造黄河文化旅游项目

近年来，特别是习近平总书记主持召开黄河流域生态保护和高质量发展座谈会以来，各地都在抢抓机遇，充分挖掘、整合黄河历史文化资源，规划建设以黄河历史文化为主题的文化旅游项目。宁夏、甘肃、青海等黄河流域的一些兄弟省区在打造黄河文化主题的文旅产业项目方面，不仅起步早，规格高，而且投资力度大，都有不少值得河南学习借鉴的地方。

为礼敬黄河、祭拜黄河、感恩黄河，宁夏回族自治区在吴忠青铜峡市投资 5 亿元人民币，于 2011 年 4 月成功建成黄河广场、中华黄河坛和黄河文化研究院。其中，中华黄河坛长 999 米，宽 200 米，建筑面积 6.5 万平方米，背靠贺兰山山脉，左傍黄河臂弯，右依青铜峡峡口。建筑布局分为思恩区、礼恩区、感恩区等 3 区，碑林大道、农耕大道、文华大道等 3 条大道，建有中华黄河坛大牌楼、思恩牌楼、礼恩牌楼、感恩牌楼、文渊牌楼等 5 大牌楼和中华人文始祖殿、慈孝懿范殿、百家姓祠堂等 3 个大殿。融中国祭祀文化、黄河五千年文化、青铜艺术展示、皇家祭祀园林、中国传统文化符号等于一体，是当前黄河流域祈福黄河规模最大的活动场所。

甘肃省致力于打造兰州“百里黄河风情线”文化旅游带、天水华夏始祖文化旅游产业园、甘南州黄河流域非物质文化遗产保护传承等重点项目。早在 1994 年建成的兰州水车博览园由水车园、水车广场、文化广场三部分组成。其中，水车园以 12 轮黄河大水车为主景，荟萃中外不同形式、风格迥异的水车数十轮。园内黄河奔腾，水车旋转，渠水蜿蜒，各种花草树木错落有致，再现了黄河、水车与传统农业生产的和谐景象。该园是目前世界上水车品种最全、数量最多的水车主题公园。

享有“天下黄河贵德清”美誉的青海省海南州贵德县投资 5000 万元，于 2012 年在黄河边建成世界上最大的转经轮——中华福运轮。中华福运轮园区由黄河民俗博物馆、倒影池、转经塔等组成，并组织有《鹿舞》《尚尤则柔》等多台常态化演出节目。

河南要依托厚重的黄河历史文化资源，充分借鉴专家学者和外地的先进经

验，高起点规划、高标准设计、高质量打造郑州大河村遗址、舞阳贾湖遗址、三门峡庙底沟遗址、渑池仰韶村遗址、偃师二里头遗址等大型国家考古遗址以及河洛文化生态保护实验区、黄河国家文化公园等，使丰富厚重的黄河历史文化资源焕发出新的生机和活力，并尽快将郑州、洛阳、开封、新乡、三门峡、焦作、济源、濮阳等地的黄河历史文化资源优势转化成产业优势和竞争优势。

（七）深化区域融合发展，建设跨河而治的国家中心城市

伴随着城市化和区域一体化的快速发展，不少城市都面临着发展空间不足的问题。河南郑州、洛阳是黄河沿线城市中临近黄河的少数大城市之一。近年来，一直在探讨郑州和新乡、焦作、许昌等城市的融合发展，以及郑州跨河发展战略的可行性问题。其中，郑州在跨河发展方面可以从甘肃兰州市的成功经验中得到一些启示。

作为黄河流域唯一一座被黄河穿城而过的省会城市，兰州市在改革开放前只有中山桥、七里河大桥、西沙大桥、河口新城旧桥等为数不多的几座跨河大桥。①

改革开放后，为打通黄河南北通道，拓展城市发展空间，兰州市在黄河兰州段河口至桑园峡的中心城区规划和建设了43座现代化跨河大桥，其中，连接南北两岸发挥交通主通道、主枢纽的跨河桥梁就有18座。② 如今的兰州市已经初步形成“一横”“三环”“九纵”的城市地上交通网络，地下轨道交通1号线第一期于2019年6月建成通车。这条两次下穿黄河、贯穿兰州东西的地下轨道交通，不仅标志着兰州迈入地铁时代，而且是国内第一条下穿黄河的轨道交通线路。

世界大河流域的城市发展规律显示，当临江临河的城市发展到一定阶段，就会从单岸走向两岸发展，通过跨江跨河融合发展，拓展生长空间，优

---

① 沈丽莉：《城建变迁折射兰州发展“加速度”——兰州市改革开放40年城市建设快速发展纪实》，《甘肃日报》2018年8月30日。

② 沈丽莉：《城建变迁折射兰州发展“加速度”——兰州市改革开放40年城市建设快速发展纪实》，《甘肃日报》2018年8月30日。

化内部结构，实现跨越式发展。

郑州作为黄河岸边的一座国家中心城市，跨河发展无疑是下一步城市发展的一个重要努力方向。可以借鉴兰州跨河发展的经验，进一步加快推进郑州段黄河左右岸在交通、产业、文旅、公共服务等方面的融合发展，以及生态保护、应急安全、基础设施等方面的有效衔接，将郑州段黄河打造成为穿城而过的河流。

B.5

河南省红色旅游的调查与思考

宋丽萍*

摘　要：　河南省“三山一滩”地区是全省完成脱贫攻坚重任的关键区，也是红色文化资源集聚区。大力发展红色旅游具有十分重大的现实意义，也是当前形势下振兴革命老区的重要任务。然而，目前河南省红色旅游存在发展动力不足、发展机制不活、发展业态不强、发展效益不好、发展形势滞后等几大问题，必须从提高政治站位、加大开发力度、提高建设标准、坚持守正创新、重视打造品牌、着眼振兴发展六大方面入手，解决发展瓶颈问题。

关键词：　河南省　革命老区　红色旅游　“三山一滩”

以“三山一滩”特别是大别山北麓为主体的革命老区，是我党我军重要的革命发源地、斗争根据地、成长见证地。战争年代，老区人民养育了党、养育了人民军队，付出了巨大的牺牲，做出了历史性贡献。2019 年习近平总书记视察河南时强调，“把红色基因传承好，确保红色江山永不变色”[①]。“吃水不忘掘井人。我们绝不能忘记革命先烈，绝不能忘记老区人

* 宋丽萍：河南省文化和旅游厅党组书记、副厅长。

① 《习近平在河南考察时强调 坚定信心埋头苦干奋勇争先 谱写新时代中原更加出彩的绚丽篇章》，http：//henan. china. com. cn/news/2019 -09/19/content_ 40898380. htm，2019 年 9 月 19 日。

民，要把革命老区建设得更好，让老区人民过上更好生活。”① 今天，我们围绕“发展红色旅游，加快老区振兴”这一主题，进行研讨交流，凝聚思想共识，梳理工作思路，坚定发展信心，很及时，也很有必要。

一　充分认清发展红色旅游、振兴革命老区的重大意义

河南是革命老区建立较早较多的省份之一，覆盖范围广、人口比重大。全省共有革命老区的县（市、区）118个，占全省县、市总数的74%。其中大别山革命老区信阳市、驻马店市全境和南阳市桐柏县、唐河县共22个县（区），常住人口2352.5万人，区域面积4.28万平方千米。② 由于自然和历史原因，革命老区普遍经济发展滞后、城镇化水平不高、群众生活水平较低。与此同时，革命老区也是红色资源富集地区，其中大别山革命老区共有不可移动革命文物1072处，其中省级以上61处；有全国爱国主义教育示范基地11个，全国红色旅游经典景区3处，以及各类廉政教育基地、青少年教育基地、国防教育基地、烈士纪念设施等，③ 这些构成了较为完整的红色资源体系，开发价值较高。革命老区加贫困地区，正是我们发展文化旅游的主战场。

（一）发展红色旅游、振兴革命老区，是贯彻习近平总书记视察河南重要讲话精神的重要举措

丰厚的红色文化旅游资源，不仅是革命老区的鲜明标志，也是革命老区的发展资本；不仅是我们前进的精神动力，更是我们振兴发展的宝贵财富。习近平总书记2019年9月视察河南，瞻仰鄂豫皖苏区首府烈士陵园，与烈

---

① 姚广义、马迎春、周涛：《让大别山精神放射出新的时代光芒——回访鄂豫皖苏区首府烈士陵园与革命博物馆》，《信阳日报》2020年5月18日。

② 黄强：《大别山革命老区基础设施建设情况调研报告》，《大河报》2019年12月6日。

③ 黄强：《大别山革命老区基础设施建设情况调研报告》，《大河报》2019年12月6日。

士后人亲切交谈，强调“这次考察第一站就是鄂豫皖苏区首府烈士陵园，目的是在庆祝新中国成立70周年之际，缅怀革命先烈，告慰革命英灵”[①]。“要讲好党的故事、革命的故事、根据地的故事、英雄和烈士的故事，加强革命传统教育、爱国主义教育、青少年思想道德教育，把红色基因传承好，确保红色江山永不变色。”[②] 我们要牢记习总书记“两个不能忘记”的殷殷嘱托，深刻领会习总书记“两个更好”的重大要求，对革命老区要高看一眼、厚爱三分，对红色文化旅游资源要倍加珍惜、充分利用。革命老区是新中国的摇篮，我们要带着对革命老区的崇高敬意来抓红色文化旅游，在振兴发展革命老区实践中践行初心使命、走好新时代的长征路；革命老区养育了我党和人民军队，我们要带着对革命老区的深厚感情抓红色文化旅游，在振兴发展革命老区实践中用好红色资源、传承红色基因；革命老区人民在革命和建设时期做出了巨大牺牲奉献，尤其是信阳地区家家有烈士、户户有红军，我们要带着回报革命老区的心态抓红色文化旅游，在振兴发展革命老区实践中造福老区人民，让老区人民率先实现小康、过上幸福生活。

（二）发展红色旅游、振兴革命老区，是落实省委省政府重大决策部署的实际行动

省委省政府高度重视革命老区发展，将其作为脱贫攻坚的主战场、乡村振兴的试验区、全面建成小康社会的先行者。2020年5月18日，省委书记王国生主持召开河南省委专题会议，深入贯彻落实习近平总书记视察河南重要讲话精神，研究部署加快大别山革命老区振兴发展工作。此外，省委还专门召开加快河南大别山革命老区振兴发展工作会，在听取信阳、驻马店和省交通厅、文化和旅游厅等单位工作汇报基础上，对革命老区振兴发展工作进

① 《习近平在河南考察时强调 坚定信心埋头苦干奋勇争先 谱写新时代中原更加出彩的绚丽篇章》，http：//henan. china. com. cn/news/2019 -09/19/content_ 40898380. htm，2019年9月19日。

② 《习近平在河南考察时强调 坚定信心埋头苦干奋勇争先 谱写新时代中原更加出彩的绚丽篇章》，http：//henan. china. com. cn/news/2019 -09/19/content_ 40898380. htm，2019年9月19日。

行了进一步安排部署。省委、省政府印发了《关于贯彻落实习近平总书记视察河南重要讲话精神 支持河南大别山革命老区加快振兴发展的若干意见》，提出“聚焦红色文化保护传承，弘扬大别山精神”，“建设大别山北麓全域旅游示范区”，将大别山革命老区打造成为“全国知名的红色文化传承区”，其中涉及文化和旅游系统的工作任务共有五项，这一方面体现了省委省政府的信任，另一方面也体现了文化旅游系统在革命老区振兴发展中的地位作用。全面建成小康社会，一个都不能少，特别是不能落下老区人民。支持河南大别山革命老区加快振兴发展，全省文化旅游系统有责任、有义务、有优势，我们要不负重托、担当大任。

（三）发展红色旅游、振兴革命老区，是加快建设文化旅游强省的重要任务

2020 年 5 月 11 日全省文化旅游发展大会召开，把发展红色文化旅游、促进革命老区振兴，上升为全省战略，作为重点任务之一，提出“要充分利用红色资源，打造全国有影响的红色旅游载体、经典景区和研学基地，让人们更多地感悟红色文化、传承红色基因，更好地坚守初心使命，更多地造福人民群众”。以省委省政府名义印发的《关于建设文化旅游强省的意见（讨论稿）》，提出构建“一带一核三山五区”文化旅游发展格局，“建设主题鲜明的太行山、伏牛山、大别山自然生态和红色旅游景区”。特别提出“依托大别山红色文化和绿色生态资源，突出红色研学、茶食品鉴等产品，建设全国知名的红色生态旅游目的地”“依托红二十五军长征沿线红色资源，建设长征国家文化公园。围绕大别山精神、焦裕禄精神、红旗渠精神、愚公移山精神等优秀中原文化精神，打造全国有影响的红色景区”。这些安排，是在充分调研和征求意见基础上形成的，体现了资源禀赋与功能定位的统一、发展现状与发展趋势的统一。要认真落实全省文化旅游发展大会精神，亮出河南文化旅游的红的底色，举起河南文化旅游红色大旗，摆上重要位置，克服现实困难，瞄准国内一流，通过大力发展红色旅游，助推文化旅游强省建设。

二　准确把握发展红色旅游、振兴革命老区的形势任务

（一）红色旅游成为新热点

中国旅游研究院的数据显示，2019 年上半年，全国红色旅游出游达 2.68 亿人次，同比增速 4.31%，占同期全国国内游总人次的 8.72%；旅游收入达 1643.63 亿元，同比增速 9.57%，占同期全国国内旅游总收入的 5.90%。[①] 根据银联商务发布的红色旅游消费数据，2019 年国内重点监测红色旅游景区游客消费金额同比增长 25.6%，游客人次同比增长 31.1%。根据中国产业咨询机构前沿研究院的预测，2019 年国内红色旅游综合收入有望达到 5845 亿元。预测 2023 年中国红色旅游综合收入将达到 9886 亿元，未来红色旅游万亿市场规模指日可待。从路线行程看，跟着习近平总书记的行程走，习近平总书记走到哪里，游客们的脚步就跟到哪里；跟着当年红军长征路线走，由江西、陕西、广西、贵州、湖南等地的革命老区相关目的地组成的红色旅游线路最受欢迎，尤其以涵盖了遵义、韶山、延安、井冈山等目的地的线路最热门；[②] 跟着新中国成长壮大的发展历程走，一些重大成就发生地，同样是很受欢迎的红色旅游目的地，例如，红旗渠、大庆、酒泉、西昌等地。近年来，江西省着力打造"中国革命摇篮井冈山、人民军队摇篮南昌、人民共和国摇篮瑞金、中国工人运动摇篮安源"四大红色旅游基地，向海内外游客推出了"八一起义"之旅、"秋收起义"之旅、"井冈摇篮"之旅、"共和国摇篮"之旅、"长征出发地"之旅和"赣东北根据地"之旅 6 条红色文化精品旅游线路，红色元素已经成为江西吸引全国游客的主力 IP，同时也带动了周边地区旅游经济的发展。从旅游目的地看，根据马蜂窝数据研究中心发布的旅游数据，2019 年上半年，嘉兴、徐州、延安、

① 陈静：《红色旅游"红"出新高度》，《中国旅游报》2020 年 1 月 10 日（006）。

② 徐昇：《青少年成为红色旅游主力》，https：//www.yangtse.com/content/752802.html，2019 年 9 月 19 日。

安顺、遵义、锦州、赣州、枣庄、信阳和抚顺位列最受用户关注红色旅游目的地前十位。2019 年最热门的红色旅游景点是侵华日军南京大屠杀遇难同胞纪念馆、天安门广场、黄埔军校旧址、渣滓洞监狱旧址、毛泽东故居、二七纪念塔等。可以看出，近年来全国各地文化红色旅游热度飙升，规模和效益齐头并进，成为文化旅游市场一抹最鲜艳的亮色。

（二）红色旅游呈现新特点

一是游客由老向少过渡。尤为引人注意的是，红色旅游客群年轻化趋势日益明显，2019 年，“80 后”“90 后”游客占红色旅游游客比重分别为 45.2% 和 20.2%，占比均较 2018 年有所增长。[①] 基于景点大数据的分析显示，红色旅游景点的游客年龄结构相对年轻，其中，14 岁以下的中小学生占比 5.4%，20 至 39 岁青年群体占比 57.3%，整体青少年及青年人群占绝对多数。[②] 根据驴妈妈、携程发布的公开数据，近两年国内红色旅游的主要客群逐渐由“60 后”“70 后”向“80 后”“90 后”转移，而且转移的趋势愈发明显，“80 后”、“90 后”和“00 后”游客的占比上升到 40% 左右，而“60 后”和“70 后”游客占比则呈下降趋势。由此可见，以中老年游客为主要消费群体的红色旅游，目前正受到越来越多年轻人的青睐。二是业态由低向高转型。除了各地“红 + 绿”“红 + 古”等产业融合进一步延伸红色旅游的产业链外，文旅融合进一步赋予了红色旅游新内涵，红色旅游产品更加丰富多元。[③] 目前国内红色旅游景点以及相关旅游产品的种类日益丰富多样，有红色主题博物馆、红色主题园（景区）、革命先烈或名人故居、革命英雄纪念馆、红色主题实景演出等，其中最受游客欢迎的是红色主题博物馆。此外，抗日战争时期及解放战争时期的历史遗址也较受欢迎，暑假期间吸引了大量学生客流，其中比较热门的有孟良崮战役遗址景区、三大战役纪

① 《2019 旅游消费大数据报告出炉 文旅融合、夜间旅游成亮点》，http：//travel. people. com. cn/n1/2020/0225/c41570 - 31603517. html，2020 年 2 月 25 日。

② 田忠民：《加快构建红色旅游新发展格局》，《中国旅游报》2021 年 2 月 25 日。

③ 陈静：《红色旅游“红”出新高度》，《中国旅游报》2020 年 1 月 10 日。

念馆和战场遗址、中共一大会址等革命历史重大事件遗址等。革命先烈或爱国人士故居也是比较受欢迎的红色主题旅游景点，如毛泽东故居、邓小平故居等伟人故居。各地还充分运用文学、歌舞、影视和实景剧等现代艺术手段，讲述中国红色故事，将爱国主义教育基地打造成“网红打卡地”。延安、井冈山、韶山、瑞金、嘉兴、西柏坡等革命圣地探索出了一批复制性强、推广率大的红色旅游发展模式，与红色旅游相关的教育、培训、研讨、出版、创作等活动也得到了积极推进。三是方式由观向研转变。发展红色旅游的核心是开展红色教育活动、推动红色基因传承。在当前文化旅游深度融合发展的大背景及红色旅游参与群体日益年轻化的趋势下，2019 年红色旅游市场在供给层面呈现出“多元丰富、与时俱进、注重设计、关注游客体验”的新特点。大别山干部学院、红旗渠干部学院、焦裕禄干部学院等地，红色研学旅游和干部培训活动非常火爆。“不忘初心、牢记使命”主题教育自 2019 年 6 月在全党范围开展以来，许多红色文化旅游景点一票难求，热门培训基地甚至排不上号。四是客源由内向外拓展。嘉兴作为中国一大会址、中国革命红船起航地和“红船精神”的发源地，南湖附近道路两旁的停车位“一位难求”，仅 2018 年就接待了境外来访团队共 2 万多人次，来自越南、老挝、挪威等十多个国家的党政代表团，纷纷来嘉兴开展政党交流，探究中国共产党发展的轨迹，学习中国治国理政的先进理念。这些都说明，红色旅游正在发生深刻变化，已经由过去的末尾上升为主体。

（三）红色旅游不断深化新探索

近年来，从中央到地方，从政府到市场，“重视”“支持”“创新”“融合”等词成为激发红色文化旅游健康蓬勃发展的高频词。一是出台政策。国家先后出台了《2016～2020 年全国红色旅游发展规划纲要》《全国红色旅游公路规划（2017～2020 年）》《关于实施革命文物保护利用工程（2018～2022 年）的意见》《关于在重大活动中进一步发挥全国爱国主义教育示范基地作用的通知》《新时代爱国主义教育实施纲要》，有效规范引导红色文化旅游发展。二是培育人才。为进一步发挥爱国主义教育示范基地、红色旅游经典景区的教育功能，加强景区讲解员、导游员队伍人才建设，中央宣传部、文化和旅游部共同主办了全国红色故事讲解员大赛，推选出一批“金牌讲解员”和“金牌志愿讲解员”。围绕“助力革命老区脱贫攻坚”“促进红色旅游融合发展”“创新红色旅游宣传推广”“推进讲解规范提升”等主题，开展了红色旅游专题培训。① 三是推动转型。文化和旅游部积极贯彻落实习近平总书记关于红色旅游的重要指示精神，牢牢把握红色旅游的政治要求，在红色旅游资源保护和利用、产品开发、队伍建设、营销推广等方面不断创新，从而进一步完善红色旅游产品体系、进一步提升服务质量，以推动实现红色旅游提质升级。可以预见未来若干年内，红色文化旅游的战略地位将继续提升，红色文化旅游的内涵将不断丰富，红色文化旅游的工作力度将持续加强。

三　着力破解发展红色旅游、振兴革命老区瓶颈问题

河南省的红色文化旅游资源，主要集中在大别山、伏牛山、太行山和黄淮滩区等“三山一滩”地区，量虽不大，但弥足珍贵，像罗山红二十五军长征出发地、28 年红旗不倒、千里跃进大别山、竹沟“小延安”、豫北人民的愚公移山精神和豫南人民的大禹治水精神，曾经深刻地影响了我党、我军和新中国的发展历程，并已深深植入党和国家、军队的红色记忆；名头不大，但影响很大，像以吉鸿昌、杨靖宇、彭雪枫为代表的抗日志士，以史来贺、吴金印、张荣锁、裴春亮等为代表的新乡先进群体，激励着一代又一代人；规模不大，但效益很好，像大别山干部学院、红旗渠干部学院、兰考焦裕禄纪念馆，每年前来参观、游览、培训的人员络绎不绝，取得了较好的经济和社会效益。但实事求是地讲，与党和国家关于发展红色旅游的战略相比，与江西、陕西等地区发展红色文化旅游的势头相比，与当前河南省文化

① 陈静：《红色旅游“红”出新高度》，《中国旅游报》2020 年 1 月 10 日（006）。

旅游发展的整体形势相比，红色旅游还存在着发展动力不足、发展机制不活、发展业态不强、发展效益不好、发展形势滞后等问题。发展红色旅游、振兴革命老区，是当前重要的政治任务，必须从破解制约发展的瓶颈问题上，实现突破，推动发展。

（一）提升政治站位，解决好重视程度不高的问题

一要先算政治账，从传承红色基因、培养时代新人上看待发展红色旅游工作。发展红色文化旅游，初衷在于讲好红色故事、传承红色基因、不忘初心、牢记使命，目的在于以文励志、以游兴乡、培养时代新人、推动中原出彩。首先，要从落实政治要求上去衡量、体现政治功能上去看待，进一步提升发展红色文化旅游的政治自觉。其次，要多算经济账，从刺激文化旅游消费、助力革命老区振兴上看待发展红色旅游工作。去年国庆期间，信阳鄂豫皖苏区首府革命博物馆、鄂豫皖苏区首府烈士陵园、许世友将军故里等红色景区和红色线路宾客如云，共接待游客470.9万人次，同比增长21.1%，实现旅游收入41.25亿元，同比增长25%。新县红色游人数达46.8万人次，全县农副产品、旅游商品销售额达2.26亿元，农家乐、民宿营业额逾4亿元，2万多名建档立卡贫困群众从中受益，人均增收2000多元，巩固了全县脱贫成果，加速了乡村振兴步伐。发展红色文化旅游，不是装门面，不是做样子，不是吃白饭，而是要在体现其举好旗帜、砥砺初心、强化使命的政治教育功能的同时，充分彰显其引导消费、刺激经济、助力发展的经济发展功能。我们要多从经济属性、经济功能上去看待，进一步增强发展红色文化旅游的内在动力。最后，要算长远发展账，从服务全省工作大局、实现中原更加出彩上看待发展红色旅游工作。发展红色文化旅游，不是心血来潮，不是一时之需，是服务全省工作大局、实现中原更加出彩的根本要求。我们要多从长远发展看、多从全省大局看，进一步强化发展红色文化旅游的使命担当。

（二）加大开发力度，解决好资源利用不够的问题

一要延长红色旅游产业链。文化与旅游的融合是最基本的融合，要改变

红色文化旅游相对“传统”“保守”的发展模式，通过“红 + 绿”（红色生态游）“红 + 古”（红色古村落游）“红 + 乡”（红色乡村游）模式，尽快突破参观学习、生态观光、演艺表演等产品层面，扩展红色文化旅游产业链，解决文化旅游产业链条短的问题。二要提升红色旅游价值链。文化旅游与交通、水利、工业、农业、教育、体育、科技等行业融合是更广泛的融合，要不断深化红色文化旅游供给侧改革，加强产业、产品、空间、科技、精神等多层面融合，跳出旅游发展旅游，解决文化旅游价值链条短的问题。要提升竹沟革命纪念馆、杨靖宇将军纪念馆展陈开发水平，推动新县以首府旧址、首府烈士陵园、革命博物馆等为核心创建国家 AAAAA 级景区，加快列入全国红色旅游三期规划的许世友将军故里、箭厂河革命旧址、商城金刚台、浉河四望山等红色旅游经典景区建设进度。鼓励引导省市文艺团体创作演出戏曲、歌舞剧等红色题材精品剧目，如京剧《突围大别山》、歌剧《银杏树下》年内走上舞台。三要改善红色旅游服务链。文化旅游与互联网、大数据、云计算的融合是更高层次的融合，河南豫剧院院长李树建通过快手的短视频 + 直播传递豫剧文化，不到一个月时间就达到近 2000 万播放量，相当于从业 40 多年、演出 5000 场的观看人数，要努力打通产品与消费的最后一公里，解决文化旅游服务链条短的问题。

（三）提高建设标准，解决好业态品质不优的问题

当前，河南省大部分红色旅游景区建设标准低、呈现内容单一、展示方法旧、周边环境差，项目建设和产品开发同质化现象严重，呈现形式方面大多以传统的文字、图片、实物展示等为主，展示方式老套，缺乏吸引力，新颖性不够；大部分红色旅游产品同质化、低端化等问题比较突出；对革命历史遗迹的保护有待加强，开发不合理，造成红色资源的严重浪费；旅游主体周边环境及配套设施建设有待完善，如交通、停车、餐饮、购物等，无法有力支撑相应的红色文化旅游。红色旅游，也需要大投入、高标准、广宣传。一要整合资源。比如红二十五军长征路线，从信阳罗山出发，到卢氏进入陕西，全程近 500 公里，部队越打越强，队伍越走越壮，这在红军长征里是绝

无仅有的；历经信阳、驻马店、南阳、平顶山、洛阳、三门峡等地市，从进到出，从头到尾，县县有资源，处处有故事，这在全国是独一无二的。资源很好，如果散布在各地市，就不完整，就形不成规模效应，必须统一规划、统一打造、统一推介。结合编制《长征国家文化公园（河南段）建设保护规划》，力争把红二十五军发源地（信阳片）、长征决策地（光山县花山寨）、出发地（罗山县何家冲）等项目纳入国家规划。二要抬高标准。比如罗山县去年花了5个亿，用一年时间建成何家冲红色培训基地，一个县拿出几个亿很不容易，一年时间建成很不简单，关键是建设标准还很高，配套设施也很完善，建筑风格也很有特色，从下高速到培训基地，路修得很平，两边绿化很好，把“万绿丛中一点红”变成了现实，本身就是一处景点，这体现了当地政府部门一种政治担当、一种精神追求。三要完善服务。比如杨靖宇纪念馆，彪炳千秋的抗日英烈；竹沟中原局旧址，刘少奇、彭雪枫、李先念先后在此工作过，是第二次国内革命战争时期中原革命根据地中心，也是新四军二、四、五师的发祥地。资源都很好，如果服务跟不上，那么效果就会大打折扣。红色旅游大多在穷乡僻壤，靠什么吸引游客？一靠资源，二靠服务。需要完善交通、通信、餐饮、住宿、购物等配套服务。四要抓好管理。比如淅川丹湖景区，这是一个新的红色景区，2016年建成运营，目前正在争创AAAA级景区。一方面，南水北调渠首，为保证一渠清水送北京，首先要抓好水源地保护；另一方面，淅川人民为此移民近40万，大批良田被淹、工厂被关、基础设施被毁，唯一指望的就是发展旅游。如何处理这个矛盾，唯一的办法就是抓好管理，管好内部才能管好游客，管好游客才能管好水源，都管好了才能实现双赢。

（四）坚持守正创新，解决好创新能力不强的问题

去年第七届中国旅游产业发展年会揭晓了有旅游界“奥斯卡大奖”之称的2019年中国旅游产业影响力风云榜。在12个类别奖项评选中，河南文旅系统喜获2019中国旅游产业影响力营销推广活动（河南省文旅厅全球文旅创作者大会）、2019中国旅游产业影响力县区（林州市）、2019旅游扶

贫典型案例（新乡市“脱贫文旅攻坚行 精准扶贫献爱心”活动）、2019 全域旅游发展优秀案例（济源市“一体打造筑梦愚公故里”）、2019 文明旅游之文明游客先进事迹优秀案例（河南省刘晓蕊：拾金不昧 乐于助人）5 个奖项，获奖数量位居全国前列。其中，大部分工作都是创新性工作，大多数成果都是创新性成果。文化旅游，过去卖的是产品，当前卖的是服务，未来卖的是创意，我们一定要重视加强红色文化旅游创新。一要重视产品创新。丰富红色文化旅游产品的思想性、内涵性，提升红色文化旅游产品的创意性、创新性，从正反两方面讲故事，从现在角度审视过去，给游客带来党的命运、军队的命运、国家的命运、民族的命运深层次的思考启示，让游客通过党和国家的命运反观个人命运，给人以严肃、别样的深刻体验。如红旗渠风景区于 2019 年推出的“红旗渠大讲堂 + 主题教育活动 + 实景演出 + 田园综合体 + 红立方餐饮”等文化旅游系列产品，收到了良好效果。二要重视机制创新。要学习先进，开阔视野，更新理念，转变思维，注重服务，走出政府办红色文化旅游的老路，从投资、设计、建设、运营、管理、服务等各个环节，让市场主体担任主角，把市场交给市场主体来开发。三要重视服务创新。2019 年红旗渠以精神传承为中心、以服务提升为抓手，着眼“不让一个游客受委屈”，加强“星级服务提升”，游客接待量、综合收入实现“双 20”增长。把展、讲、演结合起来，让互联网、云计算、大数据参与进来，继续办好全省红色旅游“五好”讲解员培训和比赛，让红色旅游多一些时尚文化，多一些时代气息，注重年轻游客的观感与体验。

（五）重视品牌打造，解决好宣传推介不力的问题

红色文化旅游是“注意力经济”，叫得越响，游客就越捧，产品就越红，景区就越热。要完善、提升河南省红色文化旅游品牌标识和品牌体系，叫响“红军长征游”“红旗渠精神游”等文旅品牌，塑造特色鲜明的旅游目的地形象。一要多维营销。去年河南省借助“今日头条”等平台开展宣传营销，文旅宣传视频点击量累计超过 60 亿人次。此外，要整

合政府、企业、行业组织等宣传渠道，还要用好报纸、电视、网络等宣传媒介，更要充分运用新媒体、新平台、新手段，进行立体多维营销，实现红色文化旅游全覆盖、无死角。二要精准营销。近年来，确山到东北去宣传推介杨靖宇出生地游，淅川到北京去宣传推介丹江南水北调工程游，都受到了当地游客认可和热捧。要改变过去宣传推介无的放矢、大而化之的做法，重点加强潜在客源市场和主要客源地的精准营销。三要创意营销。习近平总书记视察陕西期间，专门去了西安大唐不夜城。这个地方搞了个不倒翁小姐姐，吸引很多外地游客前去打卡。因此，要善于利用政治热点、社会焦点、市场卖点营销，比如2020年打赢脱贫攻坚战、全面建成小康社会决胜阶段，2021年建党100周年，河南要瞄准未来客源市场，做好红色文化旅游宣传推介。

（六）着眼振兴发展，解决好“两个效益”不好的问题

近年来，信阳市先后举办了全球文旅创作者大会、全国全域旅游工作推进会、全国民宿大会等全国性大会，一批红色旅游项目加快推进，文旅品牌更加响亮，2019年全年接待游客4830万人次，旅游综合收入401亿元，同比分别增长13.9%和28%，给河南以积极启示。一要坚持正确导向。坚持教育功能与游览功能并重，坚持面向社会与面向市场结合，坚持社会效益与经济效益统一，防止和克服红色文化旅游不让市场参与、不重经济效益、不顾游客体验的问题。二要坚持区域联动。孤立地看，红色旅游往往是一个点，但联系起来看，红色旅游就是不可分割的一条线、一个面。比如举行一个大别山北麓全域旅游启动仪式，就是把包括信阳、南阳、驻马店在内的大别山红色资源、生态资源通盘考虑，把红色旅游与乡村旅游、全域旅游有机融合，既要坚持以红带绿、以点带面，又要坚持红绿相映、点面结合，全域打造，全域共享。三要融入经济社会发展大局。坚持把红色文化旅游融入革命老区经济社会发展大局，围绕大局布局谋篇、具体实施，从发展初衷、发展举措、发展成效上体现大局、服务大局。

四　切实加强发展红色旅游、振兴革命老区统筹指导

（一）抓好规划设计

要结合“十四五”规划编制，搞好本地区文化旅游发展规划，使省、市、县的发展规划有机衔接、系统配套，做好全省文化旅游强省意见的承接落地工作。一是以资源为本。发现了价值就是资源，放对了地方就是网红。对于旅游业来说，凡是能够吸引人流、物流、资金流的，无论有形和无形的都是资源。全国第一个人民公社遂平的嵖岈山卫星公社，红二十军长征第一仗方城独树镇战斗，资源很好，但还没有很好地开发利用。搞文化旅游，要善于当好资源发现、整合和运用的大师。二是以功能为上。不同的文化旅游资源，有着不同的社会价值，也有着不同的经济属性和市场定位，我们要着眼功能定位，既要体现政治教育功能，又要彰显经济服务功能，努力做到互补双赢。三是以市场为主。发展红色文化旅游，主要是服务市场，服务群众客体的，不是自我服务的，不能关起门来搞建设，必须面向市场、面向游客、面向未来，做好市场培育工作。

（二）抓好协调服务

一方面，要加强统筹协调。发展文化旅游、振兴革命老区，是一项系统工程，需要发挥职能作用的同时，协调和调动各方面力量积极参与、形成合力。另一方面，要搞好对下服务。文化旅游行政部门，主要是进行政策性指导、行业化管理、帮困式服务。尤其是在新冠肺炎疫情冲击下，应当主动关心企业、帮扶企业，帮助他们渡过难关。

（三）抓好工作指导

一要加强组织领导。全省文化旅游大会召开后，文化和旅游厅已经组建了推进文化旅游强省工作专班，省里正在研究成立文化旅游强省领导小组，

有关地市也要把文化旅游发展作为一把手工程，自上而下加强指导推动。二要推进政策落实。按照全省文化旅游大会要求，做好发展规划，加快项目建设，突出乡村旅游，促进文旅消费，确保政策落地。三要强化工作督导。把发展文化旅游、促进革命老区振兴纳入相关部门责任目标考核，作为领导干部实绩考核的重要内容，充分调动各级干部的工作积极性。

B.6
河南打造黄河历史文化主地标的基础优势与对策建议

郭树伟*

摘　要：河南具有打造黄河历史文化主地标的基础优势，以洛阳、郑州、开封、安阳为代表的古都文化资源，以裴里岗、双槐树、二里头、安阳殷墟为代表的考古遗址文化资源，以愚公移山精神、红旗渠精神、大别山精神、焦裕禄精神为代表的革命文化资源和社会主义先进文化资源。河南在打造黄河的文化地标方面虽然做了大量的保护、传承工作，但也存在一些偏差，具体表现为：黄河历史文化主地标的主题优势和品牌打造不够突出；对黄河历史文化主地标还存在着机械性的认识等。做好顶层设计，加快河南打造黄河历史文化主地标的谋划与研究；发挥河南黄河历史文化资源独特优势，打造黄河历史文化主地标的品牌；围绕“大黄河、大旅游、大文化”引进培育人才，推动黄河文化创造性转化；处理好打造黄河历史文化主地标和郑州国际商都建设的关系。

关键词：河南　黄河历史文化主地标　国际商都

* 郭树伟，河南省社会科学院文学研究所副研究员，研究方向为唐代文学。

黄河孕育出了悠久璀璨的中华文明，是华夏儿女的母亲河。习近平总书记多次考察黄河并指出："要推进黄河文化遗产的系统保护，守好老祖宗留给我们的宝贵遗产。要深入挖掘黄河文化蕴含的时代价值，讲好'黄河故事'，延续历史文脉，坚定文化自信，为实现中华民族伟大复兴的中国梦凝聚精神力量。"① 因此，加强对黄河文化的传承、弘扬与保护，不但符合当下文化遗产保护与利用的现实国情，而且是实现中华优秀传统文化创新性发展和创造性转化的重要措施。河南作为历史上黄河流经区域最为重要的政治、经济、文化中心，打造黄河历史文化主地标是落实习近平总书记指示的重要举措。

一 河南打造黄河历史文化主地标的基础优势

黄河主干道在河南全长711公里，流经三门峡、洛阳、济源、焦作、郑州、新乡、开封、濮阳8个市、28个县（市、区），总面积达3.62万平方公里。其特点是河道形态复杂，滩区面积大，居住人口多，历史上洪水灾害频繁，是黄河治理的重中之重。华夏先民在河南中原腹地栖息生存、改造自然，留下了丰富多彩的历史遗迹和人文故事。河南打造黄河历史文化主地标具有天然的基础优势，这些优势文化资源主要包括以下几个层面。

（一）以洛阳、郑州、开封、安阳为代表的古都文化资源

从空间性来说，文化地标是一个区域的标识与特色。河南段的黄河古都文化资源是其他区域不可比拟的，其中较为著名的有郑州商城、安阳殷墟、汉魏洛阳故城、隋唐洛阳城、开封宋城。在这些古都周围，还存在着较多的文化地标打卡地，如洛阳的龙门石窟、定鼎门、应天门、丽景门，孟津的龙马负图寺；巩义的宋陵、登封的王城岗遗址、少林寺、观星台；武陟的嘉应

① 习近平：《在黄河流域生态保护和高质量发展座谈会上的讲话》，《求是》2019年第20期。

观；济源的济渎庙、阳台宫；郑州的黄帝故里、花园口、二七塔；开封的龙亭、相国寺、城摞城遗址等。这些文化遗存就像散落在黄河两岸的明珠，让这条大河充满瑰丽的色彩。黄河因这些文化地标而丰富多彩，各地的文化脉络因黄河而连成一体。“若问古今兴废事，请君只看洛阳城”，河南段黄河文化地标是中国历史几千年变化的折射镜，以洛阳、郑州、开封、安阳为代表的古都文化资源是展示中华文明丰富多彩的万花筒，是多时段多地域文化相互交融的交响乐。

（二）以裴里岗、双槐树、二里头、安阳殷墟为代表的考古遗址文化资源

“一部河南史，半部中国史”，由于黄河流域是中华民族早期主要的活动中心，留下了丰富的考古遗址，实证了我国近百万年的人类进化史、近万年的文化发展史和五千多年有切实文献考证的文明史，展示了中华文明久远的辉煌成就，是今天炎黄儿女创造美好生活，坚定文化自信的重要源泉。习近平总书记在 2020 年第 23 期《求是》杂志发表了题名《建设中国特色中国风格中国气派的考古学，更好认识源远流长博大精深的中华文明》重要文章，文章认为“考古工作是展示和构建中华民族历史、中华文明瑰宝的重要工作”。中原大地，大河南北作为中华先民最早的组织生产劳动的重要区域，黄河左右岸上下游保留着众多规模庞大的古代遗址，如双槐树遗址见证人类进步和文明曙光，二里头、郑州商城、殷墟、郑韩故城遗址、裴李岗文化遗址、大河村遗址见证了王国时代筚路蓝缕，开启山林的艰辛步履，汉魏洛阳城、大明宫、隋唐洛阳城、北宋皇陵记载了惊艳世界的帝国辉煌，这些都是河南人民讲好黄河故事的重要物证，是不可多得的基础性文化资源。毫无疑问，国家考古遗址公园作为一种大型文化遗产的保护和利用的方式，其建设对象都是遗存保护现状良好、历史文化价值较高、考古研究相对完善、地上地下资料相对完备的遗址，是讲述好古代中国的起源、发展、演变与融合的历史脉络的天然实物载体，实际上，讲好黄河故事，就是讲好我们民族的发展业绩。

（三）以四种精神为代表的革命文化资源和社会主义先进文化资源

文化地标是显性的文化符号，每一个文化符号的背后都蕴藏着丰富的文化内涵。以四种精神——愚公移山精神、焦裕禄精神、红旗渠精神，大别山精神为代表革命文化资源和社会主义先进文化资源都是历史文化精神的延续，也是中华民族自立于世界之林的精神根基。

中原地区的文化地标正是中原文化的意象表达。如洛阳、郑州、开封、安阳代表的是古都文化、政治文化，龙马负图寺、河洛汇流处代表的是周易文化，老子、庄子代表的是道家文化，嵩阳书院、二程故里代表的是儒家文化，少林寺、相国寺、龙门石窟代表的是佛教文化，中岳庙、济源的阳台宫代表的是道教文化，新郑的具茨山、灵宝的铸鼎塬、新密的黄帝宫代表的是黄帝文化，少林功夫、太极拳代表的是功夫文化，这些文化地标，既是中原文化的代表性符号和典型性文化意象，也是连接人们情感的文化血脉。通过对黄河文化地标的宣传，让黄河精神、中国精神融入每个人的血液之中，铭刻在每个人的心灵之中。

二　河南打造黄河历史文化主地标存在的问题和不足

河南打造黄河历史文化主地标已经取得了一定的成就。黄河文化的主要景观基本都在郑汴洛沿线的中轴线上，所以相关部门对这条线上的黄河文化保护传承非常重视，把郑汴洛的文化遗址保护与市政建设、水利建设、生态建设、园林建设相结合，建设了一批特色比较鲜明、文化底蕴深厚的文化景观，一条以黄河为轴线的具有国际影响力的黄金旅游带已经形成。但是，如何讲好黄河故事、弘扬黄河文化，真正让黄河文化与打造黄河文化主地标的建设连接起来，还存在着一定的发展空间。

（一）黄河历史文化主地标的主题优势和品牌打造不够突出

黄河文化地标既是看得见、摸得着的实体文化，也是内化于心、外化于行的精神文化。黄河文化之所以拥有自己的独特属性，区别于长江流域文化甚至世界上的其他流域文化，本质在于其内涵的可识别性、可传承性和可创新性。从内涵来讲，黄河文化地标可以通过潜移默化的感知性，唤起人们对黄河各类文化的集体记忆，以此加深人们对黄河文化的认同感。从外延来讲，黄河地标文化应当充分发挥“窗口”的作用，通过“旅游凝视”、视觉再现、场景互动等手段，使更多的中国人传承、创新黄河文化，也让世界上其他国家的人们愿意了解、学习黄河文化。文化的繁荣与经济的昌盛是文化地标历久弥新的两大推手，将不断推动着黄河文化地标在新时代推陈出新、熠熠生辉。然而从近些年的发展来看，沿黄城市群的联动发展没有得到充分的重视，黄河历史文化主地标的主题优势和品牌打造不够突出。

（二）对黄河历史文化主地标还存在片面认识

河南沿黄城市群不同的地标有着不同的黄河文化，如少林寺具有独特的佛教文化，二程故里具有深远的儒家文化，洛阳城具有鲜明的城市文化。虽然这些地标的文化特色不一，但归根结底是黄河文化的一部分，展现的是黄河文化的不同侧面。要想扩大对黄河文化内涵性的认识范围，则需要不同的文化地标展现出其光辉的独特性。无论这些内容是官方的、口头的还是文字的，都将呈现出具有集体认同感的黄河文化精神。黄河文化早已内化在中华民族的精神文明与思维方式之中，在日常生活中潜移默化地影响着人们对世界、事物和他人的认识，指导着人们在面对灾难的逼迫时如何自强不息，面对未知的恐惧时如何坚定信念，面对严峻的挑战时如何迎难而上。有些文化工作者认为，只有那些实体性的建筑遗存和考古遗址才是文化地标，而一些非物质性的精神存在则不被认可，这表明社会上对黄河历史文化主地标还存在着机械理解和片面认识。

（三）对黄河文化地标和文化符号的保护传承缺少正确的认识

黄河文化地标种类较多，有生态标识类，如山川、河流、土壤、地貌、植物、动物等；有物质文化遗产，如考古遗址、古都、文物、古建筑和街道、楼宇、广场、雕塑、公园等城市文化遗产，都属于这类范畴；有非物质文化遗产，如民间音乐、神话传说、民间舞蹈、民间戏曲、民间手工艺、传统节日、民间习俗、传统武术、传统中医药、传统特色饮食等。这些文化遗产和文化符号都具有强烈的地域色彩，它们是形成地域文化的宝贵财富。目前，各地对这些地域性的文化地标和文化符号虽然做了大量的保护、传承工作，但也存在一些问题。人们对文化符号的认知是不均衡的，有的了解得多，有的了解得少，有的地方游客多，有的地方游客少。如洛阳龙门石窟每年接待游客300多万人次，而大河村遗址地处省会郑州，交通非常便利，郑州人口上千万，真正去看过的人却很少。河南有大量像大河村遗址这样的文化符号没有得到充分的利用与开发，没有把资源优势转化成产业优势。有些地方还存在对地标符号使用不当的现象，如二七纪念塔是近代以来郑州最重要的文化地标之一，然而随着周围高楼的崛起，二七广场变得越来越小，二七塔显得越来越低，杂乱的背景破坏了单一纯净的美感，浓厚的商业气息污染了二七塔这一神圣的文化符号。郑州的一些文化地标虽然认知度很高，名声很大，但人们并不知道这些地标的文化渊源，从而造成了严重的文化误读。比如人们把郑东新区CBD的高楼叫作“大玉米”，实际上它的设计依据是登封的嵩岳寺塔；把河南艺术中心的五个圆形建筑叫作“五个金蛋”，而实际上它的设计依据是中国最古老的乐器——埙；把河南博物院的主楼叫“金字塔”，而实际上它的设计依据是登封的观星台。现在的一些城市地标被拆除，记忆被抹去，文脉被割断，主要是因为城市管理者对于这些城市的文化缺少正确的认识。从共时性方面来讲，随着时代的发展，黄河文化地标未能很好地与时代共舞，在展现时代精神方面仍有不少脱节。

三　河南打造黄河历史文化主地标的对策和建议

一个好的文化地标，不仅仅意味着其本身对于人们的吸引，对于城市文化创意、文化旅游产业的发展，同样有着重要的催化作用，甚至整个城市的文化生态都会围绕着文化地标而得以构建、发展和演进。从一定程度上来说，打造好的文化地标就是找回我们的“初心”和“使命”，重塑一个城市的文化自信。当一个城市、一个区域中的人，对所处地点的历史文化有着充分的理解与深厚的感情，那么这群人在精神上就会更加紧密地联系在一起，对家乡更有认同感。城市将不再仅仅是现实空间中相聚的地方，更是一个在精神上心连心的地方。黄河文化地标不仅是地理上的名词，更是文化的承载体，是黄河文化的元素，是黄河文化的微观化呈现。黄河文化发展至今，很大程度上要依靠黄河文化地标来对其进行展现和传承，故而人们应该提高对黄河文化地标的认识，了解其重要性、时代性以及紧迫性。

（一）做好顶层设计，加快河南打造黄河历史文化主地标的谋划与研究

河南对标习近平总书记的重要指示精神和相关要求，只有从顶层设计、机制完善、业态培育、资源整合、品牌打造等方面进一步加大推进力度，才能将黄河流域真正打造成为具有国际影响力的文化旅游带。因此，如何将黄河历史文化地标打造成新时代传播黄河文化的窗口，已经成为当下亟待解决的重点。做好顶层设计，通过符号再造和空间再造，将历史记忆与现代生活连接，使先锋意识与传统情调共存，精神追求与经济发展双赢，加快河南打造黄河历史文化主地标的谋划与研究，是一件迫在眉睫的事情。打造具有国际影响力的黄河文化旅游带离不开科学的规划和布局，河南省委省政府要站在整个黄河流域的高度，将黄河左右岸、上下游做一个整体的全面布局和科学规划，制定国家、省、市、县、区等各级黄河文化传承弘扬保护规划、文化旅游融合及高质量发展规划，以及文物保护利用规划、黄河国家文化公园建设规划、非物质文化遗产保护利用规划等。同时，要在郑州、开封、洛阳、焦作、新乡、济源等地方，也就是黄河中下游的交汇处的核心区规划建设一批黄河文化核心展示区、黄河文明博物馆、黄河文化生态保护区和黄河

文化旅游示范区，整体推进，统筹协调，充分彰显河南段的黄河文化不仅在过去的历史进程中处于核心地位，也在今后的整个黄河文化旅游带中具有核心地位，起龙头带领作用。

要充分利用河南黄河文化资源富集的优势。形成自东边花园口、邙山黄河风景区至巩义南河渡、河洛交汇处一带的黄河文化旅游“核心示范区”，依托该区的大禹治水、炎黄巨塑、黄河中下游分界线、虎牢关、鸿沟、玉门渡、楚汉之争、古荥名郡遗存、伏羲画卦台、河洛汇流处等资源优势，建设中国黄河博物馆与世界大河文明国际论坛的会议园区，彻底断绝此一区域其他污染性企业，守护中华民族发源地的一片净土，尤其是在河洛汇流处建设黄河文化主地标，使得海内外华人一到此处就有归心似箭的感召力。建设以洛阳为中心的平湖圣城文化体验板块和以开封为中心的大河古都文化体验板块。

（二）发挥独特优势，倾力打造系列黄河历史文化主地标的品牌

要充分发挥河南省历史文化资源优势，把建设黄河历史文化主地标作为引领性、示范性重大工程，在贯彻落实黄河流域生态保护和高质量发展国家重大战略中率先突破。打造黄河历史文化主地标，历史文化根基要扎实，历史文化象征含义要准确，地标体系建设要丰厚。河南要建设黄河历史文化主地标，应充分利用河南特有的黄河历史文化资源富集的优势，利用具有明显地理标识的文化元素和文化符号。关于古代先民在黄河流域留下的灿若繁星的文化遗产，前面已经述及，发挥河南黄河历史文化资源独特优势，打造黄河历史文化主地标的品牌是河南人民切实可行的事情。司马迁在《史记·封禅书》中说：“昔三代之居，皆在河洛之间。”中国最早的三个王朝夏、商、周三代均在河洛之间建立都城或别都，这里是“最早的中国”。遍布全球的客家人坚信“根在河洛”，自称“河洛郎”。河洛交汇处是全球华人的心灵故乡和精神家园主要承载地，可以在这里建立地标式建筑。在黄河邙山风景区的炎黄二帝巨型雕塑、大禹雕塑就具有这方面的意义，这样的建筑雕塑还可以建在巩义市河洛镇神北村黄河与洛河交汇处的神都山上，从这

里可以俯视黄河与洛河交汇奇观，可以体悟中华文明数千年的风云际会，可以触摸“中华源·黄河魂”的民族根脉。中华儿女到这里观览，会产生一种强烈的情感共鸣感，生发一种神圣的文化归依感，增强中华民族的凝聚力和向心力，达成血缘认同、文化认同、民族认同和国家认同，建成中华优秀传统文化核心文化元素和文化符号的展示平台。在这里一方面要展示中华民族的血脉之根，如被称为“三皇五帝”的伏羲、女娲、燧人、炎帝、黄帝、祝融、共工、颛顼、帝喾、尧、舜等的画像和事迹，包括十大圣人在内的河南历史名人的画像和事迹，起源于河南的中华大姓的渊源与播迁等；另一方面要展示中华文明的文化之源，如发轫于河南中华农耕文化，滥觞于河南的中国城市文化，起源并发展于河南的汉字文明，肇始于河南的中华元典文化，发源于河南的中国商业文化，发端于河南的中国道教、佛教等宗教文化，创发于河南的包括四大发明在内的科技文化等。打造黄河文化地标对于黄河文化和郑州等沿黄城市文化的传承与发展都有着极其重要的意义。地标文化是一个城市的“精气神”，建立城市黄河文化地标可以打造城市的文化名片，塑造城市的“精气神”，提升市民的文化自信，充分体现文化底蕴。西安有钟楼、西安城墙、阿房宫遗址、大唐芙蓉园、秦始皇陵及兵马俑、汉长安城遗址等，透过这些城市地标，我们基本可以看到这座城市的气质和底蕴。而作为土生土长在黄河边、生活在黄河哺育下的河南古都郑州的河南人，能想起的郑州城市地标仍然只有少林寺、二七纪念塔。目前，郑州正在建设黄河文化带、大运河文化带和黄河国家博物馆等一批精品博物馆、国家考古遗址公园，力图建设国家黄河历史文化主地标城市和黄河国家文化公园。

（三）在河南省郑汴洛轴线打造黄河主地标城市地标文化

打造黄河文化地标对于黄河文化和郑州等沿黄城市文化的传承与发展都有着极其重要的意义。依托建设黄河文化带和黄河生态廊道的契机，打造中流砥柱、河图洛书、楚河汉界、虎牢关、炎黄二帝巨塑、黄河母亲、开封城摞城、花园口、黄河中下游分界线、嘉应观等黄河历史文化副地标，利用黄河文化带和黄河生态廊道，长藤结瓜，金线串珍珠，把散落在河南境内的黄河历史文化遗珍串联在一起，形成黄河历史文化地标集群。打造黄河主地标城市的核心文化街区。核心街区是城市文化的地标，它是城市文化的显著符号，正如北京的四合院、上海的石库门、成都的宽窄巷子、南京的夫子庙、杭州的河坊街、西安的回民街、成都的磁器口、苏州的三塘街、福州的三坊七巷、青岛的八大关，历史文化街区保留了城市的历史记忆，延续了城市的文脉。洛阳、郑州、开封，作为黄河流域中下游文化主地标城市，本身具有悠久的历史，深厚的内涵，可惜的是随着大规模的城市改造和建设，城市的面目越来越新，而文化遗存越来越少，在追赶大城市发展步伐的同时，也在逐渐失去自己的历史记忆。城市的雷同化，使城市丧失了自身的品位与个性，而要凸显城市的文化品位与个性，就要打造代表性的核心街区，如洛阳的老城及洛邑古城，郑州的德化街、铁路局片区和棉纺片区、二砂片区，开封的鼓楼街、书店街、宋都御街。郑州、洛阳、开封都曾是古都，今天的城市除了高楼大厦之外，更应该保留城市温馨的记忆。市井气、烟火味、人气、方言、生活方式、文化习俗，才真正是延续一个城市的文化基因。围绕“大黄河、大旅游、大文化”引进、培育人才，推动黄河文化资源创造性转化、创新性发展。

（四）建构新媒体环境下的黄河文化地标传播形象

在全媒体传播时代，黄河文化主地标传播应顺势而为，应时而动，讲好黄河故事，弘扬黄河精神。首先，要占据主流媒体的高地，牢牢抓住传播的话语权。2017 年，在中央电视台的《国家宝藏》节目中，河南博物院九大镇馆之宝展出了三件——贾湖骨笛、云纹铜禁、妇好鸮尊，大大提高了中原文化在观众心目中的地位。2020 年 1 月 29 日（大年初五），《国家宝藏》推出“黄河之水天上来”国宝音乐会，这是由河南博物院发起倡议的“黄河流域博物馆联盟”与《国家宝藏》节目组共同推出的 2020 新春特别节目。这期节目河南选出的就是武陟嘉应观的御制蛟龙碑，通过讲述国宝背后的故事，将黄河厚重的文化展示出来。其次，我们要充分利用新媒体平台，从大众文化层面赢得广泛认可。当前微博、微信、公众号、短视频、直播非常火爆，新媒体成了人们日常生活接收信息的主渠道，也为传播文化提供了便利条件。在传播中应善用新媒体渠道，促进传播形式和内容上的创新。传播黄河地标文化应立足于新时代，运用新技术对黄河文化进行创新性发展。随着新媒体技术的发展，短视频、H5、VR、AR、网络直播等新形式受到大众的欢迎。在这种情况下，黄河文化应当借助新媒体技术，充分挖掘黄河历史故事与现实题材，创作以黄河文化为内容的影视精品。在黄河文化传播过程中，要加强与受众的互动，激发、调动大众对于黄河文化的兴趣，让他们也参与到宣传黄河文化中来，充分展现黄河文化的魅力。塑造地标媒介形象。在万物皆媒的时代下，媒介早已成为人们了解世界、认识世界的重要渠道，可以采取打造自媒体矩阵的方式，辅助黄河文化地标建构新媒体环境下的传播形象。塑造黄河文化地标形象更应该通过全媒体形式、以多媒介平台进行信息传播，加大文化宣传力度，调动受众参与性。譬如以省、市、县的官方网站、楼宇电视、三微一抖等多种媒介途径广而告之。也可以采取拍摄 Vlog 视频、直播等方式，将黄河美景通过移动终端展示出来，不间断刷新受众感官，不间断刷新受众视野，培养潜在受众，激发潜在受众，为黄河文化地标今后的发展打下基础，积累人气，这并非是传统意义上的随波逐流，而是现实意义上的和谐共生，所有传播方式的运用都只为更进一步实现打造黄河文化地标的目的，将黄河文化的内涵以及外延价值准确地传达至受众一方。

四　结语

黄河历史文化地标是中华民族的伟大创造，是中华民族智慧的结晶，是人民心目中的文化丰碑，是当代文化建设的重要资源。今天我们寻找和重塑黄河流域的文化地标，就是将黄河的形象、黄河的美、黄河的精神留在每个人的心中，让其成为一种永恒的力量，激励中华民族奋勇前进。打造黄河历史文化主地标，河南的行动具有特定的历史意义。“长风破浪会有时，直挂云帆济沧海”，中国人前进的脚步，会像滔滔不息的黄河水，奔腾向前，永不停歇。黄河文化地标也一定会在新的时代，在人们生生不息的创造中立起来、亮起来，发出更加夺目的光彩。

参考文献

[1]《扛稳保护传承弘扬黄河文化的历史责任》，《河南日报》2020 年 8 月 14 日。

[2] 张新斌：《打造黄河文化主地标的构想与思路》，《河南日报》2020 年 8 月 5 日。

[3] 陈超：《新时代黄河生态文化传播路径研究》，《新闻爱好者》2019 年第 11 期。

[4] 唐金培：《着力推进黄河文化旅游带建设》，《河南日报》2020 年 8 月 19 日。

[5] 郑州市文化广电和旅游局：《郑州：打造国家黄河历史文化主地标城市》，《人民日报》2020 年 4 月 28 日。

[6] 成燕：《向世界讲好黄河故事》，《郑州日报》2020 年 7 月 24 日。

[7] 中国黄河文化研究中心课题组：《打造新时代黄河文化地标 全面展示黄河文化魅力》，《河南日报》2020 年 7 月 29 日。

B.7
关于黄河精神的思考与建议

郭海荣*

摘　要：黄河文化是中华文明的根源，主干和核心，由此产生的黄河文化精神也成为中华民族的核心精神，它所表现出的爱国精神、斗争精神、包容精神、奋斗精神正是中华民族几千年智慧的凝结。保护传承弘扬黄河文化精神，是一项庞大而复杂的工程，存在着对黄河文化保护传承紧迫感认识不足、文化遗产保护形势严峻、黄河文化遗产资源整理不足、黄河文化的产业化推动不足等诸多问题，这就要求加强黄河文化研究、加强历史考古研究、加强黄河思想文化精神研究、加强资源整合集聚发展、加强黄河文化精神的产业化表达。

关键词：河南　黄河精神　黄河文化遗产

黄河文化精神是黄河流域的区域文化中贯穿于人们思维与言行中的信仰、理想、价值取向、审美情趣等内容。由于黄河流域尤其是黄河中下游地区在中国历史上相当长的一个时期内处于中华民族政治、经济、文化之中心地位，而传统的黄河文化精神作为中华文化的核心内容不但对中国社会政治经济产生了深刻的影响，而且作为主流文化对中华文明的形成起到了主体构架作用，它不仅是中华文化中的灵魂与生命，更是华夏文明的核心价值部分，当然也是塑造当代中国精神的文化渊源和逻辑起点。

* 郭海荣，河南社科院文学所助理研究员，研究方向为中国现当代文学。

一 黄河文化精神的基本内容

黄河文化是中华文明的根源，主干和核心，黄河文化不是一般的地域文化，而是在地域文化中生长成的国家文化，它代表了国家和民族的最高水平，中华文明绵延5000年，与黄河文化精神密不可分。在黄河文化发展的基础上产生的黄河文化精神也成为中华民族的核心精神，它所表现出的尽忠报国的爱国精神、百折不挠的斗争精神、兼收并蓄的包容精神、独立自强的奋斗精神正是中华民族几千年文明的凝结。

（一）尽忠报国的爱国精神

黄河文化是中华文化发展的根源和主干。黄河流域文化久远厚重，在中国文明发展的历史长河中，长期处于核心区域，代表着中华主流文化并推动中华民族精神的形成及发展。从夏朝建国伊始，中原地区一直是国家政治中心，先后有20多个朝代、200多个帝王在这里建都或迁都于此，使得黄河流域，尤其以中原地区为代表的黄河中下游地区成为我国古代建都最多的区域，这种状况一直持续到北宋后期。黄河流域的经济繁荣和政治中心地位也使得黄河文化具有了与国家政治中心地位相对应的一些人文精神因素：长期的政治中心地位和家国同构养成中原士人的家国情怀担当精神，历代中州志士的“精忠报国”精神，处理社会事务中的“和合”精神。黄河流域的政治、经济以及文化中心枢纽的地位是传统黄河文化精神形成的社会政治基础。正是在这种家国情怀指引下形成了尽忠报国的爱国精神，成为凝聚民族精英、弘扬爱国情怀的精神纽带。唐代诗人白居易主张“惟歌生民病，愿得天子知”，北宋著名唯物主义思想家张载的“为天地立心，为生民立命，为往圣继绝学，为万世开太平”，范仲淹的“先天下之忧而忧，后天下之乐而乐”都表现出对民族、对民众无限忠诚和热爱的深厚感情以及浓浓爱国主义精神品质。抗日战争时期，一曲《黄河大合唱》唱出民众保家卫国的斗志，“保卫黄河、保卫华北、保卫全中国”成为全民抗战的时代底色。在和平年代，人民爱岗敬业、公而忘私；在民族危亡之际，黄河儿女舍生取义，勇于为国家民族奉献捐躯。正是在爱国主义精神的指引下，历史上黄河流域涌现出众多仁人志士，成为中华民族保家爱国精神最忠诚的践行者。

（二）兼收并蓄的包容精神

中华文明出现于新石器时代。这个时期黄河流域、长江流域、淮河流域、辽河流域等都产生了水平很高的早期文明，黄河流域有仰韶文化、大汶口文化、龙山文化和齐家文化，长江流域出现河姆渡文化、大溪文化、屈家岭文化、良渚文化，东北出现了红杉文化、夏家店文化，西北出现大地湾文化，马家窑文化等，呈现满天星斗之势。不过在这一时期，黄河流域尚未表现出明显高于周边地区的文化优势，到新石器时代晚期，四周的文明萌芽相继衰落，以中原地区为代表的黄河中游文化却不断发展壮大。由于中原地区气候适宜、交通便利、经济繁荣，因此对周边地区的文明产生强大吸引力，不同文明带来不同的文化，同时带来的还有大量的生产生活资料，黄河文化以开放包容的精神兼收并蓄，逐步成长为中华文明的核心和主干，并诞生了最早的国家夏朝。此后黄河中下游地区，尤其是中原地区，长期作为中国的政治经济文化中心，以开放的姿态包容四方文化，具有极强的开放性和包容性。

（三）百折不挠的斗争精神

黄河从青藏高原出发，途经青海、甘肃、陕西、山西、河南、山东等九省区，一路披荆斩棘，虽然历经九曲十八弯，但还是百折不回，不畏艰险，最后直奔渤海而去。“黄河之水天上来，奔流到海不复回”“黄河西来决昆仑，咆哮万里触龙门”“九曲黄河万里沙，浪淘风簸自天涯”“黄河怒浪连天来，大响谹谹如殷雷”等诗句表现了黄河的壮美，也写出黄河直奔东海、百折不挠的斗争精神。千百年来，黄河流域的民众早已将这份精神融入血脉，内化成自己的行为和精神指引。黄河号称“三年两决口，百年一改道”，可见水灾之频繁。有文字记载以来，黄河大的改道 26 次，重大改道 6

次，有关河水泛滥的记载更是多达1590次，黄河流域的发展史，也是黄河儿女与黄河水患的抗争史。传说中的尧舜时期，“汤汤洪水方割，荡荡怀山襄陵，浩浩滔天”，面对洪水给人民生产生活带来的严重危害，禹三过家门而不入，“疏九河，瀹济、漯而注诸海，决汝、汉，排淮、泗而注之江，然后中国可得而食也”，成功将黄河水导入江海；秦统一六国后，面对黄河水患，“决通川防，夷去险阻”，减轻了水患压力；汉代瓠子河决堤，“河决于瓠子，东南注巨野，通于淮、泗”，泛滥长达20余年，后汉武帝发卒数万人，亲到河上督工，才终于堵合；宋元时期，郭守敬勘测卫、泗、汶、济等河，规划运河河道，对黄河进行规划分洪灌溉，以减少水患。到了清朝，更设立河防营，以军队管理河道；民国时期，中原儿女深受“水旱黄汤”影响，饿殍遍地，民不聊生。中华人民共和国成立后，各级政府克服经济和技术上的巨大困难和压力，先后兴建了龙羊峡水库、小浪底水库等一大批水利工程和设施，实现了黄河岁岁安澜的梦想，“要把黄河的事情办好”这一梦想变成了现实。

受益于黄河的滋养，沿黄地区通常水草丰美、物产丰富。黄河流域尤其是黄河中下游地区因为出色的地理位置和繁荣的经济文化成为八方觊觎的中心，这也给黄河流域带来了无尽的战火硝烟，给黄河儿女带来无尽的痛苦和灾难。历史上，和平时期有“朱门酒肉臭，路有冻死骨”，战争年代更是“铠甲生虮虱，万姓以死亡。白骨露于野，千里无鸡鸣。生民百遗一，念之断人肠”，中原儿女数次南渡，仅大规模的衣冠南渡就有晋末永嘉南渡、安史黄巢之乱南渡、靖康之难衣冠南渡，战争过后百业凋敝、民不聊生，但是黄河儿女以惊人的毅力多次站起来，以百折不挠的韧劲再次发展成为中华文化的核心区域，成为世界四大文明中唯一不曾中断的文明。

（四）独立自强的奋斗精神

黄河流域的神话故事揭示了最早的黄河儿女的不懈努力与奋斗。盘古开天辟地、女娲补天造人、后羿射日、精卫填海、大禹治水、愚公移山等神话传说，基本上塑造和强调的是劳动创造世界和自强不息的精神，体现了中原先民为创造更好的生存条件自力更生、积极向上的独立自强精神。中华民族是一个崇尚积极进取，自强不息的民族，《易》云：“天行健，君子以自强不息。”强调君子应当效法自然规律，发奋图强，自强不息。长期以来，祖祖辈辈黄河儿女正是在独立自强精神的鼓舞下披荆斩棘、艰苦奋斗、繁衍生息的。愚公移山是黄河流域的一种精神传统，也是一种文化性格。这种受到环境的强力压迫而形成的韧性和弹性，是人在艰难困苦的条件下，爆发出的惊人创造力。红旗渠精神正是林州人民用生命同大自然搏斗的一次壮举。林州人民为实现最为实际的基本生存需求，敢拼敢干，终于完成红旗渠这一令世界惊叹的巨大工程。红旗渠既是林州人民千百年来与恶劣的自然环境斗争，勇于冲决一切艰难险阻，追求美好生活的伟大实践，也是中原儿女自强不息，改变命运的真实见证。经过千百年来的文化积淀，自强不息的精神逐渐渗入到整个中华民族的思维和行为方式中，成为中华民族奋进前行的内驱动力。

二　保护传承弘扬黄河文化精神存在的问题与挑战

习近平总书记在郑州主持召开黄河流域生态保护和高质量发展座谈会上提出“黄河文化是中华文明的重要组成部分，是中华民族的根和魂”[①]，既指出黄河文化在中华文明中的重要地位，也为黄河文化发展指明了目标和方向，为黄河文化的大发展提供新的历史机遇，同时也对黄河文化精神发展提出新的更高要求。但保护传承弘扬黄河文化精神，是一项庞大而复杂的工程，存在诸多问题与挑战。

（一）对黄河文化保护传承紧迫感认识不足

黄河流域是中华文明的重要发祥地，以黄河文化精神为中心的中原地区也是全世界炎黄子孙的心灵故乡。虽然这种说法早已深入人心，但

① 习近平：《在黄河流域生态保护和高质量发展座谈会上的讲话》，《求是》2019 年第 20 期。

在具体工作中，人们总认为黄河文化和文化遗址就在那里，不会迁移也不会消散，对黄河文化保护传承的紧迫感认识还明显不足。黄河流域的历史文化资源非常丰富，但是由于时间久远和一些历史原因，整个黄河历史文化资源的家底还不十分明晰，资料整理还不够完整，一些文物古迹和非物质文化遗产急需得到系统性保护，这都需要开展全面摸底普查，对黄河文化历史文化资源进行系统的、有针对性的抢救、保护、传承和弘扬工作。

（二）文化遗产保护形势严峻

传承保护与合理利用有机结合的难度大。黄河文化遗产资源的保护本身便是传承黄河文化精神的重要方式，目前黄河文化中物质文化遗产资源，尤其是历史悠久、价值巨大的资源面临着巨大的保护压力，即便是由于自然风化侵蚀，甚至参观旅游人流量过大所造成的环境变化，也会影响对遗产自身的保护，对于那些由于历史原因造成巨大破坏的物质文化遗产，保护形势更加紧迫。非物质文化遗产资源的保护利用也同样如此，由于文化环境、社会审美风尚等发生巨大变化，加之非物质文化遗产资源自身发展规律的限制，以及传承人对传承内容文化价值的不认同，或是受到经济利益驱动，不愿意继续传承，许多非物质文化遗产资源面临传承困境。这就要求依据抢救第一、合理利用、传承发展的工作方针，首先做好传承保护工作，在此基础上进行科学合理的开发利用。

（三）黄河文化遗产资源整理不足

黄河文化精神是中华精神文明的重要组成部分，是中华民族的根和魂，要保护弘扬黄河文化精神，全面系统地挖掘、保护黄河历史文化遗产势在必行。但是黄河流经 9 省区，全长约 5464 公里，流域面积约 752443 平方公里，涉及范围极广，再加上沿黄地区文化资源、文化禀赋、自然风貌各不相同，因此对历史文献、文物遗存、文化精神等还缺乏统一的理解和整理。在中国的史前时期、王朝时期和帝国时期，黄河流域文明文化一步步成长为中华文化的中心力量，创造出纷繁且厚重的物质文明和精神文明。在精神层面，黄河流域出现众多文化名家，写出众多影响深远的文学文化作品，产生了重要的人文思想，中国人传统的家国意识、民生情怀、使命担当、勇于抗争等精神理念也由此产生。丰富的黄河文化孕育了厚重的国家文明，凝结着厚重的人文情怀和哲学理念。在物质层面，黄河流域广布着体现黄河文化精神的物质载体，诸如各式民居、历代治黄工程遗迹、宗教设施、民谣歌舞、服饰餐饮、生产和交通工具等，尤其是黄河故道、千里黄河大堤，它们承载着民族的历史，传达着历史的见证，是最能直接产生历史触动的载体，具有重要的文物和文献价值。只有在摸清家底的基础上，才能真正厘清黄河文化的根和魂，才能使之成为保护传承弘扬黄河文化精神的基本依据。而目前在对黄河文化进行全面搜集、科学整理、系统研究以及数据化处理方面仍然存在较大的提高空间。

（四）黄河文化的产业化推动不足

文化产品是文化精神的现实载体。黄河文化作为我国的根源性文化，对中华文明产生了长期且深远的影响，学界对黄河文化的研究已经比较深入，有大量研究成果面世并产生重要影响。但这些优势都没能转化为相应的产业优势，黄河文化的产业化发展与它的历史地位、文化影响、社会价值、研究深度不相称，也与我国近年来文化产业的快速发展不相匹配。在文化创意领域，还缺乏将厚重黄河与时尚现代相勾连的现代化、年轻化、科技化的时代表达；在文化产品领域，还缺少能够反映黄河文化，表达黄河精神的广播影视、网络动漫、演艺娱乐等方面的文化产品；在文化组织领域，还缺乏与时代需求相匹配的人才队伍建设、文化中介组织及相关行业协会。最重要的是，缺少具有全球化、国际化的顶层设计，导致沿黄地区对黄河文化的开发利用都是单打独斗、各自为战，难以形成合力，削弱了黄河文化产业建设和开发的综合实力和产品竞争力，难以实现以产业推动黄河文化精神的保护传承弘扬。

三　保护传承弘扬黄河文化精神的举措和建议

（一）加强黄河文化研究

文化是中国政治经济建设的应有之义，是中国发展的强大推动力和内生力，是中国文化品格的体现。黄河流域尤其是黄河中下游地区不仅是中华民族的摇篮，也是华夏文明的起源地和发祥地、中华文化的核心地。黄河流域历史上曾产生无数彪炳史册的文学大家、文化先贤，优秀文艺作品更是灿若星河，数不胜数。当代黄河流域也是人才辈出，文化精品频现，这些都为黄河文化精神建设打下了良好基础。但这些尚不能满足黄河文化发展需要，还必须加强对黄河流域文学文化的深度理论研究，加强对非物质文化遗产的传承创新研究，加强对传统文化的传承创新理论研究，加强对出版传媒等新兴文化的基本理论研究，进而引导、提升黄河文化建设，推动中华文化软实力。

（二）加强历史考古研究

黄河流域，尤其黄河中下游地区是中华民族和华夏文明的重要发祥地，历史底蕴深厚，文化遗产众多。要根据黄河文化精神建设的目标任务，对黄河文明的形成、发展及变迁进行综合系统研究；对历代治黄遗迹、石刻碑文、黄河故道等理行综合开发保护；对历代与黄河有关的文献，包括各个历史时期的黄河河道状况、地理环境、人文气候、治河经验等进行全方位整理。要加强历史考古基础理论研究，突破地域限制，通过对全流域资源整合，对沿黄地区各历史遗产的发掘、研究、利用，对遗产的保护与传承、对遗产的内涵、特征、价值等一系列问题进行全面系统研究。

（三）加强黄河思想文化精神研究

黄河文化以及基于其上形成的黄河文化精神，不仅曾经支撑和引领着中华文化的发展，而且是塑造当代中国文化精神的基础和依据。要塑造当代中国人文精神，就应大力弘扬以爱国传统、拼搏奋斗、团结包容、自强不息等为代表的黄河文化精神，要将这些精神熔铸成为统一的黄河文化精神，并使之成为引领华夏儿女投身中国政治经济文化建设的时代精神，就必须在社会主义核心价值体系引领下，进行兼有针对性、开放性的思想文化理论研究，并由此实现传统文化精神与现代文化精神的对接，共筑当代精神家园，为实现“中国梦”而努力奋斗。

（四）加强资源整合集聚发展

黄河文化拥有丰富的物质文化遗产资源和非物质文化遗产资源，优越的文化资源优势，如何在当代文化建设中充分展示出应有的价值和发挥出应有的作用也就成为今人必须要考虑的问题。保护、传承、弘扬黄河文化精神，必须充分发挥黄河文化资源优势和在当代文化和经济建设中的作用，这就要求必须跨越文化资源合理利用与开发过程中所遇到的障碍。众所周知，黄河流经区域广泛、文化遗产星罗棋布，不仅在不同地区分布不均，而且时间跨度大、距离跨度大、资源整合发展难度大。从空间维度来看，黄河文化资源分布整体不均衡；从时间维度来看，文化资源的时间跨度大，分布分散，这就造成同质或相近性质的文化资源难以整合，无法实现当前文化资源利用的规模化、集约化发展。因此一方面要加强顶层设计，对整个黄河文化资源进行有效的协调与管理，通过独特的文化创意实现资源的有效整合，推动沿黄地区文化事业、文化产业的协调性发展。

（五）加强黄河文化精神的产业化表达

要与时俱进，不断创新文化内容，认真挖掘提炼黄河文化精神的时代价值并做出通俗易懂的当代表达，使优秀文化精神得以传承和弘扬，让人民群众得到精神滋养。要把黄河文化精神融入文化产业的战略部署中。在发展文化产业时，要在文化品牌塑造中融入黄河文化精神标识。要大力倡导健康的生活情趣，努力发展高雅的艺术形式，不断丰富产品的文化内涵。要利用当代新科技手段创新黄河文化的传承创新路径，以网络信息技术进行黄河文化的收集整理工作，同时大力开发新的传播渠道，以视听娱乐、游戏电影、演艺观赏等方式展示新时期黄河文化精神。要推进黄河文化与旅游业的融合发展，将黄河沿岸的自然景观与人文景观有机结合，通过沿黄旅游经济带建设，打造出独具黄河特色的文化旅游产品，实现中华文明文化的探寻之旅。要努力推进精神文化的产业化表达，使当代黄河精神渗透到“生产—流通—分配—消费—环境”的全过程，将产业文明的成果进行转化并渗透到人们物质享受与精神享受的各方面，推动黄河文化精神的繁荣发展。

B.8

黄河文化遗产现状与分类

张玉霞*

摘　要：　黄河，是中华民族的根和中华文明的摇篮。黄河文化深厚悠远，黄河文化遗产异常丰富。黄河文化遗产分布的范围为9个省级行政区的73个地区，超过了自然地理意义上的黄河流域。在现有遗产分类基础上，整理黄河文化遗产的数量及分布现状，以具体数据凸显黄河文化在中华文明中的突出地位，并将与黄河直接相关或密切相关的文化遗产重新分类，以期推动黄河文化遗产研究走向深入。

关键词：　黄河　黄河流域　文化遗产

黄河，是中华民族的根和中华文明的摇篮。黄河之于中国，犹如恒河之于印度、尼罗河之于埃及、幼发拉底河之于古巴比伦，四大河流共同催生了人类文明的曙光。黄河横亘中华大地，也串联起了中国历史。从中华民族的人文初祖黄帝，到秦皇汉武、唐宗宋祖，中国的历史从这里铺展开来，孕育出河湟文化、河套文化、三晋文化、关中文化、河洛文化、齐鲁文化等优秀传统文化。从彩陶到青铜，从冶铁到炼钢，黄河流域都走在技术的最前沿；从商周钟鼎文到殷商甲骨文，中华民族刻骨铭心的文化印记在黄河流域流传；这里最先发明了火药，这里产生了中国最早的成文历法、诗歌总集、史书、医书、兵书、农书等。黄河奔流千古，黄河文化深厚悠远，本文尝试梳

* 张玉霞，河南省社会科学院历史与考古所副研究员，研究方向为汉唐考古。

理黄河文化遗产的现状，以具体数据凸显黄河文化在中华文明中的突出地位，并将与黄河直接相关或密切相关的文化遗产重新分类，以期推动黄河文化遗产研究走向深入。

一　黄河文化遗产涉及的地域

黄河文化遗产分布的范围超过了自然地理意义上的黄河流域。参照水利部黄河水利委员会划定的自然流域，加上重要的引黄抗旱灌区或引黄调水工程受水区，并尽可能保持地区级行政区划单元的完整性，本文述及的地域范围包括：青海、四川、甘肃、宁夏、内蒙古、山西、陕西、河南和山东 9 个省级行政区，总共包括 73 个地区。其中，青海、宁夏、山西全域均属于黄河流域，四川仅阿坝藏族羌族自治州属于黄河流域，其余 5 个省、自治区，甘肃有 10 个①、内蒙古有 7 个②、陕西有 8 个③、河南有 11 个④、山东有 12 个⑤地区级行政区（市、州、盟）属于黄河流域。

二　黄河文化遗产的种类、数量及分布现状

黄河流域历史传承悠久，文化遗产丰厚，类型齐全，数量众多。便于统计，按照国家文物局对遗产的类型划分，从物质文化遗产和非物质文化遗产两个大类，具体整理黄河文化遗产的数量及分布现状。

---

① 甘肃省属于黄河流域的 10 个地区是：兰州市、白银市、定西市、武威市、临夏州、陇南市、天水市、平凉市、庆阳市和甘南州。

② 内蒙古自治区属于黄河流域的 7 个地区是：呼和浩特市、包头市、乌兰察布市、鄂尔多斯市、巴彦淖尔市、乌海市和阿拉善盟。

③ 陕西省属于黄河流域的 8 个地区是：西安市、铜川市、宝鸡市、咸阳市、渭南市、延安市、榆林市和商洛市。

④ 河南省属于黄河流域的 11 个地区是：郑州市、开封市、洛阳市、安阳市、鹤壁市、新乡市、濮阳市、三门峡市、商丘市、焦作市和济源市。

⑤ 山东省属于黄河流域的 12 个地区是：济南市、青岛市、淄博市、东营市、潍坊市、济宁市、泰安市、莱芜市、德州市、聊城市、滨州市和菏泽市。

（一）物质文化遗产[①]

物质文化遗产可从世界遗产、全国重要大遗址保护项目、各级文物保护单位，以及可移动文物等几个角度考察。为便于对比，暂未统计省（自治区）、市（州、盟）、县（旗）文物保护单位，仅统计全国重点文物保护单位。

世界遗产，截至目前全国共有41项文化遗产或双遗产或文化景观遗产，其中有12项位于黄河流域，占了近30%。32处世界文化遗产中，位于黄河流域的有长城，秦始皇陵及兵马俑坑，曲阜孔府、孔庙、孔林，平遥古城，龙门石窟，云冈石窟，安阳殷墟，“天地之中”历史建筑群，中国大运河，丝绸之路：长安—天山廊道的路网等10处，占31%；4处世界文化景观遗产中，黄河流域有山西五台山1处，占25%；4处世界文化与自然双重遗产中，黄河流域有山东泰山1处，占25%。

全国重要大遗址保护项目重点构建的6个片区中，洛阳片区、西安片区、郑州片区、曲阜片区等4个位于黄河流域。“十三五”时期152处重要大遗址保护项目中，共有长城、丝绸之路、大运河、万里茶路、秦直道、茶马古道、明清海防、蜀道等8个项目跨省、自治区、直辖市，黄河流域均不可或缺。分属各省的144个大遗址项目中，河南、陕西分别以17处、14处列前两位。位于黄河流域的重要大遗址项目，青海有喇家遗址和热水墓群2处（共2处），甘肃有大地湾和大堡子山遗址2处（共4处），宁夏有西夏陵、水洞沟和开城遗址3处（共3处），内蒙古有居延遗址与和林格尔土城子遗址2处（共7处），山西有陶寺、侯马晋国、曲村—天马、晋阳古城及蒲津渡与蒲州故城遗址5处（共5处），陕西有秦咸阳宫等14处[②]（共14

---

① 物质文化遗产的各项名录，均来自国家文物局官方网站：http：//www. sach. gov. cn/。

② 陕西省的14处重要大遗址项目分别是：西安市的秦咸阳宫遗址、阿房宫遗址、汉长安城遗址、秦始皇陵、西汉帝陵（含薄太后陵）、唐代帝陵（含唐顺陵）、杨官寨遗址、丰镐遗址、宝鸡市的周原遗址和秦雍城遗址、榆林市的统万城遗址和石峁遗址，铜川市的黄堡镇耀州窑遗址，延安市的黄帝陵。

处)、河南有二里头遗址等 13 处[①]（共 17 处）、山东有城子崖遗址等 6 处[②]（共 7 处)。青海、宁夏、山西、陕西 4 省的所有大遗址项目均位于黄河流域，河南（17 个项目中的 13 处)、山东（7 个项目中的 6 处）两省的绝大多数大遗址项目也位于黄河流域。其中，陕西省西安市和河南省洛阳市拥有的重要大遗址数量特别突出，分别有 9 项、5 项。上述位于黄河流域的大遗址项目共有 48 处，占了分属各省大遗址项目总数 144 项的 1/3 份额。

全国重点文物保护单位，国务院先后共核定 8 批共 5058 处。按照拥有国保单位的数量排名前 5 位的省份中有 3 个位于黄河流域，山西、河南、陕西分别以 531 处、419 处、268 处位列第一、第二和第五位。位于黄河流域的国保单位数量，青海 50 处（共 50 处)、四川阿坝藏族羌族自治州有 15 处、甘肃 104 处（共 152 处)、宁夏 36 处（共 36 处)、内蒙古 60 处（共 147 处)、山西 531 处（共 531 处)、陕西 249 处（共 268 处)、河南 282 处（共 419 处)、山东 170 处（共 225 处)。其中，除全域都属于黄河流域的青海、宁夏、山西外，陕西的绝大多数（93%）全国重点文物保护单位都位于黄河流域，甘肃、河南、山东的大多数全国重点文物保护单位也位于黄河流域，分别占到了各自区域内总数的 68%、67%、76%。内蒙古自治区处于黄河流域的国保单位则占到全区总数的 41%。上述位于黄河流域的全国重点文物保护单位共有 1497 处，占了全国总数 5058 处的 29.6%。

可移动文物，据国家文物局 2017 年发布的《第一次全国可移动文物普查数据公报》，全国国有可移动文物共计 10815 万件（套)。其中，登录文物完整信息的实际数量为 64073178 件，数量最多的五个省（直辖市）中，

① 河南省位于黄河流域的 13 处重要大遗址项目分别是：洛阳市的二里头遗址、偃师商城遗址、汉魏洛阳故城、隋唐洛阳城遗址、邙山陵墓群、安阳市的殷墟、郑州市的郑韩故城、郑州商代遗址和宋陵、三门峡市的北阳平遗址、仰韶村遗址和庙底沟遗址、开封市的北宋东京城遗址。

② 山东省位于黄河流域的 6 处重要大遗址项目分别是：济南市的城子崖遗址和大辛庄遗址，淄博市的临淄齐国故城（含临淄墓群、田齐王陵)、济宁市的曲阜鲁国故城、泰安市的大汶口遗址、青岛市的即墨故城及六曲山墓群。

除了居于首位的北京市，其余均位于黄河流域，分别是：陕西省 7748750 件，数量占比 12.09%；山东省 5580463 件，数量占比 8.71%；河南省 4783457 件，数量占比 7.47%；山西省 3220550 件，数量占比 5.03%。以上四省合计 21333220 件，占可移动文物总量的 33.30%，近 1/3 的份额。数量超过百万件的还有甘肃省和内蒙古自治区，分别有 1958351 件、1506421 件。青海、宁夏则分别有 312793 件、276331 件。

（二）非物质文化遗产①

非物质文化遗产可从人类非物质文化遗产、各级非物质文化遗产代表性项目和代表性传承人，以及国家级文化生态保护区、国家级非物质文化遗产生产性保护示范基地等几个角度考察。为便于对比，代表性项目和代表性传承人暂未统计省（自治区）、市（州、盟）、县（旗）级，仅统计国家级。

人类非物质文化遗产，截至目前，中国列入联合国教科文组织非物质文化遗产名录（名册）项目共计 40 项，总数位居世界第一（名录共有 508 个项目）。其中，人类非物质文化遗产代表作 32 项，急需保护的非物质文化遗产名录 7 项，优秀实践名册 1 项。32 项人类非物质文化遗产代表作中，西安鼓乐、花儿主要流传在黄河流域；二十四节气在黄河流域产生，流传在全国各地；古琴艺术、中国传统木结构营造技艺、中国雕版印刷技艺、中国书法、京剧等 19 项，黄河文化区域范围内都是重要的传承地；只有侗族大歌、妈祖信俗等 10 项与黄河流域无关。急需保护的 7 项非物质文化遗产中，中国木拱桥传统营造技艺、中国活字印刷术和羌年也与黄河流域关系密切。

国家级非物质文化遗产代表性项目名录，国务院先后公布 4 批 1372 项、3154 个子项。中直单位的 41 个项目中，除了妈祖祭典与黄河流域无关外，其余的相声、金石篆刻、官式古建筑营造技艺等 40 个项目，在黄河文化区域内都是重要的传承地。国家级非物质文化遗产代表性项目在黄河流域各省

① 非物质文化遗产的各项名录，均来自中国非物质文化遗产网·中国非物质文化遗产数字博物馆：http：//www.ihchina.cn/shifanjidi.html#target1。

的分布状况，青海 73 项（共 73 项，省属 8 项，余分属各地区）、四川阿坝藏族羌族自治州有 19 项、甘肃 58 项（共 68 项，省属 3 项，余分属各地区）、宁夏 18 项（共 18 项，自治区属 7 项，余分属各地区）、内蒙古 36 项（共 89 项，自治区属 12 项，余分属各地区）、山西 168 项（共 168 项，省属 5 项，余分属各地区）、陕西 69 项（共 79 项，省属 8 项，余分属各地区）、河南 72 项（共 113 项，省属 5 项，余分属各地区）、山东 145 项（共 173 项，省属 6 项，余分属各地区）。除全域都属于黄河流域的青海、宁夏、山西外，甘肃、陕西、山东的大多数国家级非物质文化遗产项目也位于黄河流域，分别占到了各自区域内总数的 85%、87%、84%。河南六成以上（约 64%）的国家级非物质文化遗产项目也位于黄河流域，内蒙古自治区处于黄河流域的国家级非物质文化遗产项目则占到全区总数的 40%。上述位于黄河流域的国家级非物质文化遗产项目共有 658 项，占了全国 3154 项总数的 21%，1/5 还多的份额。

国家级非物质文化遗产代表性项目代表性传承人，国务院先后命名五批共计 3068 人。中直单位有 86 位，分布在各省、市、自治区的人数为 2982 位。国家级传承人在黄河流域各省的分布状况，青海 88 位（共 88 位，省属 11 位，余分属各地区）、四川阿坝藏族羌族自治州有 13 位、甘肃 57 位（共 68 位，省属 4 位，余分属各地区）、宁夏 22 位（共 22 位，自治区属 11 位，余分属各地区）、内蒙古 43 位（共 82 位，自治区属 19 位，余分属各地区）、山西 150 位（共 150 位，省属 10 位，余分属各地区）、陕西 68 位（共 78 位，省属 17 位，余分属各地区）、河南 87 位（共 127 位，省属 19 位，余分属各地区）、山东 91 位（共 104 位，省属 19 位，余分属各地区）。其中，除全域都属于黄河流域的青海、宁夏、山西外，甘肃、陕西、山东的大多数国家级传承人也位于黄河流域，分别占到了各自区域内总数的 84%、87%、88%。河南近七成（69%）的国家级传承人也位于黄河流域，内蒙古自治区处于黄河流域的国家级传承人则占到全区总数的一半以上（52%）。上述位于黄河流域的国家级非物质文化遗产代表性项目代表性传承人共有 619 位，占全国中直单位以外传承人总数 2982 人的 21%。

国家级文化生态保护区，截至目前，我国共设立国家级文化生态保护实验区21个，涉及17个省份。其中，热贡文化生态保护实验区（青海黄南藏族自治州）、羌族文化生态保护实验区（四川阿坝藏族羌族自治州）、晋中文化生态保护实验区（山西晋中市、太原市、吕梁市）、潍水文化生态保护实验区（山东潍坊市）、陕北文化生态保护实验区（陕西延安市、榆林市）、格萨尔文化（果洛）生态保护实验区（青海果洛藏族自治州）、藏族文化（玉树）生态保护实验区（青海玉树藏族自治州）等7个试验区位于黄河流域，涉及青海、四川、山西、陕西、山东5个省份。

国家级非物质文化遗产生产性保护示范基地，文化部先后公布两批，涉及传统技艺、传统美术和传统医药药物炮制三类领域100个企业或单位。同时作为传统技艺和传统美术类基地的仅有山东省潍坊杨家埠民俗艺术有限公司1个。传统技艺类基地57个，在黄河流域各省共有7个，占12%。山西2个①，青海、内蒙古、陕西、河南、山东各1个②。传统美术类基地36个，在黄河流域各省共有10个，占28%。甘肃有3个③，青海、陕西各2个④，四川阿坝州、宁夏、河南各1个⑤。传统医药类基地6个，在黄河流域各省共有3个⑥，占了一半的份额。上述位于黄河流域的国家级非物质文化遗产生产

---

① 分别是山西老陈醋集团有限公司（美和居老陈醋酿制技艺）和稷山赵氏四味坊传统面点传习中心（稷山传统面点制作技艺）。

② 分别是青海省海湖藏毯有限公司（加牙藏族织毯技艺）、阿拉善左旗恒瑞翔地毯有限责任公司（阿拉善地毯织造技艺）、铜川市印台区陈炉镇民间工艺瓷厂（耀州窑陶瓷烧制技艺）、洛阳九朝文物复制品有限公司（唐三彩烧制技艺）和鄄城县鲁锦工艺品有限责任公司（鲁锦织造技艺）。

③ 分别是环县道情皮影保护中心（环县道情皮影戏）、甘肃省庆阳祁黄文化传播有限公司（庆阳香包绣制）和夏河县拉扑楞摩尼宝藏族文化艺术中心（甘南藏族唐卡）。

④ 分别是青海黄南州热贡画院（热贡艺术）、青海省互助土族文化传播有限公司（土族盘绣）和陕西省凤翔新明民俗文化传承有限公司（凤翔泥塑）、陕西省西安大唐西市文化发展有限公司（西秦刺绣）。

⑤ 分别是汶川杨华珍藏羌织绣文化传播有限公司（藏族编织挑花刺绣工艺和羌族刺绣）、宁夏隆德杨氏彩塑文物艺术有限公司（杨氏家庭泥塑）和开封市素花宋绣工艺有限公司（汴绣）。

⑥ 分别是青海金诃藏药药业股份有限公司（七十味珍珠丸赛太炮制技艺）、山西广誉远国药有限公司（定坤丹制作技艺和龟龄集传统制作技艺）和山东省东阿阿胶股份有限公司（东阿阿胶制作技艺）。

性保护示范基地共有 21 个，占了全国 1/5 还多的份额。青海最多有 4 个，甘肃、山西、陕西、山东各有 3 个，河南有 2 个，四川阿坝州、宁夏、内蒙古则各有 1 个。

三　与黄河直接相关或密切相关的文化遗产分类再探讨

前文从遗产的角度，具体分析了黄河文化遗产各类型的数量及分布状况，其中，一些与黄河直接相关或密切相关的文化遗产特别值得关注。按照与黄河关系的不同，在物质文化遗产和非物质文化遗产两大类的框架下，尝试将与黄河直接相关或密切相关的文化遗产重新进行分类。

（一）物质文化遗产

物质文化遗产可分为河道遗产、关津渡口遗存、河泛遗迹、治河纪念遗存、水工建筑、祭祀场所等。

河道遗产指黄河故道。黄河在历史上曾多次改道。唐代以前的黄河古道在河南焦作武陟、新乡、安阳滑县、鹤壁浚县、濮阳等地有保存，明代黄河夺淮入海时期的古道在河南开封、兰考、商丘等地有保留。

关津渡口遗存，历史上著名的如河南洛阳孟津的盟津、郑州荥阳的汜水渡、新乡延津的延津，山西永济的蒲津等。与关津相伴，往往还有城、桥梁等设施。如汜水渡有关城成皋，蒲津至今仍保存有固定黄河浮桥锁链的铁牛。

河泛遗迹，又可细分为河泛记录、河泛痕迹、洪灾遗址。很多碑刻、建筑上保留有黄河泛滥的记载，比如河南三门峡渑池东柳窝村保存的清道光二十三年（1843）黄河涨水碣及泉神庙内记录当年水灾的碑刻，又如山西晋城阳城九女祠大门石壁上“成化十八年河水至此”题记。有些建筑上会留存河水泛滥时被水淹的痕迹，如河南新乡原阳原武镇的十三层密檐式砖塔玲珑塔，曾于清康熙六十年（1721）至雍正元年（1723）黄河三次在河南焦作武陟决口时，被河水浸泡长达一年八个月，其底层也因此至今仍被淤没于地下。洪灾遗址如河南安阳内黄三杨庄遗址，该村因黄河泛滥而废弃，发现有稻田、农舍、水井、道路等遗迹，完整地保存了中原汉代村落的基本构成。

治河纪念遗存，比如河南濮阳台前县“敕修河道工完之碑”，记载了明景泰六年（1455）徐有贞修建广济渠的情况；河南开封兰考“黄陵岗塞河功定之碑”，记载了明弘治十年（1497）当地堵塞黄河决口的情况；山东菏泽东明“高村合龙碑”，记载了清光绪六年（1880）徐道奎率领军民堵复决口的情况。

水工建筑，主要是堤坝。如河南新乡原阳黄河故道南岸保存有汉代黄河大堤，豫北、豫东有大量汉至明清的黄河大堤，山东、河南很多沿黄村庄都发现有高大的避水台。

祭祀场所，黄河作为古代“四渡之一”，唐以来也被封为公、王、神，历代国家奉祀不绝，祭祀地点有河南焦作武陟的嘉应观、陕西渭南朝邑、山西永济蒲州。民间祭祀黄河也由来已久，黄河沿岸今甘肃兰州、临夏、靖远，陕西韩城、佳县、吴堡，山西芮城、偏关，河南滑县、温县、濮阳、偃师、兰考、睢县、延津，山东东阿等地，都有河渎庙、河神庙、大王庙、禹王庙、龙王庙等祭祀黄河的场所保留至今。

（二）非物质文化遗产

非物质文化遗产，可分为黄河崇拜、治河传说、祭祀仪式、黄河号子等。

黄河崇拜，包括黄河作为“母亲河”的形成过程，还包括对于河神的崇拜，以及关于黄河及河神的神话传说、民间故事、民歌民谣等。

治河传说，中国的史前时代，有许多关于治水的传说，共工治水以及鲧、禹父子治水，都是对黄河中下游的治理，大禹治水传说中著名的有禹凿龙门、推华山导河等。

祭祀仪式，礼仪规程又有官方、民间之分。汉代以后，作为国家礼制的一部分，河祀同其他岳镇海渎祭祀一起成为常制，共同拱卫社稷。宋代以后，随着黄河决口、改道频繁增多，河南、山西、陕西、山东等地方上的河神祠逐渐增多，民间祭祀日隆。

黄河号子，是劳动号子的一种，是千百年来先民们在进行黄河治理的劳动过程中形成的，又分为抢险号子、夯硪号子、船工号子、运土号子、捆枕号子等，种类众多、异彩纷呈。《黄河大合唱》第一乐章《黄河船夫曲》采用的就是黄河号子的形式。

综上，黄河文化遗产，在世界遗产、全国重要大遗址保护项目、全国重点文物保护单位、可移动文物等物质文化遗产的各层面，以及人类非物质文化遗产、国家级非物质文化遗产代表性项目、国家级非物质文化遗产代表性项目代表性传承人、国家级文化生态保护区、国家级非物质文化遗产生产性保护示范基地等非物质文化遗产的各层面，具体数据在全国总数中均占有相当可观的份额，凸显了黄河文化在中华文明中不可替代的突出地位，而与黄河直接相关或密切相关的文化遗产也特别丰厚。

参考文献

黄河志编纂委员会：《黄河志》（1～11卷），河南人民出版社，2017。

李敏纳：《黄河流域经济空间分异研究》，河南大学博士学位论文，2009。

国家文物局第一次全国可移动文物普查工作办公室：《第一次全国可移动文物普查分省工作报告》，文物出版社，2017。

国家文物局官方网站：http：//www.sach.gov.cn/（accessed 11/12/2019）。

中国非物质文化遗产网·中国非物质文化遗产数字博物馆：http：//www.ihchina.cn/shifanjidi.html#target1（accessed 11/12/2019）。

B.9

河南省保护传承弘扬黄河文化的实践与成效

宋丽萍*

摘　要：　河南省委省政府认真贯彻落实习近平总书记视察河南时重要讲话精神，积极做好保护传承弘扬黄河文化工作，疏浚黄河文脉，讲好黄河故事。河南省从编制规划、打造标识工程、加强交流合作入手，着重从自然生态、历史文化、哲学思辨、民族精神、时代价值等多个维度打造壮美黄河、史诗黄河、理性黄河、不屈黄河、奋进黄河的多元形象。

关键词：　河南　黄河文化　文化旅游　黄河地标

2019年9月18日，习近平总书记在郑州主持召开黄河流域生态保护和高质量发展座谈会，深刻指出“黄河文化是中华文明的重要组成部分，是中华民族的根和魂。要推进黄河文化遗产的系统保护，守好老祖宗留给我们的宝贵遗产。要深入挖掘黄河文化蕴含的时代价值，讲好‘黄河故事’，延续历史文脉，坚定文化自信，为实现中华民族伟大复兴的中国梦凝聚精神力量”①。一年来，在省委省政府的正确领导下，河南认真贯彻落实习近平总书记视察河南重要讲话精神，抢抓黄河流域生态保护和高质量发展战略机遇，疏浚黄河文脉，讲好黄河故事，积极做好保护传承弘扬黄河文化

* 宋丽萍，河南省文化和旅游厅党组书记、副厅长。

① 习近平：《在黄河流域生态保护和高质量发展座谈会上的讲话》，《求是》2019年第20期。

工作。

提升政治站位，坚持高位推动。坚持把保护传承弘扬黄河文化，作为贯彻习近平总书记重要指示的政治任务，河南省委省政府提出“实施黄河文化旅游精品工程，全面启动黄河母亲地标复兴，把黄河建设成传承历史的文脉河、造福人民的幸福河”，对黄河文化保护传承弘扬做出全面部署。召开全省文化旅游大会，省委书记王国生号召“大力弘扬黄河文化，筑牢文化旅游强省之魂”。省长尹弘指出“以保护传承弘扬黄河文化为主线，以全域旅游为主导，突出历史文化、红色文化、生态休闲、乡村旅游等主题，加快打造‘一带一核三山五区’发展格局”。《中共河南省委、河南省人民政府关于建设文化旅游强省的意见》明确提出“建设体现中华悠久文明的黄河文化旅游带”“使黄河文化旅游带成为彰显中华民族文化自信的精神地标和情感纽带”。成立了以省委书记、省长为组长的文化旅游强省领导小组、黄河流域生态保护和高质量发展领导小组，建立了黄河水利委员会（以下简称黄委会）、省文化和旅游厅、省发改委、省自然资源厅、省交通运输厅、省文物局等共同参与的联席会议制度。省人大、省政协、省文化体制改革和发展工作领导小组、黄委会、省社科联等单位，多次召开高规格专家座谈会、学术研讨会，积极推动黄河文化的保护传承弘扬。

科学编制规划，发挥引领作用。为加强黄河文化保护利用，河南省建成全国首家黄河文化旅游研究（大数据）中心，支持河南大学成立黄河文化研究院，依托郑州大学建立黄河考古研究院，组建夏文化研究中心，成立河南黄河文化保护传承弘扬专项规划编制工作领导小组、黄河文化保护传承弘扬专家委员会，委托黄委会、黄河文化研究会、河南黄河河务局、河南大学黄河文明与可持续发展研究中心、河南省文物考古研究学会等单位，开展相关规划编制研究论证。河南文化和旅游厅组成 3 个专题调研组，深入 13 个省辖市、6 个省直管县，开展黄河流域河南段文化旅游资源普查和黄河国家文化公园建设基础调研，甄选具有重大价值的四类资源 488 处，研究规划国家文化公园重点建设区段 15 个。认真编制《河南省黄河文化保护传承弘扬规划》《河南省黄河国家文化公园建设保护规划》，同步开展文物、非遗、旅游3个专项规划编制，初步谋划郑州商代王城遗址文化区、汉魏洛阳故城文旅融合区、宋都古城文旅融合区等15个黄河国家文化公园先行区。《郑汴洛黄河文化国际旅游目的地发展战略研究报告》已形成阶段性成果，黄河流域文化旅游资源分布与评价、文化遗产保护利用工程等4个重点课题已结项。文化和旅游部把沿黄九省区黄河流域非物质文化遗产保护传承弘扬协同机制秘书处放在河南省，谋划的7项工作纳入国家《2020年黄河流域非物质文化遗产保护行动计划》。

对接国家战略，打造标识工程。积极对接国家保护传承弘扬黄河文化重大文旅项目，全省共谋划建设黄河文化旅游重大项目45个，总投资2474亿元，着力打造体现黄河风情、华夏文明的地标体系。实施黄河文化遗产廊道工程，三门峡庙底沟、偃师二里头、郑州大河村、郑州商代王城、安阳殷墟等国家考古遗址公园陆续开工建设；隋唐洛阳城国家历史文化公园、开封宋都古城保护与修缮工程等纳入全省重大战略，隋唐大运河国家文化公园、开封城摞城、州桥及古汴河发掘展示等项目进展顺利。实施黄河生态廊道工程，18个兼具生态涵养和文化展示功能的黄河生态廊道示范工程，2020年年底前计划建成373.83公里；三门峡百里黄河生态廊道暨文化旅游绿道全线贯通，洛阳孟津沿黄生态廊道示范段成为热门旅游线路，郑州大河文化绿道项目获批开建，开封黄河生态廊道慢行系统基本贯通。实施黄河文化旅游融合项目，荥泽古城、嘉应观黄河生态文化旅游区、济水源文旅综合开发项目、兰考黄河湾文旅融合项目等均已开工建设。加快推进河南历史博物馆、中原考古博物馆、中国文字博物馆二期建设，黄河非物质文化遗产保护展示中心、隋唐大运河文化博物馆开工建设。依托古都古城历史资源，重点打造郑州商城、殷商古城、隋唐洛阳城、开封宋城、商丘古城、浚县古城，郑汴洛等沿黄地市加快推进黄河天下文化综合体、隋唐洛阳城国家遗址公园、黄河悬河城摞城展示馆、黄河国际文化交流中心等重点项目建设，集中展示“三座城、三百里、三千年”历史文化。启动了“早期中国研究中心”和偃师二里头、登封王城岗、禹州瓦店等9个“黄河文化重大考古项目”，加快沿黄仰韶遗址、庙底沟遗址、大河村遗址、二里头遗址、郑州商城遗址、隋唐洛阳城遗址、安阳殷墟遗址等国家考古遗址公园建设，为推进黄河文化遗产的系统保护研究、讲好“黄河故事”奠定了坚实基础。巩义河洛镇双槐树遗址考古工作取得重大成果，被专家学者称为“河洛古国”“早期中华文明的胚胎”。

加强交流合作，扩大对外影响。协调中国社会科学院、中国考古学会，积极筹备“世界大河文明论坛”，力争形成黄河文明与尼罗河文明、印度河文明、“两河”文明对话机制。扎实推进河南海外文化旅游及功夫推广中心设立工作，大力推动黄河文化、中原文化走出去。积极做好二里头遗址和开封城墙申遗工作，争取尽快纳入《中国世界文化遗产预备名单》。联合沿黄九省区成立了黄河流域博物馆联盟，召开了黄河文化保护传承弘扬研讨会，推出沿黄九省区博物馆“云探国宝”直播。组织黄河文化题材艺术创作座谈会，研究制定黄河文化艺术精品创作规划，努力打造大型音乐舞剧《黄河》、曲剧《情系母亲河》等精品力作。《河颂》《印象·太极》等黄河文化旅游演艺进展顺利，《黄帝千古情》演艺项目开业 1 个月接待游客超 24 万人次，营收 2500 万元，《只有河南·戏剧幻城》演艺项目拟于 2021 年 4 月正式运营。先后举办了《大河之舞》交响音乐会、“黄河万里情”艺术精品展，濮阳市和周口市创作了豫剧《黄泛情》《黄河红帆》，安阳市承办了第三届晋冀鲁豫戏曲展演，洛阳市组织了线上沿黄九省区黄河非物质文化遗产大展。利用黄河文化拓展研学旅游，召开黄河文化研学旅行大会、黄河文化旅游品牌推广大会，启动“大河之旅 老家河南——河南黄河文化旅游系列主题推广活动”，推出“穿越五千年”华夏文明溯源、“大河安澜”水利水工研学、“慢行黄河生态廊道”自驾骑行、“泛舟黄河”水上体验、“点亮夜经济”沿黄城市休闲夜游之旅等十大产品，黄河三峡、二里头夏都遗址博物馆、黄河风景名胜区等成为研学旅游热门打卡地。充分发挥内地游学联盟秘书处的优势，大力推进实施境外青少年赴豫黄河文化寻根游（研）学交流话语表达体系工程，仅 2019 年 11 月河南中信旅行社就接纳台湾团队 150 个，共计 4000 余人。

党的十九届五中全会关于建设文化强国、提升中华文化影响力等重大决策部署，为保护传承弘扬黄河文化提供了新的战略机遇。我们将自觉担负起疏浚“文化黄河”的时代重任，从五个维度推动保护传承弘扬黄河文化的河南实践。

自然生态维度重现“壮美黄河”。黄河是一条自然的河流。黄河自古即为“四渎之宗”，横亘于天地之间，奔腾在中原大地，具有一种与生俱来的自然美。黄河经晋陕大峡谷一路南下，再调头东折进入河南，流经三门峡、洛阳、郑州、开封、新乡、焦作、濮阳、安阳 8 个省辖市和济源产城融合示范区的 72 个县（市、区），全长 711 公里，流域面积 3.62 万平方公里，留下了山河表里、平畴沃野的自然风光。“黄河九天上，人鬼瞰重关”“派出昆仑五色流，一支黄浊贯中州”“博望沉埋不复旋，黄河依旧水茫然”“九曲黄河万里沙，浪淘风簸自天涯”，都是对壮美黄河的摹写与表达。自然生态本身就是一种文化，而且是一种原始本真的文化。敬畏黄河，就要呵护黄河的自然生态之美，尊崇黄河的自然生态文化。坚持绿水青山就是金山银山的理念，积极融入黄河流域生态保护和高质量发展战略，主动对接长城、大运河、长征国家文化公园建设项目，科学编制河南省黄河流域生态保护、文化旅游规划。以郑州花园口示范段、开封新区示范段、开封黄河大堤示范段、洛阳孟津示范段、新乡平原示范段、焦作沿黄百里示范段、三门峡百里示范段为样板，打造文化自然融合、沿线全景贯通的沿黄生态廊道。以洛阳河洛文化生态保护实验区、登封少林文化生态保护实验区、温县太极文化生态保护实验区、陕县地坑院文化生态保护区、濮阳传统戏剧文化生态保护区为重点，建设具有引领性的黄河流域文化生态保护区。以天鹅湖国家湿地公园为核心的三门峡片区、小浪底风景区为核心的洛阳片区、黄河风景名胜区为核心的郑州片区、兰考东坝头黄河九十度大拐弯为核心的开封片区为主体，启动具有示范性的黄河文化旅游精品工程，重现黄河河南段壮美风光。

历史文化维度激活“史诗黄河”。黄河是一条从历史深处蜿蜒而来的河流。黄河对于河南的馈赠，既有千里平畴，也有文化积淀。裴李岗文化、仰韶文化、龙山文化、二里头文化，早期中国的文化印记在这里遗存完整、流传有序。历代在这片土地上建都 3000 多年，留下了洛阳、开封、郑州、安阳四大古都。河南沿黄8市1区共有世界文化遗产4处，全国重点文物保护单位201处，国家考古遗址公园9个，大遗址15处；国家级历史文化名城4个，各级各类博物馆178家，人类非物质文化遗产代表作项目1个、国家级非物质文化遗产代表性项目52项。这片黄河滋养的土地，是禹导三门、河图洛书、楚河汉界、清明上河的承载地，是诗经、唐诗、宋词的荟萃地，是中国最早文字、最早王城的发现地，儒释道融合发展，河洛郎世代栖居。弘扬黄河文化，是河南的优势所在、应有担当。重视做好黄河文化核心区文明起源研究，特别是早期中国研究、夏文化研究、甲骨文研究，溯源黄河历史；着力建好黄河文明博物馆、仰韶文化博物馆、殷墟遗址博物馆、中国古都博物馆、黄河非物质文化遗产馆、河南博物院新馆等一批精品博物馆，支持洛阳打造“东方博物馆之都”、郑州建造百家博物馆，继续举办世界古都论坛、二里头文化国际学术交流会、文化遗产论坛等重要国际活动，讲好黄河故事；重点打造仰韶文化遗址、“五都荟洛”大遗址、大嵩山遗址、殷商文化遗址、大宋文化遗址、“许昌人”遗址等，建设三门峡—洛阳—郑州—开封—安阳世界级大遗址公园走廊和文化旅游圈，展示黄河文明，让黄河从历史记忆中苏醒。

哲学思辨维度阐发“理性黄河”。黄河是一条哲思涌动的河流。《易·系辞上》云：“河出图，洛出书，圣人则之。”《尚书·顾命》云：“伏羲王天下，龙马出河，遂则其文以画八卦。”河出图，洛出书，肇启华夏文明的曙光。老子言“上善若水”，孔子曰“逝者如斯”，为中国古代哲学引入了时空概念、增添了现实样本，也为世人认识黄河提供了一条新的“航道”。从表面看，自然黄河是感性的；从深层次去思考，文化黄河是理性的。自古以来，黄河之水，利万物而不争，处众人之所恶，有谦下之德；择势下流，兼收并蓄，有宽容之量；天下莫柔弱于水，而攻坚强者莫之能胜，有柔胜之美；因其无有，故能入于无间，有不言之教、无为之益；润泽天下，养育苍生，有济世之用。千百年来，黄河所展示的哲学文化，已经深深融入中华民族的血管，成为华夏文明的基因。弘扬黄河文化，就要在展示黄河流之远、形之大、声之壮的同时，善于发现传播黄河的内在之美、理性之光；在赞美

“一条大河波浪宽”的同时，更要阐发黄河所蕴含的精神内涵、哲学意蕴，使之成为我们这个民族更深沉、更持久的精神文化力量。依托河南大学、郑州大学、河南社科院等单位，加强黄河哲学文化的研究和阐释，使河南成为研究黄河哲学文化的“重地”，使黄河哲学文化成为河南的“显学”；积极推动黄河文化进教材、进校园，从源头抓起，宣传普及黄河哲学文化，使黄河文化渗入民族血脉；将黄河哲学文化物化、显化、创意化，大力发展黄河哲学文化研学旅游，使黄河文化走进人民大众，为更多人所熟知、所信仰，成为大众哲学；举办国际“大河文明论坛”，加强黄河文明与印度河文明、尼罗河文明、“两河”文明的交流互鉴，增强文化认同，坚定文化自信。

民族精神维度彰显“不屈黄河”。黄河是一条哺育民族精神的河流。黄河穿行在中原腹地，三年两决堤，百年一改道，一次次否定自我，一次次突出重围，一次次东流入海，外柔而内刚，形曲而志伸，山重而水复，百折而不回，昭示了万宗同源的族群精神、万众一心的团结精神、万山难遮的抗争精神、万里向海的奔流精神，激励着一代代中华儿女自强不息。在河南，黄河还留下了夸父逐日、愚公移山、中流砥柱、水晏河清、逐鹿中原、精忠报国等历史典故，滋养着民族文化，支撑起民族精神。尊崇黄河自我否定的创新精神，在发展实践中不拘过去、不囿于传统、不唯经验，勇于否定过去，敢于突破自我，不断探索河南文化旅游发展新“河道”，在传承创新中寻找新路；学习黄河坚韧不拔的斗争精神，面对发展实践中遇到的各种矛盾困难，迎难而上，顺势而为，主动研究解决理念、政策、机制、设施、土地、人才等方面的制约因素，不断冲破制约河南文化旅游发展的新“峡隘”，在克服阻力中获取前进动力；秉承黄河兼收并蓄的包容精神，注重吸收借鉴一切外来的物质文明和精神文明成果，加强对外文化和旅游交流合作，学习境外、省外的先进发展经验，不断拓展河南文化旅游发展的新“流域”，在兼收并蓄中丰富壮大自我；践行黄河一往无前的开拓精神，建设文化旅游强省，努力打造中国文化新高地、世界旅游新地标，不断开拓河南文化旅游融合发展新“蓝海”，在学思践悟黄河精神中砥砺前行。

时代价值维度合奏“奋进黄河”。黄河是一条古老而年轻的河流。千百年来，黄河奔流不息，与民族共命运、与时代共奋进、与中原休戚与共。进入新发展阶段，黄河文化迎来了新的发展机遇。我们要深入挖掘黄河文化蕴含的时代价值，不忘初心、牢记使命，用实际行动回答“从哪里来？往哪里去”这个基本命题。要以黄河文化为纽带增进情感认同、文化认同，统筹抓好以黄河文化为主体的文史研究工程、艺术精品工程、产业振兴工程、节会提升工程、品牌推介工程，大力弘扬以黄河文化为主线的汉字文化、古都文化、根亲文化、戏曲文化、功夫文化、民俗文化，不断提升黄河文化影响力。以黄河流域生态保护和高质量发展战略为契机，谋划建设好黄河国家文化公园、黄河文化遗产保护廊道、郑汴洛黄河文化国际旅游目的地，办好仰韶文化发现 100 周年国际性纪念大会暨中国考古学诞生 100 周年纪念大会。实施文艺精品工程，创作一批以黄河为题材的艺术精品。开展“大河之旅 老家河南——河南黄河文化旅游系列主题推广活动”，深化华夏文明溯源游、水利水工研学游、黄河廊道自驾游、泛舟黄河体验游，抓好与黄河文化旅游相呼应的大别山红军长征游、太行山抗日战争游、红旗渠创业精神游、焦裕禄公仆精神游，奏响新时代的黄河大合唱，凝聚中原更加出彩的磅礴力量！

B.10

河南推进黄河文化遗产系统保护研究报告

卢　冰*

摘　要： 黄河孕育了悠久灿烂的华夏文明，在河南省内遗留了种类丰富、数量众多的文化遗产，为我们研究华夏文明和中原文明提供了宝贵的文化资源。通过梳理河南省在保护黄河文化遗产方面的做法和不足，提出建立评估体系、完善体制机制、统筹系统性工程、扩展传播渠道、创新非遗人才培养模式、创新黄河文化遗产转化方式等具体建议，为传承弘扬黄河文化，系统保护黄河文化遗产提供文化支撑。

关键词： 河南　黄河文化　文化遗产

黄河地跨9省，流域面积70多万平方公里，孕育了光辉灿烂的华夏文明，遗留了众多的文化遗产。2019年习近平总书记在黄河流域生态保护和高质量发展座谈会上强调，要“保护、传承、弘扬黄河文化”，“要推进黄河文化遗产的系统保护，守好老祖宗留给我们的宝贵遗产”①。河南省委十届十次全会也强调，河南在黄河流域生态保护和高质量发展中肩负特殊使命和艰巨任务。河南省积极规划做好黄河文化遗产保护的整体工作，以文化遗产传承和保护为抓手带动市县积极参与到传承弘扬黄

* 卢冰，河南省社会科学院文学所助理研究员，研究方向为古典文献学与明清文化。

① 习近平：《在黄河流域生态保护和高质量发展座谈会上的讲话》，《求是》2019年第20期。

河文化，保护地方文脉，发展地方经济的趋势中，提升城市的文化魅力，展示文化自信。

一　河南黄河文化遗产资源梳理

文化遗产是历史留给人类的宝贵财富，中国有53项文化遗产被列入世界文化遗产名录中，河南就占了5项：洛阳龙门石窟（2000）、安阳殷墟（2006）、登封“天地之中”古建筑群（2010）、中国大运河河南段（2014）、丝绸之路河南段（2014）。其中大运河河南段流经郑州、洛阳、商丘、开封、新乡、焦作、鹤壁、安阳8座地级市，涵盖了洛阳回洛仓遗址和含嘉仓遗址、通济渠（汴河）郑州段、通济渠（汴河）商丘南关段、通济渠（汴河）商丘夏邑段，永济渠（卫河）滑县—鹤壁浚县段、浚县黎阳仓遗址在内的7个遗产点。

概括而言，河南的黄河文化遗产可以分为古文化遗址、都城遗址、古建筑、河道工程景观、非物质文化遗产等。其中古文化遗址包括南召猿人遗址、“许昌人”遗址、贾湖遗址、裴李岗文化、太昊陵、仰韶文化、黄帝故里、二里头文化遗址等；都城遗址包括郑州商城遗址、商丘古城、安阳殷墟、隋唐洛阳城遗址、开封宋城遗址等；古建筑包括白马寺、龙门石窟、中岳庙、嵩阳书院、应天书院、吕祖庙、嘉应观等；水体景观包括小浪底水利风景区、河南黄河花园口风景区等；非物质文化遗产包括黄帝传说（新郑市、禹州市）、大禹神话传说（禹州市）、黄河澄泥砚（郑州、孟州市、陕县、新安县）、黄河号子、黄河祭祀、河神传说、河洛大鼓、洛阳海神乐、伏羲太昊陵祭典、老子生日祭典、新郑黄帝故里拜祖大典、周易文化、八卦符号文化等，此外还有黄河流域的传统村落、传统农耕技术和水利技术、节庆民俗等。

黄河文化是中华民族的根与魂，黄河文化遗产最重要的价值在于它是黄河文化的载体，见证了中华民族的兴衰荣辱。河南省内发现的众多旧石器遗址、新时期遗址构成华夏文明最早的根脉，夏商周三代都城遗址见证了早期中华文明的演进。在华夏文明生成演化的时代，河图洛书、周易八卦、先秦百家等黄河流域产生的思想凝聚着中华民族的思想精髓，共同构成了华夏文明的筋骨血脉。

二　河南黄河文化遗产保护工作的经验

河南省多措并举，大力宣传黄河文化提升民众文化认同，借助整体规划设计重塑城市形象，依托文旅融合发展推动黄河文化遗产资源转化，通过制度设计、资源整合等方式建立良好的文化遗产保护传承和转化机制。

（一）统筹规划，做好法律保障和平台支撑

颁布文化遗产保护相关条例，使文化遗产保护工作有法可依。《河南省非物质文化遗产保护条例》自 2014 年开始实施，河南省把 2014 年 2 月定为学习宣传月，通过各级文化主管部门的宣传，动员全社会力量积极参与非遗保护工作。2016 年洛阳市颁布《洛阳市非物质文化遗产保护条例》，地方性非遗保护工作进入法治化进程。河南省非物质文化遗产研究基地在 2011 年获批成立，2013 年获国家中央财政专项支持，基地以非物质文化遗产理论研究、人才培养、信息咨询为支撑，积极探索非物质文化对地方经济社会发展的作用，促进中华优秀传统文化资源综合开发利用。

（二）开展文化活动，提升城市影响力

郑州、洛阳先后作为主场城市举办文化和自然遗产日活动。郑州市惠济区开展“惠有约·奇豫黄河”黄河文化系列采风活动，寻找惠济区的城市文化故事，展现城市经济活力。2020 年正值龙门石窟列入“世界遗产名录”二十周年，洛阳市举办学术交流大会，并举办“丝路华光——敦煌、云冈、龙门石窟艺术联展”，得到了民众的广泛参与和好评。开封市博物馆举办《风·雅·宋》宋代文物展，展览联合陕西、河南、浙江、江西、辽宁、天津等省市的 13 家文博单位，共展出 300 余件精美且贴近宋人生活的文物，

同时还进行“千年风雅　打开宋潮”宋文化创意产品设计大赛精选文创作品展示，及宋人“四雅”、大晟乐舞、宋服秀等互动展演，同步进行的还有大宋运动会、宋史专家讲座等一系列活动。安阳的仓巷街历史文化街区则经常举办文化公益活动，宣传古都历史和老城文化，春节期间吸引众多游客前往参观游览。

（三）整体规划塑造城市形象

积极开展跨区域合作，做好黄河文化遗产保护的整体规划，以文化遗产传承和保护为抓手带动市县积极参与到传承弘扬黄河文化，保护地方文脉，发展地方经济中，提升城市的文化魅力，展示文化自信。新郑市人民政府与竹桂园旅游集团、宋城集团联手打造黄帝千古情文化旅游景区，以弘扬黄帝文化为己任，依托中原深厚的文化积淀，深度挖掘以黄帝文化、黄河文化等为代表的人文历史，与享誉世界的黄帝故里拜祖大典、黄帝文化国际论坛交相辉映，扩大了城市知名度。位于洛阳的黄河吉利段是延续千年未变的古河道，近年来洛阳市启动对湿地自然保护区的保护修复项目，通过扩大水域面积、提升绿化水平、扩充基础设施等方式，建设鹤鸣湖、清水湾、流花溪、飞苇渡、白鹤洲 5 个重点景观工程，让千年的黄河古河道重焕生机，形成沼泽连片、水禽群飞的湿地自然景观，极大地提升了城市形象。

（四）文旅融合推动资源转化

2019 年河南省文旅部门发布了“春满中原 老家河南”文化主题系列活动。安排了 7 万多场公共文化活动、近百种非遗项目集中进行展示展演。河南省文化和旅游厅挖掘整理了具有河南人文历史特色的三条黄河文化特色主题游，分别是中华文明溯源之旅、大河风光体验之旅、治黄水利水工研学之旅。2019 年建成的二里头夏都遗址博物馆已成为洛阳新晋的“打卡地”，二里头夏都遗址博物馆是国家“十三五”重大文化工程，建成之后成为展示中华文明源头的重要平台。安阳仓巷街作为安阳历史文化街区的代表，春节高峰时期一天就有 4 万多游客到访。安阳还先后举办殷商旅游文化节、内黄二帝陵祭祖等大型节庆活动，提升城市影响力，树立城市品牌，对安阳的政治、经济、文化和社会发展都产生了重大影响。

三　文化遗产保护存在的问题

文化遗产是不可再生的宝贵资源，随着全球化进程和现代化步伐的加快，河南的文化遗产保护工作受到严重挑战，不少古建筑遗址和历史文化村落因城市化进程遭到破坏，过度开发和不合理规划也使得一部分文化遗产濒临消失，文化遗存的多样性和独特性也遭到破坏，文化遗产保护工作面临的严峻形势需要我们充分认识到保护文化遗产、传承弘扬中华文化的重要性和紧迫性。

（一）文化遗产保护力度不够

文化遗产保护工作没有专门的、完整的法律法规予以规范指导，文化遗产保护的各种规定见于不同的法律法规条例之中，存在职责不明或管理缺位等问题。此外文化遗产保护工作的专业性强，需要稳定的、素养高的专业人员参与到遗产保护和管理工作，而目前由于种种原因，不能吸纳足够的专业人员到文化遗产保护的工作中。当前全国范围内非遗传承项目的代表性传承人普遍年岁都偏大，非遗项目传承也面临后继乏人的形势，加之多元文化和强势文化的冲击、资金投入不足等原因，非物质文化遗产传承困难，面临技艺失传的风险。

（二）文化遗产资源转化程度不高

河南省文化资源丰厚，文化遗产众多，但文化资源的转化率并不理想，传承利用项目少，项目难落地。文化遗产范围广、体量大，但开发利用的效率不高，生产性传承不够，损害继承发扬。文化遗产的创意表达不足，文化要素整合能力不强，资本、技术、人才、平台的支撑不足，评价监督机制缺失，公众的参与意识不强，参与程度不高。文化内涵挖掘不够深入，文化品牌的核心竞争力未能凸显。文化产品的品类不够丰富，文化产品须提质升级。文化遗产的活化程度不高，广大民众不能从文化遗产中感受到中华优秀传统文化的魅力。

四　建议对策

黄河流域因其幅员辽阔，保留的文化遗产极其丰富。然而城镇化的快速发展破坏了传统文化赖以存续的空间，现代化的生产模式破坏了传统文化的生产关系，文化遗产的保护迫在眉睫。针对当前文化遗产保护工作中存在的问题和困难，需要从建立评估体系、完善体制机制、统筹系统性工程、扩展传播渠道、创新非遗人才培养模式、创新黄河文化遗产的转化方式等方面采取措施。

（一）建立科学的评估体系

随着城镇化和现代化的快速推进，文化遗产赖以存续的环境在不断被破坏，各级政府部门必须处理好城市发展规划和文化遗产保护之间的关系，要因地制宜做好当地的文化遗产保护工作，需要先建立一套科学的价值评估体系，以便科学评估相关文化遗产的历史价值、文学价值、美学价值、科学价值等，为下一步的保护开发利用提供学理依据。每一项文化遗产都有其独特的历史文化价值，某些不能直接转化成经济效益的文化遗产因得不到足够的重视而濒临消亡，而商业价值大的文化遗产也面临过度开发导致的文化遗产本身独特性被破坏的问题。依照《中华人民共和国文物保护法》的“保护为主、抢救第一、合理利用、加强管理”的16字方针，建立科学的评估体系，正是为了综合分析以便有效解决文化遗产保护和开发的问题。

（二）完善体制机制建设

现有的文化遗产保护政策和法律法规多偏重于指导和建议，如《非物质文化遗产法》只规定了相关部门有宣传展览的义务但并没有提出相应的奖惩机制，此外《非物质文化遗产法》对传承人的定义仅限于“非遗代表性项目的代表性传承人”，大量未被认定的传承人的权益无法获得保障。文化遗产保护工作中政府占据主导地位，但不能仅仅依靠行政命令。文化遗产的保护是一个系统性工程，必须建立健全科学的法律体系，文化遗产保护工作中的各个环节都需要有科学的机制保障，包含项目申报、工程建设、资金使用以及后续的监督管理等问题，都需要科学的、常态化的机制来保证各个环节的顺利实施。建立完善保护黄河文化遗产的体制机制，建设文化遗产保护的体制化、规范化和常态化，确保文化遗产保护工作的稳定有序开展。

（三）大力实施系统性保护工程

现有的文化遗产保护工作存在重申报、重开发、轻保护、轻管理等问题，开发和保护、申报和管理之间的矛盾需要相关部门在各个环节综合考量、统筹协调，开展系统性规划。此外，有些文化遗址面积广大非一地所有，如黄河故道等涉及多个县市，需要多个市县之间加强协调沟通，综合考虑文化遗产的生态环境、地理位置和价值意义，制定出科学的发展规划。黄河流域留存的传统社区和村落是文化遗产真正的生存环境，要重视本土文化蕴藏的力量，不断完善传统社区和古村落的整体保护。

（四）创新黄河文化遗产的传播渠道

如何扩大文化宣传的受众，使传统文化深入寻常百姓家，增强广大人民群众的文化体验感和获得感，也是文化宣传工作亟须解决的重点问题。我国已经将每年6月的第二个星期六作为“文化遗产日”，各地也都会在当天举行丰富多彩的宣传展演活动，但必须加大宣传力度和传播范围，利用互联网和新媒体的传播效应，向普罗大众展示文化遗产的魅力，推动文化遗产宣传活动持续化常态化开展。首先要积极探索黄河文化宣传与群众性公共文化活动的融合发展，社区作为居民生产生活的基本单元，是居民获取公共文化服务的便捷选择，统筹规划将黄河文化融入社区公共文化服务体系中。

其次要积极探索黄河文化宣传与学校学科教育的融合发展，将黄河文化融入学校的教育体系之中，培养年轻的血液，积蓄文化遗产的后备人才。当下文化传播的载体、渠道、路径变得日益多元化，宣传黄河文化也要打破固有的思维模式，积极探索新的宣传推广技术和平台，探索新的文化表现形式，切实增强群众的体验感和参与感。要善于利用互联网和新媒体的传播效应，探索黄河文化传播推广的媒介。当前利用数字化的手段宣传展示已经成为文化宣传的潮流和趋势，直播等新媒体使民众从被动地接受转为主动地参与。沿黄九省区博物馆开启在线直播就是一种新的尝试和探索，直播活动也是对传统的博物馆游览方式的一次革命性更新升级，不仅解决了疫情之下民众不便到馆参观的问题，更为以后长期的博物馆线上互动提供了新的解决方案。

（五）创新非遗人才培养模式

大量的非物质文化遗产项目学习难度极大，又无法直接兑换经济利益，加之家族式传承模式的弊端和世俗观念的影响，很难吸纳足够的年轻人加入非遗传承的行列之中，人才短缺导致传承渠道不畅。而人才的匮乏最终也会导致非遗项目的失传。依靠师徒之间口耳相传的民间说唱艺术等非物质文化遗产也日益消亡，急需抢救性保护。一方面要利用数字化的手段建立非遗数据库，用图像和音频、视频等形式来保存濒危的文化遗产资源；另一方面要与高校积极合作，尝试将非遗项目纳入高校的教学体系之内，利用高校的平台积极培育非遗人才。

（六）创新黄河文化遗产的转化方式

面对河南文化资源转化率不高的问题，需要充分挖掘黄河文化的内核，讲好黄河故事，传播好黄河文化。持续开展黄河故事、黄河文化的挖掘整理和转化传播，发挥文化遗产教育人的作用，为人民群众提供丰富的文化艺术大餐。文艺可以满足人民群众日益增长的精神文化需求，在文化宣传方面具有天然的优势。鼓励举办黄河文化专题采访创作活动，通过切身体验中原大地的文化底蕴和发展活力，为在今后的创作中讲好黄河故事积累素材，汲取创作灵感。应该积极探索黄河文化与根亲文化、汉字文化、功夫文化等融合发展的结合点，深度开发具有中原特色、民族内涵、时代精神的影视动漫、文化类综艺节目，着力打造一批彰显黄河文化精神的品牌节目。近年来影视综艺等方面的文艺创作对各地的文化宣传贡献巨大，《国家宝藏》等文化类综艺节目的火爆，文物表情包的走红也为创新文化宣传的载体提供了有益的借鉴。

（七）文旅融合存进文化资源开发

文化是旅游的灵魂，旅游是文化的载体。黄河文化只有在旅游这个载体上才可以融入百姓生活，得到可持续发展，并得以发扬光大。首先要将文旅融合发展与乡村振兴结合起来。将文旅融合作为长期项目进行谋划，深入挖掘各地区黄河流域的文化资源，在文化和旅游深度融合发展上开新局，让文化赋能旅游，旅游彰显文化，不断满足人民群众对美好生活的向往。同时与乡村振兴、脱贫攻坚结合起来，通过文旅融合发展实现乡村面貌的改变。其次重视黄河文化的活态展示和体验。黄河流域几千年来一直是以农耕文明为主，随着传统村落的减少，农耕文明的早期形态逐渐消亡，要重视对农耕文明的活态化展示。要重视在丝绸之路经济带中发挥历史文化资源作用，组织开展丝路文化体验活动等。加强对区旅游线路的设计与宣传，形成精品旅游线路，让文化可知可感，增强人民群众的体验感和获得感。再次要积极融入国家战略之中。2020 年 8 月 31 日，中共中央政治局审议通过了《黄河流域生态保护和高质量发展规划纲要》，对保护传承弘扬黄河文化做出了顶层设计和谋划。宣传部门、文化和旅游部门要打造文旅品牌，将黄河文化的传承与黄河国家文化公园、丝绸之路、大运河文化带的保护结合起来，建设一批重点项目，整合黄河沿线的地上悬河、峡谷奇观等自然资源和二里头夏都遗址博物馆、龙门石窟、小浪底坝底公园等人文景区，推进文旅融合发展，扩大对黄河文化相关景点的宣传，打造精品黄河文化旅游路线，发展具有区域影响力的黄金旅游带。

参考文献

《在黄河流域生态保护和高质量发展座谈会上的讲话》，求是网，http://www.qstheory.cn/dukan/qs/2019-10/15/c_1125102357.htm，2019年9月18日。

《河南省非物质文化遗产保护条例》，人民网，http://culture.people.com.cn/n/2014/0122/c172318-24189947.html，2014年1月22日。

卢冰：《保护黄河文化遗产　延续华夏历史文脉》，《中国社会科学报》2020年9月21日。

B.11 河南省黄河生态文化建设研究

席　格*

摘　要： 加强黄河生态文化建设，是河南省在黄河流域生态保护和高质量发展国家战略实施过程中，发挥自身独特区位优势和文化优势，敢于担当的重要体现。目前，河南省已经为黄河生态文化建设的深化开展，在现实生态基础、学术研究和传播载体等方面奠定了基础。但要实现黄河生态文化建设，有效关联并推动黄河流域的生态保护和高质量发展，尚需要采取推动生态文化建设体制机制创新、制定长效建设规划、多措并举落实黄河生态文化理念、构建弘扬黄河文化生态精神平台等切实措施。

关键词： 河南省　黄河生态文化　生态保护

2019 年 9 月 18 日，习近平总书记通过对黄河流域生态保护和发展情况的多次实地调研，发表了《在黄河流域生态保护和高质量发展座谈会上的讲话》（以下简称《讲话》），正式从重大国家战略的高度提出了黄河流域的生态保护问题。他一方面肯定了黄河治理取得的巨大成就——“水沙治理取得显著成效”“生态环境持续明显向好”和“发展水平不断提升”；另一方面，又强调指出了当前黄河流域存在的突出困难和问题——“洪水风险依然是流域的最大威胁”“流域生态环境脆弱”“水资源保障形势严峻”和

---

* 席格，河南省社会科学院文学所副研究员，哲学博士，研究方向为审美文化。

“发展质量有待提高”。[①] 自此，黄河流域的生态文化建设，得到了进一步重视。2020 年 8 月 31 日，习近平总书记主持召开中共中央政治局会议，对《黄河流域生态保护和高质量发展规划纲要》进行审议。会议指出：“黄河是中华民族的母亲河，要把黄河流域生态保护和高质量发展作为事关中华民族伟大复兴的千秋大计，贯彻新发展理念，遵循自然规律和客观规律，统筹推进山水林田湖草沙综合治理、系统治理、源头治理，改善黄河流域生态环境，优化水资源配置，促进全流域高质量发展，改善人民群众生活，保护传承弘扬黄河文化，让黄河成为造福人民的幸福河。”[②] 这为黄河流域的生态文化建设提供了指导和依据。河南作为黄河流域承“上”启“下”的战略枢纽，作为文化底蕴最为深厚、历史渊源最为悠久的重要区域，在生态保护和高质量发展战略中肩负着重要任务与使命。正是基于此，河南大力建设和提升黄河生态文化，事关整个黄河流域生态保护和高质量发展战略，具有重要意义。

一　河南省黄河生态文化建设的现状

黄河生态文化建设，是生态文明建设的重要内容。它不仅是黄河文化当代发展的重要体现，而且关乎黄河流域生态保护和高质量发展国家战略的实现。习近平总书记视察河南并发表《讲话》，为河南省提升黄河生态文化建设注入了强大动力。一年来，河南省在学习贯彻《讲话》精神过程中，有力推动了黄河生态文化建设的发展。

（一）落实讲话精神为生态文化建设提供了战略机遇

习近平总书记在《讲话》中明确强调了黄河流域生态保护与高质量发展之间的关系，强调指出“要坚持绿水青山就是金山银山的理念，坚持生

① 习近平：《在黄河流域生态保护和高质量发展座谈会上的讲话》，《求是》2019 年第 20 期。

② 光明新闻，http：//news. gmw. cn/2020 -09/01/content_ 34139455. htm，2020 年 9 月 1 日。

态优先、绿色发展”[①]。可见，加强生态保护、培育生态理念、建设生态文化，是黄河流域高质量发展的基础和前提。而黄河流域生态保护和高质量发展作为国家战略的定位，则是为河南省推动生态文化建设提供了战略机遇。因此，河南省高度重视学习落实《讲话》精神：2019 年 9 月 30 日，河南省委书记王国生便明确强调深入学习习近平总书记的重要讲话精神，“牢记嘱托主动作为”，“抓住机遇奋勇争先”，“在新时代黄河大合唱中奏响出彩的河南乐章”；2019 年 11 月 29 日，中国共产党河南省第十届委员会第十次会议，再次强调了对《讲话》的学习贯彻，要求在黄河流域生态保护方面有所作为，明确提出“坚持用最严格制度最严密法治保护生态环境，统筹推进山水林田湖草综合治理、系统治理、源头治理，大力推进国土绿化提速行动，着力构建‘一核一区三屏四带多廊道’生态屏障，铁心铁面铁腕打好蓝天、碧水、净土保卫战，全面加强沿黄生态保护，建设天蓝地绿水清的美丽河南”[②]；2020 年 1 月 10 日，省长尹弘在河南省第十三届人民代表大会第三次会议作政府工作报告时，明确提出“加快推进生态文明建设。践行绿水青山就是金山银山的理念，以黄河流域生态保护和高质量发展重大国家战略为引领，加强生态保护治理，不断满足人民日益增长的优美生态环境需要”[③]，强调要抓住黄河流域生态保护和高质量发展的重大国家战略机遇。正是在落实《讲话》精神过程中，河南黄河生态文化建设得到了有效推进与提升。

（二）科学制定规划为生态文化建设提供了实践指导

河南省围绕《讲话》精神，结合河南省实际，制定了一系列落实规划。如《河南省黄河文化保护传承弘扬三年行动计划暨 2020 年重点工作》《郑州市生态保遗工程三年行动计划实施方案（2019～2021）》《洛阳市新时代大保护大治理大提升治水兴水行动方案》《新乡市沿黄生态带发展规划》

---

① 习近平：《在黄河流域生态保护和高质量发展座谈会上的讲话》，《求是》2019 年第 20 期。

② http：//www. henan. gov. cn/2019/12－11/1092385. html.

③ http：//www. henan. gov. cn/2020/01－17/1281952. html.

等。其中，2020 年 3 月 1 日河南省黄河流域生态保护和高质量发展领导小组发布的《2020 年河南省黄河流域生态保护和高质量发展工作要点》，可以说是河南抓住战略机遇推动生态文化建设的重要举措。它明确提出："要抓实抓细抓落地，把握沿黄地区生态特点和资源禀赋，从过去的立足'要'向立足'干'转变、向先行先试转变，引领沿黄生态文明建设，在全流域率先树立河南标杆。"从做好规划、建好平台、干好项目三个方面推动《讲话》精神落到实处。正是以此为依据，洛阳、新乡、濮阳和济源等地市，也相应出台了2020 年度的工作要点。2020 年4 月14 日，河南省人大常委会启动了《河南省人大常委会关于促进黄河流域生态保护和高质量发展的决定》的起草、调研工作，计划五年内规划 1041 个项目，投资 4.7 亿元。2020 年 9 月 12 日，河南省召开了黄河流域生态保护推进会议，要求牢牢把握住《黄河流域生态保护和高质量发展规划纲要》即将出台的重大机遇；同时，会议还讨论了《关于推进黄河流域生态保护和高质量发展的意见》和《河南省黄河流域生态保护和高质量发展规划》，以针对性推动黄河流域生态保护与治理水平的提升、为生态治理提供坚强领导、对生态保护工作的开展进行具体部署。

（三）强化生态保护为生态文化建设奠定了现实基础

生态质量的提升、生态环境的改善，是生态文化建设的基本前提和坚实基础，也是生态文化建设的直接体现和重要成就。自《讲话》发表以来，河南在先前生态文明建设的基础上，采取了一系列切实有效的措施。第一，加强黄河流域生态监管治理措施。如河南推出了"清四乱"河长制标志性工程，即对黄河流域存在的乱堆、乱占、乱采和乱建现象进行全面排查，依法治理。在郑州、开封、洛阳等地进行严格执行，责任到人，彻底治理"四乱"现象；制定生态修复与保护规划，针对山水林田湖草的生态特征进行治理。第二，发展生态产业推动绿色经济发展。如河南省黄河滩区优质草业自 2019 年 9 月开始建设启动，至 2020 年 5 月，种植优质牧草已达 4.2 万亩，其中兰考苜蓿种植基地就高达 2.7 万亩，探索出了一条生态保护与高质量发展有机结合的新路子。第三，启动生态文化传播平台建设。结合国家黄河流域生态保护战略布局，河南省启动了沿黄生态廊道示范工程、黄河国家博物馆和黄河文化研究中心等重大项目和升级沿黄湿地保护、支流水环境治理等项目。第四，加强生态治理执法。开展黄河转向执法、环保督察等专项活动，运用法律手段确保黄河生态治理与保护。如自 2020 年 9 月 1 日起，河南省委托郑州铁路运输两级法院，对省内黄河流域内的环境资源案件进行集中管辖。正是得益于黄河流域生态保护与治理的多种措施，2020 年以来，河南省内的黄河流域生态环境质量得到持续改善。据河南省生态环境厅公布的数据，“今年前 8 个月，省辖黄河流域 18 个国考断面中，Ⅰ至Ⅲ类“好水”断面 16 个，占比 88.9%，同比提高 5.6 个百分点，高于国家下达的 66.7% 的目标，无劣Ⅴ类水质断面”，“流域内生物多样性日益丰富，珍稀、濒危野生动物数量持续增加，仅三门峡市就有越冬天鹅近万只，新乡、焦作、郑州、开封、商丘等地也有大天鹅频频现身，世界极危鸟类青头潜鸭、有‘鸟类活化石’之称的中华秋沙鸭多次出现，国家一级保护动物大鸨的数量由原来的不足十只增加至千余只”①。

（四）深化科学研究为生态文化建设提供了学术支撑

黄河生态文化建设，既需要提升生态保护技术，改善生态治理和提升生态修复，又需要发掘黄河文化的生态精神，培育现代生态生存理念。先看科研平台的成立。河南省的科研机构、高校充分发挥自身优势，迅速做出反应。郑州大学成立黄河生态保护与区域协调发展研究院，利用自身多学科设置的综合优势研究黄河流域生态保护和高质量发展的相关问题；华北水利水电大学与水利部发展研究中心、河南省社会科学院等多家单位联合起来，成立了黄河流域生态保护和高质量发展研究院；河南师范大学在原有黄河湿地生态环境研究中心、黄河流域研究站点的基础上，与河南省科学院、新乡市人民政府共同成立了黄河流域生态治理与保护研究中心；河南省科技厅则联

① http://www.huaxia.com/ytsc/hnyw/2020/09/6519094.html.

合水利部黄河水利委员会，邀请了26位院士对河南省筹建黄河实验室进行咨询论证。这些科研平台的建立，在整体上助力黄河生态保护和高质量发展的同时，也从水资源保护、水资源节约与治理、生态修复技术等具体层面，为生态文化建设提供了针对性技术支持。再看生态文化精神的发掘。黄河文明与文化具有丰富的内容、悠久的历史和博大的精神，生态文化与生态精神乃是黄河文明、黄河文化的有机内容。河南为充分发展自身的文化优势，通过刊发论文、召开研讨会、设置专项课题等多种方式，进行生态文化资源的发掘。如河南省社会科学院多次组织专家学者，撰写文章解读《讲话》精神，为生态文化建设献计献策；华北水利水电大学、河南省水利厅、河南省社会科学院与河南日报报业集团，联合召开了“贯彻落实黄河流域生态保护和高质量发展战略研讨会暨第二届‘一带一路’水利水电产学研战略联盟年会”；河南大学举办了“‘黄河流域生态保护和高质量发展’高层论坛（2019）”等。这些措施为推动黄河生态文化建设提供了有力的智慧支持。

（五）弘扬黄河文化为生态文化建设提供了传播载体

黄河文化，是基于水文化发展而来的综合性文化形态。可见，黄河文化具有鲜明的生态特征，生态文化乃是黄河文化的内在构成。所以，河南省在保护传承弘扬黄河文化过程中，有力地推动了黄河生态文化的建设发展。首先，出台相关规划。如河南河务局专门拟定并出台的《保护传承弘扬河南黄河文化工作方案》①，其中加强河南沿黄生态景观建设、整合黄河水文化与生态旅游资源、建设水文化宣传教育基地、发掘彰显生态的黄河故事等直接和间接措施，都是建设黄河生态文化的重要路径；河南文化和旅游厅则是制定了《河南省黄河文化保护传承弘扬规划》，包括构建物质文化遗产保护利用、非物质文化遗产保护利用和旅游高质量发展三个具体规划。其次，打造河南黄河文化旅游带。利用黄河生态景观发展旅游，传播生态理念是建设生

① 李锟、张昆：《河南黄河文化保护传承弘扬重点任务敲定》，黄河网，https：//www.sohu.com/a/391407008_119854，2020年4月26日。

态文化的重要路径。河南省文化和旅游厅针对性地提出了构建郑汴洛黄河国际文化旅游带，规划了建设黄河国家博物馆、举办大河文明国际论坛等重大工程项目，并推动开发以音乐舞蹈史诗《黄河》为代表的一批旅游演艺项目，通过旅游产业助推生态文化建设。如 2020 年 7 月 6 日，河南黄河文化旅游主题系列推广活动“大河之旅·老家河南”举行，“大河安澜”、“黄河岸边古村落”、“慢行黄河生态廊道”和“黄河美食”等文旅新产品正式推出。最后，构建生态教育传播平台。生态文化建设必须建立在坚实的生态教育基础之上。在学校教育中，开展生态保护知识讲授、青少年黄河故事讲述大赛等；在社会教育中，开展黄河文化研学游活动，并依托现代技术平台进行线上线下相结合的教育传播。如河南在2020 年9 月 15 日开通了“中国梦·黄河情——黄河流域生态保护和高质量发展”官方网站，并开展相关主题活动。

二　河南省黄河生态文化建设存在的问题

黄河生态文化建设，是一项长期而艰巨的系统工程。加之黄河流域的生态治理、生态保护工作，不仅需要全流域的协调配合，而且需要整个社会生态观念的重树和全方位的支持。基于目前河南省黄河生态文化建设状况，结合习近平总书记的《讲话》精神，河南要深入推进生态文化建设，必须面对以下主要问题。

（一）黄河生态文化建设制度保障不够

文化建设需要一个漫长的过程，生态文化建设尤其如此。因为，生态文化建设，直接关系到人们现有生产生存方式的改变，关系到人们生产生存观念的革新，这都不是一蹴而就的，需要时间慢慢培养。但就目前河南黄河生态文化建设的措施来看，并没有构建出完善的体制机制。如新华社《半月谈》2019 年 5 月 29 日的报道：《超 200 起违法线索给黄河生态埋雷》“有关调查数据显示，仅黄河河南段，破坏黄河生态的违法案件线索就达 200 余起之多，其中涉及民生保障的滩区居民和企业违建比例超过一半。立法先行，统一规划，破除‘九龙治水’体制和依法治黄缺位的积弊，协调保护与发展矛盾、平衡处理地方与部门利益冲动，已是迫在眉睫。”① 那么，要实现黄河流域生态保护和高质量发展的战略，更需要深化改革黄河流域生态治理与保护过程中存在的体制机制问题。第一，条块分割、多头管理问题。当前黄河流域保护治理权责不明，黄河河务、农业、林业、国土等相关部门不仅无法形成统一管理、统一执法，甚至出现管理权限边缘模糊地带，出现治理“真空”、互相推诿。第二，执法受限问题。当下，黄河流域生态破坏形式可谓多种多样，有在黄河河道、湿地和保护区内违规建设楼堂场馆的，有违规开办工厂且造成环境污染的，有违法采砂的，有违规养殖种植的，等等。但针对这些乱象既没有专门的法律法规，又没有明确的法律部门，严重影响了黄河生态治理的落地。第三，生态治理与经济民生协调问题。黄河流域生态治理与保护的推进，需要外迁农户、养殖户和企业，需要留守农户、养殖户转变生产方式，需要企业提升环保技术等。这些问题的解决需要资金、技术和政策的全方位支持，但目前尚未有明确的体制机制解决此类问题。第四，生态治理保护政策的稳定性问题。河南省尽管出台了系列推动黄河流域生态保护和高质量发展的规划、方案等，都具有一定的时效限制，缺乏长效机制、政策加以规范。

（二）黄河生态文化建设经济支撑不够

黄河生态文化建设，无论是从推动黄河流域生态修复、生态治理与生态保护来看，还是从黄河流域高质量发展需要非生态生产向生态生产转型、非生态生存向生态生存转变来看，都需要强大的经济支撑。针对河南黄河生态文化建设的状况来看，在出台的相关方案、规划中，并没有明确生态文化建设的经济支撑来源。而经济支持在黄河生态文化建设中又具有决定性作用。首先，夯实黄河生态文化建设现实基础需要经济支撑。生态文化的构建、培育与生成，与黄河流域生态治理保护密切相关。无论是修复黄河流域已经遭

① http://www.banyuetan.org/jrt/detail/20190529/1000200033134991559092534347805033_1.html.

到破坏的水体、土壤、生态系统，治理黄河流域内造成环境污染破坏的生产行为，还是保护尚未遭到破坏的黄河流域内的山水林田湖草环境，都需要引入现代生态技术、依托生态研究和投入大量人力物力。换言之，持续不断的资金支持、经济扶持，才能改善黄河流域的生态状况，为生态文化建设提供支持。其次，搭建黄河生态文化建设传播平台需要经济支撑。为发掘传统文化资源中的生态内容，展现历史上黄河治理的成效，再现与黄河流域密切相关的人与事，无论是建设国家黄河博物馆、成立黄河文化研究单位、编纂出版黄河文化丛书，还是制作黄河文化宣传视频、App、小程序和网站等，不仅需要专门的科研人员、技术团队、策划团队等，而且需要专项资金支持。最后，打造黄河生态文化建设系统内容需要经济支撑。黄河生态文化可以区分三个密切相关的层次：物质层面，有黄河流域生态的各类自然保护区、各类型沿黄公园、沿黄生态廊道、沿黄风景名胜区，有黄河生态文化博物馆、体验馆、科普馆，黄河生态文化宣教基础设施，有黄河流域历史生态文化宣传书籍、视频和网站等，有黄河流域生态生产企业；制度层面，构建黄河流域生态保护制度、生态治理制度、生态教育制度等；精神层面，在黄河流域全方位树立生态理念，从基础教育开始培育生态价值观念，在社会上引导生态消费观、生态生存观，在管理上确立绿色发展观、生态政绩观等。这三个层面内容的构建与完善，都需要经济支撑。可见，河南省在落实《讲话》精神过程中，在如何制定规划、方案时纳入相应的经济支撑路径、具体资金支持占比、经济扶持优惠政策、专项资金等内容方面，应予以明确。

（三）黄河生态文化建设技术转化不够

黄河流域生态环境的治理与保护，都要求先进的、针对性的技术支撑。就黄河流域作为一个生态系统或者生命共同体而言，河南黄河生态文化建设所需要的现实基础，在很大程度上受到整个黄河流域生态保护治理的制约。但无论是上游、中游还是下游，所面对的具体治理保护对象有所差异，却都需要生态技术的支撑。就黄河上游而言，重在生态保护、生态修复以涵养水源，重在生态修复技术；中游则是重在水土保持技术、植树造林技术、生态系统维护技术、污染源生态治理技术等；下游则是重在维护生态系统的完整与平衡，提高生物多样性，也需要生态系统维护技术。就黄河生态文化建设依托的根本在于黄河水资源处理来看，黄河自身水与沙的调节，黄河水资源与黄河流域的土壤保护、林地维护、城市发展和产业布局，黄河水资源与黄河流域人们的基本生活质量提升等，都需要相应的技术介入与支持。习近平总书记在《讲话》中明确指出："要坚持以水定城、以水定地、以水定人、以水定产，把水资源作为最大的刚性约束，合理规划人口、城市和产业发展，坚决抑制不合理用水需求，大力发展节水产业和技术，大力推进农业节水，实施全社会节水行动，推动用水方式由粗放向节约集约转变。"[①]可以说，明确强调了技术在黄河流域生态保护和高质量发展中的作用。同时，黄河生态文化的发掘、整理、研究与传播，则需要依托相应的技术支撑。遗憾的是，对于如何引入、运用、革新相关技术，在目前的规划、方案中没有得到足够的重视。这将直接影响到河南省黄河生态文化建设技术转化率的高低，进而影响到黄河生态文化建设的成效。

（四）黄河生态文化建设观念革新不够

生态观念是生态保护和生态生存的先导，只有确立生态生产生存观念，才能从根本上加快推进黄河生态文化建设，推进黄河流域生态保护和高质量发展。河南省要发挥自身在黄河流域中的独特地位与优势，在黄河生态文化建设方面起到示范作用，就必须真正确立和践行生态生产与生态生存观念。但从目前来看，河南黄河生态文化建设面临着三个方面的困难。第一，生态观念在生产领域没有得到有效贯彻。黄河流域内尚存在很多企业难以执行生态环保标准，甚至是违法违规生产；生态技术、环保技术因可能带来生产成本的增加，从而被企业弃用，导致对黄河流域水体、土壤、空气等的污染；违规甚至违法在黄河自然保护区、生态保护区等范围内进行生产经营。第二，生态观念在政府管理中没有得到有效贯彻。绿色发展理念没有得到有效

① 习近平：《在黄河流域生态保护和高质量发展座谈会上的讲话》，《求是》2019 年第 20 期。

落实，以牺牲生态环境为代价的生产行为时有发生，且没有得到及时制止；政绩考核的生态指标没有得到有效落实，唯经济效益、唯生产总值的现象仍时有发生；管理标准制定过程中生态维度没有得到充分体现，导致生态管理、生态监督、生态处罚和生态执法遭遇瓶颈。第三，生态观念在人们日常生活中没有得到充分体现。绿色消费观念，尚未成为主导性生活消费观念，为非生态商品提供了可乘之机；绿色生活方式，自觉的环保理念尚未形成。当然，生态观念的确立是社会性的，并不局限于河南、不局限于黄河流域，但河南要在黄河生态文化建设方面取得突破性成效，就需要采取有效措施破解这些共通性的问题。

三　推动河南省黄河生态文化建设的对策

黄河流域生态保护的加强，不是谋求黄河流域高质量发展的紧箍咒，而是推动黄河流域高质量发展的基础、灵魂和动力；推动黄河流域高质量发展，不仅不能以牺牲黄河流域生态环境为代价，而且要为黄河流域生态保护提供坚实保障；保护传承弘扬黄河文化，作为高质量发展的内在构成，既可为黄河生态保护提供精神引导、文化支撑，又可为黄河流域转型升级发展提供文化资源。而黄河生态文化建设，本就是黄河文化的有机内容，同时它又以黄河流域生态保护治理的改善为现实基础；以黄河流域高质量发展为重要依托，且是对其进行评价的重要参考。因此，河南推动黄河生态文化建设具有重要意义。要达成此目标，在深入学习贯彻习近平总书记《在黄河流域生态保护和高质量发展座谈会上的讲话》的同时，要切实抓住国家《黄河流域生态保护和高质量发展规划纲要》出台的战略机遇，在国家顶层设计、统筹把握的基础上，结合河南省的实际，采取以下措施。

第一，创新黄河生态文化建设体制机制。“着力创新体制机制”①，是习近平总书记关于黄河流域生态保护和高质量发展提出的明确要求。在黄河

① 习近平：《在黄河流域生态保护和高质量发展座谈会上的讲话》，《求是》2019 年第 20 期。

流域生态保护和高质量发展战略实施过程中，河南省在中央统筹深化改革的前提下，要担负起主体责任，同样要积极探索与推进体制机制创新。就黄河生态文化建设而言，应探索黄河生态治理联合执法机制，成立河务局、土地局、检察院、法院等部门综合执法小组，确保黄河流域生态保护治理相关法律法规得到切实执行，通过法律法规强制制止破坏生态平衡、生态安全的违法行为，为生态治理提供法律保障，进而为黄河生态文化建设提供法律支持；应探索建立生态技术推广机制，鼓励黄河流域内的企业进行技术革新，采用高新绿色技术、生态技术，同时鼓励扶持针对黄河流域生态保护治理的技术研究与成果转化；应探索建立黄河生态治理制度，通过生态制度、政策引导生产模式转变、产业布局调整、环保标准落实，并通过扶持、奖励与处罚等措施推进生态保护治理；应探索建立黄河生态文化研究机制，设立专项资金、项目、平台，发掘与梳理黄河生态文化；应探索建立黄河生态文化教育传播机制，将黄河生态文化内容纳入学校教育和社会培训教育，并建构完善的黄河生态文化传播机制。

第二，科学制定黄河生态文化建设规划。黄河流域生态保护和高质量发展战略的提出及实施，正值“十四五”规划制定之际。河南省应参照国家《黄河流域生态保护和高质量发展规划纲要》，落实中央顶层设计，将黄河生态文化建设的内容纳入省市“十四五”的发展规划之中。在此基础之上，依据文化发展规律、黄河治理保护的生态规律、社会经济发展规律，科学制定黄河生态文化建设规划，以促使黄河生态文化得到全面持续发展。简言之：制定黄河生态文化建设投资规划。加大财政投入支持黄河生态廊道建设、黄河自然保护区建设、沿黄公园建设、黄河博物馆建设等；鼓励社会资本、银行资本等参与黄河生态文化宣传教育基础设施建设、基础产业投资和教育产品研发；鼓励基金、保险、风险投资等参与黄河生态文化宣传教育平台的建设与运营。制定黄河生态文化建设人才队伍规划。建设黄河生态文化研究专家智库，培养黄河生态文化的学术带头人、领军人物，吸引自然科学、哲学社会科学多个领域的优秀人才参与到黄河生态文化建设之中，快速构建出黄河生态文化建设的高端人才队伍；将黄河生态文化纳入社会培训与继续教育体系之中，以构建由讲解、展示、导游、研发等人才构成的黄河生态文化推广队伍；将黄河生态文化教育纳入学校教育体系，从长远角度着眼，培养黄河生态文化建设的后备人才队伍。制定黄河生态文化建设技术研发推广规划。要提高黄河生态文化建设的科技支撑，需要发展减少黄河水旱灾害、水资源科学开发利用、水土保护与修复等自然科技，促进针对黄河流域生态修复、治理、保护的技术研发；同时，也需要引入并充分利用现代信息技术、艺术创作技术等提升黄河生态文化的传播效应。

第三，多措并举落实黄河生态文化理念。树立生态黄河理念，从征服黄河的对抗思维转变为与黄河和谐共生，将黄河视为生命共同体。就生存方式而言，从个体到群体、再到整个社会，由培养生态生存意识着手，树立生态生存观念、践行生态生存行为、养成生态生存习惯和建构生态生存规范。就生产方式而言，要遵循生态规律、着力发展生态经济。即根据黄河的水资源状况和流域具体生态环境状况，推动能够进行生产方式转变、环保达标的流域内企业进行生态转型；引入生态生产类型企业，充分利用黄河流域的生态资源，打造生产产品；培育新兴无污染高科技产业，转变升级生产模式。就黄河流域治理而言，要推行生态治理的落实。应该建构起生态治理评估体系，以水质、土质、空气质量、生物多样性、生态技术转化率、生态产品市场占有率、生态企业经济贡献值、生态违法案件数等为主要参照指标，以评估生态理念的落实。

第四，构建弘扬黄河文化生态精神平台。黄河流域哺育中华民族，孕育中华文明，并生成河湟文化、河洛文化、关中文化、齐鲁文化等地域文化。而作为源文化、根文化的黄河文化，是以水文化为根基的，因而富有生态文化的内容和特征。由此，通过成立专门研究机构，设立专项研究项目，组建多学科专家团队，深入研究、总结与梳理黄河文化的生态精神。以此为基础，诉诸文学、影视、舞蹈、音乐、摄影、实景演出等艺术形式，围绕与黄河有关的人、事、物，讲好黄河生态文化之精神、灵魂的精彩故事；诉诸博物馆实体展览、网络虚拟展览等，围绕黄河治理人物、考古发掘、传世文献与文物、黄河文化主地标、黄河生态廊道、黄河自然保护区、沿黄生态公园等，打造黄河文化旅游，实体呈现与宣传黄河生态文化理念；开发黄河生态文化教育读本、有声读物、系列教材等，依托学校、大讲堂、专题培训班、网络教学等形式，弘扬黄河生态文化的内容与精神；借助现代传播技术手段，建设黄河生态文化门户网站，制作黄河生态文化宣传小程序、App，开设黄河生态文化抖音账号等，辅之以电视、广播、报纸等传播媒介，构建黄河生态文化传播体系，营造弘扬黄河生态文化氛围，传播黄河生态精神。

区域报告

Regional Reports

B.12

郑州市打造黄河历史文化主地标城市的探索与实践

河南省社会科学院文学研究所课题组*

摘　要：　2019年9月，黄河流域生态保护和高质量发展正式上升为重大国家战略。郑州市作为河南省的省会城市，首当其冲应当担负起历史赋予的重任。为此，郑州市提出将城市历史文化定位确立为“华夏之根、黄河之魂、天地之中、文明之源”，打造黄河历史文化主地标城市，并对郑州市的黄河流域生态保护和高质量发展做出了一系列长远规划，提出围绕“两带一心”打造沿黄生态保护和高质量发展核心示范区、国家高质量发展区域增长极和黄河历史文化主地标的顶层设计方案，目前各项工作进展顺利。今后，郑州市还应大力提升文化品位，深化黄河文化研究，提高文旅产业的创意与科技含量，

* 课题组组长：李立新；成员：杨波、靳瑞霞、孔令环；执笔：孔令环。

在黄河流域生态保护和高质量发展中真正发挥出强有力的引领与示范作用。

关键词： 郑州市 黄河历史文化主地标城市 文旅产业

2019年9月18日，习近平总书记在郑州主持召开黄河流域生态保护和高质量发展座谈会并发表重要讲话，黄河流域生态保护和高质量发展正式上升为重大国家战略。黄河作为中华民族的母亲河，又一次成为万众瞩目的焦点。河南在黄河文化中占据着独一无二的中心地位，郑州市作为河南省的省会城市，应当担负起历史赋予的重任，在黄河流域生态保护和高质量发展中发挥强有力的引领与示范作用。如何贯彻落实黄河流域生态保护和高质量发展重大国家战略，将郑州打造成实至名归的“黄河历史文化主地标城市”，是郑州市目前面临的一个重大课题。

一 郑州市建设“黄河历史文化主地标城市”的可行性

习近平总书记将召开黄河流域生态保护和高质量发展座谈会的地址选在郑州，是大有深意的，看重的正是郑州市在黄河文化中的中心地位，对河南、对郑州未来将会在黄河流域生态保护和高质量发展中的作为寄予了厚望。为此，郑州市提出将城市历史文化定位确立为“华夏之根、黄河之魂、天地之中、文明之源”，打造黄河历史文化主地标城市，并对郑州市的黄河流域生态保护和高质量发展做出了一系列长远规划。那么，打造“黄河历史文化主地标城市”是否具备可行性是一个首先需要解决的问题。下面主要从郑州市在黄河文化中的地位和郑州市现有黄河文化资源遗存现状两方面简要加以阐释。

（一）郑州市在黄河文化中的重要地位

从历史渊源来看，郑州市有着深厚的黄河文化底蕴。黄河是中国民族的母亲河，流经九个省区，但由于地理、气候等因素的影响，这些省区在黄河文化中所处的地位和所起的作用并不相同。郑州市在黄河文化中的中心地位集中主要表现为两个方面。

（二）郑州是黄河文化起源形成的核心地区

黄河文化是旱地农业文化，在中国，旱地农业的最先起源地不是整个黄河流域，而是处于黄河中下游的中原地区。这种原始农业文化最具代表性的遗存——8000 年前的裴李岗文化、6800 年前的仰韶文化中的大河村遗址所在的位置都在郑州市辖区内，都是新石器时代的产物。郑州地区位于中国地理第二、第三阶梯分界部位，是黄淮冲积平原的顶端，自此向东为广袤的黄淮冲积扇平原。

这一区域地势平坦、气候适宜，尤其是这里的黄土土质疏松，风化程度弱，土壤自带肥力，土层又深厚，有利于保墒蓄水，是生产力低下的原始社会农业耕作的理想土壤，为早期人类农耕文明的产生提供了得天独厚的外部环境，于是最早出现了旱地农业的曙光。旱地农业的发展又加快了定居生活和社会生产关系的变化，进而推动了国家、城市等文明要素在这一地区的出现。由此可见，郑州市在黄河文化、华夏文明起源中占据着无可替代的核心地位，是中华民族文化之根系中最早生长出的最关键、最茁壮的主根脉。

（三）郑州是黄河文化——中华民族核心文化集聚并向外扩散的地区

郑州地区位于“天地之中”，也是黄河流域之“中”，中华文明正是从这里萌发并如涟漪般逐渐扩散，终至在广袤的国土上盛开绽放。洪荒时代历次的黄河治理加快了部族、聚落之间协同体制的形成，从根源上为大一统的国家意识和中央集权制的形成奠定了基础。从夏至周，郑州长期以来是中国政治、经济、文化的中心。我国第一个奴隶制国家夏朝建都于阳城（今登封告成镇）；商朝曾在郑州市内的商城建都；新郑一度成为夏、商、周三代的经济中心；周朝春秋战国时期，管国、郑国、韩国也先后在郑州地区建都。黄河水患又造成了中原地区人口多次大规模迁徙，客观上加速了中原文化向周边地区的传播和辐射，扩大了中原文化的影响力，加速了民族融合，为后来多民族、大一统国家的形成起到了推动作用。郑州所在的中原地区出土文物以生产、生活器物为主，可见社会财富主要用于社会的再生产而非宗教活动，明显区别于周边地区早期文明将大量社会财富用于宗教祭祀活动的情形（如良渚文化、红山文化出土大量宗教、祭祀类玉器，三星堆遗址出土有众多宗教色彩浓厚的大型青铜器）。在生产力低下的文明早期阶段，这种理性务实、重生存重发展的思维模式，显然具有较强的生命力和适应性，有力地保障了华夏文明在中原地区的发展和延续，成为中华五千年文明的主干文化。新郑一年一度举办的黄帝故里拜祖大典活动，之所以能牵引亿万中华儿女的心弦，正是因为这里是中华民族共同的精神家园，是凝聚中华民族魂魄之所在。

（四）郑州市的黄河文化资源遗存状况

从郑州市现有黄河文化资源的分布情况看，郑州市的黄河文化资源是黄河流域各省区中最为丰厚的，尤其上古时代的文化遗存更为突出。

郑州地区是黄河沿线文物分布典型密集区。目前，拥有世界文化遗产 2 处，全国重点文物保护单位 83 处、河南省文物保护单位 123 处、郑州市文物保护单位 246 处，不可移动文物近万处，先后入选“中国 20 世纪 100 项重要考古发现”4 项，“全国十大考古新发现”14 项。无论是国保单位数量、世界遗产数量，还是重大考古新发现数量、不可移动文物总量，均居黄河沿线省会城市首位。根据第三次全国文物普查，全国不可移动文物中遗址类占比 25%，郑州地区古遗址占比 29%，高出全国平均数 4 个百分点。在这近万处不可移动文物中，旧石器、新石器遗址至夏商周遗存占比 18.6%，国保单位中旧石器至夏商周遗存占比38.8%；在全国“中华文明探源工程”首批9个预研究项目中，郑州占5个；全国“十二五”期间重点保护的150处大遗址中，郑州占4处。郑州发现的1万年前的李家沟遗址、9000年前的唐户遗址、8000年前的裴李岗遗址，则有力地证明了在新石器时代早期以郑州为核心的中原地区已最先孕育出现原始的旱作农业和原始聚落。郑州地区的5300年前的双槐树遗址、西山古城，4300年前的新密古城寨，4100年前的登封王城岗与阳城遗址，3900年前的新密新砦，3600年前的郑州商城、3500年前的小双桥遗址等早期大型聚落群、城市、都城，充分体现了郑州地区在中华文明由石器时代走向国家文明的门槛阶段的重要意义，印证了郑州地区在华夏文明起源中的核心地位和在黄河文化主干文化形成过程中的重要地位。

由此可见，将郑州市称作“黄河历史文化主地标城市”，将郑州市的城市历史文化定位确立为“华夏之根、黄河之魂、天地之中、文明之源”是恰如其分的。

二　“黄河历史文化主地标城市”顶层设计理念、整体规划及进展情况

如何依托现有丰厚的黄河文化资源，打造名副其实的“黄河历史文化主地标城市”，在黄河流域生态保护和高质量发展中起到强有力的引领与示范作用，对于郑州市而言是一个全新的课题。目前，这项规模宏大、意义深远的伟大工程正处于起步阶段，重中之重是做好顶层设计和整体规划。郑州市深入贯彻习近平总书记关于黄河流域生态保护和高质量发展的重要讲话精神，贯彻落实省委省政府有关黄河流域生态保护和高质量发展的重要部署，根据市委市政府推进黄河流域生态保护和高质量发展核心示范区建设有关要求，提出围绕“两带一心”打造沿黄生态保护和高质量发展核心示范区、国家高质量发展区域增长极和黄河历史文化主地标的顶层设计方案。

在总体布局方面，郑州市将立足“东强、南动、西美、北静、中优、外联”的城市功能布局，构建“两带一心”文化旅游发展新格局。所谓“两带”指的是建设具有世界影响力的黄河文化旅游带和体现中华悠久文明的环嵩山文化旅游带，“一心”指的是建设彰显地域文化旅游特色的中心城区。具体主要包括以下三个方面的内容。

（一）做好黄河文化遗产系统的保护与展示

一是建设黄河文化旅游带。以“华夏文明之源、黄河文化之魂”为主题，依托沿黄自然和人文景观，重点打造河洛文化片区、南水北调穿黄片区、黄河中下游分界线片区、荥泽古城片区、大运河文化片区、黄河文化公园片区、花园口旅游片区、雁鸣湖官渡文化片区等产业集群。二是建设环嵩山文化旅游带。以“世界自然和文化遗产、世界地质公园”为主题，以环山旅游公路为纽带，串联8处11项“天地之中”世界文化遗产，打造少林寺、嵩阳书院、中岳庙、观星台四大经典文旅片区和精品文旅线路。三是建设体现郑州市独特城市文化的中心城区。以“延续城市历史发展文脉”为主题，依托商代王城遗址、二七纪念塔、二七德化街、中原区工业遗存，建设商代王城文化核心展示区、二七红色文化展示区、二砂工业文化展示区三大展示区，推动中心城区文化旅游目的地建设。四是建设以黄河文化为主题的博物馆，集中展示黄河文化及与之密切相关的传统文化。建设黄河国家博物馆，展示黄河文化；建设仰韶文化博物馆（大河村国家考古遗址公园），展示仰韶文化；建设黄冶三彩展示馆，展示唐三彩文化。

（二）推出一批重点文旅项目

依托郑州丰富历史文化资源和自然生态资源，推出一批国际化文化旅游精品线路，打造具有国际影响力的旅游观光带。重点包括以下几个项目。一是黄河国家文化公园。将郑州沿黄旅游观光带及重点文化旅游项目列为黄河国家文化公园核心展示区、集中展示带、特色展示点。二是大运河国家文化公园。以大运河通济渠郑州段为主体，打造古荥大运河历史文化区。三是鸿沟生态文化产业园。采用全息影像技术，打造鸿沟天下山水实景剧场。建设象棋学院，打造象棋文化教育传承的孵化基地。四是沿黄旅游观光带。依托河洛汇流景观、康百万庄园、宋代皇陵、杜甫故里、南水北调穿黄工程、桃花峪景区、汉霸二王城、黄河风景名胜区、黄河博物馆、花园口黄河旅游区和大河村国家遗址公园等旅游资源，推出“中华文明溯源之旅”“文化名人修学之旅”“历史遗迹探寻之旅”“大河风光体验之旅”“生态养生休闲之旅”等一批旅游带精品线路。

（三）在深入研究的基础上宣传弘扬黄河文化

一是在对双槐树“河洛古国”遗址、青台遗址、西山古城址、大河村遗址等典型文化遗存系统挖掘考古的基础上，对黄河文化进行探源研究，实证郑州地区黄河历史文化主地标的重要地位。二是推出一批以黄河为主题的理论专著与文艺作品。围绕传承黄河文化、弘扬黄河精神，编纂《郑州：黄河之魂·文明之源》、“黄河故事”系列、“郑州简史”系列和《故事里的郑州》等图书，组织加工提升舞剧《精忠报国》，组织创排曲剧《小小把城官》，围绕黄河精神创作歌曲《黄河儿女黄河魂》，以及积极筹备在新美术馆举办“西泠印社”藏品展和李刚田个人作品展等。三是推进沿黄非物质遗产活化利用。加快郑州非遗展示馆展陈设计，打造黄河文化非遗传承体验中心；定期举办民俗节庆活动，开展丰富多彩的非物质文化展演活动；组织开展非遗进景区活动，充实丰富沿黄文化旅游带生产生活场景。四是策划举办一系列黄河主题群众性文化文艺活动，办好“中国郑州黄河合唱艺术周”，增强黄河文化的认可度和感染力。五是通过举办以“黄河文化”为主题的论坛和研讨会、制作宣传片等途径宣传弘扬黄河文化。举办世界大河文明论坛，促进与世界范围内古代文明、流域文明有关国家的文明交流与合作；持续办好嵩山论坛、国际少林武术节等活动，充分展示“天地之中”世界文化遗产深厚内涵；制作高质量的黄河文化主题宣传片，推出一系列黄河文化主题短视频，通过不同平台积极推广，通过新媒体的手段精准推送；开展媒体集中采风活动，组织境内外媒体特别是沿黄省市媒体采访团来郑集中采风，适时开展“走出去”推介活动。[①]

在这种顶层设计理念的驱动下，2020 年郑州市共谋划实施十大重点文旅项目，总投资达 350 亿元。具体包括以下几方面。

1. 黄河国家博物馆建设项目

位于文化北路与黄河大堤交叉口，建筑面积为 10 万平方米。目前，正在依托中建院历史所陈同滨团队对展陈大纲做一步深化完善。同时，启动项目规划设计，委托国内外知名规划设计团队（华南理工大学建筑学院何静堂院士团队、深圳市建筑设计研究院孟建民院士团队、东南大学王建国院士团队、日本株式会社矶崎新工作室、美国 SOM 建筑设计事务所）进行规划设计，2020 年 6 月 16 日，确定市级国有投资平台郑州发展投资集团有限公司（郑发集团）作为建设主体，项目预计投资 20 亿元。

2. 大河村国家考古遗址公园项目

该项目主要依托大河村遗址，建设包括遗址综合博物馆、遗址现场展示馆、考古研究基地、考古工作棚、旅游服务配套设施建筑物（6.3 万平方米）及园区绿化等于一体的国家考古遗址公园。目前，已完成项目概念规划和修建性详细方案设计，项目预计总投资 16 亿元，拟于 2022 年 9 月底前完工。目标为依托大河村国家考古遗址公园，打造“中国仰韶文化博物馆”，建设全国仰韶文化研究和展示中心，集中展示具有 5000 多年历史的仰韶文化，形成“北看红山、中看仰韶、南看良渚”的五千年中华文明展示格局。

3. 黄河天下文化演艺综合体项目

建设融黄河主题室内剧院、黄河文化创意集市、沿黄生态观光等多形式、多业态为一体的黄河文化演艺综合体，打造集观光、展览、演艺、推介为一体的综合性文化平台。目前，此项目已明确投资运营主体，确定概念规划设计方案。初步确定项目一期大剧院、黄河集市和观光农业设计方案，已

---

① 以上资料参见《郑州市建设黄河流域生态保护和高质量发展核心示范区文化博物旅游发展三年行动计划（2020～2022）》。

完成拆迁地块的摸底调研，正在推进项目立项工作，拟于 2021 年“七一”前完工。黄河文化公园的改造提升作为综合体项目的二期工程随后跟进。黄河中下游分界标志工程“一楼两馆”（在中下游分界碑原址建设黄河标志性建筑和黄河地质博物馆、黄河数字体验馆），作为黄河文化综合体三期项目于 2022 年开工建设。

4. 荥阳故城文旅融合项目

位于郑州市惠济区，规划建筑面积约 40 万平方米，主要依托古荥镇历史文化名镇改造提升，打造集文化体验、人文度假、温泉康养、艺术生活为一体的“中华文明史诗级地标”和“国际知名旅游目的地”，项目总投资约 50 亿元。目前该项目已完成概念性规划、委托咨询管理服务招标；项目一期已于 2020 年 4 月开工建设，计划于 2021 年 10 月完成；2022 年计划完成三期建设。

5. 大河国际文化交流中心项目

位于郑东新区 CBD 西北角，北邻连霍高速，西邻中州大道。按照“一核”（文化遗产保护核心区）、“两节点”（仰韶文化博物馆、中原考古研究展示中心）、“三片区”（生态湿地修复区、原始农耕种植区、互动体验休闲区）进行布局。规划建设体现中原地域特色、彰显黄河文化内涵的大河文明国际交流中心，作为国际大河文化交流的重要承接地和服务中心。占地面积约为 2400 亩，总投资约为 16 亿元，计划于 2022 年 7 月建成并对外开放。建设内容主要包括博物馆、保护展示设施、陈列展览、生态农业、公众考古体验设施等工程。

6. 商代王城生态遗址公园项目

以商文化传承保护为重点，围绕商代城垣、宫殿遗址等标示性区域，建设郑州商代王城城垣遗址公园、宫殿区遗址公园及考古大棚等项目，预计总投资约 43 亿元。

7. 二七文化片区项目

丰富二七塔展陈，对二七纪念堂大礼堂进行升级改造，做好日本驻郑州领事馆等历史文物的维护，在大同路与德化街的交界处恢复长春桥，塑造烈士雕像，高标准筹建“二七精神纪念馆”，加快建设二七广场文化中心、普乐天地等文化项目，全面提升“百年德化”街区风貌，彰显城市“二七精神”。该项目总投资约3.95亿元。目前该片区“百年德化”提质项目已经开工，其余区域整体规划正在修订提升。

8. 二砂文化产业园区项目

整合郑州第二砂轮厂旧址历史文化内涵，注重对近现代工业文化的展示，将厂区一批独具特色的历史建筑保留下来，充分展示二砂历史核心文化价值，建成为工业文化主题的文化创意产业园区。项目总投资约120亿元。

9. 黄帝故里景区提升工程项目

计划用三年时间完成黄帝故里园区核心景区工程建设，达到AAAAA级精品景区标准。通过景区南部拆迁空地绿化，建设园林休闲区；依托景区原姓氏广场，提升打造姓氏文化展示区；通过景区原核心祭拜区东扩、黄帝像重塑、轩辕丘堆建等，打造黄帝文化集中展示区，逐步实现黄帝故里从旅游观光向文化寻根转变，把黄帝故里打造成中华民族的精神家园、世界华人寻根拜祖的旅游胜地。项目总投资约23亿元，目前已完成概念规划，详细方案正在调整设计中，2022年12月底前完工。

10. “天地之中”世界文化遗产景区提升工程项目

实施景区生态修复和森林防火项目、森林防火设施、拆迁安置、中岳生态文化公园、道路提升、新游客中心及生态停车场、基础设施提升改造、少阳河河道治理工程、书院河景区段河道治理等。规范提升“天地之中”世界文化遗产景区标识系统，着眼串珠成链，从景点、景区线路打造和区间串联着手，推出连接少林寺、中岳嵩山、嵩阳书院、三皇寨、观星台等五大旅游片区的精品旅游线路，为游客提供不同口味的“文化套餐”。项目总投资约32.4亿元，目前已完成项目建议书、可研报告的编制和审批；完成“两评一方案”的编制、评审、审批。拟于2022年基本完工①。

① 以上资料参见王丽艳《黄河文化保护传承弘扬调研汇报材料》（内部资料）。

到目前为止，大河村国家考古遗址公园、荥泽古城文旅融合、黄河天下文化综合体项目、“天地之中”世界文化遗产景区提升工程、郑韩故城国家考古遗址公园、郑州商代王城遗址公园项目等6个重大项目已经于2020年7月24日在郑州大河村国家考古遗址公园举行集中开工仪式，总投资额达165.6亿元，标志着郑州市生态保护与高质量发展的伟大工程已经迈出了坚实的步伐。

三　郑州市在打造“黄河历史文化主地标城市”中面临的问题

郑州市上述顶层设计与整体规划为郑州市的未来发展擘画出一幅宏伟壮阔的蓝图，具有高屋建瓴的前瞻性与创造性。但是，由于这项巨大的工程现在只是处于起步阶段，没有现成的蓝本可供参考，所以只能“摸着石头过河”，在所难免存在各种问题，主要有以下几个方面。

（一）城市文化定位长期模糊不清

没有文化的城市是没有灵魂的。郑州作为一座有着丰厚历史文化资源的省会城市，理应呈现出更为鲜明独特的城市文化面貌。但是由于种种因素，直到现在为止，郑州市留给人们的感觉仍然是缺少一些文化底蕴，并没有孕育出从自身根基生长出来的独有的城市文化气质。从全国范围看，同北京、南京、杭州、西安等历史文化名城有很大差距；从全省范围看，甚至还不如开封、洛阳的辨识度高。这与郑州市所拥有的得天独厚的文化资源是极不相称的。一个城市的文化气质如果一直得不到较大提升，必将影响到这个城市文化软实力和文化影响力的提升。如何借黄河流域生态保护和高质量发展的国家重点战略的东风，依托丰厚的文化资源，让黄河文化在现代的郑州生根成长，进行华丽蝶变，关系到打造“黄河历史文化主地标城市”的成败和郑州市的长久发展，是亟待破解的难题。

（二）与郑州和黄河文化相关的诸多问题尚未理清

关于黄河文化及郑州与黄河文化的关系的诸多理论问题尚未得到很好解决，影响到郑州市在打造“黄河历史文化主地标城市”时的整体布局和规划。一是需要弄清黄河文化与中原文化、中华文化的界限与关系。只有先弄清黄河文化的内涵与外延，弄清黄河文化与中原文化、中华文化的联系与区别，才能准确把握黄河文化的内涵，在黄河流域生态保护和高质量发展中有所作为。二是需要弄清河南省、郑州市与黄河文化、中原文化、中华文化的关系。尤其是郑州市与黄河文化的关系，这个问题关系到郑州市的历史文化定位是否恰当，也关系到郑州未来的发展方向。三是需要弄清黄河文化中哪些是历久弥新、直到今天仍有强大生命力的元素，哪些是与时代、与社会主义核心价值观不符甚至相悖反的内容，这样才能取其精华、弃其糟粕。

（三）文旅项目同质化现象依然严重

文旅项目面貌雷同是一个长期以来没有得到很好解决的难题。在科技已经如此发达的今天，很多文化旅游景点的面貌仍然保持着几十年前的状态是令人遗憾的事情，在高速度、快节奏的现代生活中，仅以文化资源本身的价值来吸引游客是远远不够的，而这正是大多人文景点的现状。单调的文物、遗迹展览，缺乏创意的低层次的文旅产品，再加上遍地开花的大型歌舞秀表演，是郑州市以及全国大部分人文景区留给人们的大致印象。目前，正在纷纷上马的各大项目，由于规划设计经过了层层筛选把关，在硬件设施上自然比以往有更高的科技含量，更上档次，但如果仍然延续以往的运营模式与展览模式的话，也不过是多了几处面貌雷同的人文景观罢了。因此希望能在这样高规格的框架上填入相匹配的能够长期吸引众多游客的内容。

（四）文化资源没有得到合理有效的开发利用

目前，郑州市仍有大量的文化资源处于半封存状态。郑州现有国家级重点文物保护单位 83 处，但设立专门管理机构的只有 17 处，很多本可以向公众开放的文物与文化遗迹处于雪藏状态，有的甚至保护的力度也不够，需要予以充分重视。

四　关于郑州市打造“黄河历史文化主地标城市”的对策建议

（一）大力提升郑州市的文化品位

要想扭转郑州市以往的中低端形象，仅凭消极地消除以往给外界留下的不良印象是远远不够的，只有找到自己文化的根，依靠深厚的文化底蕴的滋养，逐渐孕育出属于这个城市独有的文化韵味，才能真正提升郑州市的文化品位，树立起个性鲜明的文化形象。与江南文化的灵动飘逸、清新柔美不同，作为黄河文化的集中代表，中原文化以古朴厚重、大气磅礴为最大的特色。所以，大可不必硬贴海派文化的时尚标签，而应该芟夷人文精神尚未来得及跟上物质的脚步所带来的浮躁粗俗，显露出淳朴宽厚、海纳百川的气度。建议从两个方面加大力度。一是在城市地标建筑、街道标识、机场、火车站、地铁口等城市窗口改造中凸显出这种文化特色。二是充分利用大数据、多媒体、微信公众号、抖音、喜马拉雅 App 等多种现代传播手段，通过文化讲座、文化进社区、读书活动等渠道，针对不同群体精心组织传授内容，引导不同年龄、文化层次的群体走近黄河文化与中原文化，涵养市民文化素质。

（二）深化黄河文化研究的学理支撑

首先，需要解决与打造“黄河历史文化主地标城市”密切相关的黄河文化的诸多理论问题。通过举办黄河文化高层论坛等形式，汇聚全国甚至全球学者的智慧，对黄河文化的相关理论问题进行深入探讨。组织精干科研力量，与考古工作相结合，开展沿黄区域在中华文明史上具有重要标志意义的文化遗存系统考古科研工作，讲清楚郑州作为“华夏之根、黄河之魂、天地之中、文明之源”的考古论证支撑逻辑，实证郑州地区黄河历史文化主地标的重要地位。

其次，深入挖掘郑州市的黄河文化资源的文化价值与审美价值，并结合当今的时代背景进行改造更新。这里涉及弘扬与创造两个方面。黄河文化历史悠久而又博大精深，其中既有精华，也有糟粕。因此，弘扬黄河文化，是要弘扬黄河文化中的先进因素，而不是全盘接受。只有剥离、剔除其腐朽没落的因素，才能迎来黄河文化的再生。创造是一个更为关键却又常常被忽视的问题。这个振奋人心的新时代，正是创造属于我们这个时代的新的黄河文化的大好时代，坐拥丰厚的文化资源而故步自封、不思创新是不可取的。

最后，历史告诉我们，黄河文化最具生命力的时段，正是它敞开胸怀接纳并融合游牧文化、楚文化以及境外的佛教文化等各种文化形态的时期。今天也应该如此，不但要吸纳中国优秀的传统文化，而且要放眼世界，以宽广的胸襟与气魄吸纳涵容全世界的优秀文化，在广泛借鉴的基础上创造属于这个时代的黄河文化。郑州市的文化至少包括历史文化、近代工业文化、红色文化等各种文化形态，在做顶层设计时，既要将这些文化形态有机整合，使之浑融无间，又要分清主次，在凸显城市的文化主调的同时，又不掩盖其各自的特色。

（三）提高文旅产业的创意与科技含量

黄河流域生态保护和高质量发展离不开创新与科技的力量。习近平总书记指出：“加快从要素驱动、投资规模驱动发展为主向以创新驱动发展为主的转变。”[①] 以创新驱动代替原来的要素驱动、投资规模驱动，将会成为文化产业未来发展的必然趋势。以往大家关注的是诸如产品、过程、组织、营销之类的“硬创新”，而随着文化产业的发展，近年来人们开始注重产品知觉、审美情趣、品牌认知的“软创新”，这种创新侧重于照顾

① 习近平在中国科学院第十七次院士大会、中国工程院第十二次院士大会上的讲话，人民网，http：//cpc. people. com. cn/n/2014/0610/c64094 –25125594. html，2014 年 6 月 10 日。

人们的情感需求，具有巨大的市场潜力。依照郑州市文旅产业的发展现状，应在做好“硬创新”的同时，兼顾“软创新”，走内涵式发展的道路，这样才能尽快地缩短郑州市与北京、上海等一线中心城市在文化创意产业上的差距。

首先，需要在布局谋篇上贯穿创新的因素。城市发展正处于起步阶段的郑州市，应对标国际一流，查找与全球一流文旅产业项目之间的差距，学习借鉴我国其他省区与他国文旅产业的优秀经验，结合郑州市文化资源的特点，形成充满活力的文化产业整体格局。

其次，转变人文景区陈旧的展览模式。郑州市是文化大省，历史文化资源极其丰富，但是呈现的方式过于单一，有千篇一律之感。应引入创意思维模式，抓住文化资源自身的特点，凸显出各自的个性，针对不同群体区分出与这些资源相契合的主题。充分利用 VR/AR、人工智能等高科技手段，营造出走近这些资源所代表的文化的良好氛围，通过设置代入式体验情景，调动视觉、听觉、触觉及情感等多种感官的参与体验，提高游客的满意度。

再次，开拓多样化的文旅业态。针对当下文化知识素养普遍增高的现状，还可以策划小众化的研学旅游，组织专家学者在现场举办开放式的文化讲堂、学术研讨会、共读《诗经》等活动，将浓郁的书卷气融入人文景区，提升景区的文化品位。郑州自古以来就是个宜居的城市，从黄河文化由这里起源就可知晓。因此可以抓住“宜居”做文章，精心安排相关项目，开展沿河漫游、全域旅游、夜游郑州等活动，让游客感受到有温度、有内涵、有个性的郑州。

最后，还可以实行“文旅 +”的跨界运营尝试。从空间上来说，可以在景区附近引进与景区整体氛围相匹配的饮食、文艺场所、文化产品等其他行业。从时间来说，通过文旅信息数字化、线上互动、文旅产品等多种形式优化游客感受、延长体验的时长，在“跨界”的互动中激活各自的创造活力，进而实现“1 +1 +1 >3”的经济效益。

B.13
开封市黄河文化的保护传承与弘扬

陈勤娜*

摘　要：　开封在沿黄城市中，在地理、历史和文化资源上有其独特性。它处在黄河的中部，具有最能展现黄河独特自然风貌的“悬河奇观”。历史上开封多次遭受黄河水患，曾数次被淹又原址重建，形成了“城摞城”的世界奇观。开封地区是中华民族之“根”与黄河文明之源的核心地带，留存了丰富的文化遗产，尤其是最能体现华夏历史文明高峰的宋文化。开封市在当前历史机遇下，加强组织领导和规划设计，突出示范引领作用和文化地标的打造，重视调查研究和黄河文化的宣传展示。同时也有一些方面有待进一步改善和提高。建议完善顶层规划，统筹发展布局；重视调查研究，加大研发力度；提升文化品位，提高建设品质；加强宣传展示，讲好黄河故事；推动文旅融合，促进产业发展。

关键词：　开封　黄河文化　文化产业

黄河是中华民族的母亲河，黄河流域是中华文明的摇篮。近年来，党和政府对黄河流域重点区域的高质量发展非常重视，习近平总书记也多次实地考察黄河流域的生态保护和发展情况。开封坐落在黄河中段，作为中国八大古都之一，在历史、地理、文化等方面较其他沿黄城市都有其独特性，开封市的

* 陈勤娜，河南省社会科学院文学研究所助理研究员，主要从事中国文学和文化学研究。

文化资源丰富，关于黄河文化的保护传承弘扬尤为重要。开封市加强组织领导和规划设计，突出示范引领作用和文化地标的打造，重视调查研究和黄河文化的宣传展示，做了很多工作，不过还有一些地方需要进一步改善和提高。

一 开封市黄河文化的基本情况

开封在沿黄城市中，在地理、历史和文化资源上有其独特性。即便在世界范围内，也鲜有城市像开封一样，和一条河有诸多的恩怨纠葛。开封因河而起，因河命名，中华先祖于上古时期就在此繁衍生息，开封早早成为历史上繁华的大都市。开封也因河而饱受沧桑，多少灿烂文明被淹没于滚滚泥沙之下。勤劳勇敢的开封人，屡次重建，留下了辉煌灿烂的文明，表现出非同寻常的坚韧和智慧，为作为中华民族根和魂的黄河文化添上浓墨重彩的一笔。

从地理位置上来说，开封位处黄河中游，属于黄河全段最脆弱位置，有人戏称之为“豆腐腰”的部位。开封市境内的黄河干流总长约 88 公里，流经 4 区 1 县 11 乡镇，滩区面积约 281 平方公里，年水资源指标 5.5 亿立方米，河面宽 5 至 12 公里不等，耕地面积约 36 万亩。黄河自西向东，到郑州以后进入平原，落差变小，造成泥沙大量沉积，以致开封段黄河河床越来越高，此处河床平均高出开封市区 7～10 米以上，最高达 13 米。因此，开封具有最能展现黄河独特自然风貌的悬河奇观。由于黄河河道游荡多变，河面宽阔伟岸，河水浩荡，景色雄浑，所以开封的黄河悬河奇观举世闻名。在沿黄诸城市中，开封市区距离黄河最近，城市发展已与黄河大堤连为一体。

也正因为开封段河床高出城市许多，所以黄河水患的风险最大，历史上开封多次遭受黄河水患，开封境内的兰考东坝头是号称“九曲黄河”的最后一道弯，长达 5695 米的开封黑岗口是黄河流域最长险工。从文献记载来看，黄河在开封段的决口高达 370 多次，开封城有 15 次被黄河水困、7 次被淹毁重建的经历。开封城曾数次被淹又原址重建，中轴线千年未变，形成了“城摞城”的世界奇观：历次黄河水患将开封 2000 多年间从战国时代到清代的 6 座古城池深深淤埋于地下。战国时期魏国大梁城是最下面的城池，在今地面下10余米深，唐代汴州城距地面10米深左右，北宋东京城距地面约8米深，金国汴京城约6米深，明代开封城约5米~6米深，清朝开封城约3米深，它们有三座国都、两座省城和一座中原重镇，这些城历千年而中轴线不变，实属世界奇观。

中华人民共和国成立以后，党和国家领导人非常重视开封段黄河的建设，多次到此地视察。正因开封受黄河水患最深，其屡毁屡建、百折不挠的黄河精神表现得最为淋漓尽致，留下大量的治黄遗址遗迹，这里既有上古时期大禹治水的遗迹“兰考簸箕营”，又有明朝名臣于谦治黄功绩的于谦亭，还有清代林则徐治黄功绩的林公堤。此外，还有与黄河密切相关的十余处文化遗迹，如镇河铁犀、柳园古渡口、冯玉祥治黄工程纪念碑、铜瓦厢决口遗址等，都彰显着开封独特的黄河文化。

开封地区是中华民族之“根”与黄河文明之源的核心地带。据著名地质学家李四光考证，早在数亿年前的震旦纪时期，地球大部分处在茫茫大海中时，高出海面的地方形成一个个古陆，开封所在的豫东地区就处在其中一个古陆——淮阳古陆的核心地带。早在上古时期，我们的祖先就在这片土地上休养生息，是当时华夏大地最适宜人类生存的地方之一。黄帝时期，开封有炎黄二帝和仓颉等人的诸多遗迹和传说，有黄帝出生地、商契出生地、古青皇玄池、黄帝嫘祖成婚宫室、黄帝成仙地轩圣台、祭礼黄帝的大王庙遗址等，学者考证认为开封地区是三皇五帝时期主要的政治中心。

历经数千年演进，开封留存了丰富的文化遗产，尤其是最能体现华夏历史文明高峰的宋文化在开封。近代著名学者陈寅恪说：“华夏民族之文化，历数千载之演进，造极于赵宋之世。”（陈寅恪《邓广铭〈宋史职官志考证〉序》）北宋时候的东京城环境优美，“四水贯都”，水系发达，汴河分流了三分之一的黄河水，“半天下之财赋，并山泽之百货，悉由此路而进”。便利的水上交通、重要的地理环境带来北宋的盛世繁荣，也孕育了承上启下影响深远的宋文化，造就了中华文明史上的文化高峰。北宋东京城首创了外城、内城和皇城三重城的城市格局，确定了城市中轴线，开创了坊市合一的城市发展理念，深刻影响了后世城市发展。文化艺术竞相发展，无论是文、词、书、画，还是戏曲、茶道、刺绣、陶瓷，都达到了艺术与美学的空前高度。天文历法、冶铸航运、建筑纺织都曾站上世界科技的巅峰。宋文化作为黄河文化的突出代表，深深根植于中华民族最基本的文化基因，集中体现着华夏民族独特的精神标识，潜移默化地影响着国人向上向善的文化自觉，对华夏文明乃至世界文明影响深远。

开封具有最能代表黄河文化精神的大量遗址遗迹和精神品格。开封在我国历史上，八朝作为国家都城，六代为省府，留存极其丰富的黄河历史文化遗址遗迹和最为动人的黄河故事，是展示黄河文化的活化石。宋都古城是黄河流域唯一的整体风貌保存相对完好的“大古都”城池。地上现存全长14.4 公里、完整度居全国第一的明清城墙，以及铁塔、繁塔等 24 处国家级文物保护单位，镇河铁犀等 39 处省级文物保护单位。开封境内的黄河遗址遗迹也引起了国家领导人的重视，远有毛泽东主席两次视察东坝头，然后发出“要把黄河的事情办好”的号召；近有习近平总书记三次视察开封，提出县域治理“三起来”、乡镇工作“三结合”等重要指示。在治理黄河的时代大背景和带领兰考人民治理“三害”的过程中，形成了伟大的焦裕禄精神；新时代兰考精准脱贫模式受到全世界一百多个国家肯定，成为国际国内学习典范。这些实体存在的标志建筑群和传承维系的精神品格，凸显了开封厚重的黄河历史文化底蕴。

二　开封市黄河文化保护传承弘扬的主要做法

开封市在当前历史机遇下，突出大规划，做好大设计，深入研究本地黄河文化资源，紧紧抓住这次难得的历史机遇，打造独特的黄河文化地标。加强黄河文化保护、传承和生态治理，加强黄河文化的宣传展示，讲好黄河故事。

（一）加强组织领导，做好顶层设计，突出规划引领

开封市根据自身文化资源，确定“三区一基地”的定位，高起点规划

了发展思路。所谓“三区”，指的是立足于作为华夏文明之源、黄河文化之魂核心区的资源优势，立足于处于黄河流域枢纽区域的地理优势，立足于作为黄河流域高质量发展的核心引擎，打造开封黄河文化核心展示区、水生态文明建设先行区、大都市文旅融合高质量发展示范区。所谓“一基地”指立足于开封的红色基因宝库，打造新时代弘扬焦裕禄精神传承基地。开封市委托国家发改委国地所编制完成了《开封市黄河流域生态保护和高质量发展规划（初稿）》，委托黄委黄勘院启动编制《开封市黄河滩区生态保护和高质量发展规划》，以全局观念、长远眼光做好市域统筹，积极与上下级、邻省市做好对接。加强重点领域研究谋划，积极对接河南省“1+N+X”规划政策体系，积极争取国家和省里的支持。其中，开封市谋划的建设黄河历史文化主地标、沿黄生态廊道示范带、创建国家悬河文化展示区、建设全国治黄文化和红色基因传承基地获得国家和省里的充分认可，筹建国家黄河文明国际高层论坛、成立黄河文化研究院、打造开封宋文化传承展示工程获得国家和省里的大力支持。

（二）谋实项目支撑，突出示范引领，打造文化地标

习近平总书记强调“要实施黄河文化遗产系统保护工程，打造具有国际影响力的黄河文化旅游带”①。开封市围绕保护传承弘扬黄河文化，以项目为支撑，目前已谋划形成了818个黄河流域项目，梳理出总投资近6000亿元的项目储备库。按照公布的2020年的工作要点，推进建设68个标志性、引领性的重大工程，全年计划完成投资220亿元，总投资1740亿元。特别是谋划了两个重大项目，一是黄河悬河城摞城保护展示工程，重点建设七个遗址展示馆，包括城摞城顺天门遗址展示馆、北宋皇宫遗址展示馆、黄河悬河城摞城展示馆、州桥及古汴河遗址展示馆、东水门遗址展示馆、大南门瓮城及朱雀门遗址展示馆、明永宁王府遗址展示馆等；二是宋都古城保护

① 《习近平主持召开中央财经委员会第六次会议》，人民网 http://politics.people.com.cn/n1/2020/0103/c1024-31534394.html，2020年1月3日。

展示工程，重点建设五大工程，包括宋都水系生态修复、千年中轴线展示、明清城墙贯通、街坊复兴工程和智能绿色交通体系工程。

开封市抢抓国家重大战略机遇，率先提出“关于打造具有国际影响力的郑汴洛黄河文化旅游带的议案”，丰富并彰显了河南“华夏文明之源、黄河文化之魂”的内涵。深入挖掘黄河文化的时代价值，并提出打造“黄河历史文化主地标”的构想，谋划并在全省率先启动了黄河历史文化主地标建设，具体而言，即一带、一馆、一城、一中心和一讲述地。其中“一带”指沿黄生态廊道示范带，将生态廊道建设和文、农、旅、科多种元素融为一体，凸显廊道的复合功能，从而带动高质量发展，进一步树牢和谐共生的生态智慧。“一馆”指黄河悬河城摞城展示馆，展示开封“依水而生、伴水而兴、因水而衰”的城河历史脉络，突出其百折不挠的斗争精神。“一城”指宋都古城，加快实施宋都古城保护与修缮工程，传承弘扬承上启下的宋文化，着力打造“黄河明珠、八朝古都”。“一中心”指国际黄河文化交流中心，依托开封的文化资源，如千年铁塔、明清古城墙和百年河南大学，打造国际黄河文化论坛永久会址，进一步形成兼容并蓄的开放格局。“一讲述地”指的是东坝头中国共产党治黄故事讲述地，大力弘扬焦裕禄精神，打造国家红色基因传承教育基地。

（三）加强调查研究，讲好黄河故事，做好宣传展示

保护传承弘扬黄河文化，开封还加强调查研究，挖掘文化资源。目前开封的河南大学黄河文明与可持续发展研究中心，是国内唯一的黄河研究咨询机构，成功举办过 11 届“黄河学”高层论坛和首届黄河经济带发展战略高层论坛，在黄河研学领域具有较高的国际影响力和话语权。今年 8 月再次召开黄河文化研讨会，以“扛稳保护传承弘扬黄河文化的历史责任，推动黄河文化在新时代发扬光大”为主题，专家学者以保护好、传承好、弘扬好黄河文化为出发点，从考古发现实证、挖掘时代价值、推动文旅融合、讲好黄河故事、打造黄河文化品牌等多个方面进行了深入研讨。开封市社科联将“黄河流域生态保护和高质量发展”等内容作为 2020 年全市哲学社会科学

规划调研课题的研究重点，列入课题指南公开发布，设计了“黄河流域文化旅游高质量发展实践探索研究”“黄河流域高质量发展中的科教驱动战略研究”等十几个选题。召开座谈会，鼓励大家积极开展对与开封相关的黄河历史文化资源的深入调研，努力推出一批优秀研究成果。河务局和史志办共同配合开展《开封黄河图志》编纂工作。启动《开封黄河志》编撰，收集整理有关人民治黄成就、治黄典籍、治黄技术等资料。

挖掘开封有关的黄河文化资源的同时，积极发动全市社科普基地及有关单位组织开展讲好黄河故事、推荐开封故事宣讲员等系列活动，推荐优秀宣讲微视频、选拔优秀宣讲员、筛选优秀故事，参加全省社科系统出彩故事宣讲。开封市图书馆经过精心筹备，举办黄河文化珍贵典籍展，展出《水经注》《水道提纲》《豫河三志》《豫河志》《整理豫河方案》《历代治黄史》等40余部典籍，展示了典籍中对黄河来源、发展脉络、图志、河防以及开封“城摞城”景观的记载，诠释黄河文化的厚重魅力。中央电视台特别节目《直播黄河》走进开封，多角度全方位展现了开封市在黄河安澜和高质量发展方面的“开封做法”。将镜头对准黄河台、黄河生态廊道、开封西湖、“一渠六河”工程等地，全方位、多角度展现开封市在黄河安澜、生态文明建设、脱贫攻坚、高质量发展、黄河文化传承弘扬等方面的做法。

三　开封市黄河文化保护传承弘扬的主要问题

开封拥有丰富的黄河文化资源，也在保护、传承和弘扬方面做了很多行之有效的工作，但是不可否认，也有一些方面有待进一步改善和提高。

对黄河文化的研究有待进一步重视。开封虽然有国内唯一的黄河研究咨询机构，也曾经举办过多届“黄河学”高层论坛，但是参与的学术单位和学者尚属有限，研究工作有待进一步深化，在国际上和国内的学术影响力有待进一步提高。文化研究的不足和不够重视，容易导致原本深厚的文化项目浅表化、单一化。

对黄河文化的开发弘扬有待进一步完善。开封的文化资源丰富，而黄河孕育的宋文化最为突出，而宋文化又是中华传统文化的顶峰。然而，对“顶峰”的重视并不意味着对中华民族之“根”、中华文明之“魂”的忽视，不能以一枝独秀取代百花满园。当前需要注意的是提升文化品位，完善黄河文化的传承弘扬问题。目前开封市的文化开发弘扬，主要侧重于对宋文化的发掘与传承。更进一步说，开封的文化品牌主要建立在民俗文化上。开封对黄河文化的开发弘扬存在重俗而轻雅、重形式而轻内涵的弊端。

开封黄河生态文化建设的品质有待进一步提升。开封抓住时代机遇，很重视对沿黄生态文化旅游线工作的推进，黑岗口黄河生态廊道示范点和兰考东坝头“黄河湾”风景区建设推进较快，已初具规模。不过作为黑岗口、柳园口、东坝头“三点一线”中间点的柳园口国家级水利风景区建成较早，建设标准低，影响了3个文化旅游片区整体作用发挥，急需提升品质面貌。

四　开封市黄河文化保护传承弘扬的对策建议

（一）完善顶层规划，统筹发展布局

黄河文化涉及地域广阔，开封段黄河文化的保护、传承和弘扬与全省乃至全国的战略布局密切相关。开封市的规划布局要主动与全国和全省对接，从国家层面来说，要协调好黄河生态保护和文化旅游开发之间的矛盾，营造良好的政策环境。从省级层面来说，要根据各地自然和文化资源，统筹协调，避免资源浪费。在当前机遇下，统筹发展布局，打造郑汴洛黄河国际文化旅游带。从顶层规划来看，开封与郑州洛阳同处于黄河中下游交汇地段，是华夏文明的发源地，是中华文化的根与魂的核心地，建议省级统筹规划，打造郑汴洛黄河文化旅游带，构建黄河文化展示体系，开发沿黄低空观光游览。对隋唐大运河通济渠郑汴洛段进行清淤疏浚，连通水上航道体系。

（二）重视调查研究，加大研发力度

开封市黄河文化研究的资源深厚，要抓住机遇，整合全省、全流域、全国的研学资源，与全国全省的科研单位和科研人员合作，成立黄河文化研究院，打造高水平文化交流平台。依托开封丰富的黄河文化资源，高标准举办黄河文化国际论坛，争取形成永久会址，抢先打造全球黄河文化交流平台。加大专项资金投入，设置不同级别的专项研究，鼓励黄河文化科研成果的高质量产出，更好地指导黄河文化的保护、传承和弘扬。开展黄河文化普查。黄河文化资源丰富，历史悠久，有些黄河文物古迹面临损坏与消失，有关部门应尽早组织力量进行调研普查，在此基础上，建立黄河文化名录，开展相应的黄河文化遗产的抢救和保护工作。

（三）提升文化品位，提高建设品质

开封以宋文化为最突出的特色，而宋文化确实是中华文化一颗璀璨的明珠，只是宋文化不仅有热闹繁华的市井文化，也有更高层次的精神境界，如包公清正廉洁的官箴文化、范仲淹忧国忧民的爱国情怀、岳家军忠肝义胆的报国精神等，都可以进一步提炼升华。同时，在加大对宋文化的研究与开发力度的同时，也不应忽视了对中华民族之根之魂的研发。加快推进开封沿黄生态景观建设。做好现有历史文化遗存和文化精品项目的开发建设，精心培育具有开封黄河特色的知名文化品牌。将工程建设与文化元素融合，打造融合自然景观、具有文化内涵的黄河防洪工程。对黄河生态文化旅游工程要提高建设品质和文化品位，把柳园口国家级水利风景区纳入开封市沿黄生态廊道建设总体规划，高起点规划，高标准建设，三点成线，以线带面，真正发挥黑岗口、柳园口、东坝头“三点一线”生态文化旅游线拉动作用，推动文化、旅游、生态、民生建设融合发展，把生态效益更好转化为经济效益、社会效益。

（四）加强宣传展示，讲好黄河故事

统筹建设开封黄河文化宣教平台。以建设水利风景区、爱国主义教育基地、研学基地、法治宣传教育基地等为抓手，打造多种形式的黄河文化宣传教育平台，做好宣传工作，面向社会大众集中展示优秀黄河文化。完成黄河文化与治黄工程融合示范点建设。讲好当代开封治黄故事。借助多种媒体和宣传平台，大力宣传中华人民共和国成立以来开封黄河治理开发取得的伟大成就，讲述开发利用黄河水资源，让黄河成为安澜河、兴利河的奋斗历程，采写有深度、有温度、接地气的报道。大力宣传推进黄河文化建设的内容、作用和意义，普及黄河文化知识，营造重视黄河文化建设的浓厚氛围，形成上下左右联动齐抓共管，既各负其责又相互配合的黄河文化建设格局。

（五）推动文旅融合，促进产业发展

国务院批准的《开封市城市总体规划（2011～2020年）》对开封的定位是“国家历史文化名城”“文化旅游城市”。开封高质量发展和保护、传承、弘扬黄河文化相辅相成，应深度挖掘黄河文化价值，积极做好大运河保护传承和利用，推动文化旅游融合发展。实施文旅产业开发，打造主题公园，与清明上河园、绿城集团、深圳华侨城、阿里影业等公司对接洽谈具体合作项目。着力做好三门文化、宋都博物影视产业园谋划建设工作，高标准包装提升旅游集散中心，加快与中信及思念集团的深入对接，推动黄河文化和旅游业高度融合，打造黄河文化旅游精品工程。充用利用开封丰富的文化资源，推动文化资源产业化，打造一个可持续发展的、在全国举足轻重的数字化文化产业中心。发掘大量上古传奇、神话创作题材，用于动漫、电子游戏的创作，既能弥补现有电游动漫的主题化资源短缺所致的结构性缺陷，又能加强黄河文化及中华文化的传承传播。

B.14

洛阳市推动黄河文化旅游带建设研究

田 丹*

摘 要： 2020年5月，河南省召开全省文化旅游大会，会上强调要大力弘扬黄河文化，聚焦郑汴洛核心地带，打造具有重要影响力的国际旅游目的地。洛阳市黄河文化旅游资源十分丰富，拥有龙门石窟、白马寺、汉函谷关等人文资源景区，小浪底、龙潭峡、黄河湿地国家级自然保护区（吉利区）等自然资源景区。在建设黄河文化旅游带过程中，洛阳市致力于完善文化旅游产业体系、大力发展节会旅游、以生态保护促进文化旅游创新发展，并紧紧抓住郑汴洛黄河国际旅游目的建设契机，摸索出一条具有洛阳特色的黄河文化旅游发展之路。为更好地建成黄河文化旅游带，洛阳市需采取创新文化资源利用手段、深入挖掘黄河文化内涵、培育壮大黄河文化产业、扩展文化展示宣传渠道等措施。

关键词： 洛阳 郑汴洛 黄河文化旅游带

洛阳是黄河中下游重要节点城市，也是传承弘扬黄河文化的枢纽地带。黄河在洛阳境内的重要支流伊河、洛河，孕育滋养了树大根深、影响长远的河洛文化。得益于此，洛阳市在传承弘扬黄河文化、开展文化旅游方面有着不容忽视的先行优势。2020 年，洛阳市抢抓黄河流域生态保护和高质量发

---

* 田丹，河南省社会科学院文学研究所助理研究员，研究方向为新媒体研究。

展的战略机遇，坚持“生态保护为先、确保安澜为底、统筹治理为要、文化传承为魂、高质量发展为本”的原则，努力推进郑汴洛黄河文化旅游带建设，并取得了一定成效。但就深入挖掘黄河文化的内涵、弘扬黄河文化时代价值而言，洛阳市黄河文化旅游带建设仍需在文化内涵挖掘、文化资源创新开发、文化遗产保护、文化展示宣传等方面发力，采取切实可行的措施深入推动黄河文化旅游带建设。

一 洛阳市黄河文化旅游带建设现状

（一）黄河文化旅游资源丰厚

洛阳市拥有丰厚独特的黄河文化旅游资源。习近平总书记在黄河流域生态保护和高质量发展座谈会上谈到，黄河文化是中华民族的根和魂，黄河流域孕育了河湟文化、河洛文化、关中文化、齐鲁文化等优秀传统文化。以洛阳为中心的河洛文化圈，一定历史时期内是黄河文明的核心区域，黄河文明的发展期和兴盛期皆是在这一区域。中原地区科学技术、思想文化、商业、手工业的发展繁荣，造就了中国历史上享誉世界的汉唐文明。因此，以河洛文化为代表的中原文化是黄河文化的核心。此外，洛阳是一系列重要文化活动的发生地，河图洛书、周公制礼、老子著《道德经》、佛教东传、蔡伦造纸、活字印刷，等等。历史文化遗存方面，洛阳目前有汉函谷关、升仙太子碑、上清宫、下清宫、白马寺、龙门石窟、古唐寺、千唐志斋、狄仁杰墓、杜甫墓、二里头遗址、隋唐洛阳城遗址等，数不胜数。深厚的文化底蕴和丰富的历史文化遗存，对洛阳市开展黄河文化旅游意义重大。

（二）旅游品牌打造成效初显

洛阳作为“十三朝古都”文化遗存较为丰富，历史文化资源开发较早，形成了一定的知名度，为洛阳建设黄河文化旅游带奠定了良好基础。洛阳市现有世界文化遗产 3 项，全国重点文物保护单位 51 处 54 项，AAAAA 级景区5家。龙门石窟、应天门、隋唐洛阳城国家遗址公园、洛邑古城、九洲池、白马寺、二里头夏都遗址博物馆等人文景点，渐渐成为洛阳文化旅游的品牌名片。其中，龙门石窟被誉为中国石窟之首，鲤鱼跃龙门的传说即出此处。自2020年4月推出“夜游龙门”活动，推荐了特鉴游、浪漫游、惠民游3条夜游专属路线，为游客送上不同的龙门体验。2020年国庆期间，龙门石窟景区接待游客数达26.5万人，较去年同期增长2.3%。[①] 洛阳全市共接待游客702.35万人次，旅游综合收入达63.59亿元，[②] 较2019年同期增长明显（见表1）。以龙门石窟为代表的旅游品牌，逐渐在旅游市场中凝聚起“洛阳特色”，擦亮了“千年帝都”的名片。

表1　2019、2020年国庆长假期间洛阳市旅游数据

年份	游客数(万人次)	旅游收入(亿元)
2020	702.35	63.59
2019	687.53	59.71

资料来源：洛阳市文化广电和旅游局《国庆假期，我市景区共接待游客逾687万人次》，http://wgl.ly.gov.cn/news/newsDetail/4028808b6d62afa0016dbd8424a1018d.html。

（三）大力推进文化旅游带建设

河南省文化旅游大会提出围绕郑汴洛建设黄河国际旅游目的地目标，根据这一目标任务，洛阳市正大力推进黄河文化旅游带建设。首先，先后启动孟津黄河湿地保护项目、吉利黄河湿地自然保护区修复项目等工程，通过保护及治理手段，确保黄河沿线生态状况得以提升。其次，加快构建黄河文化遗产系统性保护体系。编制《黄河文化遗产抢救性调查保护》项目方案，对黄河洛阳段沿线的神话传说、民风民俗、戏曲演艺等文化遗产进行全面普

① 田宜龙、王雪娜：《国庆长假，龙门石窟景区接待游客26.5万，“夜间经济”热度攀升》，https://www.henandaily.cn/content/2020/1008/258179.html。

② 李冰、周亚伟：《央视秋晚效应凸显　文旅市场大放异彩》，《洛阳日报》2020年10月9日。

查，摸清黄河文化资源“家底”。建设黄河非物质文化遗产展示馆，展示洛阳段黄河非物质文化遗产，同时承办黄河主题的非遗大展，构建起黄河文化遗产的保护展示体系。最后，规划建设一批重大文旅项目。建设黄河国家文化公园、伏羲文化产业园等文旅项目，打造洛阳老城十字街、洛邑古城等文化地标，壮大天心文化产业园、北门文化公园等文化产业园区，以文旅项目带动文化旅游带建设。目前，洛阳市黄河文化旅游带推出 3 条旅游线路，分别是以吉利黄河湿地、黛眉山、万山湖等自然景观为代表的大河风光体验之旅，由二里头遗址、商城遗址、龙马负图寺等人文景观串联起的中华文明溯源之旅，以及以小浪底水库、西霞院水库等为主的治黄水利水工研学之旅。

（四）民俗文化节会旅游蓬勃发展

目前洛阳市有国家级非物质文化遗产项目 8 项、河南省级非物质文化遗产项目 58 项。这些优质的民俗文化资源在文化旅游发展中被充分挖掘、利用，助推洛阳市几大民俗文化节会蓬勃发展。洛阳市目前有白马寺新年祈福法会、新年庙会、牡丹文化节、河洛文化旅游节、伏羲文化节等文化节庆活动，具有洛阳特色的民俗文化旅游节会格局雏形初现。洛阳市不断创新河洛文化节的节会内容，将其与中原文化旅游产业博览会合二为一，在洛阳博物馆、洛邑古城等旅游热门景区设分会场，为游客展出各式各样的文化商品，使游客在游览的同时领略到中原各地风土人情。2019 年展会期间，第二届中原文化旅游产业博览会共吸引 1000 多家文旅企业，接待游客 5.3 万人次，现场交易总额达 6200 万元左右。[①] 此外，2020 年 6 月，洛阳市在重渡沟景区启动了首届乡村文化旅游节，采取“主会场 + 分会场”的形式，在全市 11 个县（市）区同步启动，展示各乡镇特色农产品、乡村美食以及竹编、剪纸、麦秸画、河洛大鼓等，通过“舌尖上的非遗”增强游客的旅游体验。2020 年洛阳首届乡村文化旅游节期间，各县（市）区共组织开展各类演出

① 朱艳艳：《文旅融合，不负“诗和远方”》，《洛阳日报》2020 年 10 月 14 日（03）。

300多场，接待游客达53万人次，旅游收入约为1.3亿元；端午节小长假期间，洛阳市共接待游客72万人次，实现旅游收入3.8亿元。[①]

（五）文化旅游产业体系日趋完善

文化旅游产业体系是建设黄河文化旅游带的一项重要支撑，产业体系完善与否关系到洛阳市黄河文化旅游带建设成败，关系到郑汴洛黄河国际旅游目的地培育成败。洛阳市文化旅游产业发展起步较早，基础较好，拥有隋唐洛阳城国家遗址公园、国家级文化产业示范基地洛阳牡丹瓷股份有限公司和洛阳高新区国家级文化和科技融合示范基地。文化旅游景点方面，洛阳市分布有5个AAAAA级景区，23个AAAA级景区，优质旅游资源较为集中。为进一步完善文化旅游产业体系，2016年，洛阳市发起建立“洛阳礼物”旅游产品品牌，唐三彩、牡丹瓷、茶具等千项单品组成洛阳城市礼物系列产品。2018年，洛阳礼物研究院在微信平台开通微店，提供20多个系列、400多款文创产品供文创爱好者选购。《功夫诗·九卷》《关公》等演艺剧目取得良好的社会反响，洛阳市顺势推出《武则天》《神都志·幻唐之夜》，实景演出弥补了洛阳市夜间旅游产品类型单一的缺陷，而且一定程度补全了文化旅游产业体系中的演艺短板。得益于文化旅游体系的不断完善和成熟，洛阳市在旅游市场中形成强劲的竞争力，截止到2019年年底，洛阳市旅游收入达1321.02亿元，接待游客达1.42亿人次。[②] 纵观2019年河南省各地旅游数据，洛阳市旅游人次居全省首位（见表2）。

表2　2019年河南省旅游数据

序号	城市	游客数(万人次)	旅游总收入(亿元)
1	洛阳	14200.00	1321.02

① 郭帅、陈琳：《首届洛阳乡村文化旅游节成功举办 端午小长假旅游收入3.8亿元》，《东方今报》2020年6月29日（A04）。

② 洛阳市统计局《洛阳市2019年国民经济和社会发展统计公报》，http://www.ly.gov.cn/html/1/2/10/29/35/924880.html。

续表

序号	城市	游客数（万人次）	旅游总收入（亿元）
2	郑州	13059.5	1598.60
3	开封	7959.60	713.50
4	南阳	7478.00	488.20
5	焦作	5819.00	480.18
6	平顶山	5556.00	307.19
7	驻马店	5024.98	365.80
8	三门峡	5017.22	432.87
9	安阳	4967.82	603.10
10	新乡	4903.97	364.79
11	信阳	4834.30	402.30
12	周口	3205.00	149.00
13	许昌	3196.62	213.55
14	商丘	2343.92	53.40
15	濮阳	2052.00	39.60
16	济源	1624.20	79.76
17	鹤壁	1530.00	79.00
18	漯河	740.80	53.40

资料来源：根据各地市公开发布2019年国民经济和社会发展统计公报计算得出。

二　洛阳市黄河文化旅游带建设问题分析

（一）文化旅游资源利用有待创新

历史文化资源是建设黄河文化旅游带、传承弘扬黄河文化的重要依托。洛阳市历史文化资源不仅数量多而且质量优，但从目前黄河文化旅游资源的开发利用来看，部分文化遗存仍是以文物、旅游资源的形式存在，黄河文化旅游资源并没有得到充分利用。目前，洛阳市黄河文化资源中只有龙门石窟、白马寺、隋唐洛阳城国家遗址公园知名度较高，社会效益较为明显。这些头部景区，通过创新文旅产品形式、丰富日常节目表演的方式，充分展示了文化资源自身的艺术魅力。2019 年 9 月，应天门遗址博物馆建成并正式对外开放，用于展示“天下第一门”应天门遗址并进行文化科普。在洛阳牡丹文化节期间，应天门遗址北广场播放了 12 分钟的 3D 灯光秀，融入河图洛书、二里头、丝绸之路、宫灯、牡丹等洛阳元素，音乐、建筑、光影融为一体，在空间和旋律的转换中重述洛阳千年帝都的历史变迁。将河洛文化与现代科技相结合，以灯光秀的形式重现盛唐风情，为洛阳市文化旅游营造新的人气打卡地，对文化资源利用的创新性发展是一种可贵的探索。如何借助科技的力量推出新颖的文化旅游产品，实现文化旅游资源的创造性转化，将是洛阳市打造黄河文化旅游带必须解决好的一大问题。

（二）黄河文化内涵呈现不够深刻

黄河文化内涵丰富，厚重深邃，蕴含有“大一统”的传统政治思想、兼容并包的文化思想、自强不息的民族精神，是中华文化的源头文化。当前，洛阳市对黄河文化的认识局限于黄河洛阳段沿线文化遗产的保护、开发上，对其精神内涵、时代价值的挖掘不够深入。文化旅游是游客感受文化魅力的重要方式之一，当前无论是文化遗存还是复建景观，都是以一种外在的、直观的方式进入游客视野，其中蕴藏的精神内涵未能被游客深刻感知。造成这种现象的原因是多方面的，游客的人文素养、文化旅游产品的表现力、文化内涵的挖掘度等都与之密切相关。从洛阳市黄河文化资源的产品化呈现来看，黄河文化深厚内涵与文化旅游融合不够紧密，游客很难通过参观、游览的方式进行文化感悟。如白马寺体现出的兼收并蓄、开放包容的精神，关林代表的忠义、仁勇等精神，当前呈现过于浅显，很难让游客深刻体会。基于此，采取何种手段或形式深入浅出地展现黄河文化内涵，是黄河文化旅游带建设不得不思考的问题。

（三）文化消费潜力未能完全激发

文化旅游消费比重增长是旅游消费升级的一大体现，也是衡量城市旅游整体竞争力的标准之一。目前洛阳市努力推进文化旅游深度融合发展，采取市县联动模式，积极打造全域旅游新格局。但是，作为国家文化消费试点城市，洛阳市的文化消费潜力还没有被完全激发出来。从洛阳与中国其他古都的旅游数据对比可知，洛阳市年度接待游客数量位居中等，但旅游总收入和人均旅游收入排名靠后，就省内4座城市来看，洛阳市人均旅游收入仅比开封市多，远落后于郑州、安阳（见表3）。对数据做以上简要分析，可知除了门票收入以外，洛阳市文化旅游的二次消费行为较少。因此，采取措施进一步激发文化旅游消费潜力是洛阳市建设黄河文化旅游带应尽快解决的现实问题。

表3　2019年中国八大古都旅游数据

序号	城市	游客数(亿人次)	旅游总收入(亿元)	人均旅游收入(元)
1	北京	3.220	6224.60	1933.10
2	西安	3.011	3146.05	1044.85
3	杭州	2.081	4005.00	1924.56
4	南京	1.468	2784.95	1897.11
5	洛阳	1.420	1321.02	952.38
6	郑州	1.306	1598.60	1224.04
7	开封	0.796	713.50	896.35
8	安阳	0.497	603.10	1213.48

资料来源：根据各地市公开发布的2019年国民经济和社会发展统计公报计算得知。因游客数采取小数点后三位计算，个别城市人均旅游收入可能存在计算范围所允许的偏差，特此说明。

（四）文化展示营销手段仍需丰富

文化资源的展示、营销是提升文化旅游影响力、知名度的有力手段。洛阳市目前黄河文化展示渠道、黄河文化旅游营销手段偏向保守，文化科技融合和文化旅游宣传推广体系还不健全，在文化旅游市场上整体表现缺少亮点。尤其是当前，洛阳市建成开放了85座博物馆，对文化遗产的活态传承、展示需求迫切。文化展示方面，值得肯定的是，二里头夏都遗址博物馆、洛阳考古博物馆等新建博物馆纷纷设置了体验区和互动游戏区，部分展品采用数字化展示，能够和游客产生互动。洛阳市博物馆众多，更是提出到2020

年年底建成100座博物馆，实现9县（市）博物馆全覆盖的目标。鉴于此，现有博物馆推广完善文化科技展示手段，对洛阳市而言亟待完成。文化旅游营销方面，洛阳市首届乡村文化旅游节采取电视+网络双重直播方式，河南有线电视、洛阳电视台、抖音和腾讯视频联合直播了此次启动仪式，共计143万人次观看了此次直播。① 不仅如此，本次乡村文化旅游节网络直播销售额约为160万元，网络营销的“变现能力”锋芒初露。如何通过营销推广手段，进一步扩大文化旅游的二次消费能力，是洛阳市建设黄河文化旅游带必须突破的瓶颈问题。

三　推动洛阳市黄河文化旅游带建设的建议

（一）创新文化资源利用方式

文化旅游业经过长期的发展，游客对文化资源的开发、利用、呈现有了更高的期待。文化科技在黄河文化资源的开发利用过程中，扮演着十分重要的角色，借助文化科技手段可以增强游客的体验感。洛阳市黄河文化资源的全面、充分开发，首先，应着手进行机制创新，借鉴文化创意产业发展方式，通过技术、创意和产业化的手段来进行文化资源开发，即积极利用科技手段来丰富文化资源的表现形式，利用创新性思维来赋予文化资源娱乐性、趣味性，利用产业化链条来增加文化资源的附加值，最终实现其经济效益和社会效益。其次，从科技创新入手，针对不同类型的黄河文化资源，分别通过VR、AR、HTML5、3D等技术手段，改变以往文物陈列式的静态展览模式，以一种动态的、交互的、沉浸的方式生动地诠释黄河文化魅力所在。最后，狠抓观念创新，黄河文化资源的开发，是在文化旅游融合发展的大背景下进行的，文化旅游业已经诞生了一些新模式、新业态、新路径。此种背景下，黄河文化资源的开发、利用必须和文旅融合发展、消费升级、

① 观看直播人数数据统计截至启动仪式当天18时，特此说明。

产品升级转型的趋势相符，应以开放、创新的理念来促进黄河文化资源的多元利用。

（二）深入挖掘黄河文化内涵

深入挖掘黄河文化内涵，需要先从黄河文化的特质着手。从各历史时期黄河文化发展情况看，黄河文化具有原创性、包容性、连续性 3 个方面的主要特征。第一，原创性。黄河流域诞生了最早的王国、文字、礼仪，儒、道、墨、法等传统思想和“四大发明”诞生于黄河流域，中华文明肇始于此。第二，包容性。黄河流域的农耕文明与游牧文明相互碰撞，不同民族之间的交流融合构成了中华民族的主体。第三，连续性。黄河文化一脉相传，延续至今，成为中华文明的主干。这些特质决定了黄河文化厚重深邃的文化内涵。首先应从加强黄河文化研究入手。洛阳市可借助省市科研机构、高校的研究力量，牵头组织黄河文化研究专家团队，打造黄河文化研究权威刊物，对黄河文化所蕴含的时代价值进行研究整理，推出一批高质量的研究成果，凝练出黄河文化精髓。其次，联合出品一批优秀影视作品，弘扬黄河文化精神。影视精品对于带动城市文化旅游、传播文化价值观念有着不容小觑的影响力。洛阳市可联合黄河流域各地市联合打造一些精品力作，充分展示尽忠报国、百折不挠、兼收并蓄、革故鼎新的黄河精神。

（三）培育壮大黄河文化产业

文化消费增加是消费结构升级的外在表现，消费结构升级对于健全产业体系有着促进作用，而文化消费不断增加的态势则源自文化产业的有效供给。因此，洛阳市要扩大文化旅游消费，应大力培育壮大黄河文化产业。首先，完善产业结构。黄河文化产业应发展表演艺术、游戏、影视、音乐、动漫、设计等传统行业，同时培育网络视频、文化电商、数字科技等新兴业态，以尽快完善黄河文化产业结构。其次，丰富文化旅游产品供给。当前消费升级主要表现为对消费产品高品质、多元化的追求，而对应到文化消费领域内，则表现为对文化旅游产品个性化、体验化的追求，所以必须丰富文化旅游产品的供给。建立起以旅游景区、文化演艺品牌为主，文化旅游美食、文化创意产品为辅的产品体系，推出一批山水游、古都游、红色游、研学游等精品旅游路线，以求满足游客多样化的消费需求。最后，刺激文旅消费。发放文化消费优惠券，实行文化消费专项补贴。通过电子支付平台定时发放优惠券，刺激群众进行消费。打造综合性文化旅游消费集聚区，将文创产品店、书店、剧场、影院、文娱场所等集聚到核心商区，为促进文化旅游消费提供便利。持续做大“古都夜八点”夜经济，进一步扩大夜间开放景区范围，丰富夜游、夜宵、夜娱等消费业态，激发文娱消费的夜间经济潜力。

（四）扩展文化展示宣传渠道

文化宣传是文化旅游资源向外推广的重要窗口，文化展示是游客感受文化魅力、内涵的直接渠道，因此，高水准的文物展示、多渠道的营销推广是建设黄河文化旅游带的重要倚仗。首先，博物馆、纪念馆等努力提升黄河文化文物展示水平。运用大数据、物联网、人工智能推进数字化建设，推广信息化手段拓宽展览信息公开渠道，重视数字技术、科学技术在博物馆展览中的应用，向智慧博物馆方向迈进。其次，建设黄河国家文化公园，推出黄河文化文创产品。落实全省文化和旅游大会精神要求，抓住黄河流域生态保护和高质量发展的机遇，推动国家黄河文化公园建设，以文化旅游项目带动文化旅游带建设。开发一批具有黄河文化特色的文创产品，例如书签、冰箱贴、手账本、胶带、帆布包等，将黄河文化引入生活化的场景中，让游客能最大机会地感受黄河文化独特内涵。最后，对黄河文化旅游带进行社会化联动营销。除了利用电视、报纸、交通枢纽、户外广告牌等媒介进行宣传外，利用微博、微信、抖音等社会化媒体进行营销宣传。针对不同媒体的特点，采取不同的营销策略，构建黄河文化旅游的宣传推广方阵。

B.15 三门峡黄河文化建设调研报告

靳瑞霞*

摘　要： 三门峡市结合近年来黄河生态文化建设基础，紧紧围绕黄河流域生态保护和高质量发展，深入学习贯彻习近平总书记2019年9月18日在黄河流域生态保护和高质量发展座谈会上的重要讲话精神，全面落实河南省委书记王国生调研指导三门峡时讲话要求，抢抓中部地区崛起、黄河流域生态保护和高质量发展的重大战略机遇，切实推动黄河流域生态保护和高质量发展国家战略的扎实落地。2019年10月以来，三门峡市推进黄河流域（三门峡段）生态保护和高质量发展领导小组20余次研究黄河流域生态保护和高质量发展工作，围绕“挖掘优势有什么、科学谋划干什么、高效运作怎么干”，明确四大功能定位，聚焦六个方面，在传承弘扬黄河文化、推动高质量发展体制机制创新方面，做了许多扎实有效的工作。但囿于经济基础和发展视野，在黄河文化建设的科技化和数字化方面还有待于进一步提升和开拓。

关键词： 三门峡　黄河文化　生态保护

一　黄河文化资源与建设现状

三门峡位于黄河中游、豫晋陕三省交界处，是河南的西大门。黄河

* 靳瑞霞，河南省社会科学院文学研究所助理研究员，研究方向为文艺学。

（三门峡段）上接陕西潼关，下至洛阳新安县，流经三门峡灵宝、陕州、湖滨、渑池及城乡一体化示范区和经济开发区，市域内有黄河河道206公里，流域面积9376平方公里，湿地面积2.85万公顷，分别占全省的28.9%、25.9%、42%；三门峡水利枢纽工程每年径流约580亿立方米、防洪库容近60亿立方米，控制着黄河89%的来水量、98%的来沙量。三门峡可以说是因黄河而生，黄河给三门峡这一方水土也留下了厚重的文化遗产，中流砥柱、紫气东来、唇亡齿寒等成语典故皆出于此，仰韶文化、老子文化、虢国文化、民俗文化、生态文化交相辉映。截至目前，全市共有世界文化遗产1处（三门峡市陕县境内的崤函古道石壕段遗迹），全国重点文物保护单位10处，中国传统村落9处，国家级非遗保护项目4个。黄河文旅资源丰富，仰韶村遗址、崤函古道、庙底沟遗址、陕州故城、虢国博物馆、北阳平遗址群、函谷关等众多人文资源密布，沿黄225公里聚集着灵宝函谷关、陕州地坑院、天鹅湖国家城市湿地公园、黄河公园、三门峡大坝、黄河丹峡等6个国家A级旅游景区。在黄河文化建设方面，三门峡市近年来主要有如下举措。

找准本地特色，做好文化布局。以境内早期文明中国资源特色和当代生态发展为重心，重点打造“一廊”“一带”工程，构建了三门峡文化建设新格局。从文明之源入手，构建“一廊”，即“早期中国”文明长廊。以历史文化遗存仰韶村遗址、庙底沟遗址、北阳平遗址群等为重要支撑点，以世界文化遗产崤函古道石壕段遗迹为轴线，坚持保护为主、合理利用、加强管理、传承发展的方针，对沿黄文化遗产资源进行管理和系统性保护，构筑“早期中国”文明长廊。其中占地505.3亩的庙底沟考古遗址公园，参观者不仅能够借助声光电等技术手段参观了解遗址的历史文化价值，也能在其他功能区，近距离观察、见证文物出土的全过程，提高参观的趣味性和互动性，更好发挥考古遗址公园的文化教育功能，更好推动文旅产业融合发展。仰韶村考古遗址公园、北阳平遗址群展示工程等其他项目以仰韶文化发现一百年为节点，将在2021年完成。从生态优先入手，构建“一带”，即沿黄生态旅游示范带。以沿黄生态廊道建设工程为连接，建立起各景点、沿黄生态绿道的旅游交通网络。依托沿黄生态廊道和天鹅湖国家城市湿地公园，实施函谷关、地坑院、湿地公园、高阳山温泉、黄河丹峡等景区的联动提升，建设黄河三门峡文化旅游片区。串联函谷关、示范区、陕州区至三门峡中心城区的三门峡沿黄百里生态廊道一期集生态保护、防洪抢险、休闲旅游等功能于一体，这条生态廊道不但将沿途的生态驿站、焦国故园、弘农涧园等一个个湿地景点串联起来，完美融合了湿地保护和廊道景观，更为周边农户的农产品运输销售提供了便利，将沿途千亩荷塘、4000 多亩明清古枣林以及众多果园达成有机串联，使生态恢复、保护与经济发展有机结合。

依托重大项目，做好产业落地。庙底沟仰韶文化博物馆项目是三门峡市“两个一百年”纪念活动的重要场所，是三门峡黄河文化建设重大项目。为加强对庙底沟遗址和庙底沟仰韶文化的妥善保护、研究、开发和利用，打造好这份优秀的文化遗产，三门峡市文旅集团提前谋划、迅速落实，庙底沟仰韶文化博物馆项目按 EPC 模式于 2020 年 2 月 17 日全面开工建设。大禹像文化公园、中流砥柱干部学院等项目也在积极配合推进。市文旅集团依托黄河岸边湿地、天鹅、人文等资源，以生态保护和旅游开发为抓手，积极推进三门峡天鹅湖省级、国家级旅游度假区创建项目，该项目为沿黄生态文化旅游带重点项目之一，旨在打造三门峡城区龙头文旅发展综合体，以龙头文旅产品打造带动黄河流域三门峡段生态保护和文化传承弘扬。2019 年 12 月天鹅湖省级旅游度假区顺利创建，国家级创建工作同步启动。

黄河生态治理与发展是三门峡市的另一大工作重点。其中，湖滨区山水林田湖草综合治理项目是三门峡黄河流域（湖滨区段）生态保护和高质量发展示范区的重点建设项目。2020 年 3 月 17 日开工，两个月完成近万亩高标准生态梯田土地整理，春季绿化面积 3500 余亩。栽种雪松、油松、金叶榆、五角枫等各类苗木 20 余万株，项目面积 10 万亩，含六大功能区，即三门峡大坝核心景区、万亩生态梯田、大禹文化公园、干部培训学院、矿山森林公园和明珠电冶厂改造提升区。通过项目实施，一方面高标准规整、提升荒山梯田，通过植被绿化、矿区生态恢复等措施，打造沿黄生态保护和高质量发展先行先试的亮点；另一方面，种植油葵、油菜、丹参等景观农作物和中药材，带动农家餐饮、乡村民宿等文化旅游产业高质量发展，增加周边山区贫困群众的经济收入。作为生态保护的一部分，项目通过引水设施和100多个水窖的建设，实施了水源工程和水土保持工程，解决了雨季蓄水和作物种植用水的问题，为其他产业的发展提供了支撑。整个示范区项目实施的远景目标，是以大坝为根、黄河文化为魂、山水林田湖草为景，打造一个包含大坝AAA级景区在内的规模性景区，以生态观光、文化旅游，带动区域发展。

重视文艺载体，讲好黄河故事。首先，加强文艺精品创作。2020年3月28日起，三门峡市委宣传部、市文联、市文广旅局等，对市戏曲艺术研究中心、市群艺馆、市音乐家协会、市美术家协会、市楹联学会，6个县（市、区）委宣传部等30家战线单位进行了详细走访调研。调研工作组对三门峡文艺工作现状以及发展思路提出意见和建议，形成了《三门峡市文艺工作现状调研报告》，为高质量开展黄河文化文艺创作摸清了家底，指明了方向。近年来三门峡文艺界围绕黄河文化也创作了大量的文艺作品。其中，院线电影《鹭世界》2019年11月27日获得第47届国际艾美奖特殊贡献奖又于2019年12月6日获得第二届中国科普科幻电影周最佳艺术创新奖。纪录片《大天鹅》获得第六届“中国纪录片学院奖”最佳摄影奖提名作品奖。还有《三门峡记忆——黄河漕运与船工号子》，歌曲《天鹅飞来的地方》《天鹅之城》《仰韶陶娘》，舞蹈《捶草印花》等，取得了较好的艺术和社会效果。其次，开展多种形式文化活动。2020年9月7日，“第二十六届三门峡黄河文化旅游节”系列文化活动开幕，不断提升着三门峡黄河文化的吸引力、传播力和影响力；三门峡市被授予“中国合唱协会（三门峡）合唱基地”称号，成为河南省唯一一个国家级合唱基地；仰韶文化发现一百周年、中国考古学诞生一百周年纪念活动筹备工作陆续展开；成功举办第12届中国摄影艺术节并确定第13届至第17届落户三门峡，以依托黄河湿地发展出来的摄影文化为突破口，成功打造摄影人的精神圣地、文化高地、产业重地。2020 年 6 月，市文旅集团举办了“花开中国”首届文旅创意设计邀请赛，为文旅产业融合谋求智力支持与科技创新。多种形式内容丰富、富有层次的文艺、节庆、赛事活动，为三门峡黄河文化的保护传承弘扬、相关文旅产业的融合发展，起到较好的宣传、组织和推进作用。

二 黄河文化建设存在问题

(一)黄河水运文化遗迹及治水文化资源挖掘展示不够重视

古代水运遗迹的整理展示开发，包括古栈道遗迹、古渡口开发。汉唐时代，需要漕运关东、江淮地区的粮食来供应彼时国家机构的庞大开支。三门峡水流湍急，在古代黄河漕运航程中却是一个重要节点。历史上为了征服三门峡天险，使漕运舟车能比较顺利地通过这里，官府曾在三门峡一带修治栈道，开凿开元新河，修筑北岸十八里陆道及在两端修建粮仓。在这些修建工程中还留有历代来此游览的人们留下的多处摩崖题刻。虽因修建三门峡大坝将这些遗迹炸毁，但 1955 ~ 1957 年，黄河水库考古工作队勘查、记录了这些遗迹，有文字和图片资料保存，这是研究三门峡黄河漕运历史和汉唐时期工程技术的重要史料，也是展示三门峡黄河历史文化的一个重要切口。当前对这些文字和图片资料的重视程度远远不够，没有依据图文史料对这些黄河漕运遗迹，及其附着的物质精神文化遗产进行恢复和开发。三门峡地处晋陕豫金三角，因黄河之区隔，产生了不少渡口码头，著名者如会兴渡和太阳渡等。会兴渡位于黄河南岸的会兴镇，与茅津渡隔河相望。因古代平陆属陕州，故历史上也曾称其为茅津渡。会兴渡在水运商贸交通等方面都起到过重要的沟通作用，在解放战争时期，还曾在转移我地下党员保存革命力量中发挥了重要作用。与同临黄河拥有古渡口资源的山西相比，三门峡在古渡口文化的整理挖掘开发利用方面较为欠缺。

三门峡水利工程蕴含的水利文化精神在整理开发展示方面较为单一。三门峡水库是新中国成立后黄河上修建的第一座以防洪、防凌、供水、灌溉、发电为目的的综合大型水利枢纽。半个多世纪以来，水库调节为黄河下游防洪防凌安全、沿黄河城市工业和农业用水、下游河道及河口地区生态平衡等做出了巨大贡献，在水库调度、机组抗磨蚀等方面均取得了丰硕的科研技术成果，为多泥沙河流水库如何长期保持有效库容和水库寿命探索出了有效的方法。但与此同时，在我国的水利建设史上，从没有一个工程像三门峡水库这样，规划阶段就一波三折，历经“三起三落”，决策形成后，围绕枢纽是“蓄水拦沙”还是“拦洪排沙”，又进行了长达一年半的争论。投入运用不久就进行两次改建，三次改变运用方式。随着改建增建的进行，一般水沙年份，水库达到冲淤平衡，可以保持长期有效库容，为水库的可持续利用和发展奠定了坚实的基础。多年探索取得的经验为三峡及小浪底水利枢纽广泛采用。三门峡水利枢纽工程所具备的这种“第一个”的独特性，规划建设过程的曲折性、复杂性，以及迎难而上最终层层突破所获得的经验与成就，都是治河史上宝贵的精神文化财富。但目前三门峡大坝景区仅仅以图片和文字做一个黄河展览馆，在开发利用方面，不免过于单一和陈旧，没有将其丰富的内蕴显性化和活化。

（二）黄河历史文化资源当代转化度不强

历史文化资源展示科技化与数字化程度较低。数字技术在历史文化遗产保护中的运用，不仅能更好地达到传统方式所难以达到的展示要求与仿真效果，更能安全和长久地保存这些弥足珍贵的历史文化遗产，还可以加强参观者的感知深度，增加体验维度。在实践中，许多博物馆利用多媒体、虚拟现实等数字化技术和设备，复原和再现一个全面而完整的意义空间，让观众在虚拟的文化遗产空间漫游，从而更全面充分地发挥文化遗产的教育作用。历史文化资源保护的目的是传承，数字复原与数字再现也为历史文化资源的有效传承提供了更为有效的方法与手段。通过数字复原与数字再现等技术手段，历史文化资源可以被制作成数字化虚拟信息资源，供人们更便捷地进行学习、交流与创新。例如，采取3D数字动画技术，复原、再现历史文化现象、场景、事件或过程；利用虚拟现实技术生成更具真实感的历史角色、动作、场景等，使人们加深对历史事件的亲历感，加深对历史的认知与理解，更加全面享受历史文化资源带来的认知愉悦。三门峡现有七个博物馆、纪念馆和陈列馆，其中三门峡虢国博物馆和三门峡市博物馆都是二级博物馆，但总体科技化和数字化程度较低，有待于进一步提升。

景区乃至城市运营管理智慧化水平低。三门峡以天鹅湖、仰韶博物馆、函谷关、虢国博物馆、大坝、地坑院等景区为代表的典型黄河文化等都独具特色，且具有一定的吸引力和互补性，但由于景区各自为政、独自经营，在营销政策、宣传推介、运营管理等方面普遍呈现“小、散、乱”及“智慧化水平低”等特点，吸引力相对不强，整体的经营抗风险能力较差。根据旅游局的定义，“智慧景区”是“数字景区”的完善和升级，指能够实现可视化管理和智能化运营，能对环境、社会、经济三大方面进行更透彻的感知、更广泛的互联互通和更深入的智能化的景区。包括通讯网的配备，重要景点、客流集中地段、事故多发地段重点监控；景区门票实现网上预订、电话预定和网上支付、网上交易等，目前各个景区基本可以达到标准。但在实现数字虚拟景区和虚拟旅游方面，如数字虚拟景区和虚拟旅游平台能在景区触摸屏导览机、智能手机等终端设备上应用；再如游客体验方面，使用自助导游服务等虚拟服务以及多媒体展示系统，利用声光电来展示景区景观、自然文化遗产、生物多样性、古文物等；以及拥有可与游客互动的线上小游戏，IP 化的背景故事及主题人物形象等方面，三门峡景区总体智慧化程度还有待于进一步提升。

（三）黄河文化区域发展协同性与差异化相统一不够

省内外黄河文化保护传承弘扬的协同机制还不够顺畅。三门峡处于晋陕豫黄河金三角区域。晋陕豫黄河金三角区主要是指处在黄河两岸的河南省的三门峡市，山西省的运城市、临汾市，陕西省的渭南市交界处的地区。该区域总占地面积为 58 万平方公里，总人口约为 1700 万。从 1986 年晋陕豫黄河金三角经济协作区成立到现在三十余年，晋陕豫黄河金三角区不断地进行着社会资源整合和经济发展合作，逐渐形成了一个日趋成熟的社会经济发展平台。但在文化建设开发，尤其是黄河文化保护传承弘扬方面，协同性还有待提升，文化建设高质量发展有待提质增效。黄河金三角区有着丰厚的历史文化底蕴，名胜古迹众多，为发展旅游业奠定了良好的基础。但是由于晋陕豫黄河金三角区的四个城市分属于三个省份，受制于行政区划的限制，区域的统筹发展受到较大阻碍。近年来该区域四市第三产业产值一直在逐年增加，所占比重也在不断增大，其中旅游业为其做出了巨大的贡献，但是与其他区域相比还是比较落后的。文化产业结构方面，趋同现象严重。晋陕豫黄河金三角区域内的四市都是以第二产业为主导的城市，服务业发展相对落后，距离产业“三、二、一”的经济发展模式还有一定的差距。在文化事业体制管理方面，城市间缺乏连通一体；在文化产业建设方面，缺乏统一规划、统筹分工，城市综合实力优势无法得到充分发挥。

在打造交通一体化网络、公共文化服务一体化、市场一体化的基础上，黄河金三角各地市文化发展还存在发展路径同质化明显，经济增长点较为单一，门票经济依赖性强，差异化互补性发展不够，没有体现出区别于相邻地市的独特文化禀赋，互补发展、互为文化旅游延长线的意识和作用不明显。其实黄河金三角著名景点较多，如陕西永和乾坤湾、洽川湿地、潼关三河口湿地，山西壶口瀑布、鹳雀楼、黄河大铁牛、芮城大禹渡，河南三门峡天鹅湖国家城市湿地公园、三门峡大坝等。但三门峡的文化定位不够清晰，既没有与相邻地市文化禀赋加以区分，也没有找到和围绕自身文化优势加以定位。在当代黄河生态文化、古代黄河文明探源、历史名人文化，以及红色革命文化等较为丰富多样的文化资源中，三门峡哪张牌都想打好反倒因而无中心无重点，多方施力难出效果。以打造和建设黄河金三角黄河风情旅游带、创建中西部新的经济增长极为目的，三门峡一方面要融入金三角经济文化圈，利用其搭建的一体化市场优势，另一方面也更需要发掘本地文化的独特禀赋，获得差异化发展，彰显自身文化特色，才能确立自身作为其中一极的稳固地位和支撑作用，甚至异军突起，成为领头羊。

三　黄河文化建设对策建议

（一）重视三门峡黄河水运文化相关遗迹传说的整理开发

三门峡市区域内黄河流经长度206公里，形成流域面积9376平方公里，是全黄流域距黄河最近的城市之一，黄河水资源丰富。其所具有的漕运古栈道遗迹，会兴渡、太阳渡等古渡文化，以及中流砥柱精神，船工号子等历史文化遗存等，有待深度开发。在水文化开发方面，宁夏的沙坡头、沙湖，注重发展黄河水文化的亲水性，使游客能多角度多种样式参与和体验亲水性娱乐休闲；青铜峡及甘肃的刘家峡（炳灵寺石窟）则非常注重水文化与附近历史文化遗迹的结合开发。

三门峡在做活水文化方面，要选定项目，持续打造水品牌，助推黄河文旅产业发展。如以三门峡大坝这一伟大的水利工程为中心，将古栈道遗迹、“大禹治水及斧劈三门”、中流砥柱等古代传说和三门峡水电事业发展等厚重的当代水利文化，梳理整理，一方面建设水利博物馆，进行有效展示和宣传、传承和发扬水利、历史文化和城市精神，普及水利科学知识。另一方面，要利用区域内黄河丰富的水资源、历史文化资源，做活“黄河水文章”，谋划水上游乐项目，增加科技体验感；利用新媒体，以多种文艺形式打造黄河文化精品文艺作品，讲好“黄河故事”，并积极与山西运城、陕西潼关等地对接，开展黄河金三角文旅协作发展。

宁夏、山西等在对黄河古渡口黄河水文化的开发方面值得借鉴。宁夏横城渡口也是一处古老的黄河渡口，早在西夏时期就已存在，称为顺化渡，明代又称为“黄沙古渡”。该渡口曾是西夏国重要交通咽喉，由此往北，直通辽国都城的“直道”，沿途在西夏境内就有13个驿站；由此往东，可经过“园信驿路”或夏、绥驿道，直达宋都汴梁；向西三十里，便是西夏国都兴庆府。横城渡口有丰富的历史文化内涵。宁夏在开发横城黄沙古渡时，结合渡口周围的黄沙与绿野自然景观，烽火台与万里长城等人文景观，加上黄河与渡船、滩渚与芳草、戍卒与渡客，打造出一幅意境独特、景色引人的塞外风光。另外，横城古渡的开发紧密结合当代文化消费需求，在食住行、游购娱等方面做了充分开发。如娱乐休闲文化的引入，景区内开设六轮沙漠冲浪、沙漠越野冲浪自驾、沙地摩托、沙漠悍马自驾、黄河快艇冲浪、羊皮筏子漂流、沙滩足球、沙滩排球、沙滩保龄球、沙滩龙舟、滑沙、滑草、滑槽、骑骆驼、骑马、射箭等众多纷繁有趣的当代娱乐项目。只有互动型参与性的娱乐项目，才能留住游客，进行深度体验。在食住行方面，如食在古渡。古渡有特色餐饮，包括月牙湖手抓羊肉、黄河鲶鱼、黄河鲤鱼、呱呱鸡，各种当地沙漠野菜以及蒿蒿馍馍、土豆饼、油香馓子等。住在古渡，黄沙古渡有农家乐的古渡人家，有古代交通特色工具体验——羊皮筏子等。古渡口被赋予了新的当代意义，产生出当代文化经济价值。三门峡拥有古渡口——会兴渡、太阳渡等，及内蕴深厚的古栈道遗迹、水运文化和水利文化等，可以结合濒临黄河之利，进行多层次跨行业新业态开发。

（二）加强黄河文化建设的数字化和科技化，提升智慧度

从当前文化科技融合发展现状可以看出，一方面，互联网技术对文化领域的颠覆性影响正在向纵深推进，分享经济、粉丝经济、社群经济等新兴经济形式正在深刻影响和改造着当代文化的生产、传播和消费各环节，颠覆着传统文化事业和文化产业的边界区隔，持续拓展着文化创意产业的边界。另一方面，以大数据、云计算、人工智能、VR/AR、3D 打印为代表的新技术浪潮对文化领域的颠覆性影响已初步显现，更多新兴的文化服务和文化消费业态必将出现。随着 5G 时代的到来，文化与科技都将继续与制造业、农业、金融业等其他产业深度融合，裂变出内容更广、运行机制更复杂，更加智能、智慧度更高的新兴业态。典型例子如服务于全域旅游的智慧平台——一部手机游云南。该平台就整合了包括微信小程序、腾讯云、AI、人脸识别、微信支付、智慧零售在内的多项核心技术，通过数字身份体系、消费体系、诚信体系，以及地理信息开放体系、基于 LBS 数字化资源服务、商务聚合服务等服务体系，全面对接游客游前、游中、游后的各项需求，提供一

站式智能服务。三门峡黄河文化建设要充分借鉴文化加科技的内容通过旅游充分呈现，充分被游客感受、体验、运用和享受，提升从生产到消费，从游客来之前到走之后的各个环节的科技度和智慧度，刷新游客的舒适度、时尚感和满意度。

在历史文化资源的开放共享方面，数字化也是大势所趋，渐成主流。借助数字化手段，博物馆等传统文化事业机构在跨媒体、跨介质传播中将发挥更大的作用，可以借此走进普罗大众的日常生活。博物馆的交互技术的运用，使参观者面对的不再是静置的橱窗展品，而是通过数字化虚拟出来的古代世界，通过数字化、VR/AR 等各种新技术的应用实现公众与博物馆藏品的高度交互。沉浸化、交互化是人工智能、虚拟现实、大数据、交互展陈等技术的发展推动博物馆由数字化向智慧化、体验化转型的一大趋向。作为文化活化，旅游新场景的成功范例——“梦立方”无界剧场（黄山市文化和旅游数字化体验中心 720 度 CAVE 全景体验剧场），创新发明了拼接式六面体空间观影装置、六面体图像生成方法技术。在沉浸式体验空间内，前、后、左、右、上、下，观众置身于影像的包围。站立于悬浮的玻璃廊桥上，可以全方位体验影片《梦幻黄山 礼仪徽州》，从黄山到齐云山再到牯牛降，九分钟饱览黄山市三十多个自然、人文美景。时空可以跨越，天地可以穿梭，身临其境的感觉超乎寻常地真实。刘家峡黄河水电博览馆、敦煌莫高窟 4D 影院、“遇见敦煌”敦煌盛典实景演出等都部分运用了图像生成技术。将黄河文化转化为具有参观体验性的内容，三门峡既可以通过博物馆模式展示物质文化遗产，也可以以节庆或演艺模式展示非物质文化遗产，还可以以历史古镇与主题街区模式或创造性主题模式展示民俗文化、民居文化等。

（三）持续推进区域一体化与文化差异化发展

要正确理解文化领域的一体化。每个不同的区域因为独特的生活环境和生活方式，会形成不同特点的文化形态，只有每一种文化形态都繁荣发展，才能推动黄河金三角文化发展的百花齐放，进而呈现出文化内涵的包容与丰富。黄河金三角一体化发展的目标应该是建立一个黄河生态、文化、经济高质量发展城市群，进而为特色中小城市群治理模式和发展路径提供借鉴。一体化的重点应该是公共服务的一体化、市场层面的一体化、产业布局的一体化、民生服务的一体化等，绝不是在文化内涵和文化形态上的一体化。协同发展需要一种整体的文化发展视野，要跳出本位主义的发展格局，从国家战略的高度理解黄河金三角区域黄河文化保护传承弘扬的时代意义。当前，政绩考核模式依旧是按省市行政区域来划分的，各市县区工作谋划的初衷几乎都是本位主义利益驱动，还没有形成从黄河三角区域整体考虑的意识。省市之间文化产业的同质化竞争以及文化市场的相互封闭，都需要体制机制的创新，主动打破区域行政壁垒限制，突破本地区单一的文化格局，促进黄河金三角区域文化的协同融合发展。

要建立有效的协调机制，推进区域经济合作，必须进行制度创新，制定共同的行动准则。晋陕豫黄河金三角区应该建立有效的协调机制，制定统一的经济文化活动准则，以保证各市之间更好地贯彻国家政策，促进黄河文化的高质量发展。要进行统一规划，搞好配套设施，以便更好地利用历史文化资源，优化文化产业结构，制定出既符合本市又与相关市县互为促进互为帮衬的发展规划，共同促进黄河金三角区的高质量发展。要在区域制度文化层面，完善区域文化合作的信誉管理体系和法规体系，搭建多种文化联动平台机制，实现金三角区域文化协同发展战略，避免同质化竞争。要建立科学合理的区域文化市场，应以产业分工的视角来制定各地地方性文化产业发展战略和规划，有机衔接起区域整体性文化市场一体化规划与局部文化产业规划。还要加强黄河文化文脉与当代传承的综合研究，要将典籍的考据与阐释融入民众丰富的日常生活世界，构建黄河传统历史文化的当代形态。在具体的文化实践中，要把时代精神、核心价值观与黄河文化优秀传统充分融合，梳理归纳各区域文化形态的核心共通之处，使之成为为三省四市所共同认可，并传播渗透于民众最广大日常生活中的新时代黄河文化。

B.16

焦作市保护传承弘扬黄河文化调研报告

杨　波*

摘　要：　焦作市位于黄河中下游结合部、黄沁河交汇处，是黄河中下游的分界处，有百川口、悬河头、华北轴之称。焦作拥有得天独厚的自然资源、辉映古今的文化遗产，丰富着黄河沿岸的文化景观。一年来，紧紧围绕黄河流域生态保护和高质量发展这一重大国家战略，焦作市在推进黄河文化保护传承弘扬方面积极探索实践，取得了实实在在的工作成效，但发展中仍然存在着一些问题和短板，亟须从制度和实践层面加以重视。应尽快出台科学可行的专项规划，持续加大资金投入，加快推动文化产业项目转型升级，不断提升焦作黄河文化的国际影响力，争取在“十四五”时期实现新的突破。

关键词：　焦作市　黄河文化　文化产业

一　焦作市黄河文化资源概况

焦作古称山阳、怀州，是2017年7月经国务院办公厅批复确定的中国中原城市群和豫晋交界地区的区域性中心城市，下辖6县（市）4区和1个城乡一体化示范区，总面积4071平方公里，总人口377.5万。黄河在河南

* 杨波，河南省社会科学院文学研究所副所长、研究员，文学博士，研究方向为中国文学和中原文化。

省境内绵延700多公里，其中在焦作市境内河道总长98公里，干、支流流经沁阳、孟州、温县、博爱、武陟5个县（市）、32个乡（镇），滩区面积512平方公里，有生态良好的黄河湿地24.38万亩，孕育了灿烂的黄河文明，留下了丰富的文化遗产，对当地的山河地貌、历史文化、政治军事、经济社会等方面都产生过深远的影响，具有鲜明的地域特征。

（一）得天独厚的自然资源

焦作位于黄河中下游结合部、黄沁河交汇处，地处黄河“悬河”的起点、黄土高原的终点，是黄河出山谷、入平原的第一个节点城市，也是黄河中下游的分界处，有百川口、悬河头、华北轴之称。随着焦作市境内最后一条大的支流沁河的汇入，黄河完成了其汇纳百川的历程，故称百川口；黄河奔流几千里进入下游平原后，经过日积月累的泥沙沉积，沁河入黄口的滩面比新乡市地面高出24米，千里悬河由此而始，故称悬河头；在黄河下游25万平方公里的平原冲积扇中，沁河口处于轴心位置，故称华北轴，在黄河流域地理位置非常重要。

焦作北依巍巍太行，南与郑州隔河相望，山势雄伟，峡谷众多，植被良好，孕育了云台山、神农山、青天河、峰林峡、青龙峡等一批丰富的山水旅游资源，是中原城市群中唯一被赋予山水旅游功能的城市。焦作地势开阔、水源丰富，境内有黄河、沁河、丹河、大沙河、蟒河等较大河流23条，年均流量1440立方米/秒，为焦作经济社会发展和回补地下水提供了重要的客水资源，为当地城镇建设和产业发展提供了良好的发展机遇。黄河滩区面积占市域国土的12.7%，面积广大、地势平坦，野生动植物种群丰富，是发展生态农业和生态旅游的良好区域。焦作出产的“四大怀药”（山药、牛膝、地黄、菊花）闻名中外，远销东南亚和欧美二十多个国家和地区。

（二）辉映古今的文化遗产

焦作人杰地灵、古迹丰富，地上地下遗留着数量众多的文物古迹，现有古文化遗址、古城址、古瓷窑遗址、古墓葬等文物遗迹3014处。其中国家重点文物保护单位28处，省级文物保护单位102处，市县级文保单位602处，馆藏各种文物达4.3万余件。目前，全市现有省级以上文物保护古建筑66处，其中与黄河文化有关的重要古建筑有嘉应观、妙乐寺塔、青龙宫、千佛阁、慈胜寺、遇仙观、药王庙大殿、寨卜昌村古建筑群、西关清真寺、王薛民居、静应庙、玉帝庙（含祖师庙）、观音堂、龙王庙、海蟾宫大殿、玄帝庙大殿、清真东大寺、当阳峪南水北调中线工程搬迁古建筑群、锁水阁等，展示了焦作悠久的黄河文化和厚重的文明历史。现有3家民办博物馆，即焦作金谷轩绞胎瓷博物馆、树广古典家具博物馆、古州民俗博物馆，收藏文物近万件，与金谷轩绞胎瓷、陈氏太极拳、黄河澄泥砚、怀梆、火龙舞、黄河号子等非物质文化遗产，共同丰富着黄河沿岸的文化景观。

从古至今，焦作一直是治理黄河的主战场。从传说中的尧帝治水，到汉代贾让治河有三策、王景千里筑河堤，再到明代潘季驯治河、清代堵口筑坝，黄河中下游所发生的大变迁很多与焦作息息相关。中华人民共和国成立70年来，人民治理黄河岁岁安澜，更是少不了焦作的贡献。黄河左岸零公里起点、永济渠渠首、“万里黄河第一观”嘉应观、黄河中下游分界点、沁河入黄口等地理界标景观，中华人民共和国第一个大型引黄水利工程——人民胜利渠，新时期南水北调中线穿黄工程等交相辉映，都是治黄兴水文化的代表之作，在中国治黄史上的地位十分重要。

（三）底蕴丰厚的人文资源

焦作地处中原文化圈的核心区域，是司马懿、韩愈、李商隐、朱载堉、许衡等历史文化名人故里，是魏晋时期“竹林七贤”的主要活动聚集地，也是中国武术太极拳和怀药文化的发源地，为后人留下了底蕴丰厚的人文资源。焦作现有国家级非物质文化遗产13项、省级非物质文化遗产70项、市级非物质文化遗产项目172项，其中“黄河号子”、怀梆等国家级非物质文化遗产项目位居全省第一位。焦作有国家级传统村落11家、省级传统村落26家。武陟县有黄河泥塇、澄泥砚等特色黄河文化遗产，获评全国唯一的“中国黄河文化之乡”；修武县有隋唐大运河永济渠渠首等历史文化遗迹；

温县是“中国太极拳发源地”，被国家武协命名为“太极圣地”；孟州被命名为“中国韩愈文化之乡”，等等。除此之外，焦作还有闻名全国的云台山、青天河、神农山3个国家AAAAA级景区，有中国水利史上北方规模最大的黄河移民安置区。在众多彪炳史册的文化名人中，有被苏轼赞誉为“文起八代之衰”的文圣韩愈，有与杜牧并称“小李杜”的晚唐著名诗人李商隐，有被中外学者尊崇为“东方文艺复兴式的圣人”的乐圣朱载堉等，他们共同装点着焦作的人文景观。

二　焦作市保护传承弘扬黄河文化的探索实践

2019年9月以来，焦作市紧紧围绕黄河流域生态保护和高质量发展这一重大国家战略，通过开展深入的调查研究，明确目标任务，突出文化特色，编制工作规划，建立工作机制，在推动黄河文化保护传承弘扬方面有潜力、有思路、有作为，取得了实实在在的工作成效。

（一）坚持规划引领，找准定位谋发展

为建设黄河流域生态保护和高质量发展示范区，焦作市委市政府对黄河流域生态保护和高质量发展工作高度重视，成立了以市委书记王小平为第一组长，市委副书记、市长徐衣显任组长的高规格领导小组。焦作市委第十一届十一次全体会议通过《中共焦作市委关于深入学习贯彻习近平总书记视察河南重要讲话精神　努力在中原更加出彩中出重彩更精彩的意见》。同时，专门成立了焦作市保护传承弘扬黄河文化工作协调领导小组，统筹协调全市黄河文化保护传承弘扬工作，推动各项工作有序开展，努力将焦作打造成为区域黄河文化传承的核心区。

焦作市提出了构建“一河通五轴、一带联三心、一区融六点、两山协两拳”的总体发展规划布局，为深入推进各项工作扎实高效开展提供了基本遵循。相关内容参见表1。

表 1　焦作市建设黄河流域生态保护和高质量发展示范区总体发展规划

规划布局	发展规划的具体内容
一河通五轴	以黄河为纽带,连通黄河左右岸郑焦城际铁路轴线、郑云高速轴线、国道 234 轴线、焦唐轴线、呼南高铁豫西通道五条发展轴线
一带联三心	以郑焦一体化核心发展带串联郑州国家中心城市、洛阳副中心城市、焦作区域性中心城市
一区融六点	"一区",即郑焦一体化发展示范区,"六点",即所辖六县市
两山协两拳	"两山",即云台山、嵩山,两山呼应形成北有南太行生态旅游集聚带,南有嵩山生态涵养区,中有黄河文化生态带,山水交相辉映、文明传承弘扬,为黄河流域生态保护和高质量发展培根魂、筑内核、增活力。 "两拳",即太极拳、少林拳,两拳一内一外、刚柔并济,协同区域历史文化资源保护与利用,彰显华夏功夫文化主题特色,塑造具有全国知名度和世界影响力的国际文化旅游品牌,形成文旅融合发展区域协同新样板

焦作市积极与上级有关规划对标对表，研究制定了《焦作市黄河文化保护传承弘扬三年工作计划（2020～2022）》①，大致分总体要求、黄河文化资源概况、黄河文化资源保护传承与创新开发、保障机制等四个部分，重点突出治水文化、太极文化、农耕文化、名人文化、移民文化等焦作黄河文化品牌，拟定了加强物质文化遗产（简称文物）保护利用、加强非物质文化遗产活化开发、加强红色历史文化创新开发、推动黄河文化与文旅融合高质量发展等四大类 31 个黄河文化资源保护传承与创新开发项目，明确了目标任务、主攻方向、具体措施办法及责任单位等内容。

（二）坚持调查研究，摸清家底助发展

为谋求更进一步的发展提升，焦作市成立了保护传承弘扬黄河文化工作协调领导小组，组织相关职能部门和专家深入开展调研 10 余次，对沿黄三县市的文化遗产资源进行了全面的调查分析，摸清了当地的资源底数，梳理出焦作黄河文化十大特色资源。一是治水文化。焦作境内治黄文化元素富

① 《加强黄河文化保护传承弘扬 焦作市将打造黄河历史文化主地标》，河南省人民政府门户网站，http://www.henan.gov.cn/2020/07－21/1743239.html，2020 年 7 月 21 日。

集，治黄兴水工程众多。二是太极文化。焦作是以八卦为灵魂的太极拳文化的产生地，太极拳文化博大精深。三是山水文化。焦作北依太行，南邻黄河，名山秀水陶冶了世代英才豪杰，孕育了灿烂辉煌的历史文化。四是农耕文化。焦作地处黄河中下游北畔，农业开发历史悠久，是“四大怀药”原产地，温县是“全国优质小麦种子基地”。五是名人文化。焦作物华天宝，人才辈出，司马懿、许衡、韩愈、李商隐、朱载堉等历史名人对后世影响深远。六是红色文化。焦作是太行山一带革命烽火的主要策源地，六个县（市）全部被确认为革命老区，全市58个乡镇中有52个红色老区。七是煤矿文化。焦作有“煤城”之称，被称为中国煤炭近现代工业的“活化石”，锻造了焦作煤矿工人“特别能战斗”的精神。八是陶瓷文化。焦作陶瓷文化源远流长，出土众多的陶瓷文物及当阳峪陶瓷遗址显示着怀川发达的陶瓷文化积淀。九是移民文化。20世纪90年代初，为了支援国家重大水利工程黄河小浪底水库建设，洛阳市新安县32个村的5万余群众，搬迁来到了焦作黄河北岸温孟滩，移出了富裕，移出了幸福，移出了进步，移出了文化。比如温县仓头村，打造出融“顺、香、福、乐、爱”为一体的“满仓”文化，特别是“舍小家、为大家，以国家大局、人民利益为重，甘愿牺牲奉献”的移民精神，构成了焦作黄河文化重要特色。十是怀商文化。焦作自古就有丰厚的商文化底蕴，形成了河南历史上唯一商业帮会——怀庆商帮（简称“怀商”），孕育了“天下一家，济世慈心”的厚重怀商文化。摸清文化资源底数，为推动焦作保护传承弘扬黄河文化提供了切实可行的前提和依据。

（三）坚持项目带动，创新思路促发展

焦作市紧密结合实际，突出文化特色，坚持项目带动，创新发展思路，多措并举稳步推进工作。

一是以理论研究为抓手，推出一系列黄河文化创研活动。成立了焦作市黄河文化研究中心，充分发挥研究引领作用，为推动全市黄河文化保护传承弘扬提供了有效的载体。举办黄河文化讲座，邀请原河南黄河河务局局长王渭泾作《黄河故事》专题辅导报告。组织“三走黄河”研学活动，依托焦

作大学，组织焦作市有关专家、学者、媒体记者等，深入沿黄三县市（孟州市、温县、武陟县）开展研学活动，召开了“三走黄河”研学活动总结交流汇报会，产生了一批有价值的学术成果。筹办高规格高层次的理论研讨会。7 月上旬，武陟县承办了全省黄河文化与黄河文化地标理论研讨会，来自河南省社会科学界研究黄河文化的 20 余位专家学者，围绕“黄河文化发展脉络与黄河文化地标”“黄河文化地标的内涵与外延”“不同历史时期河南境内黄河文化地标的产生背景、作用影响及时代价值”“打造新时代黄河文化地标的思考和建议”等议题进行了探讨交流，还与省社科联签订了黄河文化研究战略合作协议，助力武陟建设“中国黄河文化之乡”。10 月 8 日，焦作市举办了“黄河文明与太极文化研讨会暨《世界太极拳蓝皮书——世界太极拳发展报告（2019）》首发式”，成为推动焦作黄河文化走出去的又一盛会。

二是以理论宣讲为抓手，全媒体报道传播焦作“黄河故事”。为推动黄河文化保护传承弘扬工作，市委第一时间对学习贯彻总书记讲话精神做出安排部署，市委主要领导多次在各种场合做理论宣讲，并就黄河文化保护传承弘扬工作做专题报告，均取得了不错的效果。焦作日报和焦作广播电视台分别以《黄河岸边是我家》和《黄河的故事》为主题，开辟专题专栏，通过声、屏、报、网、微等形式，立体化宣传报道焦作“黄河故事”，形成了一定的舆论声势。2020 年上半年拍摄了《万里黄河润怀川》《万里黄河在焦作》两部焦作黄河形象宣传片，完成《焦作黄河志（初稿）》，大力推进治黄文化七集专题片制作。从 2020 年 6 月开始，组织开展了“讲述黄河故事、传承黄河文化”系列活动，启动了“黄河岸边我的家”主题采访活动和“弘扬黄河文化、助力脱贫攻坚”文艺志愿服务乡村行活动，焦作“黄河故事”广为弘扬。

三是以项目建设为抓手，谋划实施一批黄河文化精品项目。2019 年，焦作市文化旅游体育与传媒支出 3.14 亿元，比上一年增长 4.0%。2020 年，市级又安排 4260 万元（含示范区 310 万元），支持黄河流域生态保护和高质量发展郑洛焦核心示范区建设前期工作。谋划郑焦一体化发展基金，促进郑焦深度融合。支持实施“两山两拳”区域生态文化旅游融合示范带等工程，推动孟州至偃师黄河大桥等项目，打造1小时郑洛焦快捷交通圈，助力郑洛“双核”带动焦作提升区建设。精心谋划实施了温县黄河生态与太极文化融合新区项目、武陟嘉应观黄河生态文化旅游区（治水文化小镇）项目、孟州韩愈文化产业园（韩愈纪念馆）项目、温县贯辰通航小镇项目、武陟县司马小镇项目、武陟县大封黄河湿地开发项目等一批实实在在的项目，其中温县黄河生态与太极文化融合新区、嘉应观黄河生态文化旅游区已入选2020年河南省黄河流域生态保护和高质量发展项目库。

四是以专题调研为抓手，推动编制落实一批黄河文化发展规划。去年以来，焦作市紧紧围绕如何融入黄河流域发展大势、如何奏响“黄河大合唱”中的焦作乐章等问题，重点选择了焦作黄河文化中最具特色的治水文化、太极文化、名人文化、红色文化、移民文化作为调研课题，积极与有关县市区、相关部门和文化学者沟通交流，广泛征求不同层次意见，先后深入孟州、温县、武陟、沁阳、中站等县市区开展分专题调研座谈10余次，集思广益，在很多方面达成了共识。比如，在开展“推动武陟建设黄河文化之乡建设”调研时，征集到了打造武陟“中华治水特色小镇”等好的项目建议，形成了《去年以来黄河文化保护传承弘扬工作情况报告》，明确了要注意妥善处理好定位与定向、务虚与务实、保护与传扬、文化与经济、快与慢、古与今、点与面、地方与院校、名与实等九大关系，为推动焦作黄河文化保护传承弘扬工作高质量开展提供了基本遵循。在开展太极文化调研中，形成了《关于加快太极文化和太极产业发展工作情况汇报》，就如何进一步做大做强太极产业、提升太极拳的影响力，提出了太极拳工作要从温县做起、在温县做强，温县的太极拳工作要突出陈家沟；从“太极圣地”做起，要从项目建设开始，秉承太极理念，突出太极拳等三条具体对策。此外，印发了《焦作市太极拳文化产业发展工作总体方案（讨论稿）》，对于推动太极文化发展具有很强的针对性。在推动沁阳朱载堉、李商隐名人文化品牌打造专题调研中，形成了《关于推动朱载堉文化传承发展工作情况汇报》，并指导督促沁阳拟定了《朱载堉文化传承发展工程实施方案》，取得了很好的效果。

三　焦作市推进黄河文化保护传承弘扬存在的问题

焦作市在推进黄河文化保护传承弘扬方面进行的探索实践，取得了一些看得见的成效，但仍然存在着一些问题和短板，亟须从制度和实践层面加以重视。

（一）顶层设计还不健全

目前，焦作市虽然拿出了《焦作市黄河文化保护传承弘扬三年工作计划（2020～2022）》，但总体上视野还是局限于“河南的焦作”，没有制定出台科学规范的“焦作市黄河文化保护传承弘扬专项规划”，对焦作文化建设的中长期规划不够明确，顶层设计还不健全，没有从国内视野、全球视野角度去审视焦作、研究焦作、宣传焦作、提升焦作。

（二）学理研究有待深化

目前，焦作境内共有河南理工大学、黄河交通学院、焦作大学、河南工业和信息化职业学院、焦作师范高等专科学校、焦作工贸职业学院、焦作职工医学院7所高等院校，其中本科院校2所、专科院校5所。由于相关专业人才力量储备不足，关于焦作黄河文化的深层次学术研究有所欠缺，缺乏权威的优秀研究成果，黄河焦作段所承载的历史文化价值和时代精神内涵亟须进一步提炼和提升。

（三）资源转化还有差距

焦作对黄河文化资源的挖掘力度还不够充分，在黄河文化资源的创造性转化、创新性发展方面仍存在不少差距。焦作市黄河文化资源非常丰富，但不仅仅包括传统的历史文化资源，还有大量的革命文化和社会主义先进文化资源尚未开掘。如第四专区及焦作市党政军机关旧址（十二会村）、寨卜昌村古建筑群（晋冀鲁豫野战军第九纵队司令部旧址）、西滑封精神展览馆、人民胜利渠渠首、百年焦作陈列展览馆等都是焦作比较有特色的红色旅游资源，大部分都处于比较原始的开发状态，距离资源转化还有不小差距。

四　焦作市推进黄河文化保护传承弘扬的对策建议

（一）抢抓发展机遇，尽快出台科学可行的专项规划

在深入调研和科学论证的基础上，尽快完成《焦作市黄河文化保护传承弘扬三年工作计划（2020～2022）》，推动相关工作有序有力开展。同时，牢牢抓住中央和河南省编制"十四五"规划的重要契机，制定出台科学规范、可行性强的焦作市黄河文化保护传承弘扬专项规划。建议在编制焦作市黄河文化保护传承弘扬专项规划时，充分考虑焦作市在黄河流域所处的位置和特点，明确焦作市的特色优势和目标任务，打造各具特色、亮点鲜明的黄河文化主地标、硬品牌，争取把焦作的发展重点纳入中央和河南省的发展规划范围，为今后一个时期的发展提供基本遵循与具体做法。

（二）加大资金投入，不断提升黄河文化保护水平

在做好充分调研与论证的基础上，持续加大资金投入，支持并推动焦作市更多项目列入全国、全省项目建设大盘子，不断提升焦作市黄河文化保护水平。进一步加强对黄河沿线重要文物遗迹保护修复力度，持续抓好商村遗址公园项目、永济渠渠首遗址公园项目、怀县故城河内郡遗址公园项目、千年古寺慈胜寺复建项目、韩愈文化旅游产业园项目建设，一张蓝图绘到底，切实抓出特色、抓出成效。加快推进焦作黄河历史文化集中展示中心（焦作市博物馆）、黄河水文化博物馆（武陟）、太极拳非物质文化遗产保护展示馆建设、孟州韩愈博物馆、中国小麦博物馆、焦作市金谷轩绞胎瓷博物馆、黄河澄泥砚展示馆等集群，以点串线，以线带面，倾力打造黄河历史文化主地标。

（三）突出文旅融合，加快推动焦作黄河文化产业项目转型升级

相关部门应多措并举，加快推进焦作市黄河生态廊道项目、嘉应观黄河生态文化旅游区（治水文化小镇）项目、温县黄河生态与太极文化融合新区项目、《印象·太极》大型演艺项目等重点项目实施力度，持续推动焦作黄河文化产业项目落地生根、转型升级，把文化资源转化为产业动能，以项目的高质量发展推动焦作黄河文化旅游工作高质量开展，为经济建设提供更有力的支撑。

（四）搭建交流平台，持续提升焦作黄河文化的国际影响力

焦作市应加强黄河文化宣传交流，将黄河文化与焦作独特的名人文化、功夫文化、怀药文化等区域文化元素紧密结合起来，设计一些具有焦作特色的中英文焦作黄河生态文化旅游地图、杂志、文创产品等，加大传播力度，提升焦作黄河文化的国际影响力。引导文艺工作者，创作黄河文化文艺作品，完成《焦作黄河志》编撰。继续办好黄河文化宣传专题专栏，积极推动黄河文化宣传片在更大平台播出。以“春雨工程”文化志愿者边疆行为推手，大力开展黄河带省际、市际文化交流活动，推动区域间“文化+旅游”交流交融。积极开展“大河南北·郑焦融合”文化交流系列活动，加强太极文化、禅武文化、黄河文化融合发展，推动焦作黄河文化走出去，在更广阔的平台上加以展示和弘扬，争取在“十四五”时期实现新的突破。

B.17
河南省黄河故道文化调查报告

孔令环*

摘　要：　黄河故道文化是黄河文化的重要有机组成部分。黄河故道文化所经地市与沿黄地市一样面临着生态保护、高质量发展与保护弘扬黄河文化的问题。目前，黄河流域生态保护与高质量发展已经上升为国家重大战略，但是忽略了对黄河故道及所属地市的重视。建议将已经不属于沿黄地市的黄河故道所经地市，一并纳入黄河流域生态保护与高质量发展国家战略规划范围，对河南黄河故道文化遗存进行核查与保护，研究并传播河南黄河故道文化，提炼黄河故道文化精神。

关键词：　河南　黄河故道　黄河文化弘扬

黄河，从人猿相揖别的史前时代一直奔流到科技高度发达的今天，见证着中华民族几千年来的悠久历史，自身流经的区域也经历了大大小小的变迁。而众多的黄河故道正是黄河沧桑巨变最可靠的见证。所谓黄河故道，指的是现今黄河河道以前的河道。黄河历来以“善淤、善决、善徙”著称，尤其是中下游地区更甚。河南省是黄河绝溢、改道极为频繁的省份，现在河南省的沿黄地市包括郑州、开封、新乡、焦作、濮阳、三门峡、洛阳、济源等 8 个地市，不再属于沿黄地市的黄河故道所经地市有安

* 孔令环，河南省社会科学院文学研究所副研究员，文学博士，研究方向为现当代文学。

阳市、鹤壁、商丘、周口等地市。与黄河流域类似，黄河既为这些故道区域留下丰厚的文化遗存，也带来土壤沙化、盐渍化的特征。因此黄河故道文化也是黄河文化的重要有机组成部分，这些地市与沿黄地市一样面临着生态保护、高质量发展与保护弘扬黄河文化的问题。目前，黄河流域生态保护与高质量发展已经上升为国家重大战略，但遗憾的是忽略了对黄河故道及所属地市的重视。基于黄河故道文化对于黄河文化的重要性的考虑，建议对黄河故道文化及所属地市的生态保护与高质量发展问题予以充分关注。

一　河南省黄河故道的历史变迁

历史上，黄河河道的变迁极为频繁，决口泛滥达 1593 次，较大的改道有 26 次，绝大多数集中在黄河中下游地区。

最早记载黄河的地理著作之一《禹贡》中有关于禹河（即战国及其以前的古黄河）的记载，称其“东过洛汭，至于大伾，北过降水，至于大陆，又北播为九河，同为逆河，入于海”。这里的“大伾”，就是今河南省鹤壁市浚县城东南的大伾山。

公元前 602 年，黄河在河南鹤壁市浚县西南堤濠村附近宿胥口（今天的淇河与卫河的交汇处）改道，这是史载的第一次河徙，《战国策·燕策二》中有“决宿胥之口，魏无虚、顿丘”的记载。此后，主流由北流改向偏东北流，经今濮阳、大名、冠县、临清、平原、沧州等地于黄骅入海。公元前 132 年，黄河在瓠子（今濮阳西南）决口，泛滥入淮、泗，淹及 16 郡，横流了 23 年才堵复。公元 11 年，黄河于魏郡元城（今河北大名）决口，经濮阳、聊城、惠民等地，于利津入海。北宋 1048 年，黄河北决濮阳商胡，改道北流，夺永济渠至天津东入海，时称北流，这是黄河的第三次大改道。1128 年冬，金兵南下，11 月东京（今开封）留守杜充为抵御金兵，决开黄河南堤，黄河从此南泛入淮，决口处大致在卫州（今汲县和滑县东之间)。[1] 1494 年，黄河从兰考以下，经商丘、砀山、徐州，下接泗、淮入海，奠定了明清黄河的格局。1855 年，黄河在开封市兰考县铜瓦厢决口，向东北直下东明、梁山、济南，夺大清河河道入海，史称大清河泛道，奠定了现行河道的格局。[2]

在黄河河道的变迁中，河南境内有历史记载的黄河故道所过之地就有武陟、新乡、卫辉、沁阳、修武、获嘉、汲县、淇县、鹤壁、汤阴、滑县、内黄、延津、濮阳、原阳、兰考、开封、尉氏、通许、扶沟、太康、西华、商水、项城、民权、宁陵、梁园、虞城等二十余处，涉及郑州市、焦作市、新乡市、鹤壁市、安阳市、濮阳市、开封市、商丘市、周口市等诸多地市。其中年代较早的黄河故道是由武陟至河北馆陶境内的黄河故道，中间经河南获嘉、新乡以东，原阳、延津、滑县旧城以西，再北经浚县大坯山东侧，由其北而东，经濮阳西、内黄东、清风、南乐西、河北大名县东、山东冠县西、北入馆陶县境，至馆陶南折向东北、经冠县北入临清市境，长 270 余公里。[3] 故道两岸有残堤。明清黄河故道经开封市兰考（省直管县），流经民权、商丘、虞城入安徽砀山，在河南境内面积 626 平方公里，长 156 公里，流域平均宽度为 9 公里。[4] 其中河南省境的明清黄河故道大堤是目前全国保存最完整的黄河故道大堤。

二　黄河故道诸地市的黄河故道文化遗存状况

河南黄河故道所经之处，留下了大量文化遗存，其中文化遗存较多的地市有安阳、鹤壁、商丘、周口等。

---

① 黄河水利委员会黄河志总编辑《黄河志卷二·黄河流域综述志》，河南人民出版社，1998，第 17 ~ 20 页。

② 鲁枢元、陈先德主编《黄河文化丛书·黄河史》，河南人民出版社，2001，第 76 ~ 77 页。

③ 徐福龄、杨国顺：《考察武陟至馆陶黄河故道的简况》，《人民黄河》1985 年第 1 期。

④ 王文楷、毛继周、陈代光等编《河南地理志》，河南人民出版社，1990，第 302 页。

（一）安阳黄河故道文化遗存

殷商时期古黄河流经河南、河北，过安阳境内的滑县、内黄，至天津一带注入渤海。滑县的黄河故道面积最广，从滑县西南方向向北穿越而过，涉及 22 个乡镇，面积 1760 平方公里，县域内共有 23 条黄河支流河道，黄河流域面积占 97%。滑县留固镇程新庄出土有大量动物骨骼化石，是黄河下游黄河堆积中首次发现的时代较早的动物化石和古人类活动的遗存，对于了解晚更新世早期人类活动和对于黄河形成时古环境研究均具有十分重要的意义。古滑台十二景中，“帝庙著灵”“天台表胜”“白马灵津”等多与黄河有关。内黄的命名就与黄河密切相关。汉代，人们把黄河以北称内，黄河以南称外，又因魏郡在黄河之北，内黄县隶属魏郡，所以命名为内黄。清乾隆《彰德府志》记载：“黄以黄泽名。魏以河南为外，河北为内，故陈留有外黄，此名内黄。”三杨庄汉代遗址位于内黄县梁庄镇三杨庄南部，是一处西汉晚期规模宏大的汉代村落遗址，挖掘出 14 处汉代庭院及道路、湖塘、农田等遗迹，出土了大量汉代遗物。它首次再现了汉代农业乡里的真实景象，为研究汉代的基层社会组织结构提供了可靠的实物资料，也为黄河河道变迁等黄河水文史方面的研究提供重要的考古资料，被誉为“中国庞贝古城”，2005 年遗址被评为“2005 年度全国十大考古新发现”之一，2006 年 5 月被评定为第六批全国重点文物保护单位。

安阳与黄河文化有关的文化遗存很多，世界文化遗产 2 处，即安阳殷墟、大运河文化（滑县段）。国家级重点文物保护单位 26 处，省级文物保护单位 71 处。其中殷墟遗址是最重要的文物古迹。殷墟遗址距黄河故道仅约 60 公里，作为中国早期文明的诞生地之一，举世闻名的都邑、甲骨文、青铜器、社会制度等辉煌成就已成为黄河文明和中华文明的重要标志。殷商文化上承仰韶、龙山、二里头文化，下启周、秦、汉、唐、宋等重要历史时期，对黄河文化的发展和传承起到了承前启后的重要作用。

（二）鹤壁黄河故道文化遗存

鹤壁市浚县与黄河关系最为密切。黄河于周定王五年（前602）自浚县境内宿胥口改道东北流，至金明昌五年（1194）于阳武（今原阳县）改道南移，在浚县境内流经近1800年，形成故道也已经有820多年。金天会九年（1131），黄河从浚县境内决堤北流，形成新河道；金大定二十九年（1189）在临河决口，水淹临河城。浚县是黄河文化与运河文化融汇之地。卫河（永济渠）浚县段、黎阳仓遗址为大运河世界文化遗产，占河南世界文化遗产总数的28.6%。

大伾山是古黄河的重要坐标，因《尚书·禹贡》所载“禹疏河，东过洛汭，至于大伾”，被誉为“禹贡名山”，大伾山著名的摩崖大佛据说就是为镇黄河而建。东晋大兴二年至永和七年（319～351），后赵主石勒听从西域僧人佛图澄所说，在大伾山东麓凿大石佛一座，高22.29米，以镇黄河，被专家誉为“全国最早，北方最大”的石佛。阳关，即黎阳津，是古黄河重要渡口。金明昌五年（1194）黄河南徙后废弃。浚县境内还有许多故城遗址，其中黎阳故城、临河故城、向固故城等故城遗址是古黄河岸边重要的城镇历史遗存。隋开皇三年（583），朝廷在大伾山北麓置黎阳仓，便利黄河漕运，更是大运河漕运储粮重地。此外，黄河故道还出土了一批瓷器，位置在黎阳镇东杨玘屯村东南约4500米，东距滑县枣村乡阎庄自然村约400米的金堤河（黄河故道断流后形成的河道）河道内。它的东边是黄河故道东大堤，相距约350米；西北是黄河故道西大堤，距离约6000米，出土有94件瓷器，以白釉瓷居多。

浚县文化底蕴丰厚，境内名胜古迹300多处。有全国重点文物保护单位5处，省级文物保护保护单位6处，县级文物保护单位88处。浚县是全省唯一的县级国家历史文化名城，是河南省8个国家历史文化名城之一，也是河南省唯一的县级国家历史文化名城。境内省级以上传统村落较多，现有卫溪街道办事处西街村和白寺乡白寺村国家级传统村落2个，有伾山街道办事处西杨玘屯村等省级传统村落9个，在全省传统村落总数中均占较大比例。

（三）商丘黄河故道文化遗存

商丘位于河南东部，属于典型的黄淮冲积平原，从北宋末年至清咸丰五年（1855）的700多年间，黄河故道流经商丘境内的民权、宁陵、梁园、虞城4个县区，涉及26个乡镇，在商丘境内总长136公里，总面积约1520平方公里。目前，商丘境内保存完好的黄河大堤，长134公里，高10～13米，底宽百米，子河长136公里，河道和堤防保存较为完整，是商丘最大最宏伟的历史景观，记录了商丘700多年的黄河变迁，为现代治黄留下了宝贵经验，是研究黄河变迁和古代治理黄河的活标本，是黄河文化的重要遗迹。商丘黄河故道被国内外旅游界专家赞叹为“古老的水上长城”“迟到的发现”。此外，商丘黄河故道还具有优越的环境资源优势。在黄河故道和背河洼地有200平方公里的湿地资源、172公里长的千年古黄河防洪堤、长136公里18万亩的防护林带。

商丘有近300处国家级、省级和市、县级文物保护单位，其中国家级文物保护单位7处，省级文物保单位39处，市、县级文物保护单位251处。1986年经国务院批准，商丘为全国历史文化名城，其明代归德府城墙和永城芒砀山西汉梁王陵墓群，均被列为国家级重点文物保护单位。商丘古城是全国保存最完好的府城，其内城由青砖砌筑而成，呈方形；外城由黄土筑成，呈圆形，中间为宽阔的护城湖。从高空俯视，外圆内方，形如古铜钱，全国罕见。古城内外还有全国时代最早的天文台遗址——阏伯台、燧人氏陵、唐代大书法家颜真卿晚年书写的八关斋碑、张巡祠、文庙大成殿、明伦堂、壮悔堂以及大量保存完整的四合院。永城芒砀山王陵墓群，规模宏大，分布集中。僖山墓出土了金缕玉衣和大批玉器，汉墓壁画被专家称为“敦煌前的敦煌”，列入1991年“全国十大考古新发现”和“1994年‘八五’期间全国十大考古新发现”。芒砀山主峰上有一处被14座西汉梁王墓所环绕的汉代大型祭祀建筑基址，被评为2006年中国六大考古新发现之一。商丘是孔子的祖籍、庄子的故里，孔子还乡祠、庄周陵园等名胜古迹令人流连忘返。此外，还有清代全国四大寺院之一的白云寺、颜真卿真迹《八关斋会报德记》碑刻、燧皇陵、文雅台、青陵台、庄子墓、三陵台、芒山汉墓群、木兰祠、应天书院等，另外有利民古城、商均墓、仓颉墓、蒙墙寺遗址、癸丘会盟台等历史文化遗迹。

（四）周口黄河故道文化遗存

周口的黄河故道主要是在宋代以后形成的，南宋、元代、明代、民国时期，黄河曾因决口流经周口的淮阳、鄢陵、扶沟、太康、西华、商水、项城等地。尤其是1938年，蒋介石的国民党军队为阻止日寇炸开花园口，黄河随性肆虐，形成了跨越豫皖苏3省44个县的黄泛区。周口的西华、鄢陵、扶沟、淮阳、太康等地尽在其中。

周口市是黄河文化的重要发祥地之一，历史悠久，人杰地灵，名胜古迹较多。有历史遗址238个，墓葬264个，石窟、石刻71个，历史名城1个，古建筑73个，大遗址2个。有周口市关帝庙，淮阳县太昊陵、龙湖、弦歌台，鹿邑县太清宫、老君台、陈抟公园，西华县女娲城，项城市袁世凯故居、南顿故城，商水县叶家大院，沈丘县至元清真寺、李鸣钟故居，扶沟县吉鸿昌将军纪念馆、大程书院、支亭寺，郸城中原民俗文化园等16个主要景区。其中太昊伏羲陵属国家文物保护单位，是“寻根问祖旅游热线”的必至景点。

三　关于弘扬河南黄河故道文化的建议

河南省的黄河故道从形成时间上看跨度很大，从殷商时期一直延续到民国时期；从所经区域而言，涉及河南省一半地市，面积甚广。在漫长的岁月中，这片辽阔的土地见证了黄河自远古到现代的变迁，也见证了中华民族与黄灾抗争的不屈不挠的精神。同时，黄河在这里遗留下一连串不可磨灭的印迹，在这里诞生的黄河故道文化天然与黄河文化有着割不断的联系，有着不容忽视的历史价值与文化价值。为了更好地弘扬黄河文化，也为了黄河故道所经地市更有能力担负起弘扬黄河文化的重任，特提出以下建议。

（一）将黄河故道所经地市纳入黄河流域生态保护与高质量发展国家战略重点规划范围

黄河故道所经地市与黄河的关系，和沿黄各地市与黄河的关系极为相似，所不同者，只是它们与黄河的近距离接触已成为历史。而黄河留给这些地市的丰厚的馈赠与无情的损害都沉淀成永不磨灭的记忆，浓缩在已经被发现或依旧湮没无闻的文化遗存中，成为博大厚重的黄河文化不可分割的一部分，黄河故道所经地市因此也肩负着弘扬黄河故道文化的重大历史使命。而且，黄河故道所经地市与沿黄各地市面临着同样的生态保护的困境与如何高质量发展的问题。目前，黄河流域生态保护与高质量发展已经上升为国家战略，也为这些地市带来了难得的机遇，不少地市也表现出强烈的希望融入这一国家战略的意向，并开始对如何弘扬黄河故道文化进行了思考。因此，希望能将已经不属于沿黄地市的其他黄河故道所经地市，也一并纳入黄河流域生态保护与高质量发展国家战略规划范围。

（二）对河南黄河故道的文化遗存进行核查与保护

由于目前河南黄河故道文化遗存分散，建议对河南黄河故道文化遗存进行全面核查登记，建立专门的数据库，以便摸清家底。建议省市设立专项基金，用于对黄河故道文化遗存的保护。黄河故道旧堤作为黄河故道的标志性建筑亟待修复保护，比如武陟至馆陶一线的黄河故道，或断或续，有的遭到破坏，有的被风沙掩埋。滑县与黄河故道文化有关的双龙潭、宣房宫、瓠子堤、黎阳津、白马津等文化遗存有的因缺乏保护而荡然无存，现存的也存在不少安全隐患，且文物保护级别太低。这些现象在各地黄河故道文化遗存保护中大量存在，希望能提高保护级别，调拨充足的维修保护款项予以保护。

（三）组织专业力量研究并传播河南黄河故道文化

河南黄河故道是黄河历史的见证者，黄河故道文化是河南黄河文化的重要组成部分，传承弘扬黄河文化，离不开对黄河故道文化的深入认识。因此，建议组织专门的科研力量进行整体深入的探讨。首先，考察河南黄河故道的变迁史，虽然已经有《黄河变迁史》《黄河故道考辨》等专著问世，但是仍有很多悬而未决的问题，需要结合考古工作，在实地考察的基础上进一步探索。其次，对河南黄河故道文化进行深入研究。厘清河南黄河故道文化与河南黄河文化、黄河文化及全国黄河故道文化的关系，总结黄河故道文化的丰富内涵与独特价值，确定黄河故道文化在黄河文化及中国古代文明中所占的位置。再次，通过举办“河南黄河故道高层论坛”、出版“河南黄河故道文化丛书”、拍摄河南黄河故道宣传片、制作河南黄河故道短视频等多种途径，深度宣传弘扬河南黄河故道文化的优秀成分，提高河南黄河故道的知名度与美誉度，使黄河故道文化作为黄河文化的特殊组成部分在新时代发扬光大。

（四）研究黄河故道文化内涵，提炼黄河故道文化精神

黄河故道文化与黄河文化一样，既有精华，又有糟粕，不能简单地全盘接受。应该先组织科研力量，深入研究黄河故道文化的丰富内涵，区分哪些是腐朽的、落伍的、不符合社会主义核心价值观与当代人文精神的因素，哪些是具有时空穿透力的，至今还有着强大生命力的因素，然后取其精华，弃其糟粕，提炼出符合社会主义新时代特点的黄河故道文化精神，并将黄河故道文化精神通过各种途径传播开来。有条件的地市，也可以将黄河故道文化精神融入城市文化建设中，以此涵养独特的城市文化气质，提升城市形象。

B.18

濮阳市保护传承弘扬黄河文化调研报告

周　颖*

摘　要：　濮阳是黄河孕育的城市。“颛顼遗都”“帝舜故里”“中华帝都”“华夏龙都”“中国杂技之乡”“中国孝道之乡”“孔子的第二故乡”“张姓祖根地”等彰显着濮阳黄河文化资源优势。濮阳在保护传承弘扬黄河文化工作中，依据濮阳黄河文化体系的不同类别，比如文化遗址、农耕文化、宗教文化、民间文化、文学艺术、红色文化、孝道文化、姓氏文化等，强化顶层设计，规划发展“一核两带四片区”新格局。谋划五大工程，积极推进黄河文化保护传承弘扬工作。

关键词：　濮阳　黄河文化　文旅产业

濮阳是黄河孕育的城市。保护传承弘扬黄河文化，濮阳工作体现两大特色，一是顶层设计彰显文化资源优势，二是谋划项目注重体系化发展。研究濮阳黄河文化的保护传承弘扬，有利于深入贯彻落实习近平总书记在黄河流域生态保护和高质量发展座谈会上的重要讲话精神，有利于贯彻落实省委省政府关于做好黄河文化保护传承弘扬工作的指示精神。

* 周颖，河南省社会科学院文学研究所副研究员，研究方向为文化产业与“三农”问题。

一 濮阳黄河文化资源优势

濮阳因位于濮水之阳而得名。濮水是黄河与济水的支流，后因黄河泛滥被淤没。黄河在濮阳流经的地区有濮阳县、范县、台前县等，共 167.5 公里，另有清丰县、南乐县、开发区等是黄河故道途经地区。黄河对流经地区的自然生态、生产、生活等产生了深刻的影响，留下了丰富的文化遗产和生动的黄河故事，影响了濮阳的文明进程。"颛顼遗都""帝舜故里""中华帝都""华夏龙都""中国杂技之乡""中国孝道之乡""孔子的第二故乡""张姓祖根地"等彰显着濮阳黄河文化的资源优势。濮阳黄河文化体系，主要包含了文化遗址、农耕文化、宗教文化、民间文化、文学艺术、红色文化、孝道文化、姓氏文化等。

从文化遗址看，至目前，濮阳市共有各类不可移动文物 918 处。其中，国家级文物保护单位 8 处，分别是戚城遗址、唐兀公碑、冀鲁豫边区革命根据地旧址、西水坡遗址、卫国故城遗址、史官遗址（仓颉陵）、回銮碑、晋冀鲁豫野战军指挥部旧址；省级文物保护单位 26 处，分别是马庄遗址、程庄遗址、铁丘遗址、咸城遗址、暇丘遗址、丹朱墓遗址、蒯聩台遗址、子路墓、王崇庆墓、宋耿洛汉墓群、南霁云墓、南乐文庙、濮阳四牌楼、普照寺大雄宝殿、八里庙治黄碑刻（含镇河铁兽）、魏氏墓碑、濮阳天主教堂、濮阳基督教堂（含华美中学旧址）、清丰火车站旧址、卫河县抗战烈士陵园、晋冀鲁豫野战军渡黄河纪念地、华野濮阳整军司令部旧址、中共直南特委旧址、清丰抗战烈士祠、丁鉴塘烈士碑、汪洋烈士故居；市、县级重点文物保护单位 884 处。从宗教文化看，濮阳出土了三组仰韶时期蚌塑龙虎图，刻画了"骑龙升天"、"百兽率舞"和"凤凰来仪"三个宗教祭祀场面，反映了原始宗教文化的整体。从思想文化看，孔子儒家思想成熟于濮阳，濮阳是孔子的第二故乡；法家思想源于濮阳，法家始祖李悝、法家主要代表人物商鞅都是濮阳人；孝和文化根在濮阳，濮阳是我国孝道文化之乡。《孝经》树起的最早典型帝舜、闵子骞都是濮阳人，我国唯一以孝子名字命名的县是位于河南濮阳的清丰县。从民间文化看，杂技是濮阳的另一文化名片。濮阳杂技在三国时期即有雏形，元末明初兴起，清朝兴盛，红极一时的东北庄村乔家班曾代表清政府出国演出。濮阳市被中国杂技艺术家协会授予“中国杂技之乡”称号。从水文化看，濮阳有黄河河道 167.5 公里，黄河大堤 151 公里，“二级悬河”133 公里，引黄入冀补淀工程 84 公里，有“亚洲第一分洪闸”、引黄入冀补淀渠首和 3 个国家水利风景区。从文学艺术看，传唱着大平调、大弦戏等国家级非物质文化遗产。与此同时，黄河故事广为流传，诸如汉武帝“瓠子堵口”“高超治水”“秦始皇跑马修金堤”等。从红色文化看，濮阳国家级文物保护单位有颜村铺革命旧址、单拐革命根据地旧址，省级文物保护单位有晋冀鲁豫野战军渡河纪念地、卫河县抗战烈士陵园、华野濮阳整军司令部旧址、晋冀鲁豫野战军指挥部旧址、清丰抗战烈士祠、中共直南特委旧址等。清丰县双庙乡单拐村是其中的代表。单拐村是国务院公布的第二批 100 处国家级抗战纪念设施、遗址。这里曾是抗战时期冀鲁豫边区的政治、军事指挥中心，诞生了我军兵工史上第一门大炮，被称为“中原红都”。以单拐、孙口为主要景点的“千里跃进游”被河南省旅游局确定为河南省红色旅游推荐线路。

二　濮阳保护传承弘扬黄河文化的现状

2020 年新冠肺炎疫情给人们的生产、生活带来很大的影响，濮阳市委市政府积极应对，危中求机，在黄河文化保护传承弘扬工作中，科学谋划，务实推进黄河文化保护传承弘扬工作。

（一）顶层设计规划发展新格局

为高效开展黄河文化保护传承弘扬工作，濮阳市委市政府首先进行规划编制，强化顶层设计。在实地调研和反复研讨的基础上，编制了《黄河文化保护传承弘扬规划》（以下简称《规划》）。《规划》是对濮阳黄河文化保护传承弘扬的顶层设计，为濮阳开展黄河文化保护传承弘扬工作，提供了行动依据和有效保障。《规划》依据濮阳本地特色文化资源优势，大力推进文化旅游强市战略，制定了“一核两带四片区”的发展新格局。“一核”，即以历史文化资源为依托，以市中心城区、濮阳县城区为重点，打造具有全国影响力的龙文化、杂技文化核心展示区。“两带”，即以黄河、金堤河自然生态为依托，建设濮范台黄金生态旅游带；以马颊河、引黄入冀补淀工程沿线生态资源、农业资源为依托，建设濮清南乡村旅游示范带。“四片区”，重点建设上古文化展示区、杂技文化示范区、红色文化传承区、现代体育体验区。

（二）统筹推进谋划实施五大工程

为务实推进黄河文化保护传承弘扬工作，濮阳依据濮阳黄河文化体系的不同脉线，通过历史与现实的对接，科学定位，实施五大工程，积极谋划了一批濮阳黄河文化重点项目。

1. 实施龙文化引领带动工程

依据濮阳黄河文化文明遗址线，实施龙文化引领带动工程。（1）全力打造龙文化品牌。濮阳深入挖掘龙文化的内涵——中华民族的图腾，聚焦自身的特色优势资源——“中华第一龙”的出土地，打造“华夏龙都”。依托西水坡遗址，深入挖掘龙文化独特内涵和时代精神，配套建设以龙文化为内涵的城市主题公园，举办中华龙文化节和龙文化论坛，打造“中华龙源”景区，营造浓厚的龙文化氛围，使其成为濮阳的城市文化标识，成为濮阳文旅发展的不竭动力。（2）建设濮阳历史文化核心展示区。推动高城遗址、瑕丘遗址考古挖掘，做好上古文化主题公园建设研究工作。充实戚城文物景区卫文化内涵，打造春秋文化集中展示区。加强唐兀公碑保护利用，建设西夏民族风情园。引进战略投资，实施濮阳县古城（明清四街）恢复工程，综合提升回銮碑、八都坊等景点，建成澶州署衙，将濮阳的传统名吃、传统工艺、传统戏曲等非物质文化遗产嵌入明清四街。结合西水坡遗址、挥公园、帝舜宫、五代城墙等，形成展示濮阳历史文化的集聚地。（3）弘扬区域特色文化。清丰依托“孝道之乡”的特色资源优势，挖掘孝文化的时代内涵，建设中华孝道文化园，打造全国孝道文化名县。南乐依托史官遗址，提升仓颉文化旅游景区建设水平，深入研究发掘中华民族字根文化，增强文化感召力。范县依托板桥文化，建设板桥古镇。台前依托黄河、京杭运河，建设治黄保运文化公园和运河小镇。

2. 实施杂技体育融合创新工程

依据濮阳黄河文化体系的民间文化脉线，实施杂技体育融合创新工程。（1）建设“世界杂技之窗”。濮阳有“中国杂技之乡”的美称，依托此民间文化资源，建设世界杂技之窗，实施国家级大马戏院、杂技小镇、主题乐园等重大项目，形成集文化博览、旅游观光、拓展体验、休闲度假、娱乐购物、特色餐饮、巡游演艺等多功能于一体的高端文化园区。加强与中国文联、中国杂技家协会合作，举办国际杂技艺术节、中国杂技艺术节、世界杂技产业博览会、全球杂技论坛等业内高端活动，搭建杂技文化交流国际化平台，发展总部经济，打造全球杂技艺术展演中心、交易中心和人才中心，形成杂技产业集聚地，建成享誉中外的东方杂技之都。（2）拉长加粗杂技产业价值链。一是向价值链高端迈进，实施城市会客厅提质、《水秀》剧目迭代升级等项目，提升濮阳国际杂技文化产业园品质，以品质提升实现价值增值。二是涵养产业根基，实施中原杂技博物馆和野生动物园提升、大集古镇扩建、华夏神木博物馆运营等项目，丰富东北庄杂技文化园内涵，建设杂技文化生态保护实验区，建设娄昌湖乡土杂技特色村、梅庄特色村，以完善产业链实现价值最大化。三是延展产业链条，提升综合效益。一方面，依托濮阳杂技艺术学校，大力发展杂技教育，另一方面，依托国内国际资源，拓宽杂技产业发展空间。（3）融合杂技与相关产业，大力发展极限运动。重点发展小轮车、滑板、冲浪、攀岩、街舞、跑酷等奥运会、全运会竞技项目。通过与国家体育总局社会体育指导中心、中国自行车运动协会、国际自行车联盟等深度合作，承接国家级极限运动综合赛事，承办滑板、小轮车等项目世界杯、国际公开赛、世界锦标赛、亚洲锦标赛等国际奥委会、中国奥委会官方赛事，把濮阳建设成国内外知名的极限运动目的地。着力打造具有自主知识产权的体育竞赛表演品牌，鼓励、支持、引导极限运动体育社会组织创办全省、全国资格赛、积分赛、公开赛，培育濮阳体育产业新动能。

（4）延长、丰富相关产业链条，增加中国（清丰）极限运动基地的附加值。一是吸引滑板、冲浪、攀岩等奥运项目国家集训队在濮设立训练基地，建设体育总局认定的极限运动国家综合性训练基地。二是完善自由式小轮车国家队训练点配套服务，建成市体校综合训练馆（自由式小轮车国家队训练馆），为自由式小轮车国家队长久落户濮阳创造条件，打造自由式小轮车之都。三是完善城市公园、生态湿地、森林绿道体育运动功能，命名、建设一批以轮滑、滑板、小轮车、跑酷、街舞、摩托车、铁人三项、定向越野等项目为内容的体育主题公园。四是实施滑板轮滑进校园工程，搞好试点，逐步向全市中小学推广。五是充分发挥全国唯一、全球最大的人工冲浪池优势，支持清丰县打造国家冲浪主题公园，培育冲浪品牌。（5）促进杂技体育旅游深度融合。推动杂技艺术学校“一校双培”，在做好杂技人才培养的同时，做优小轮车、滑板、轮滑、滑冰等特色专业，加大自由式小轮车项目选材力度，建设国家级专业梯队。推动杂技艺术展示与极限运动表演的嫁接融合，支持杂技企业、杂技从业者发展小轮车、滑板、轮滑、斯篮搏等项目，鼓励世界杂技之窗项目设置极限运动板块，支持清丰加快建设以极限运动为特色的文化旅游体育综合体。实施城市品牌战略，努力打造极限运动名城，加快建设国家级冰雪项目跨界跨项选材基地和杂技体育融合创新发展实验区，推动杂技体育旅游深度融合。

3. 实施中原红都品牌建设工程

依据濮阳黄河文化体系红色文化脉线，实施中原红都品牌建设工程。（1）建设冀鲁豫红色文化传承区。濮阳是冀鲁豫边区革命根据地政治、军事中心，是中共中央北方局所在地。发挥红色资源优势，以中央推进革命文物集中连片保护利用为契机，以全国红色经典旅游景区提质为抓手，恢复单拐革命旧址历史生产生活场景，加强历史文化街区保护，成立濮阳市冀鲁豫抗战研究会，推动冀鲁豫边区革命根据地旧址纪念馆创建国家 AAAAA 级旅游景区。实施冀鲁豫边区革命根据地旧址（范县颜村铺）整体提升工程，保护修缮冀鲁豫边区后方医院、边区报社、兵工厂、边区银行等，再现边区革命历史风貌；做好晋冀鲁豫野战军指挥部旧址（范县白衣阁）保护利用。传承红色基因，叫响中原红都品牌。（2）挖掘红色文化资源。精心整理大革命时期濮阳市第一个党组织——佛善村支部纪念地；土地革命时期中国共产党领导的十万盐民斗争；抗日战争时期恢复与巩固冀鲁豫根据地的八公桥战斗，以人民群众血肉之躯筑成的抗日铜墙铁壁——千口抗日武装联防区旧址；解放战争时期朱德、陈毅、粟裕华东野战军濮阳整军旧址，刘邓大军强渡黄河纪念地；新时期吃亏奉献、淡泊名利、爱岗敬业、创新实干的“三李精神”等红色资源。建立红色基因库，编制实施全市红色文化保护传承弘扬专项规划，建设一批红色旅游项目。

4. 实施黄河生态文旅工程

依据濮阳黄河文化体系水文化脉线，实施黄河生态文旅工程。（1）实施生态旅游。一是打造濮范台黄·金生态旅游带。主要项目有：濮阳县的引黄入冀补淀水源地生态游览区、渠村分洪闸游览区、黄河防洪博物馆、黄河文化广场等项目；范县的黄河湿地公园、毛楼黄河文化纪念馆、“三色黄河湾”、黄河森林公园、黄河生态度假村等项目；台前县将军渡黄河风景区，包括红色文化游览区、黄河湿地风光带、月亮湾度假区等项目。二是实施黄河滩区生态保护修复工程。主要项目有：黄河滩区旅游公路提升改造、黄河大堤（生产堤）马拉松、自行车、健身步道等运动项目设施建设、金堤河生态廊道建设等，重点建设濮阳县金堤河国家湿地公园、台前县金水国家湿地公园等，形成“两河”生态体验休闲观光带。（2）讲好黄河故事。传承历史文脉，加强黄河文化研究，活化黄河文化遗产。发掘汉武帝“瓠子堵口”重大历史事件价值，加强遗址保护利用，弘扬中华民族不屈不挠的“治水”精神。整理北金堤2000多年防洪史，加快实施北金堤申遗。整理解放战争时期冀鲁豫黄河故道管理委员会在濮实施“黄河归故”历史，宣传中国共产党开启黄河治理的丰功伟绩。加强“亚洲第一闸”、青庄险工等重大黄河水利工程历史作用的宣传，彰显濮阳黄河水利工程价值。实施文化精品工程，创作《黄河红帆》《黄河人家》等剧目。打造中华文明溯源之旅、大河风光体验之旅、治黄水利水工研学之旅，构筑黄河文化高地。

5. 实施全域旅游建设工程

依据濮阳黄河文化体系农耕文化脉线，实施全域旅游建设工程。

（1）发展乡村旅游。建设濮清南乡村旅游示范带，以引黄入冀补淀工程、马颊河为轴，沿线建设濮阳县公西集文化村、刘吕邱荷花村、西辛庄新农村，开发区冯寨香瓜村、丁寨草莓村、乜村鲜切花村，示范区班家小镇，清丰县顿丘农庄、赵家村食用菌村，南乐县赵庄黄桃村、古寺郎胡萝卜村、岳村集快乐老家等特色旅游村，串珠成线，打造乡村旅游精品线路。以示范带为引领，以点带面，创建乡村旅游示范县（市、区）、生态旅游示范乡（镇）、乡村旅游特色村，促进传统乡村旅游升级，到2022年，基本形成乡村旅游发展体系，培育乡村旅游品牌，每个县（区）创建1个河南省特色生态旅游示范镇、1个河南省休闲观光园区，每个乡（镇）创建1个河南省乡村旅游特色村。支持鼓励各县（区）争创省级金牌农家乐、田园综合体、乡村研学基地、乡村养生养老基地。（2）丰富文旅业态。发展非遗旅游。以创建国家级（濮阳）传统戏剧文化生态保护实验区为引领，实施非遗进景区工程，开发濮阳非遗产品，建设一批非遗展示馆、传习所和非遗工坊，创建非遗文化传承体验基地，展示非遗文化的独特魅力。发展夜间经济。以创建文化和旅游消费试点示范城市、夜间文旅消费集聚区为引领，实施重点商圈、生活圈夜景亮化；鼓励水秀宴、大集古镇、濮阳老城等举办夜间美食节；举办夏季城市极限运动音乐节、冬季灯光秀，繁荣夜经济。发展博物馆经济。综合提升市博物馆、中原杂技博物馆、仓颉文化博物馆，规划建设中原石油博物馆、上古文化博物馆、弓箭博物馆，支持三棵树美术馆、濮阳纺织文化博物馆、仁德红木博物馆、黄河民俗博物馆等民营博物馆建设。发展庙会节庆经济。办好世界张氏宗亲大会、龙文化节、仓颉庙会、瑕丘堌堆庙会、台前县后店子庙会等传统节会，丰富元宵赏花灯、端午赛龙舟、中秋赏月等传统文化活动。（3）发展智慧文旅。把智慧旅游融入智慧城市，依托市大数据中心和A级景区建设“一中心多平台”。开发景区云上游、云上博物馆等线上旅游服务，加快5G基站建设和场景应用，引导演出、文化娱乐、景区景点等场所广泛应用互联网售票、二维码验票，提高票务预订、停车收费、导游导览等服务的智能化水平。到2022年，AAAA级以上景区全部达到钻级智慧景区标准。推动移动支付在文化和旅游行业应用，扩大移动支付覆盖面；文化和旅游消费场所互联网售票和4G/5G网络覆盖率超过90%。

三　对策建议

摸清家底、理清思路、谋划项目为濮阳黄河文化的保护传承弘扬打下了坚实的基础，但要实现预期效果，还需要统筹协调，多方合作，务实推进。

（一）统筹完善相关政策法规

濮阳黄河文化保护传承弘扬项目在实施落地过程中，离不开区域合作。要实现项目谋划一盘棋，需要把谋划纳入国家、省的大盘子中去，加强与省文旅厅、兄弟地市的沟通联系，加强统筹。一是濮阳《黄河文化保护传承弘扬规划》编制，要与国家、省规划实现有效结合和深入契合。鉴于国家、省规划暂未公布，为避免在重要工作部署和项目谋划中出现偏差，建议召开规划通气会、说明会等，确保一体化运作。二是濮阳《黄河文化保护传承弘扬规划》的实施，要与濮阳文化旅游“十四五”规划紧密结合，要出台《市委市政府关于建设文化旅游强市的意见》《濮阳市文化旅游发展规划》《文化旅游发展三年行动实施方案》，明确当前和今后一个时期濮阳文化旅游特别是黄河文化旅游发展的指导思想、总体目标和具体任务等，实现无缝对接。

（二）创新形式助力讲好黄河故事

濮阳黄河文化资源特色鲜明、优势明显。濮阳黄河文化挖掘还存在不深入和不到位现象。保护传承弘扬黄河文化，要深化使命担当，传承历史文脉，既要深入挖掘文化内涵，又要善于表现文化精神。要全域排查搜集挖掘黄河文化，编好黄河文化资源库，凝练黄河精神，讲好黄河故事。要运用多种艺术形式表现、传承、弘扬黄河文化，广泛组织摄影家协会、书法家协会、美术家协会、音乐家协会、演讲朗诵学会、作家协会、诗词协会、时代杂志社等专业艺术团体创作采风，拍黄河、写黄河、画黄河、唱黄河；打造中华文明溯源之旅、大河风光体验之旅、治黄水利水工研学之旅，构筑黄河文化高地。

（三）深挖文化内涵提升项目品位

保护传承弘扬黄河文化，要理清黄河文化的内在联系，构建黄河文化网状体系。在项目运作上，要强化文化内涵挖掘。比如，建设濮阳黄河文化传承基地（濮阳黄河防洪博物馆）项目，展示濮阳黄河历史变迁、濮阳治黄史、抗洪救灾史、沿黄文明发展史、人民治黄伟大成就等，提升濮阳黄河国家水利风景区品位，形成集渠村分洪闸、濮阳黄河法治文化广场、濮阳黄河文化传承基地和引黄入冀补淀渠首闸于一体的包含景点观光、黄河文化传承弘扬、法治宣传、教育培训、水资源开发利用和生态保护多种功能的大型综合体。建设濮阳黄河文化展览馆项目，展示濮阳黄河发展及防汛历史、防汛抗洪抢险工器具、防汛抗洪抢险技术及工法等。依托黄河大堤、险工、引黄涵闸等水利工程，以水利部首席技师林喜才工作室和河南省水利科普教育基地为平台，充分挖掘与此相关的资源，建成一个集文化、生态、休闲、教育于一体的主题突出、特色鲜明、环境幽雅的文化展馆，不断传承弘扬黄河文化和防汛抢险技能。

（四）加大黄河文化的宣传和教育力度

黄河文化是中华民族的根和魂，保护传承和弘扬濮阳黄河文化是每一个濮阳人的分内之事。为此要加大对黄河文化的宣传和教育力度，让人民群众熟知黄河故事，弘扬黄河精神，支持黄河事业，传承黄河文化。要有主题、有计划、多渠道、全方位、系统性地宣传濮阳黄河文化，深化全社会对黄河文化的认知，擦亮濮阳“黄河之魂”品牌。诸如组织“大河奔腾”“共护母亲河同唱幸福歌”集中采访活动、“中国梦·黄河情”网络主题宣传活动、“我的黄河我的家”主题采风活动等，制作推出反映濮阳黄河文化的专题片，全媒体传播濮阳黄河文化，讲述濮阳黄河文明史，展示濮阳黄河文化成就。主动对接文化遗产研究机构、保护协会以及各类合作组织，谋划濮阳黄河文化展览，联合黄河沿线城市举办黄河精品文物展览，策划组织各类黄河文化主题宣教活动。统筹利用周边历史遗存，如黄河堤防和纪念馆、旧址等爱国主义教育基地，开展丰富多彩的文化教育体验活动，推动黄河文化进社区、进校园、进企业。积极探索黄河流域文物活化利用的新途径、新方法，加强传播平台建设，推出具有推广示范价值的文物遗产保护、黄河文化解读展示项目。加强黄河主题文化文艺作品创作，组织文艺工作者深入沿黄地区进行专题采风，开展“写黄河、说黄河、画黄河、唱黄河、拍黄河”等系列文艺创作活动，开展黄河生态文化影像名片创作行动，推出一批黄河题材文艺和出版精品。依托杂技、戏剧等资源，推出具有黄河文化特点，体现地域文化的原创文化旅游演出剧目，扶持品牌实景演艺剧目、歌舞剧目，形成广泛知名度和影响力的文艺演出品牌，以高水准的黄河艺术精品奉献人民，用生动的形式讲好濮阳多彩“黄河故事”。

（五）加强资本运作

黄河文化保护传承弘扬离不开资金的支持，建议设立黄河文化保护传承弘扬专项资金，以贴息、补贴、奖励、政府采购等方式，扶持重点文化企业和文化产业项目；尽快出台《濮阳市文化产业发展专项资金使用管理办法》，对重点文化企业上市、重点文化企业建设及重大文化项目推进等给予一次性奖励；出台政策，鼓励、促进和扶持优质文化企业多渠道改制上市融资。通过资本运作，助力黄河文化项目落地落实。

B.19
新乡市推动生态保护和弘扬黄河文化研究报告

河南省社会科学院文学研究所课题组*

摘　要： 2017年初，新乡市提前谋篇布局，将新乡定位为“黄河岸边的山水园林、郑州大都市区的生态绿核、郑新一体的生态纽带、高质量发展的示范区、乡村振兴的实验区、黄河文化的传承创新样板区”，在全省较早启动了沿黄生态带建设，走在了全省的前列。在黄河流域生态保护与高质量发展上升为国家战略后，新乡市在深入调研的基础上做出全面规划部署，确立了“生态保护优先、黄河安澜为重、集约节约用水为要、高质量发展为核、传承弘扬黄河文化为魂”的工作总基调，全面推进新乡市生态保护和弘扬黄河文化，在生态保护、文旅产业和黄河文化的传承与弘扬三方面实绩显著。

关键词： 新乡市　生态保护　弘扬黄河文化

在河南省沿黄8个省辖市中，新乡市是黄河滩区面积最大、滩区人口最多、河道断面最宽的地市。生于斯长于斯的新乡人民自古就与黄河结下了解不开的厚缘，既得黄河水的慷慨哺育而生生不息，又屡因黄河的旱涝灾害而

* 课题组组长：李立新；成员：杨波、靳瑞霞、孔令环；执笔：孔令环。

流离失所。新乡与黄河这种天然形成的密切联系，造就了新乡市在河南省贯彻落实黄河流域生态保护与高质量发展的国家战略中的突出地位，是保障黄河河南段长久安澜的主力。可喜的是，新乡在全省较早启动了沿黄生态带建设，走在了全省的前列，已经积累了一些宝贵的经验，在黄河流域生态保护与高质量发展上升为国家战略后，新乡市在深入调研的基础上做出全面规划部署，开始着手谱写新的壮美篇章。

一　新乡市黄河流域概况

黄河素有“铜头铁尾豆腐腰”之称，而新乡正处于“豆腐腰”最纤细的地带。黄河现流经新乡市平原示范区、原阳县、封丘县和长垣市（历史上也曾流经新乡县、延津县）四区县，西与焦作市武陟县接壤，东与濮阳市濮阳县毗邻，全长 170 公里，流域面积 4100 平方公里，占市域面积的 49.7%。黄河的一级支流天然文岩渠，发源于焦作市武陟县张菜园村，分南北两支，南支为天然渠，北支为文岩渠，流经新乡市境内的原阳县、延津县、封丘县至长垣县大车集合流成天然文岩渠，于濮阳县渠村乡三合村渠村分洪闸南端汇入黄河。新乡市的黄河滩区位于黄河下游上首的左岸，涉及原阳、封丘、长垣 3 县的 15 个乡镇，429 个行政村，71.23 万亩耕地，51.9 万人。其中原阳县紧邻黄河，黄河滩区面积 964 平方公里，拥有黄河湿地 6.13 万亩，是全省滩区面积最大的县，也是新乡市唯一全域在黄河流域的县。

黄河是个有着丰厚文化底蕴的大河，孕育出了牧野大地上光辉灿烂的文明。新乡市沿黄区域内有着丰厚的文化遗存。物质文化遗产方面，沿黄区域内共有全国重点文物保护单位 2 处、省级 13 处、市县级 156 处，其中与黄河文化关系密切的国家级文物保护单位 1 处（玲珑塔），省级 4 处（东岳庙、黄池会盟故城、学岗堂圣庙、夏家院民居），市级 3 处（毛遂故里遗址、使君祠、古博浪沙遗址），县级 7 处［息氏墓（祠）、官渡战场遗址、黄河金堤遗址、大王庙遗址、龙王庙、重修河渎庙拜厦碑、阎实口碑］。非物质文化遗产方面，有省级非遗项目 9 项、市级 39 项、县级 186 项，省级非遗代表性传承人 12 人、市级 23 人、县级 177 人。[①]

2017 年初，新乡市提前谋篇布局，将新乡定位为“黄河岸边的山水园林、郑州大都市区的生态绿核、郑新一体的生态纽带、高质量发展的示范区、乡村振兴的实验区、黄河文化的传承创新样板区”，把黄河流域生态保护和高质量发展与郑新一体化、城乡融合、县域治理、乡村振兴等多篇文章一起做，谋划沿黄生态带建设。2019 年 5 月审议通过《新乡市沿黄生态带发展规划》，统筹布局滩区内路、水、林整体网络体系。规划区处于郑州大都市区核心范围内（50 公里半径），是郑新融合发展、郑州大都市区、中原城市群建设的重要节点，总面积 1262 平方公里，包含 21 个乡镇 504 个村庄，52 万人口。其中涉及搬迁的有 91 个村。该规划旨在把黄河带打造成为集产业发展、生态观光、文化旅游、休闲农业于一体的沿黄生态带，并依托这条产业带，打造新乡经济发展新的增长极和全面对接郑州组合型大都市区的重要平台。这种围绕黄河做文章的整体布局思路与今年的黄河流域生态保护和高质量发展国家战略不谋而合，在推动黄河流域生态保护和高质量发展中占得了先机。

2019 年，新乡市将沿黄滩区 120 平方公里划分为西部综合整治试点区、东部美丽乡村示范区、中部生态活力区，有序实施综合治理建设。其中 58 平方公里滩区西部片区综合整治试点，已纳入省级全域土地综合整治试点范围，被省政府作为黄河滩区综合治理提升试点工程写入工作要点。以花园、菜园、果园“三园”建设为目标，以“1123”工程为抓手（即“1”：20 公里黄河金堤；“1”：百公里花果观赏大道；“2”：7000 亩“两棠”湖泊湿地，7000 亩“金溪谷”山水林田湖草样板田；“3”：3 万亩优质桃园，万亩“未来果树示范基地”，万亩油菜花田），全力推进农业结构调整，实施生态廊道建设工程，本着保护、开发、利用原则，重点建设原武古镇生态旅游综

① 新乡市文化广电和外事旅游局保护传承弘扬黄河文化调研汇报材料。

合体项目。[①] 新乡市平原区之所以被列为河南省沿黄生态廊道试点之一，正是因为新乡市已经有了良好的基础。

二　新乡市推动生态保护和弘扬黄河文化的整体规划与进展情况

习近平总书记在《在黄河流域生态保护和高质量发展座谈会上的讲话》中指明了黄河流域生态保护对中国政治、经济、文化、社会建设的重要意义，黄河流域生态保护和高质量发展正式上升为国家战略。2020 年 1 月，在中央财经会议上，习近平总书记强调，要大力弘扬黄河文化。新乡市深入学习贯彻习近平总书记重要讲话精神，在已有的基础上，全面推进新乡市生态保护和弘扬黄河文化。

所谓流域，不仅仅是单纯的地理概念，正如《流域环境经济学：一个新的学科增长点》一文所说："流域是从河流的源头开始到河口结束，由分水线所包围的集水区域。是以水为核心，由水、土地、生物等自然要素与社会、经济等人文要素组成的环境经济复合系统。"[②] 自然要素和人文要素之间相互联系、相互影响、相互依存，具有系统性、整体性的特征。因而，黄河流域的生态保护、绿色经济的发展与黄河文化的传承与弘扬是休戚相关的一盘"棋"，需要从全局出发去统筹谋划。为此，新乡市确立了"生态保护优先、黄河安澜为重、集约节约用水为要、高质量发展为核、传承弘扬黄河文化为魂"的工作总基调。

（一）生态保护

防洪是治黄的第一要务，黄河新乡段泥沙淤积严重，槽高、滩低、堤根

① 《项目引领，沿黄生态建设奏响最强音！平原示范区 2019 年成绩单出炉》，http：//www. pingyuanxinqu. gov. cn/sitesources/pyxq/page _ pc/pyyw/article2e27b3f49366446d8bb4490fbb7438f2. html。

② 冯慧娟、罗宏、吕连宏：《流域环境经济学：一个新的学科增长点》，《中国人口·资源与环境》2010 年第 3 期。

洼，泄洪不畅，主流摆动频繁，极易发生斜河、横河，危及堤防安全。新乡区域在历史上灾患严重，是黄河下游河道变迁最为频繁的河段之一。在黄河下游26次大改道中，决口地点直接发生在这一地区的就有8次。新中国成立后，黄河新乡段逐渐得到了较好的治理，尤其是近年来效果显著，在堤防上先后完成树木种植3.72万亩，近400万株，完成草皮种植面积3.65万亩，建设景点10余个，使218公里的堤防在保障防洪防涝的前提下又增添了美的成分，成为赏心悦目的“生态景观线”和“绿色长廊”。“十三五”期间，新乡黄河防洪工程建设再次批复了堤防加固55.9公里，堤防道路172.2公里，防浪林15.7公里，至“十三五”末本期防洪工程建设结束后，新乡标准化堤防建设将宣告全部完成。

新乡市平原示范区的成绩尤为突出。平原示范区滩区岸线26公里，滩区面积126平方公里，占全域面积的1/3，辖两个乡镇（桥北乡、韩董庄镇）49个村，涉及10万群众。与郑州核心城区呈左右岸分布，被誉为“黄河下游第一滩”。平原示范区积极探索“三滩”分治的模式，按照黄河勘测规划设计研究院的思路，对现有滩区进行结构性改造，构建“高滩森林生活区、二滩农文旅生产区、嫩滩生态湿地区”的空间格局：自然滞洪形成的嫩滩加强保护，使之成为湿地保育、滩绿水清的生态空间；改造并合理布局中滩，使之成为大美田园、农科文旅等方面的发展空间；加固拓宽黄河大堤形成高滩，使之成为安迁宜居、活力双创的生活空间。① 平原示范区还先后在滩区实施了百里生态廊道、滨河生态湿地、未来时光果园、中原植物园、海棠书艺小镇等绿色生态项目。如今的黄河滩区，由原来的万亩荒滩变成花海林廊，黄河滩区开始焕发青春的活力。②

新乡平原区沿黄生态廊道示范段建设更是今年的亮点。生态廊道指的是在生态环境中呈线性或带状布局、能够沟通连接空间分布上较为孤立和分散的生态景观单元的景观生态系统空间类型，能够满足物种的扩散、迁移和交

① 《昔日黄沙滩 渐成花果川》，《人民日报》2020年09月23日。

② 《绿满滩区幸福来——平原示范区保护与治理黄河滩区综述》，《新乡日报》2020年9月19日。

换，是构建区域山水林田湖草完整生态系统的重要组成部分，具有保护生物多样性、过滤污染物、防止水土流失、防风固沙、调控洪水等生态服务功能。河南省黄河流域生态环境脆弱，森林覆盖率仅为22.14%。新乡市将沿黄生态廊道建设作为2020年国土绿化提速行动的中心工作，在平原示范区率先启动了沿黄生态廊道“1123”工程，大大改善了黄河流域的生态环境。2020年3月12日，新乡平原示范段作为河南省沿黄生态廊道六个示范段之一（另外五个分别为郑州花园口示范段、开封新区示范段、开封黄河大堤示范段、洛阳孟津示范段、三门峡百里示范段）正式开工，突出“河滩共赏、大美田园”主题，投资17亿元，在黄河北岸、黄河大堤以南，面积1.26亿平方米，打造集花园、菜园、果园于一体的复合型生态廊道。到目前为止，示范段的绿化工作已经全部完成。

此外，封丘县谋划建设包括黄河廊道观光带、穿滩公路观光带、风电大道观光带在内的“三条生态观光带”。黄河廊道观光带依托56公里的黄河廊道，经过生态绿化、美化，打造集文化、休闲、生态、田园、滨水等特色于一体的最美黄河生态廊道。穿滩公路观光带全长约56公里，连接顺河街控导工程、大宫控导工程、古城控导工程、曹岗险工、贯台控导工程、禅房控导工程等6处控导工程，在道路两侧打造万亩花田景观。风电大道观光带在沿黄河大堤北侧修建，全长52公里，在道路两侧高标准绿化、美化，按双向四车道标准，使之成为连接“十五星”的主要通道。目前11公里已修成通车。

原阳县在2019年“五一”前夕，用48天时间建成了全长49.6公里的沿黄生态通道。8月份公开征集完成了沿黄生态通道文化旅游和公共服务设施修建性详细规划。投资10亿元实施了沿黄生态带“三横七纵”路网建设，总里程190公里。按照生态保护优先的原则，着力建设滩区“三园（花园、果园、菜园）、三场（农场、林场、草场）”，共投资2.5亿元，发展优质蔬菜3万亩，其中设施蔬菜1.4万亩；发展林果3.9万亩，其中晚秋黄梨种植2000亩，优质黄桃、雪桃2000亩、夏秋桃4500亩，优质苹果2000亩，大樱桃1000亩，建设优质葡萄园1000亩。

长垣县位于黄河由西向东北的转弯处，河道情况复杂，极易发生斜河、横河危及堤防安全。长垣县策划黄河中下游河道综合治理项目，计划投资20亿元，对长垣境内黄河控导工程、堤防建设、防洪基础设施及应急方面进行建设。此外，还成立黄河湿地鸟类国家级自然保护区项目，计划投资12.7亿元，通过保护修复大鸨、灰鹤、大雁等鸟类栖息地，打造黄河湿地原生态风光，推进生态旅游。

（二）以文旅产业为主体的生态经济

新乡市沿黄区域既有美不胜收的自然景观，又有丰富的历史文化遗存，新乡市充分利用这一特点，大力推进集人文景观与自然景观为一体的文旅产业的发展，以打造黄河文化旅游带为抓手，依托沿黄生态文化旅游资源，实施“文化+”“旅游+”战略，以文化公园为支撑，以城镇发展为依托，深化塑造“黄河精华·豫见新乡”主题品牌，促进跨界融合，丰富文旅业态。

新乡市初步确定了19个保护传承弘扬黄河文化重大项目，其中最有特色的有三个。

第一，封丘黄河文化公园。封丘黄河文化公园位于封丘县，占地约122平方公里。从自然资源来看，这里的曹岗险工位于黄河在此转过的最后一道弯，南北横贯直冲大堤，形成壮观的“悬河”景观，落差为13.95米，为黄河全段北侧落差最大处。陈桥湿地是黄河故道国家级鸟类自然保护区，栖居着129种珍稀鸟类，素有“鸟中熊猫”之称的震旦鸦雀以及中国特有的珍稀鸟种青头潜鸭就居住在这里。从人文资源来看，这里是宋朝开国皇帝赵匡胤黄袍加身之地，也是《搜神记》中韩凭、息氏夫妇的忠贞爱情故事起源之所，还是豫剧祥符调的发源地，有着得天独厚的文化优势。封丘黄河文化公园项目总投资约260亿元，包含陈桥水镇—陈桥国际湿地共同体、祥符文旅小镇、曹岗险工、铜瓦厢风景区、李庄森林小镇等项目。陈桥水镇—陈桥国际湿地共同体项目已与河南新东润实业有限公司签订了战略合作协议，总投资约80亿元，区域规划用地约1.2万亩。祥符文旅小镇计划总投资8亿元，挖掘整理豫剧文化资源，在曹岗乡建设祥符文旅小镇和祥符调大剧院、豫剧博物馆等。曹岗险工总投资 50 亿元，建设以展示黄河精神为主题的黄河文化博物馆。目前，该项目正在与河南省水利投资集团对接。李庄森林小镇总投资 2 亿元，项目区分两大块，一是镇区生态打造。以李庄新区为依托，以海棠为主题植物景观，按照一街一景的标准，打造和谐幸福的休闲胜地；二是全面建好国家储备林项目，以栽植油松、黑松、白蜡、楸树等为主，围绕新区打造 3000 亩森林绿化带，打好康养品牌。铜瓦厢风景区总投资约 20 亿元，引入香氛植物、农产品两个产业支柱，形成香氛植物产业园及农产品产业园，发展封丘优势特色农业，打造田园休闲度假目的地。目前，河南省豫建设计院正在进行概念规划设计。

第二，平原新区原武古镇。原武古镇历史悠久，春秋战国时期已经建城，汉高祖时期设“原武县”。区域内现存国宝级文物两处，玲珑塔和原武城隍庙。玲珑塔建于北宋，是目前世界上发现的最古老的斜塔，比著名的比萨斜塔还早 69 年，被誉为中国的“比萨斜塔”。原武城隍庙修建于明洪武二年（1369），现在保存有前殿、中殿、拜殿、大殿 4 座古建筑以及明清石刻 20 余通，是省内规模最大，年代最久，保存最为完整的一座城隍庙，也是第三次全国文物普查河南省不可移动文物的一项重大发现。原武古镇项目拟投资约 100 亿元，以平原新区原武古镇为基础，以玲珑塔、原武城隍庙等国保单位为文化核心，以古原武八景为生态景观核心，融合文化、旅游、农业等多种业态，打造集文化展示、生态观光、农事体验等为一体的文化综合体。

第三，箜篌文化复兴公园。箜篌是历史悠久的中华音乐艺术，据《释名·释乐器》记载，中原黄河流域豫北新乡一带是我国古代卧箜篌的发源地。2018 年初，新乡国宝级箜篌艺术家鲁璐，携箜篌科研成果和箜篌团队回到故乡，入驻国家新乡经开区，注册“久鼎文化产业发展有限责任公司”，创立了久鼎箜篌文化艺术创意产业园，建成了世界首家箜篌艺术博物馆和国内目前规模最大的箜篌乐器制造厂。箜篌文化复兴公园项目将平原湖更名为箜篌文化复兴公园，建设沿湖箜篌文化艺术长廊，并以平原湖南湖湖心岛为主体，以两岸为延伸打造平原民俗文化实景公益演出。

除了以上这三大项目外，封丘县策划建设黄河廊道、穿滩公路、风电大道“三条生态观光带”，打造陈桥古镇及黄河湿地公园、铜瓦厢、青陵台、黄河古渡等“四大景区”，打造黄河湿地鸟类保护研学基地、黄河河工研学基地、现代农业研学基地、林业研学基地、引黄灌溉研学基地等“五大研学基地”。长垣县共谋划了黄河文化传承项目 3 大类 15 个，其中黄河体育公园群项目包括黄河马拉松公园项目、龙舟赛场项目，黄河文化博物馆之乡项目包括烹饪文化博物馆提升项目、驼人医学史博物馆提升项目、防腐博物馆项目、黄河文化博物馆项目、起重博物馆项目，黄河旅游综合体项目包括黄河湾森林公园项目、黄河湿地鸟类国家级自然保护区项目、“水墨赵堤”田园综合体小镇项目、九龙湿地公园项目、王家潭湿地公园项目、君子文化产业园项目、学堂岗圣庙研学基地项目、黄河中下游河道综合治理项目。原阳县开放了水牛稻田园综合体、博浪沙主题森林公园（鹿岛房车小镇）、大信家居 3 个旅游景区。同心湖生态景观项目、华宝生态农业文化观光园等项目已经开工建设。华东蓝城靳堂想田园文化农旅项目、中原植物园等项目已确定选址，正在推进。

（三）黄河文化的传承与弘扬

如果说黄河是中华民族的根，黄河文化就是中华民族的魂，传承与弘扬黄河文化是每一个沿黄地市理应担负的责任。新乡市在这一方面成绩显著。

1. 整理新乡市黄河文化资源

2019 年以来，新乡市在普查研究黄河资源的基础上，编纂完成《黄河文化 · 新乡篇》《原阳黄河文化》《原阳印象》《平原示范区历史文化通览》等一批黄河文化资料，筹备成立新乡市黄河文化发展促进会，协调河南省沿黄地市专家学者，深入民间搜集整理黄河传说故事，内容涵盖黄河来历传说、黄河神话、黄河风物传说、治河治洪传说等，目前，已从河南境内收集整理涉及黄河有关的传说故事 210 多篇，约 45 万字。围绕黄河文化，制定“黄河文明的精神内核和时代价值”“黄河文明的新时代意义”等 20 余项调研选题，引导全市社科工作者开展深入研究，为新乡市保护传承黄河文化提供决策咨询和学理支撑。

2. 加强文化遗产保护展示

一是抓好文物保护与利用，加快建设黄河文化遗产保护廊道。推动原武玲珑塔、城隍庙、陈桥驿东岳庙大殿维修保护工程，实施百泉—龙亭、天爷庙保护修缮工程，开展百泉书院旧址保护工程。二是梳理普查新乡市范围内黄河流域历史文化名城、名镇、名村、传统村落、历史街区、历史建筑，实施保护修缮与人居环境提升工程。三是依托黄河文化文物资源，规划建设水利文化展示馆、豫剧祥符调源流馆、黄河稻米文化博物馆等一批博物馆展示馆，推进烹饪文化博物馆、原阳县民俗博物馆等一批现有展馆改造提升。

3. 加强黄河主题的文艺创作与宣传

一是加强黄河主题文化文艺作品采风创作。组织文艺工作者深入沿黄地区进行专题采风，开展市摄协“黄河颂”摄影艺术培训班、市作协“零距离感受母亲河”采风活动、市美协“黄河万里入襟怀”主题采风活动、市书协“文艺进万家 健康你我他”志愿活动走进平原示范区等系列采风活动。通过调研走访、采风、创作，目前共创作出百余部文艺作品。二是加强黄河文化宣传推介。2019 年以来，充分利用新闻媒体，通过开专栏、做专题的形式，聚焦生态优先、黄河安澜、高质量发展、文化传承等领域，为奏响人水和谐时代强音，书写新时代黄河大保护大治理新篇章贡献媒体力量。截至目前，新乡日报新媒体中心报道黄河相关稿件发布总量已达百余篇，总阅读量达 50 万次，新乡广播电视台共播出新闻 150 余篇，短视频 30 余个，推出了《黄河为魂　绘好文旅融合“工笔画”》《绘好文旅长卷　重在实干》《加强黄河生态保护 打造陈桥宋源文旅特色水镇》《在新时代“黄河大合唱”中谱写“新乡”篇章》等重点报道篇目。

三　对进一步推动黄河流域生态保护的思考与建议

黄河流域生态保护与高质量发展是一项艰巨的伟大工程，新乡市由于提前进行布局谋篇而走在了全省前列，但是，毕竟时日尚短，无论从总体布局还是具体项目的策划等都处于探索时期，不免会面临各种冲突与问题，需要审慎考量。

首先，从整体布局上看，存在有不少潜在的矛盾与冲突。诸如，流域的系统性、整体性的特征要求在进行生态保护时应政出一门，但现实的行政体制却分割成不同的区、县而各自为政。新乡市与周边地市之间、新乡市沿黄区县之间及沿黄区县与其他县市之间，都存在着政策倾斜、资源分配等种种矛盾，如何进行有效沟通与解决，需要寻找合适的途径与方法。就一个地区来说，经济发展与生态保护之间，土地征用与人民安居乐业之间，各经济实体之间，也存在这样那样的利益冲突，需要统筹安排，予以妥当的处理。

习近平总书记的《在黄河流域生态保护和高质量发展座谈会上的讲话》中多次提到“协同”二字：“统筹推进各项工作，加强协同配合，推动黄河流域高质量发展。”“共同抓好大保护，协同推进大治理。”“牢固树立‘一盘棋’思想，更加注重保护和治理的系统性、整体性、协同性。”[①] 这为我们提供了解决这些问题的思路。要引入协同治理的理念与方法，成立专门的具有总揽全局的聚合力和协调各区县的权威性的机构，实行信息公开与共享，在充分协商的基础上进行统筹规划，设立监督员制度，做到公平、公正、公开。既可以节约资源，避免项目的重复，又可以强强联合，取得更理想的治理效果。

其次，从参与黄河流域生态保护的主体来看，目前是由各级政府为主体，推进黄河流域生态保护的工作完全由各级政府承担。这一方面造成政府工作人员担子过重，甚至不堪重负；另一方面，社会上很多希望能参与这一伟大工程且有能力参与的组织与个人却没有合适的途径能够参与进来。黄河流域的生态保护是利国利民的大事，关系到流域内每个公民的切身利益，因此，公众、企业、社会组织既有责任又有权利参与到这项伟大工程中来，而

① 习近平：《在黄河流域生态保护和高质量发展座谈会上的讲话》，《求是》2019 年第 20 期。

且公众的参与又能在一定程度上减轻政府的压力，提高生态保护的效果，对于政府来说是两全其美的事情。

针对这种现象，政府应积极采取措施，为公众、企业、社会组织提供参与黄河流域生态保护的机会。比如，搭建信息交流平台，使公众能了解各项工作的推进情况，针对一些重大问题公开征求公众意见与建议，在重大决策中充分采纳群众的合理化建议；建立公众监督制度，使政务公开透明，对于关系到群众切身利益的问题如征用耕地、退耕还林、整体拆迁等应广泛征求群众意见；通过各种方式组织公众、企业、社会组织参与到黄河流域生态保护的一些具体的力所能及的工作中去，共同推进黄河流域生态保护工作。

再次，关于文化资源的保护与旅游开发，也存在不少问题。如全域旅游的问题。目前，原阳县、封丘县、平原示范区都在创建全域旅游示范区，而从相关资料看，都是在打造各种主题的文化公园和旅游景区，但是真正的全域旅游并不是到处建景点，而是要重视旅游质量的提升，这就要求旅游发展应与资源环境的承载能力相适应，要通过全面优化旅游资源、基础设施、旅游功能、旅游要素和产业布局，通过“旅游 +”的模式，来改变当地的产业结构与格局，实现从门票经济到产业经济的转变。目前这种做法能否走得长久，能否实现成熟完善的全域旅游应带来的社会效益与经济效益是一个未知数。还有，文化旅游项目雷同化现象严重的问题。大多旅游景区都是融自然景观与人文景观于一体的，但是创意与科技含量均显得不足，还缺乏强烈的吸引力。关于文化资源如何开发利用的问题。黄河文化在不同地域呈现出不同的特质与风格，但从现状来看，各景区标识度不够，尤其是县乡层面的景区更是如此。

文化旅游遍地开花却一直停留在低层次重复的阶段是一个普遍现象，普通县乡的开发更是如此，全域旅游提出的本意正是想改变原有的旅游产业格局，从追求单纯的门票收入转移到带动整个区域产业的升级改造，在提升旅游质量的同时，提升整个区域的文化品位和经济效益。因此，与其一窝蜂地上项目，以量取胜，不如提高文旅项目的创新性与科技含量，做精品，以质取胜。从自然景观而言，除了借助天然的景色外，要将独特的符合本地文化特色的审美理念融入其中，实现天然与匠心的融合；就人文景观而言，新乡市想要凸显本地的文化特色，首先需要对这一地区的黄河文化的特点有比较准确的判断，然后根据这些文化资源价值的高低采取适当的方式进行开发利用，避免过度开发或开发利用程度不够的现象。在展示上，可以尝试利用高科技手段，使观众不仅能看到文化遗存，还能体验到这些文化遗存中蕴藏的故事与情感，真正感受到黄河文化的魅力。

B.20 附录：2019~2020年河南省文化发展大事记*

李玲玲**

2019年

11月

11月1日 “2019数字文化大会”在开封市举行。本次大会由开封市人民政府、中关村软件园主办，北京中关村智酷双创人才服务股份有限公司与中国（河南）自由贸易试验区开封片区管委会等单位联合承办。会上《开封市数字经济发展规划》正式发布。这是河南省出台的第一个数字经济发展规划。

11月1日 第十二届“汉语桥”世界中学生中文比赛总决赛暨颁奖典礼在郑州举行。省委常委、郑州市委书记徐立毅，孔子学院总部党委书记马箭飞，省人大常委会副主任徐济超，副省长霍金花，省政协副主席高体健出席活动。

11月2日 由河南省互联网信息办公室、省文化和旅游厅联合主办的首届全球文旅创作者大会在信阳落下帷幕。副省长戴柏华出席闭幕式并为获奖单位颁奖。

11月2日 河南欧美同学会、河南大学共同举办的沿黄生态保护与高

---

* 本部分内容来自《河南日报》、河南文化网、河南省文化和旅游厅官网。

** 李玲玲，河南省社会科学院历史与考古研究所副研究员，研究方向为先秦史与中原文化。

质量发展座谈会在郑州举行，来自河南欧美同学会、黄河水利委员会、省直有关科研院所以及部分省管高校的专家学者，聚焦黄河流域生态保护与高质量发展进行研讨交流。

11月2日　“贯彻落实黄河流域生态保护和高质量发展战略研讨会暨第二届‘一带一路’水利水电产学研战略联盟年会”在华北水利水电大学举行。本次研讨会由华北水利水电大学、河南省水利厅、河南省社会科学院、河南日报报业集团联合召开。来自中国水利水电科学研究院、水利部发展研究中心、水利部黄河水利委员会、河南省水利厅、河南省社会科学院等单位的专家学者，围绕黄河流域生态保护与高质量发展、黄河流域生态修复和综合治理、黄河流域水资源利用等问题进行了深入研讨。

11月1日至4日　由中共中央台湾工作办公室、文化和旅游部、国家广播电视总局、福建省人民政府主办的第十二届海峡两岸文化产业博览交易会在厦门举办。河南省采取综合装展的形式，组团参加博览会。

11月4日　2019河南－卢森堡“一带一路”经济合作论坛在郑州开幕。副省长刘伟、卢森堡大公国驻华大使馆副馆长璞思勤出席论坛。

11月4日　河南法制报“平安河南沿边行”大型融媒系列主题报道活动启动。

11月6日　由文化和旅游部主办的2019年第三期全域旅游培训班在河南省信阳市新县大别山干部学院开班，来自全国各地的国家全域旅游示范区创建单位、首批国家全域旅游示范区单位文旅行政部门负责人，河南省、市、县文旅部门相关负责人参加了培训。国家文化和旅游部资源开发司副司长石艳杰、中央文化和旅游管理干部学院副院长韩敬霞、河南省文化和旅游厅副厅长李延庆等出席了开班仪式。

11月7日　河南省社会科学院建院四十周年暨新时代新使命新智库座谈会在郑州举行。

11月8日　2019“走进黄河”集中采访活动启动仪式在黄河博物馆举行。

11月8日　2019年全国全域旅游工作推进会在信阳市新县举行。文化和旅游部党组书记、部长雒树刚讲话，河南省副省长戴柏华致辞。参加会议的还有文旅部、全国31个省区市及新疆生产建设兵团文化和旅游部门负责人，71家首批全国国家全域旅游示范区主要负责人。

11月9日 2019世界传感器大会在郑州国际会展中心举行。来自21个国家和地区的专家学者、企业代表等齐聚郑州。大会以“感知世界、智赢未来”为主题，由传感器大会、传感器产业展览会、传感器创新大赛三大板块组成。

11月12日 “万名台湾游客冬游河南”启动仪式在焦作云台山举行。河南省文化和旅游厅副巡视员张建州、焦作市人民政府副市长牛炎平等出席了本次活动，来自台湾的150名游客、省内旅行社代表及新闻媒体参加启动仪式。

11月13日 2019（第六届）河南省互联网大会在郑州开幕。副省长刘伟，工业和信息化部党组成员、总工程师张峰出席大会并致辞。

11月12日 2019河洛文化传承创新研讨会在洛阳师范学院召开。此次研讨会由中华炎黄文化研究会、省社科联、洛阳市政协、中共洛阳市委宣传部主办。中央马克思主义理论研究和建设工程咨询委员会主任、中华炎黄文化研究会首席顾问、中共河南省委原书记徐光春，十三届全国政协文化文史和学习委员会副主任、中宣部原副部长王世明等出席研讨会。本次研讨会主题为保护传承弘扬黄河文化·传承创新发展河洛文化。来自中国社会科学院、河南大学等社科机构、高等院校以及洛阳市有关部门的河洛文化研究专家、撰稿人等参加研讨会。

11月11日 纪念红25军长征暨“花山寨会议”召开85周年座谈会在北京举行。座谈会由中华人民共和国国史学会和光山县委县政府共同主办。国内知名党史、军史研究专家，红25军后代代表，以及河南省光山县、江西省于都县、甘肃省泾川县等地相关单位负责人等200余人参加座谈。

11月14日 国家生态环境部公布第三批国家生态文明建设示范市县名单，河南省4个县（市）获生态文明建设殊荣。其中，新县入选第三批“绿水青山就是金山银山”实践创新基地，新密市、兰考县、泌阳县入选第三批国家生态文明建设示范市县。

11月22日 第四届中国旅游IP高峰论坛暨第十届驴妈妈全球合作伙伴大会在上海举行。会上，“中国5G＋智慧文旅产业联盟”成立，河南省一部手机游项目也正式启动。

11月22日至25日 由海南省人民政府主办的2019海南世界休闲旅游博览会，在海口市海南国际会展中心举办，“老家河南”休闲旅游展馆精彩亮相，休闲品牌及文旅产品受到国内外旅行商和游客的一致好评和关注。

11月23日 由省社科院和鹤壁市政府联合主办的河南大运河文化带建设高层论坛在鹤壁召开，来自全国各地的100多名专家学者出席，为河南省大运河文化带建设建言献策。

11月27日至28日 中国河洛文化研究会第三次代表大会暨第十五届河洛文化研讨会在郑州举行。全国政协副主席、台盟中央主席苏辉出席会议并讲话。全国政协常委、港澳台侨委员会主任朱小丹，全国政协港澳台侨委员会驻会副主任尹宗华、委员吕虹，省政协主席刘伟、省委副书记喻红秋、省政协副主席张亚忠等出席会议。

11月29日 2019年中国经济社会论坛在郑州举行，此次论坛由中国经济社会理事会和河南省政协联合主办，主题为“促进民营经济发展壮大”。全国政协副主席、中国经济社会理事会主席张庆黎出席并讲话。省委书记王国生出席并致辞，省政协主席刘伟主持会议。

11月 大型地域文化通史著作《中原文化通史》由河南人民出版社出版。该书是河南省哲学社会科学基金重大项目《中原文化通史》和河南省社会科学院哲学社会科学创新工程试点项目的最终成果，由省社科院历史研究所原所长程有为研究员主持编写，省内外20多位专家学者通力合作，历时14年撰写而成。全书凡8卷，360万字。

12月

12月1日 黄河流域博物馆联盟筹备大会在郑州举行，来自黄河流域的青海省博物馆、四川博物院、甘肃省博物馆、宁夏回族自治区博物馆、内蒙古博物院、陕西历史博物馆、山西博物院、河南博物院、山东博物馆等九省区的博物馆负责人，集体通过了《黄河流域博物馆联盟倡议书》，共同倡议成立“黄河流域博物馆联盟”。

12月2日 文化和旅游部、河南省委省政府在洛阳召开学习贯彻习近平总书记关于保护传承弘扬黄河文化重要论述精神座谈会，深入学习贯彻习近平总书记在黄河流域生态保护和高质量发展座谈会上的重要讲话精神，研究谋划推进黄河文化保护传承弘扬的重点措施。文化和旅游部党组书记、部长雒树刚，省委常委、洛阳市委书记李亚出席会议并讲话，副省长戴柏华出席会议。

12月3日 在2019年海外华裔青少年“寻根之旅”冬令营河南文化营开营。本次冬令营活动由中国侨联主办，省侨联、省华侨国际文化艺术交流协会承办，共邀请了来自印度尼西亚、韩国等国家的31名海外华裔青少年来河南学习交流、寻根问祖。

12月4日 河南省“宪法宣传周”活动暨全国法治宣传教育基地“河南黄河法治文化带”揭牌仪式在郑州花园口事件记事广场举行。

12月2日至5日 由省委宣传部、省新闻工作者协会组织的河南省第六届“好记者讲好故事”巡讲活动先后走进商丘、新乡、洛阳，展现新时代新闻工作者努力践行“四力”的精神风貌和河南新闻战线取得的丰硕成果。

12月5日 河南省志愿服务信息系统——“志愿河南”上线。该系统由省文明办主办，大河网络传媒集团·大河网承建运维。它的上线，标志着河南省志愿服务信息化进程迈上了新台阶。

12月6日 美国考古杂志《Archaeology》日前公布了2019年度世界十大考古发现。由河南省文物考古研究院、洛阳市文物考古研究院和蒙古国乌兰巴托大学考古学系组成的中蒙联合考古队完成的“蒙古国后杭爱省高勒毛都2号墓地”项目名列其中。这也是中国考古学者实施的国外考古项目首次入选。

12 月 9 日 “博苑撷英——全国博物馆陈列艺术成果交流展（2009～2019 年）”在北京中国人民革命军事博物馆开幕。此次展览由中国博物馆协会、中国人民革命军事博物馆主办，从全国遴选出 50 个具有时代性、思想性和艺术性的陈列项目参加展览，是对十年来全国博物馆陈列展览精品进行集中展示和宣传推介。其中，河南有四大展览入选。这四大展览分别是：中国文字博物馆“中国文字发展史”、河南艺术中心“乐海寻声——中外音乐戏剧文化展”、洛阳博物馆“唐代洛阳”、二里头夏都遗址博物馆“二里头夏都遗址博物馆陈列”。

12 月 5 日 “河南省非物质文化遗产研究基地座谈会”在商丘师范学院召开，此次座谈会由河南省文化和旅游厅主办，商丘师范学院承办。来自全省高校、研究机构和理论工作的非物质文化遗产研究基地代表 80 余人参加会议，以“全省如何更好地开展非遗保护发展和传承工作”为中心，进行了深入研讨。

12 月 6 日 河南省“大黄河研（游）学旅行”启动仪式在位于洛阳二里头夏都遗址博物馆举行。该活动由河南省文化和旅游厅、洛阳市人民政府联合举办，以“聆听黄河故事，感受中华文明”为主题，旨在深入贯彻落实习近平总书记视察河南重要讲话精神，保护传承弘扬黄河文化，深入挖掘黄河文化蕴含的时代价值，通过对河南省沿黄各市研（游）学旅行资源的挖掘、整理和开发，打造中国黄河文化旅游的新亮点。

12 月 12 日 第二届中国科普科幻电影周（展）在商丘开幕。此次活动以“科技之光点亮中国”为主题，由中国电影制片人协会、河南省电影局、河南广播电视台、河南省科学技术协会、河南省文学艺术界联合会和商丘市人民政府联合主办。省委常委、宣传部部长江凌出席开幕式。中国科普科幻电影周（展）是经原国家新闻出版广电总局电影局批准的全国唯一科普科幻专业性电影盛会。本届科普科幻电影周（展）的顺利举行是对中华人民共和国成立 70 年来我国科技创新和文化产业发展最新成果的一次集中展示，

12 月 9 日至 11 日 第五届医共体推进健康中国建设峰会暨郸城医共体建设经验交流会在郸城县举行。由中国科学院院士、中国科学院健康大数据

研究中心主任、遵义院士工作中心医疗健康大数据工作室首席专家陈润生领衔的20余位国家、省市级领导，30余位医疗健康领域专家、行业翘楚，来自全国各省市医共体试点县区500余名代表在郸城共同解读健康中国战略，分享交流医共体建设经验，共商健康中国建设之道。

12月13日 最高人民法院在郑州召开黄河流域司法保护调研座谈会，研究黄河流域生态环境和高质量发展司法保护措施。最高人民法院党组副书记、副院长江必新出席并讲话。

12月17日 “德耀中原”第七届河南省道德模范颁奖仪式在郑州举行。省领导江凌、李文慧、戴柏华、钱国玉出席并会见了第七届全国道德模范河南省获奖人员。

12月17日 “中国网络理政十大创新案例（2019）”在复旦大学揭晓，河南省人大常委会办公厅主办、大河网络传媒集团建设运维的河南省人大“智慧人大”平台项目成功入选。

12月13日 由省社科联、周口师范学院主办的“黄河文化与中原学”高层论坛在周口举行。来自山西省、山东省、河南省、陕西省、甘肃省、内蒙古自治区、宁夏回族自治区等省区社科联有关负责人一致同意，与青海省、四川省联合设立“九省区黄河论坛”，自2020年起，每年举行一次。

12月16日 由省社科院、河南人民出版社联合主办的《中原文化通史》出版座谈会在郑州举行。《中原文化通史》由省社科院研究员程有为带领省社科院有关研究人员以及省内外相关专家通力撰著，历时14年完成。该书的出版填补了中原地区大型地域文化通史研究的空白。

12月19日 “2019河南短视频扶贫助农节”在河南经贸职业学院启幕。此次活动由河南日报报业集团主办，河南大河全媒体广告集团有限公司、河南经贸职业学院联合承办，北京快手科技有限公司提供支持。

12月20日 黄河保护与发展论坛在新乡开幕。本次论坛由中国民主促进会中央委员会、水利部黄河水利委员会主办，民进中央人口资源环境委员会、民进河南省委、省文化和旅游厅、新乡市政府承办。全国人大常委会副委员长、民进中央主席蔡达峰，水利部副部长、党组成员叶建春，副省长戴柏华等出席开幕式并讲话。来自全国各地的200多位专家学者围绕黄河生态保护与文旅融合创新发展建言献策。

12月22日 第二届南丁文学奖颁奖典礼在河南省文学院举行，著名作家刘庆邦凭借长篇小说《家长》获得大奖，成为第二位南丁文学奖获得者，并获得奖金10万元。南丁文学奖由河南省文学院主办，目的为纪念南丁先生在中原作家群建设和文学创作方面的重要功绩，进一步推动新时代中原作家群创作的繁荣兴盛。首届南丁文学奖得主是著名作家周大新。

12月22日 第十四届中国民间文艺山花奖颁奖盛典在深圳举行。河南省的《中原民间经歌》获“优秀民间文学作品奖”。

12月23日 河南省文化和旅游厅党组书记宋丽萍率团在印度新德里成功举办了河南文化旅游推介会。中国驻印度大使馆文化参赞张建新、印度工商联合会东亚部部长加金德拉、印度旅行商联合会主席阿什瓦尼·夏尔马、托马斯库克旅游集团总裁罗密·彭特，国航、南航、东航驻印度办事处负责人，以及印度旅游业界和媒体代表等百余人出席了推介会。

12月25日 2019年海外华裔青少年“寻根之旅”冬令营河南文化营开营仪式在河南中医药大学举行。来自印度尼西亚、巴拿马等国家的48名海外华裔青少年参加活动。

12月25日 中国功夫走进尼泊尔——河南文化旅游推介会在尼泊尔首都加德满都成功举办。尼泊尔中国文化中心、中国驻加德满都旅游办事处肖江主任，尼泊尔旅游局执行总裁南迪尼·塔帕，尼泊尔旅游业界和媒体代表等百余人出席了推介会。

12月26日 “新时代的文旅担当”2019河南文化产业盛典在郑州举行。此次盛典由省文化和旅游厅、省社科联、河南省国际文化交流中心指导，河南省文化产业协会、大河报社联合主办。省政协副主席张震宇出席并讲话。现场公布了2019河南文化产业先锋榜单，内容涵盖本年度文化产业发展的重要领域，共有10家企业、10个品牌、10个人、10个项目上榜。

12月26日 由省委宣传部、省文化和旅游厅、省文联、河南广播电视台联合主办的2020年“我们的中国梦”——河南省文化进万家活动启动仪式，在驻马店市上蔡县高李村举行。

12月27日 海南省三亚市举办的第七届中国旅游产业发展年会揭晓了有旅游界“奥斯卡大奖”之称的2019年中国旅游产业影响力风云榜。在12个类别奖项评选中，河南文旅系统喜获2019中国旅游产业影响力营销推广活动（河南省文旅厅全球文旅创作者大会）、2019中国旅游产业影响力县区（林州市）、2019旅游扶贫典型案例（新乡市“脱贫文旅攻坚行 精准扶贫献爱心”活动）、2019全域旅游发展优秀案例（济源市“一体打造筑梦愚公故里”）、2019文明旅游之文明游客先进事迹优秀案例（河南省刘晓蕊：拾金不昧 乐于助人）等5个项目（单位）大奖，获奖数量位居全国前列。

12月31日 由省文化馆主办，各省辖市文化馆协办的“2019年第五届河南民间艺术展”在省文化馆开幕。

12月31日 豫视频上线暨“大河拍手”内容生态建设启动仪式举行。这意味着，“豫直播”将实现全面升级、更名为“豫视频”，并打造国内头部资讯类短视频平台。

12月9日至13日 由文化和旅游部产业发展司主办、中国动漫集团承办的2019数字文化产业研修班（优秀传统文化题材创作方向）在河南开封举行。

12月31日 2019年度河南省文化产业特色乡村评选命名名单出炉，共20个乡村入选。目前，河南省文化产业特色乡村已有40个。对入选乡村，省文化和旅游厅将在资金扶持、项目推介、人才培养、公共文化服务等方面给予政策倾斜和重点培育。

2020年

1月

1月5日 2020年“春满中原　老家河南”主题系列活动在郑州园博园开启，副省长戴柏华参加启动仪式。

1月6日 由河南博物院与中国建设银行共同打造的“龙卡河南博物院信用卡产品暨建行博物馆主题银行发布会”在河南博物院博物馆主题银行（建行文博支行）举行。这是由建设银行和河南博物院跨界合作的建行全国首家博物馆主题银行，除提供常规金融服务外，还将强化文化熏陶，推出和文博相关的体验。

1月8日 2020年全国乡村春晚集中展示活动之一“汝瓷之乡歌如潮”在汝州举行，与此同时，2020年河南乡村春晚正式开启。此次活动由文化和旅游部公共服务司主办，河南省文化和旅游厅，汝州市委、市政府承办。

1月9日 《河南经济发展报告（2020）》（即《河南经济蓝皮书》）出版暨培育高质量发展新动能研讨会在郑州举行。

1月9日 李宁中原总部基地等11个重大产业项目集中签约落地，郑州国际文化创意产业园发展迈上新台阶。此次集中签约的11个项目中总部经济类共7个，休闲购物类项目1个，文旅产业类共2个，教育配套类1个，总投资达144.5亿元，对提升郑州国际化城市形象、完善城市功能将起到重要推动作用。

1月10日 2019年度国家科学技术奖励大会在北京人民大会堂召开。河南省共15项成果荣获国家科技奖励，包括3项国家技术发明奖和12项国家科技进步奖。

1月10日 省档案局、省档案馆举行档案捐赠仪式。此次捐赠的档案内容涉及多个领域，共620余件。

1月11日 第十届郑州精品年货博览会在郑州国际会展中心拉开帷幕。为弘扬优秀传统文化，本届年博会还举办了首届河南省中华老字号商品博览会。

1月14日 由河南省社会科学院组织召开的《河南工业发展报告（2020）》出版暨智能制造研讨会在郑州举行。

1月18日 《河南文化发展报告（2020）》出版暨推动河南文化旅游高质量发展研讨会在河南省社会科学院举行。《河南文化发展报告（2020）》是省社科院出版的第十三本文化蓝皮书，全书围绕“文化与旅游融合发展”

这一主题，对2019年至2020年河南文化发展态势做出了分析和专题发布。

1月18日 全省文化和旅游工作会议在郑州召开。会议传达了全国宣传部长会议精神、全国文化和旅游厅局长会议精神和全省宣传部长会议精神，总结了2019年全省文化和旅游工作，全面部署了2020年重点工作。

1月20日 省政府新闻办召开“河南省大运河文化保护传承利用实施规划”新闻发布会，详细介绍了河南省大运河文化保护传承利用的路线图、任务书和时间表，提出要保护好、传承好、利用好“千年运河”，打造彰显华夏文明和中原文化的“标签河”。

1月20日 柬埔寨王国旅游部部长唐坤一行到访河南，就深化文化旅游合作进行考察。希望借助举办2019“中柬文化旅游年”闭幕会的契机，进一步加强柬埔寨与河南的旅游交流合作。

1月26日 由河南广播电视台、郑州电视台在郑州黄河文化公园炎黄广场联合录制的2020年河南省春节文艺晚会，在中央电视台综艺频道（三套）、河南卫视同步播出，为全球观众展现新时代的中原风采。

2月

2月25日 2020年全省文物工作视频会议召开，对2020年重点工作做出安排：规划建设黄河国家文化公园，做好长城、大运河、长征国家文化公园建设，同时，加快殷墟考古遗址公园和殷墟遗址博物馆建设，推进红旗渠、明清城墙、关圣史迹、万里茶道、新乡潞简王陵等项目申遗工作和二里头遗址申遗的前期工作。

2月28日 “黄河流域生态保护和高质量发展”先行项目——中原现代花卉科技博览园在郑州市惠济区黄河滩花园口段开工建设，建成后将成为我国北方地区最大的花卉博览园。

2月28日 由中国博物馆协会、中国文物报社组织开展的第十七届（2019年度）全国博物馆十大陈列展览精品推介活动正式启动，河南省有6个展览参与申报，并顺利通过主办方的初步审核。

3月

3月初 省林业局发布消息，河南大运河沿河生态廊道建设于3月4日启动，河南省将加强沿大运河护岸林、水源涵养林、水土保持林、农田林网建设，构筑大运河生态安全空间，打造山水秀丽的绿色生态带。

3月12日 河南省举行沿黄生态廊道示范工程集中开工暨全省春季义务植树活动。省委书记王国生、省长尹弘、省政协主席刘伟等省领导在郑州市惠济区花园口镇七堡村黄河岸边主现场参加活动。河南省2020年沿黄生态建设任务单也随之公布。

3月16日 中国传统村落数字博物馆2019年度（第二批）211个村落单馆统一上线，河南省35个中国传统村落顺利完成数字化，作为第二批村落单馆入驻中国传统村落数字博物馆。目前，中国传统村落数字博物馆村落单馆数量共计376个，河南省共有37个，排第四位。

3月17日 2020年中国农民丰收节河南省活动主会场暨开封农业嘉年华及设施农业产业集群项目，在开封市祥符区西姜寨乡开工建设。

3月20日 河南省自然资源工作会议在郑州召开，公布了推进黄河流域生态保护“百千万”试点工程等九项重点工作。

3月21日 “庚子年黄帝故里网上拜祖祈福平台”上线，为全球华人线上拜祖盛典做好准备。受疫情影响，2020年的拜祖大典以“现场无嘉宾、无观众、无演员表演”“大典规格不降、影响力不降”为基本遵循，充分利用网上拜祖祈福平台。

3月23日 省长尹弘调研省级公共文化重点项目建设，强调要贯彻落实习近平总书记重要讲话精神，加快公共文化重点项目规划建设，持续完善公共文化服务体系，更好展示河南厚重、灿烂历史文化，更好满足人民群众高品质文化需求。

3月24日 浙江日报报业集团与河南日报报业集团战略合作签约仪式在杭州、郑州两地举行。两家省级党报集团通过网上签约的形式，携手共进，在电竞业务、金融投资、文化艺术等领域展开深度合作，持续推动媒体融合向纵深发展，共建文化产业新高地。

3 月 26 日 庚子年黄帝故里拜祖大典在新郑举行。大典由河南省人民政府、政协河南省委员会、国务院台湾事务办公室、中华全国归国华侨联合会、中华全国台湾同胞联谊会、中华炎黄文化研究会等单位联合主办，郑州市人民政府、政协郑州市委员会承办，新郑市人民政府执行。今年大典仍以“同根同祖同源，和平和睦和谐”为主题，以“长江黄河共战‘疫’，轩辕黄帝佑中华”为主旨，十二届全国政协副主席齐续春担任主拜人，保留大典九项仪程，以现场简约而庄严的仪式、全球网上拜祖、电视连线等线上线下、大屏小屏互动交互的形式进行。

3 月 31 日 河南省大数据中心揭牌仪式在郑州举行，省委常委、常务副省长黄强，省政协副主席刘炯天出席活动并为省大数据中心揭牌。

4月

4 月 3 日 开封清明文化节系列活动在“云”端正式展开。开封是中国清明文化传承基地，此前已连续举办 11 届清明文化节。2020 年受新冠肺炎疫情影响，组委会采取“云”播出形式，展示中国（开封）清明文化节的时代魅力。

4 月 3 日 省文化和旅游厅召开河南省公共数字文化工作推进会（视频会）。各省辖市、济源示范区和 30 个公共数字文化工程试点县（市）文化广电和旅游局主管领导及负责同志，部分省直公共文化单位负责同志参加了会议。会后全省公共数字文化工程建设将全面启动。

4 月 6 日 第 38 届中国洛阳牡丹文化节以线上直播的方式“云”端开幕。此次文化节由省政府主办、省文化和旅游厅与洛阳市政府共同承办。十届全国政协副主席李蒙以视频形式在特别节目中宣布牡丹文化节开幕。

4 月 6 日 国家文物局官方微信公布了 2019 年度全国十大考古新发现初评结果，有 20 个考古项目入围终评。其中，河南淮阳平粮台城址、安阳辛店商代晚期铸铜遗址两个项目上榜。自 1990 年开始评选“全国十大考古新发现”以来，河南共有 45 项入选，位居全国之首。

4 月 7 日 省文化和旅游厅、人民银行郑州中心支行联合印发《关于加大金融支持力度促进全省文旅企业稳定发展的通知》，为全省文旅企业与金融机构对接搭建新渠道，进一步加大金融支持力度，帮助文旅企业有序复工复产。

4 月 2 日 “万科杯”第七届河南省博物馆文化创意大赛正式启动。此次大赛由省文化和旅游厅、省文物局指导，河南博物院主办，18 个地市博物馆共同承办，集全省博物馆的文物资源优势，共同打造 2020 年度河南文博产业高品质赛展活动。

4 月 11 日 “老家河南”美好春游季（焦作站）启动仪式暨锦绣中华·云台山汉服花朝节在云台山景区开幕。河南省文化和旅游厅厅长姜继鼎，焦作市、开封市、安阳市、济源市、永城市等地文化广电旅游局相关负责人，省内各大景区主要负责人，各级媒体、创作者达人代表参加启动仪式。

4 月 18 日 河南省“2020 全民阅读”系列活动启动仪式暨“书香满屏”云上阅读推广直播活动在省少儿图书馆举行，并在多个网络平台进行线上直播。本次活动由省委宣传部、省文化和旅游厅主办。围绕“弘扬黄河文化，共建书香河南”主题展开，将从 4 月持续至 12 月，共包括弘扬黄河文化系列活动、培训推广计划、河南省公共图书馆未成年人阅读服务联盟活动、文旅融合活动、文化扶贫活动、古籍保护传承与展示项目、中原阅读榜、“2020 全民阅读”系列活动总结及评选表彰等 9 项活动，以研讨会、征文、展览、经典诵读等多种形式开展。

4 月 24 日 省政协主席刘伟主持召开省乡村文化振兴工作专班会议，贯彻习近平总书记和党中央要求，落实省委关于聚焦“五个振兴”实施乡村振兴战略的安排，研究推进乡村文化振兴工作。会议原则通过了《河南省乡村文化振兴工作方案（2020～2022 年）》。

4 月 25 日 “2019 河南考古新发现论坛”在郑州市通过远程视频会议形式举行。此次会议由省文物局指导，省文物考古学会、《华夏考古》编辑部主办。会上评选出“2019 年度河南省五大考古新发现”，分别为：灵宝城烟遗址、淮阳平粮台城址、安阳辛店商代晚期铸铜遗址、济源柴庄遗址、洛阳纱厂西路西汉墓。

4 月 25 日　由省文化和旅游厅牵头，联合省商务厅、省扶贫办，借助上海景域驴妈妈集团网络平台，以“文旅扶贫助农”为主题，在全省开展了全国百名县长“文旅助农”直播大会“老家河南”专场活动。

4 月 26 日　2020 年全省文化旅游重大项目集中开工活动举行。活动主会场设在洛阳市，采取“1 +5”主分会场形式共同举行。省委常委、洛阳市委书记李亚出席主会场活动，副省长何金平出席主会场活动并讲话。

4 月 28 日　“学习强国”郑州学习平台正式上线，成为河南首批上线的两个市级学习平台之一。

4 月 28 日　第 28 届信阳茶文化节（网络）开幕。本届茶文化节本着“线上与线下相结合、前期与后期相结合、传统与现代相结合”的思路，以大型线上直播活动的模式举行。

4 月 29 日　河南广电传媒控股集团有限责任公司揭牌成立。河南广电传媒控股集团是省管重要骨干文化企业，资产规模 200 亿元，业务涵盖影视制作、文化旅游、广告经营、大数据、信息技术、智慧城市等领域，该公司的成立标志着河南广电产业发展开启了新篇章。

4 月 30 日　河南日报报业集团与鹤壁市人民政府在鹤壁市共同签署《关于共同推进鹤壁市建设高质量发展城市战略合作框架协议》，双方将在主题宣传、媒体融合、活动策划、合作办版、舆情服务、产业合作、人才培养等方面开展全方位深度合作。

4 月 30 日　“花开南阳云赏月季”大型线上直播活动暨第十一届南阳月季花会开幕式举行。

5月

5 月 5 日　2019 年度“全国十大考古新发现”在北京揭晓，河南淮阳平粮台城址成功入选。至此，河南省入选“全国十大考古新发现”的考古项目达46项，居全国首位。

5月7日 郑州市文物考古研究院在河南郑州公布双槐树古国时代都邑遗址阶段性重大考古成果，北京大学教授、夏商周断代工程首席科学家李伯谦，中国社科院学部委员、中国考古学会理事长王巍等知名专家学者参加发布会并做点评。

5月11日 全省文化旅游大会召开，省委书记王国生、省长尹弘出席并讲话，省政协主席刘伟出席。会议以视频形式召开，各省辖市、济源示范区和县（市、区）设分会场。全省文化旅游大会明确提出了两个目标：到2025年，将河南打造成为全球探寻体验华夏历史文明的重要窗口、全球华人寻根拜祖圣地、具有国际影响力的旅游目的地、国家文化产业和旅游产业融合发展示范区；到2035年，文化旅游空间布局更加优化，综合效益进一步提升，形成一批有世界影响力的文化旅游品牌，综合实力位居全国前列。

5月18日 2020年中国·南阳（云）玉雕节在南阳镇平县石佛寺镇开幕。受疫情影响，2020年的玉雕节首次从线下搬到“云端”，运用大数据、云计算、区块链、人工智能等前沿技术，通过先进数字技术、互联网技术、新媒体技术综合运用，在网上举行。

5月18日 “国际博物馆日”全省各地博物馆策划了一系列内容丰富、形式多样的主题宣传和展示活动，通过以线上活动为主，线下活动为辅的方式，与民众共享文博盛宴。2020年的主题为“致力于平等的博物馆：多元和包容”。

5月19日 河南日报报业集团“百名记者进百村”大型采访活动正式启动。来自集团旗下5家媒体的116名记者，将在为期5个月的时间中，走乡村、入农户，探访脱贫攻坚一线故事，触摸乡村振兴时代脉动。

5月26日 2020年河南智慧旅游大会在开封正式召开。会上，“老家河南黄河之礼”2020国际文旅创意设计季（中国·开封）也随之启动。此次活动由河南省文化和旅游厅、开封市人民政府、腾讯公司主办，开封市文化广电和旅游局、巩义市人民政府、新郑市人民政府、孟津县人民政府、汝州市人民政府、宝丰县人民政府、温县人民政府、渑池县人民政府、禹州市人民政府，腾讯文旅联合承办。

5 月 29 日 “山河源风华启”黄河文化与文旅产业创新发展论坛暨绿地嵩山小镇启幕仪式在嵩山举行，此次论坛由人民网、登封市人民政府联合主办，河南广播电视台魅力中国、绿地集团中原事业部协办。

5 月 31 日 武陟县与陕西白鹿仓投资控股集团签署了黄河文化国际旅游度假区项目战略合作协议。两年内，白鹿仓集团将以国际化视野和国家AAAAA 级旅游景区标准要求，在武陟县建设一个高标准、高质量的黄河文化国际旅游度假区，打造文化旅游特色品牌，谱写黄河文化旅游新篇章。

6月

6 月 3 日 文化和旅游部正式批复同意洛阳市设立“河洛文化生态保护实验区”。自 2017 年说唱文化生态保护实验区落户宝丰后，又一国家级文化生态保护实验区落户河南省。至此，全国 23 个国家级文化生态保护实验区中，河南省占两位，位居全国第二。

6 月 5 日 河南省纪念“六五”环境日主题宣传活动在郑州举行。2020年世界环境日的全球主题是“关爱自然、刻不容缓”，我国主题是“美丽中国、我是行动者”。在新冠肺炎疫情防控形势下，2020 年的主题宣传活动充分运用新媒体技术，首次以视频连线和网络直播方式举办。

6 月 5 日 2019“牡丹奖”全球文化创意设计大赛（洛阳）颁奖典礼在洛阳市九洲池景区举行。这次大赛围绕龙门石窟、隋唐大运河、武则天、牡丹、唐三彩、隋唐洛阳城等六大洛阳文旅 IP，开设文创设计大赛、动漫创意专项赛、全民众创大赛三大赛道进行奖项评选。

6 月 13 日 全省“文化和自然遗产日”主场活动在洛阳二里头夏都遗址博物馆启动。此次活动由省文化和旅游厅、省文物局、洛阳市人民政府主办。活动现场，主办方宣布启动九大黄河文化重大考古项目，并为各个项目发掘负责人颁发考古发掘证照。同时，中国社会科学院考古研究所和洛阳市人民政府共同组建的“早期中国研究中心”揭牌成立。中国社科院考古研究所、河南省文物局签署战略合作协议，共同推进黄河文化考古研究等工作。

6 月 14 日 郑州—卢森堡“空中丝绸之路”座谈会暨 BAA（中国）航空培训中心启动仪式在郑州举行。

6 月 15 日 河南省文化和旅游厅在郑州组织开展政银企战略合作签约活动，分别与中国农业发展银行河南省分行、中国建设银行河南省分行、中国工商银行河南省分行就支持全省文化和旅游产业发展签订了战略合作协议。

6 月 21 日 第二届全球文旅创作者大会开幕。本次大会以“行走自然，豫见美好世界”为主题。

6 月 30 日 河南省文化和旅游厅联合河南移动、河南联通和河南电信三大通信运营商，举行“诗与远方 豫见美好”河南文化旅游提示短信项目启动仪式，全面开通河南区域文化旅游提示短信平台，通过提示短信拓展宣传渠道，助力河南文旅市场复苏、振兴。

7月

7 月 2 日 省委组织部下发《关于命名第一批河南省红色教育基地的通知》，郑州二七纪念馆等 20 家单位成为第一批河南省红色教育基地。

7 月 3 日 “文明旅游 · 你我同行”系列活动在黄河小浪底旅游区启动，拉开了 2020 河南省文明旅游主题系列宣传活动的序幕。此次活动由省文明办、省文化和旅游厅主办，省文化馆、省小浪底旅游管理局、黄河小浪底旅游开发有限公司承办。

7 月 5 日 “大河之旅 老家河南——河南黄河文化旅游系列主题推广活动”启动仪式在河南艺术中心文化广场举行。此次活动由河南省文化和旅游厅主办，河南省人民政府副省长何金平，河南省政府副秘书长、办公厅主任王作成，河南省文化和旅游厅党组书记宋丽萍等出席了启动仪式。

7 月 9 日至 10 日 黄河文化与黄河文化地标理论研讨会在武陟县举行。此次研讨会由省社科联、黄河水利委员会黄河水利科学研究院主办，与会专家围绕如何贯彻落实习近平总书记在黄河流域生态保护和高质量发展座谈会上的重要讲话精神，保护传承弘扬黄河文化，打造新时代黄河文化地标等问题进行了深入探讨交流。

7 月 13 日 省委宣传部与河南财经政法大学举行部校共建文化传播学院签约仪式，并召开第一次院务委员会会议。这是继省委宣传部与郑州大学、河南大学开展部校共建之后，河南省第 3 所部校共建新闻传播学院。

7 月 13 日 二里头遗址保护和申遗专家座谈会在洛阳市召开。北京大学考古文博学院教授、中国“夏商周断代工程”首席科学家李伯谦，中国社科院考古研究所所长、中国考古学会副理事长陈星灿，中国社会科学院学部委员、中华文明探源工程首席专家、中国考古学会理事长王巍，国家文物局原副局长刘曙光等 20 余名省内外专家参会研讨。与会专家围绕进一步加大二里头遗址保护力度，系统研判、科学规划二里头遗址申报世界文化遗产工作纷纷建言献策。

7 月 14 日 河南省首批 72 名“新时代宣讲师”在郑州进行了集中培训，这标志着河南省“新时代宣讲师”计划正式启动实施。

7 月 17 日 河南省文化和旅游厅在洛阳市召开全省文化旅游“六稳”“六保”工作推进会。

7 月 18 日 首届河南（洛阳）快手网红文旅大会在洛阳正式启动。此次会议由河南省文化和旅游厅、河南省互联网信息办公室、洛阳市人民政府主办，洛阳市文化广电和旅游局、北京快手科技有限公司承办。

7 月 23 日 省文化和旅游厅打造的公共文化供需服务平台“文化豫约”平台正式上线。“文化豫约”平台在供应主体、文化场馆、群众三者之间形成服务闭环，收集群众的公共文化需求，根据群众的共性需求找到可以提供服务的供应主体，再配送至文化场馆为群众提供服务，实现线上发布线下配送，真正形成“百姓点单、专业机构接单、政府埋单”工作机制，为受众提供互联互通、方便快捷、优质均等的公共文化服务。

7 月 23 日 河南省文化和旅游厅召开全省文化和旅游公共服务工作推进会。会议以主会场结合视频会议的形式召开。

7 月 24 日 郑州市召开文化旅游大会，深入学习贯彻习近平总书记视察河南重要讲话和关于文化旅游融合发展的重要指示精神，贯彻落实全省文化旅游大会精神，科学谋划、主动作为，推动文旅融合高质量发展，加快建设文化旅游强市。

7 月 24 日 河南省黄河文化研学旅行会议在开封市隆重召开。此次会议由河南省文化和旅游厅、河南省教育厅和开封市人民政府共同主办。

7 月 24 日 首届黄河曲艺周暨第五届河南坠子展演活动在郑州市五一公园火热演出，此次活动由河南省非遗中心、省文化馆、省文化艺术研究院联合主办，郑州文化馆、郑州市非遗中心承办，省工人文化宫协办。

7 月 27 日 北京时间凌晨 01：30，由加拿大华人联合总会主办的“中华传统文化节暨中加建交 50 周年庆典”活动通过网络正式对外播放。中华传统文化节迄今已举办 12 届，是加拿大华人社区的重要年度盛会，旨在宣传中华优秀传统文化，进一步推动中加关系，构建国际文化艺术交流平台。河南精选出了少林功夫、民间剪纸（袁升科）、香包（赵海亮）、面塑（刘玉伟）、书法（武庆平）5 个特色项目参加此次活动。

7 月 27 日 省文化和旅游厅联合南方航空、东方航空以及省内重点酒店和 A 级景区，召开“老家河南 清凉一夏”暑期航空旅游产品推介会。

7 月 28 日 2020 年全省青年理论宣讲专家培训班在郑州开班。百名全省青年理论宣讲专家、“大豫讲坛”理论宣讲基地和各省辖市党委、济源示范区党工委宣传部理论工作负责同志，共同进行为期 4 天的集中学习培训。

7 月 29 日 河南自贸区国际艺术品保税仓在河南自贸试验区开封片区正式开仓。这是目前中原地区第一座艺术品保税仓，全国第一座集艺术品仓储、保税展示、拍卖交易等功能为一体的艺术品保税仓，同时也是全国第二个在海关特殊监管区域外的艺术品保税仓。

7 月 30 日 省文旅厅与中信旅游集团有限公司举行战略合作签约仪式。双方将从黄河文化、三都文化、运河文化、太极文化、豫剧文化等诸多元素中提炼打造河南省独有的文旅品牌，共同促进全省文旅产业高质量发展。

8月

8月3日 省文化和旅游厅与国家开发银行河南省分行签订战略合作协议。国开行将设立首批300亿元文旅业专项贷款，以保护传承黄河文化为主题，以深化文化旅游供给侧结构性改革为主线，以推进黄河文化高质量发展、大运河文化带建设等重大文旅项目和中华文化传承项目为重点，加快推动一批标志性项目落地。

8月5日 由光明日报社与河南省委宣传部主办，河南大学承办的“扛稳保护传承弘扬黄河文化的历史责任，推动黄河文化在新时代发扬光大”理论研讨会在开封举行。来自中国社科院、山东大学、陕西师范大学、河南大学等黄河文化研究重镇的知名专家学者和省社科联、省发展改革委、省文旅厅、省社科院以及有关高校的专家代表，围绕考古发现实证、挖掘时代价值、讲好黄河故事、推动文旅融合、打造黄河文化品牌等主题进行了深入研讨。

8月7日 郑汴洛黄河国际文化旅游目的地建设座谈会在郑州召开。河南省委宣传部常务副部长曾德亚，省委网信办主任郭岩松，省文化和旅游厅厅长姜继鼎等出席了会议。

8月8日 由河南省文化和旅游厅与开封市人民政府携手腾讯共同打造的“老家河南，黄河之礼”2020（中国·开封）国际文旅创意设计季之“宋词中国·世界开封”活动在开封铁塔景区启动。此次活动采取“1+8”模式，开封作为主办城市，联合省内的巩义市、新郑市、汝州市、禹州市、孟津县、宝丰县、温县、渑池县共8个县（市），围绕各具特色的传统文化和非遗产品开展系列宣传推广活动，以提升中原黄河文化品牌的影响力。

8月13日 由省文化和旅游厅、省扶贫开发办公室、省委直属机关工委共同主办的2020年“脱贫路上手拉手、文化帮扶心连心——舞台艺术送基层”专项演出活动在汝阳县、宝丰县、辉县市、新野县同时启动。目前，该活动已成为河南省文化扶贫的品牌活动，2019 年还被作为全国脱贫攻坚宣传教育典型案例推荐上报到国务院扶贫办。

8 月 13 日 黄河金三角文化旅游区建设座谈会在三门峡市召开，河南省文化和旅游厅党组书记宋丽萍，三门峡市委副书记、市长安伟，省文化和旅游厅副厅长周耀霞等出席了会议。

8 月 15 日 由省社科院主办的“二里头文化与夏文化研究回顾与展望”学术座谈会在郑州举行。会上，来自中国社会科学院、郑州大学、河南大学、省文物考古研究院、河南博物院、省文物考古学会、省社科院等单位的专家代表，围绕二里头文化对探索文明起源的贡献、二里头文化遗产的保护利用、二里头与夏文化研究存在的问题及解决路径等方面进行深入讨论。

8 月 18 日 “百家融媒话融媒”系列活动启动仪式暨融媒体高峰论坛在郑州举行。来自省内外的业界大咖、专家学者以及县级融媒体中心负责同志等 200 多人，围绕媒体融合发展，分享实践心得、共话守正创新。该活动由省委宣传部、河南广播电视台主办。

8 月 18 日 杭州怀朴投资管理有限公司增资扩股签约仪式在郑州举行。怀朴投资是河南文投公司旗下重要的控股基金管理公司。此次河南文投公司为怀朴投资新引入深圳市达晨创业投资有限公司、开封市文化旅游投资集团有限公司、海南融智汇卓企业管理咨询合伙企业 3 家战略投资者，标志着河南文投公司与国内一线头部机构、地方重要国有文旅平台开启紧密合作、互利共赢的新篇章。

8 月 20 日 由省委宣传部主导，中原出版传媒集团具体承办的大型出版项目“中华文脉——从中原到中国”（丛书）正式启动，并面向全球公开招募优秀文稿、出版、制作及宣传营销机构、平台。

8 月 20 日 2020“清风荷韵·中原廉文化”系列活动在周口市淮阳区群众文化艺术中心启动。自 2015 年至今，该活动经过几年探索，逐步发展了包括中原廉文化论坛、全国廉政征文、名家画莲书廉作品展、廉政情景剧巡演的系列活动，成为叫响全国的廉文化品牌。

8 月 22 日 第十四届中国心理学家大会在驻马店市开幕，大会以“经验探索：建设社会心理服务体系新格局”为主题，来自全国的60余位心理学界的专家学者研讨社会心理服务体系建设的成就经验。这也是该会议首次在三线城市举办。

8月23日 以“科技战疫 创新强国”为主题的2020年河南省科技活动周启动仪式在新乡举行。此次活动由省科技厅、省委宣传部、省卫健委、省科协共同举办。

8月25日 由省文化和旅游厅、国家图书馆（国家古籍保护中心）主办，省图书馆、省古籍保护中心联合全省古籍收藏单位开展的“传习经典 融古慧今”中华传统晒书活动在嵩山少林寺启动。本次活动以“弘扬黄河文化·石刻与传拓”为主题，结合古籍保护和河南地方文化，分为“晒国宝”“晒珍藏”“晒技艺”三大部分。

8月26日 河南省第七个全民艺术普及周启动仪式在商丘日月湖景区好人主题公园举行。

8月26日 文化和旅游部、国家发展改革委发文公布第二批全国乡村旅游重点村名单，全国680个村入围。其中，河南21个乡村在列。

8月28日 农业农村部官网发布了2020年中国美丽休闲乡村公示名单，河南有8个村入选。

9月

9月3日至7日 第二届大运河文化旅游博览会在江苏隆重举行，河南省文化和旅游厅携河南省郑州、洛阳、开封、焦作等相关城市和文旅单位参加了博览会，与来自古运河沿线的节点城市，围绕“融合·创新·共享”，开展深入交流合作，共同探讨运河文化促城市文化旅游融合发展之路，共谋文化旅游产业发展新机遇。

9月4日 庆祝第五个“中华慈善日”慈善活动在郑州举行。第十三届全国人大社会建设委员会副主任委员、中华慈善总会会长宫蒲光出席活动并讲话。

9月6日 第二十六届三门峡黄河文化旅游节正式开幕。本届黄河文化旅游节为期三天，采取线上线下相结合的方式举办。

9月6日 中国人与生物圈国家委员会（MAB）等方面联合主办的“黄河生态保护与文化传承”专题调研活动在郑州启动。此次专题调研围绕黄河故事及黄河历史文化变迁、沿岸生态保护现状、黄河文化遗产的时代价值与传承等课题进行。

9月7日 由文化和旅游部资源开发司指导，沿黄九省（区）文化和旅游厅、三门峡市政府主办的2020年黄河文化旅游品牌推广大会在三门峡市举行。大会以“数游大黄河·共筑文化根”为主题，相关领导、专家学者、行业翘楚围绕“后疫情时代”文化旅游行业市场新变化、消费新需求、发展新业态，共同研讨黄河文化保护传承弘扬，探索恢复振兴文化旅游市场新思路，共商黄河文化旅游高质量发展新路径。会上还签订了建立黄河文化旅游研究（大数据）中心等协议，以便进一步助力黄河流域文化旅游高质量发展。

9月7日 由中宣部、文化和旅游部共同主办的2020年全国基层戏曲院团网络会演于启动，豫剧现代戏《驻村第一书记》作为河南省唯一一部入选剧目，于9月10日19：30在“云端”与全国观众见面。

9月8日 中国黄河文化研究中心黄河论坛暨第九届河南社会科学学术年会在武陟举行。省内外50余名专家学者齐聚一堂，就如何保护和弘扬黄河流域文化，推动黄河流域高质量发展进行深入交流研讨。

9月8日 2020中国国际航空物流高峰论坛在郑州航空工业管理学院举办，政产学研各界精英线下200余人线上5600人共聚一堂，这也是第二届“空中丝绸之路”国际合作峰会分会场。

9月9日 河南省与清华大学、中国人民大学分别签署战略合作协议。省委书记王国生、省长尹弘，清华大学党委书记陈旭、校长邱勇，中国人民大学党委书记靳诺、校长刘伟出席座谈会并见证签约。

9月10日 新疆生产建设兵团第十三师文化和旅游系统2020年业务跟岗学习培训班在洛阳开班。此次培训由河南省文化和旅游厅主办，洛阳市文化广电和旅游局承办。来自兵团第十三师的 12 名学员分赴洛阳市栾川县、洛阳市文化市场综合行政执法支队进行为期 20 天的业务跟岗学习培训。

9 月 12 日 第三届中原国际文化旅游产业博览会暨 2020 洛阳河洛文化旅游节在洛阳会展中心开幕。本届博览会由省委宣传部、中国旅游研究院指导，省文化和旅游厅、洛阳市人民政府主办，洛阳市文化广电和旅游局、洛阳旅游发展集团承办。德、法、泰等 30 个国家和地区的 152 家企业及国内 366 家文化旅游企业参展，展示“一带一路”沿线国家和地区的传统工艺美术、文化旅游特色产品等 30 余类 2000 余种商品。

9 月 13 日 沿黄九省区城市文化产业和旅游产业融合发展座谈会在洛阳召开。本次座谈会由河南省文化和旅游厅、洛阳市人民政府共同主办。河南省文化和旅游厅副厅长朱建伟主持会议，文化和旅游部产业发展司副司长耿军，河南省文化和旅游厅党组书记宋丽萍，洛阳市人民政府市长刘宛康、副市长魏险峰，以及青海、四川、甘肃、宁夏、山西、陕西、内蒙古、山东沿黄九省区相关部门负责人等领导嘉宾出席座谈会。

9 月 13 日 2020 年中央广播电视总台中秋晚会在洛阳启动录制。

9 月 14 日 2020 年国家网络安全宣传周高峰论坛在郑州举行。国家网络安全宣传周从 2014 年开始每年举办一届，本届宣传周主题为“网络安全为人民，网络安全靠人民”。省委书记王国生，中宣部副部长、中央网信办主任、国家网信办主任庄荣文出席并讲话。

9 月 15 日 “中国梦 · 黄河情——黄河流域生态保护和高质量发展”网络主题活动在郑州启动。与此同时，“中国梦 · 黄河情——黄河流域生态保护和高质量发展”官方网站正式上线。此次活动由中央网信办网络新闻信息传播局主办、中国网及黄河流域九省区网信办承办，邀请人民网、新华网、中国网等 40 家媒体的编辑记者，到沿黄各省区实地采访。

9 月 18 日 由中央文明办、水利部主办的“关爱山川河流 · 保护母亲河”全河联动志愿服务活动启动仪式在郑州市举行。副省长武国定、水利部黄河水利委员会主任岳中明出席仪式并致辞，水利部副部长田学斌出席仪式并讲话。本次活动主会场设在郑州，并在青海、甘肃、宁夏、内蒙古、陕西、山西、河南（小浪底、三门峡）、山东等地设立9个分会场。

9月19日 “嵩山论坛——华夏文明与世界文明对话”2020年会在登封开幕。论坛主题为“何以为家——面对全球疫情的伦理思考”，来自海内外的70余位文化学者、经济专家以“现场会议+视频播放+实时连线”的方式展开为期两天的研讨交流。

9月19日 2020年全国科普日河南省暨郑州市主场活动启动仪式在省人民会堂举行，河南省今年全国科普日活动正式拉开序幕。

9月19日至20日 由中国河洛文化研究会、省社科联、省社科院等主办的“中华源·黄河魂”——2020年河洛文化研讨会在河南科技大学举行。与会专家学者围绕河洛文化与黄河文化、河洛文化的时代价值等进行了深入交流。

9月22日 2020年“中国农民丰收节”河南省主会场活动在开封市祥符区西姜寨村举行。

9月22日 第四届全球跨境电子商务大会在郑州开幕，外国政要、国际组织代表、专家学者、知名跨境电商企业代表等600余人深入交流，共谋发展。吉尔吉斯共和国总理博罗诺夫进行视频致辞。

9月22日至23日 第十四届黄帝文化国际论坛在新郑举行，本届论坛主题为“黄帝文化与黄河文化”。

9月23日 主题为“弘扬周易文化，增强文化自信”的2020海峡两岸周易文化论坛暨第三十一届周易与现代化国际讨论会在汤阴县羑里城开幕。国台办、全国台联、省台办负责人，来自海峡两岸及海外的易学专家学者和当地群众代表共1000余人参加了开幕式。

9月24日 由省社科院主办的黄河文化高层论坛在郑州举行。来自12个省区社科院、高等院校及文博文化部门的专家180余人出席了会议，共同探讨黄河文化的传承与弘扬。

9月24日 第35届大众电影百花奖“星空放映”启动仪式在郑州博物馆新馆文化广场举行，正式拉开2020年中国金鸡百花电影节（第35届大众电影百花奖）活动帷幕。

9 月 24 日　河南省全域旅游暨乡村旅游工作推进会在洛阳栾川召开。会议传达了文化和旅游部就双节长假期间旅游工作的要求和精神，总结了河南省全域旅游和乡村旅游工作亮点，并就下一步工作进行安排。

9 月 25 日　河南省文化和旅游厅在郑州召开全省国家文化公园建设工作推进会议，会议强调要建设黄河、长城、大运河、长征国家文化公园，集中打造中华文化重要标志。

9 月 26 日至 28 日　全国人大常委会副委员长蔡达峰率执法检查组来豫检查公共文化服务保障法实施情况，并在郑州主持召开座谈会。省长尹弘出席会议并汇报河南省相关工作。全国人大教科文卫委员会副主任委员殷方龙、外事委员会副主任委员陈国民，省领导赵素萍、徐济超、何金平参加座谈或执法检查。

9 月 28 日　第 32 届中原畜牧业交易博览会在郑州国际会展中心开幕，吸引了省内外 441 家企业参展，西班牙、法国、荷兰等国家代表参会，成为让世界了解河南畜牧业、让河南畜牧业走向世界的重要窗口。

9 月 28 日　河南省夏文化研究中心在河南省文物考古研究院正式揭牌成立，该中心由河南省委机构编制委员会办公室批准成立，挂靠河南省文物考古研究院，旨在加强夏文化研究。

9 月 28 日至 29 日　由中共河南省委党史研究室、中共湖北省委党史研究室、中共安徽省委党史研究院和中共信阳市委联合主办的鄂豫皖三省大别山精神研究联席会第一次会议暨纪念鄂豫皖革命根据地创建 90 周年学术研讨会在大别山干部学院召开。会上签署了《鄂豫皖三省七市大别山精神研究联席会议章程》。

9 月 29 日　在第十二届安阳航空运动文化旅游节上，河南省文投公司、安阳市政府、国家开发银行河南省分行共同签署战略合作协议，推动安阳市由文化旅游资源大市向文化旅游产业大市转变。

9 月 29 日　由中国文联、中国曲协、平顶山市政府主办的第十届中国曲艺节在平顶山市开幕。

9 月 30 日　省委宣传部、省文化和旅游厅、省文物局在郑州组织召开专题座谈会，共谋河南文物考古事业新发展。省文物局、省直文博单位，中国社会科学院考古研究所驻洛阳、安阳工作站，郑州、开封、洛阳、安阳等地文物主管部门、考古研究机构，郑州大学历史学院、河南大学考古文博系相关负责人参加会议。

10月

10月8日 黄河文明与太极文化研讨会暨《世界太极拳发展报告(2019)》首发式在焦作举行。省内外200余名专家学者、太极大师，围绕太极拳的传承与发展、科学与健康、太极文化产业发展等内容进行了交流和研讨。

10月10日 我国首个遗址型考古博物馆洛阳考古博物馆正式开馆，该馆是一座面向社会公众展示河洛文化和洛阳历年考古成果的综合性场馆，将持续展示洛阳最新考古成果。

10月15日 由工信部、中国工程院与中西部9省（区）政府共同主办，7个国家行业协会参与协办的2020中国（郑州）产业转移系列对接活动在郑州国际会展中心开幕。省长尹弘出席并致辞，与工信部副部长辛国斌、中国工程院副院长何华武共同为活动启幕，见证项目签约。本届活动吸引了近2000位客商到会，聚焦数字经济、5G产业、人工智能等新兴重点领域开展对接洽谈。

10月16日 第二十六届郑州全国商品交易会在郑州国际会展中心拉开帷幕。本届展会以“新经济、新业态、新消费，共享中国经济发展新未来”为主题，在疫情防控常态化形势下，采用“线上+线下”模式开展。

10月16日 由省委宣传部、省文化和旅游厅、省商务厅、鹤壁市政府共同主办的第七届中原（鹤壁）文化产业博览交易会在鹤壁市朝歌文化园开幕。本届中原文博会为期4天，以“保护传承弘扬黄河文化、保护传承利用大运河文化”为主题，以打造文化创意产品交易平台为目标，展会期间举办了第六届“中国诗歌·鹤壁”诗歌大赛、黄河流域博物馆联盟文创产业研讨会、大运河沿线城市文化交流活动主题论坛、河南省文化产业项目对接会、中原文博会文化创意主题论坛等活动。

10 月 16 日 第七届产教融合发展战略国际论坛在驻马店开幕。全国人大常委会副委员长、民建中央主席、中华职业教育社理事长、中央社会主义学院院长郝明金，教育部副部长孙尧作在线主旨讲话。副省长霍金花出席开幕式并致辞。

10 月 16 日 “黄河流域博物馆联盟文创产业研讨会”在郑州召开，黄河流域 28 家博物馆的相关负责人参加会议，共同交流研讨博物馆文创经验、面临困境等，探寻解决之策。

10 月 17 日 中国开封第 38 届菊花文化节在清明上河园拉开帷幕。全国政协副主席何维宣布中国开封第 38 届菊花文化节开幕。本届菊花文化节以“讲好黄河故事、花开八朝古都”为主题，其间举办了宋代文物展、2020 年数字文化大会、2020 中国企业慈善公益 500 强发布暨开封市招商推介会等系列活动。

10 月 17 日 由省社科院、省文化和旅游厅、鹤壁市政府联合主办的大运河文化交流论坛在鹤壁举行。来自河南省及北京、天津、江苏的专家学者，以及扬州、苏州、杭州、聊城、通州、洛阳、郑州等运河沿线城市的代表出席，为大运河文化保护传承利用和发展建言献策。

10 月 17 日 郑州二砂文创园正式开园。二砂文创园旨在打造郑州工业历史遗存文化地标、中原科技文创新经济产业高地、国际化城市文化消费新领地。多位重量级的非遗大师，来自北京、云南等地的头部文创企业等签约入驻园区。

10 月 18 日 由敦煌研究院、云冈石窟研究院、龙门石窟研究院联合主办的“丝路华光——敦煌、云冈、龙门石窟艺术联展”在洛阳博物馆开幕。本次联展是中华人民共和国成立以来，敦煌莫高窟、云冈石窟、龙门石窟首次联袂举办的大型艺术展出。

10 月 19 日 由国家文物局、河南省人民政府主办的第三届世界古都论坛暨夏文化国际学术研讨会在洛阳二里头夏都遗址博物馆举办。来自联合国教科文组织、联合国世界旅游组织、国际博协等组织，以及20个国家和地区的200余位嘉宾以“线上+线下”的形式“相聚”洛阳，以“古老的文明，崭新的故事”为主题，分别以“二里头·夏都·夏文化与世界文明起源”“历史遗产保护与城市可持续发展”为论题，共同探讨世界古都历史遗产保护与城市可持续发展大计。

10月19日 河南省“乌拉圭周”启动仪式暨乌拉圭当代艺术展开幕式在郑州博物馆举行。副省长何金平与乌拉圭驻华大使费尔南多·卢格里斯共同出席活动并致辞。

10月19日 龙门石窟保护研究成果发布暨龙门石窟列入《世界遗产名录》20周年学术交流大会在洛阳开幕。开幕式上，龙门石窟研究院发布了龙门石窟列入《世界遗产名录》20周年6大重要考古成果。

10月19日 由河南省文化和旅游厅主办，河南省文化艺术研究院承办的“河南省非遗曲艺展演周”在河南艺术中心广场拉开帷幕，此次展演周从19日至24日，全省12个曲种、65个优秀曲（书）目上演“集体秀”，为大家奉上了一场曲艺艺术盛宴。

10月25日 第八届中国·商丘国际华商节开幕式暨拜谒活动在商丘华商文化广场隆重举行。本次活动由政协河南省委员会、中华全国归国华侨联合会主办，商丘市人民政府、中国侨商联合会、河南省工商业联合会、河南省归国华侨联合会承办，主题为“殷商之源、通达商丘、华商同心、天下一家”。

10月25日 由科技部和河南省政府主办的中国·河南开放创新暨跨国技术转移大会闭会期间的重要专场活动——第三届高校院所河南科技成果博览会（以下简称“高博会”）在新乡开幕。包括2名诺贝尔奖获得者和55名院士在内的近900名海内外高校院所专家学者、投融资机构和企业负责人，参加了线上线下各类专场活动。来自国内外的170余家高校院所、企业，通过多种形式集中发布了600多项最新先进适用技术和重大科技成果。

Abstract

The year 2020 is the final year for China to finish building a moderately prosperous society in all respects and the 13th Five-Year Plan, and it is also a crucial year for the 14th Five-Year Plan. On September18, 2019, General Secretary Xi Jinping presided over a symposium on ecological protection and high-quality development of the Yellow River basin in Zhengzhou and delivered an important speech, stressing the need to preserve, inherit and promote the Yellow Riverculture. Since then, Ecological protection and high-quality development in the Yellow River basin has been promoted as a major national strategy. During his investigation and research in Henan, General Secretary Xi Jinping urged us to carry forward, innovate and develop fine traditional culture and promote the prosperity of Central Plains culture. On January 3, 2020, at the sixth meeting of the Financial and Economic Commission of the CPC Central Committee, General Secretary Xi Jinping stressed the importance of vigorously carrying forward Yellow River culture. At the beginning of the year, a sudden new coronavirus epidemic swept the whole country, and Henan was also impacted in cultural construction. However, Henan, as the core of the Yellow River culture, has been vigorously carrying forward the Yellow River culture. After the symposium on ecological protection and high-quality development of the Yellow River Basin, Henan quickly established a leading group headed by Party Secretary Wang Guosheng and Governor Yin Hong to carry out the work and organize regular meetings for ecological protection and high-quality development of the Yellow River basin. On January 14, 2020, Wang Guosheng delivered a speech titled "Vigorously Carry forward the Yellow River Culture to Gather Strength for More Brilliance of the Central Plains in the

New Era" at the closing ceremony of the third session of the 13th Henan Provincial People's Congress. He comprehensively expounded the importance of promoting the Yellow Riverculturefrom six aspects of patriotism, the original aspiration for serving people, struggling spirit, innovative spirit, green vision and the pattern of opening to the outside. In May 12, 2020, Henan held a provincial conference on culture tourism, calling for swiftly seizing the great strategic opportunities of ecological protection and high-quality development in the Yellow River basin, vigorously carrying forward the Yellow Riverculture, promoting high-quality development of cultural tourism, and accelerating the transformation from a major province in cultural tourism into a strong province. The Provincial Department of Culture and Tourism organized to edit "the Program of Henan Province to Preserve, Inherit and Promote Yellow River Culture" and drew up three special formulations of "Protection and Utilization of the Intangible Cultural Heritage of the Yellow River Basin", "Conservation and Utilization of Cultural Relics" and "High-quality Development of Tourism". All local municipalities, especially those on the Yellow River, have acted quickly to establish working mechanisms, set up leading groups, draw up development plans, and vigorously promote the protection, inheritance and promotion of the Yellow River culture, and they have actually achieved remarkable results. In October 2020, the Fifth Plenum of the 19th CPC Central Committee deliberated and approved "the Recommendations of the CPC Central Committee for Formulating the 14th Five-Year Plan for Economic and Social Development and the Long-Range Goals for 2035", which clearly set forth the goal of making China a cultural power by 2035. Having seized the national strategic opportunity for implementing ecological protection and high-quality development in the Yellow River Basin, We consciously formulated our plan under the national background. We will take the Yellow River cultural inheritance and promotion as a boost to promote the development and utilization of historical and cultural resources on the Yellow River and in its old routes, with which to promote the development and utilization of the historical and cultural resources of the whole province, and then to promote the transformation of Henan from a big province in cultural resources to a strong province in culture. We will give full play to the power of Central Plains and make great contributions to the realization of cultural power and the rise of Chinese civilization in the world.

Keywords: Henan; The Yellow River Culture; A Strong Province in Tourism; A Strong Province in Culture

Contents

Ⅰ General Report

Abstract: The year 2020 is the final year for finishing building a moderately prosperous society in all respects and completing the 13th Five-Year Plan, and in the meantime, it is also the crucial year for formulating the 14th Five-Year Plan. The relevant departments of Henan Province worked together to introduce a number of culture and tourism policies to combat the sudden outbreak of the novel coronavirus with all effort. Online public cultural services were very obvious in characteristics, benefiting people in an increasing trend. That culture integrated with tourism has hastened the birth of creative projects, new types of businesses showing a strong momentum to drive development. Brand effects of culture and tourism focusing on "Henan, our spiritual home" has been becoming more and more apparent, and rural tourism and "nighttime economy" have become new engines in the development of culture and tourism industry. Significant breakthroughs were made in the archaeological Site of Shuanghuaishu. ErlitouXia Capital Ruins Museumshowed super attraction. Archaeological Ruins of Pingliang City in Huaiyang county of Zhoukou was inscribed on the list of the First Ten New Chinese Archaeological Findings in 2019. The work of census and documentation on intangible resources of Henan province has basically finished. According to the formulation and the layout of the Central Committee of the Communist Party of China (CPC), Henan provincial government clearly defined the protection, inheritance and promotion of the Yellow River culture as the developmentorientation. Stories about the Yellow River would be told well in accordance with green development so thata development pattern dominated by the integration of culture and tourism in the whole provincewould be actively built. In 2021, based on the Outline of the 14th Five-Year Plan and the plan formulated by Henan for culture development, we will take good care of the relationships between inheritance and promotion, culture and ecology, and culture and tourism. We will promote the quality and efficiency of public cultural services, inheriting and carrying forward the Yellow River culture with the concept of holistic development. We will promote high-quality development of culture and tourism through reform and innovation to push up Henan from a major province in cultural tourism to a strong one. In the new development stage, we will strive to write a more brilliant chapter for the chorus of the Yellow River culture.

Keywords: Henan; The Yellow River Culture; Smart Tourism; High-quality Development

Ⅱ Topical Reports

Abstract: In order to thoroughly implement instructions issued by General Secretary Xi Jinping on preserving, inheriting and promoting the Yellow River culture, Henan Office of the Leading Group for Reforming and Developing the Cultural Management System and Henan Academy of Social Sciences formed joint research group to conduct special investigation and research on preserving, inheriting and promoting the Yellow River culture. During the time from June to the end of August 2020, the work of research and investigation focusing on preserving, inheriting and promoting the Yellow River culture was performing among 11 prefectural cities of Henan province and 6 provinces and autonomous regions. Thinking and suggestions reached agreement in seven respects: strengthen the awareness of opportunity, strengthen top-level design, strengthen key work, strengthen the integration of culture and tourism, tell the Yellow River stories well, pay close attention to the weak fields and strengthen organizing and coordinating capabilities. Central Plains culture is the core and the main body of the Yellow River culture, Henan should seize the strategic opportunity that the state shall carry out ecological protection and high-quality development in the Yellow River basin to take the construction of core demonstration area for preserving, inheriting and carrying forward the Yellow River culture as the cultural development strategy of Henan province. We will vigorously promote the Yellow River culture and develop and utilize the historical resources on the Yellow Riverand in the old watercourse of the Yellow River to inspire the whole province to make full use of cultural resources, so as to promote the construction of Henan as a strong cultural province.

Keywords: Preserve, Inherit and Promote the Yellow River Culture; Core Demonstration Area; Henan; A Strong Province Inculture

B.3 Research on the Way to Preserving, Inheriting and Promoting the Yellow River Culture

Henan Provincial Culture and Tourism Department / 070

Abstract: Represented by Henan province, the middle and lower reaches of the Yellow River is one of the important birthplaces of Chinese civilization and the root and soul of the Chinese nation. The Yellow River Basin in Henan Province is rich in cultural heritage resources, colorful intangible cultural heritage resources and cultural tourism resources. Earlier, Henan province has carried out related work on the protection of the Yellow River culture, created famous tourism brands such as KangBaiwan hacienda, Dufu Hometown and Grotto Temple and the Confluence of the Yellow River and the Luo River. At present, the protection of the Yellow River cultural heritage in Henan province still needs to be strengthened in the respects of systematization and integrity, innovation and deep research. Suggestions are as follows: build Henan demonstration section of the Yellow River National Cultural Park, build the Yellow River golden cultural tourism belt and build a spatial pattern for the Yellow River culture in protection, inheritance and promotion. Henan should be entrusted with a greater mission in preserving, inheriting and carrying forward the Yellow River culture.

Keywords: Henan; The Yellow River Culture; Golden Cultural Tourism Belt

Abstract: Focusing on the protection, inheritance and promotion of the Yellow River culture, the first group conducted field investigations in Ningxia Hui Autonomous region, Gansu province and Qinghai province, and summarized the practices and results of the three provinces and regions. The first is to closely adhere to the local features to sort resources. The second is to grasp the local characteristic resources as the important work. The third is to elaborately make plan under the requirement of standards. The fourth is to promote major projects, concerning real industrial results and combining art media to tell stories about the Yellow River. The fifth is to develop cultural industry without stop based on the existing foundation. The experience and the enlightenment of the provinces and region should be as follows: the first is to highlight the history and culture with regional characteristics through investigating the Yellow River cultural resources. The second is to build a perfect coordination mechanism to promote the cities on the Yellow River to drive the common development of the local regions. The third is to make use of location and resource advantages to build the main historical and cultural landmark of the Yellow River. The fourth is to rely on numerous archaeological sites to build national archaeological parks. The fifth is to tell stories about the Yellow River in the history through various River harnessing exhibitions. The sixth is to make full use of the national major strategic development opportunities to create the Yellow River cultural tourism projects. The seventh is to deepen integrated regional development to build national central cities across rivers.

Keywords: Preserve, Inherit and Promote the Yellow River Culture; Ningxia Hui Autonomous Region and Gansu and Qinghai Provinces (abbr: NGQ); National Central City

B.5 Investigation and Thinking on Red Tourism of Henan Province

Song Liping / 128

Abstract: Three mountainous areas and one wetland on the Yellow River are the places concerned by Henan province in completing the task of poverty alleviation, and they are also the one gathering red cultural resources. It is great practical significance to develop red tourism, and it is also an important mission to revitalize the old revolutionary base areas under the current situation. However, at present, there are several problems for red tourism to develop in our province, such as lack of strong impetus, inactive development mechanism, weak development mode, poor development benefit and backward development situation. We must address bottlenecks in development by raising our political standing, intensifying development efforts, raising construction standards, adhering to integrity and innovation, attaching importance to brand building, and focusing on revitalization and development.

Keywords: Henan Province; Old Revolutionary Area; Red Tourism; Three Mountainous Areas and One Wetland

Abstract: Henan enjoys basic advantages to build major historical and cultural landmark of the Yellow River, such as ancient capital culture represented by Luoyang, Zhengzhou, Kaifeng and Anyang; archaeological culture represented by the pre-historical cultures of Peiligang, Erlitou and Yin Ruins; revolutionary cultural resources and advanced socialist cultural resources represented by the spirit of Yugong moving mountains, the spirit of Red Banner canal, the spirit of Dabie Mountain and the spirit of Jiao Yulu. Although Henan has made a lot of efforts to protect and inherit the cultural landmark of the Yellow River, there still exist some deviations which are shown as follows: historical and cultural landmark are not built as prominent as expected in theme advantages and brands; we are too stereotyped to widen our horizon on the issue of landmark making. Therefore, we should raise our understanding of the landmark in its importance, times and urgency. We should do a good job in top-level design to accelerate the landmark research. We should give full play to the distinctive advantages of historical and cultural resources to createthe major landmark brand of the Yellow River in history and culture. Talent cultivation should be performed surrounding the theme of grand River, grand tourism and grand culture so as to promote creative evolution. A good relationship should be established between building the major historical and cultural landmark of the Yellow River and building Zhengzhou as the international business capital.

Keywords: Henan; The Major Historical and Cultural Landmark of the Yellow River; International Metropolis

B.7 Suggestions of Forging the Yellow River Spirit

Guo Hairong / 155

Abstract: The Yellow River culture is the root, backbone and the core of Chinese civilization which gave birth to the Yellow River spirit. Therefore, the Yellow River spirit is also the core spirit of Chinese nation. That it shows in all kinds of spirits of patriotism, fight, comprehensiveness and striving is just the condensation of wisdom accumulated for thousands of years by Chinese nation. Preserving, inheriting and carrying forward the cultural spirit of the Yellow River is a huge and complex project. However, we are not very clear of the urgency and the gravity. We haven't collected and sorted enough cultural heritage resources and we haven't put enough effort on the Yellow River industry. All the problems above require us to strengthen the research on the Yellow River culture, on the historical archaeology, on the Yellow River ideology and culture spirit, on the resource integration and agglomeration, and on the industrial expression of the Yellow River culture spirit.

Keywords: Henan; The Yellow River Spirit; Yellow River Cultural Heritage

B.8 Situation of the Yellow River Culture Heritage and its Category

Zhang Yuxia / 165

Abstract: As the root of Chinese nation and the cradle of Chinese civilization, the Yellow River culture is profound with abundant culture heritage. The culture heritage is distributed beyond the Yellow River basin in the sense of natural geography, covering seventy three administrative regions of nine provinces. On the basis of the existing heritage classification, to sort out the quantity and distribution of the Yellow River is for the purpose of highlighting the prominent position of the Yellow River culture in forming Chinese civilization. And reclassifying the culture heritage directly or closely related with the Yellow River is for the purpose of deepen the research on the Yellow River culture heritage.

Keywords: The Yellow River; The Yellow River Basin; Culture Heritage

Abstract: Earnestly implementing the guiding principles of General Secretary Xi Jinping's important speech during his inspection visit to Henan province, Henan Provincial Party Committee and Provincial government work hard to have the Yellow River culture protected, inherited and promoted, make the culture sorted and the Yellow River stories prevailed. Starting with the formulation of planning, the creation of sign projects and strengthening exchanges and cooperation, Henan province focuses on several dimensions of naturalecology, historical culture, philosophical speculation, national spirit and value of the times tocreate multiple images, such as the magnificent Yellow River, the epic Yellow River, the rational Yellow River, the tenacious Yellow River and the advancing Yellow River, etc..

Keywords: Henan; The Yellow River Culture; Cultural Tourism; The Yellow River Image

Abstract: The Yellow River is the mother river of Chinese nation, giving birth to the splendid Chinese civilization. The cultural heritages of the Yellow River in Henan province are rich in variety and quantity, which provide valuable resources for us to study the Yellow River culture and the Central Plains civilization. This article firstly sorts out the types of the cultural heritage of the Yellow River in Henan province, sums up the current situation of the cultural heritage protection, analyzes the existing problems of protection and utilization. And secondly, it promotes suggestions as follows: to establish an evaluation system, to improve systems and mechanisms, to coordinate systematic projects, to expand communication channels, innovate the training mode of intangible cultural heritage personnel, and innovate the transformation mode of the Yellow River cultural heritage. What has done above is for the purpose to provide cultural support in inheriting and promoting the Yellow River culture and systematically protection the Yellow River cultural heritage.

Keywords: Henan; The Yellow River Cultural; Cultural Heritage

B.11 Study on Ecological Culture Construction of the Yellow River in Henan Province *Xi Ge* / 193

Abstract: To implement the national strategy of ecological protection and high-quality development of the Yellow River Basin, Henanhas strengthened the ecological culture construction of the Yellow River, giving full play to her unique geographical and cultural advantages. At present, in order to deepen the ecological culture construction of the Yellow River, a foundation has been established in the aspects of the current ecological basis, academic research and communication media. But to realize the ecological culture construction of the Yellow River and then to efficiently promote ecological protection and high-quality development in the Yellow River basin, we should apply concrete measures including innovating the systems and mechanisms to drive ecological culture development, formulating long-term construction plans, applying a combination of measures to interiorize the connotation of the ecological culture among people and building a spiritual platform for carrying forward the ecological culture.

Keywords: Henan Province; Ecological Culture of the Yellow River; Ecological Protection

Ⅲ Regional Reports

Abstract: In September 2019, ecological protection and high-quality development in the Yellow River basin was promoted as a major national strategy. As the capital city of Henan province, Zhengzhou should bear the heavy responsibility entrusted by history. Therefore, a series of long-term plans have been promoted, including establishing "Root of China, Soul of the Yellow River, Center of China, Source of Chinese Civilization" asurban historical and cultural orientation; building a major landmark city for the history and culture of the Yellow River; making a series of long-term plans for ecological protection and high quality development of the Yellow River basin in Zhengzhou; with "Two Belts and One Center" as the core of development, building a core demonstration zone for ecological protection and high-quality development on the Yellow River, and making top-level designs for regional growth poles of national high quality development and for major landmark city of the Yellow River history and culture. At present, all the work is progressing smoothly. In future, Zhengzhou should also vigorously enhance its cultural taste, deepen the study of the Yellow River culture and improve the creativity and technological content of cultural tourism industry, and thus truly play a powerful role in leading and demonstrating.

Keywords: Zhengzhou City; The Major Landmark City of The Yellow River History and Culture; Cultural and Tourism Industry

B.13 Protection, Inheritance and Promotion of the Yellow River culture in Kaifeng City *Chen Qinna* / 222

Abstract: Among the cities on the Yellow River, Kaifeng has her own uniqueness, lying on the middle of the Yellow River and appearing the marvelous spectacle of "hovering river" which can best show the unique natural scenery of the Yellow River. Suffering from floods of the Yellow River many times in history, Kaifeng was rebuilt on its original site after being flooded several times, forming the world wonder of "cities piled on cities". As the core of the root of China and the source of the Yellow River civilization, Kaifeng is full of cultural heritages, especially the culture of the Song Dynasty, which can best reflect the peak of Chinese historical civilization. Holding the current historical opportunity, Kaifeng has strengthened government administration and planning design, highlighting demonstration and cultural landmark, attaching importance to investigation, research and display of the Yellow River culture. But some other aspects still need to be further improved, such as cultural taste, construction quality, display and exhibition, stories telling, integration between culture and tourism and industry development.

Keywords: Kaifeng; The Yellow River Culture; Cultural Industry

B.14 Research of Luoyang in Advancing Construction of the Yellow River Cultural Tourism Belt *Tian Dan* / 232

Abstract: In May, 2020, Henan province held a provincial cultural tourism conference, emphasizing the importance of promoting the Yellow River culture, focusing on the core area of Zhengzhou, Kaifeng and Luoyang (ZBL) and building an international influential tourist destination. Luoyang is rich in the Yellow River cultural tourism resources, including humanity scenic spots such as Longmen Grottoes, White Horse Temple and Han HanGu Pass, etc. and natural

and innovating system and mechanism of high-quality development in many aspects including specifying four orientations and focusing on six respects. However, confined to not very economic basis and narrow development vision, the cultural construction of the Yellow River needs to be further improved in science and technology and digital aspects.

Keywords: Sanmenxia; The Yellow River Culture; Ecological Protection

B.16 Investigation Report of Jiaozuo City in Preserving, Inheriting and Promoting the Yellow River Culture

Yang Bo / 255

Abstract: Located on the diving line of the middle and lower reaches of the Yellow River and on the junction of the Yellow River and Qin river, Jiaozuo City is also named the mouth of hundred rivers, the head of hovering reach of the Yellow River, and the axis of North China. Jiaozuo is blessed with unique natural resources and cultural heritages, which enrich the cultural landscape along the Yellow River. In the past year, focusing on the major national strategy of ecological protection and high-quality development of the Yellow River Basin, Jiaozuo has actively explored the way of protection and promotion for the Yellow River, and hence has achieved tangible results. However, there are still some problems and shortcomings to which it needs to pay attention from the system and practice. It should introduce scientific and feasible special planning as soon as possible, keep increasing capital investment, accelerate the transformation and upgrading cultural industry projects, and constantly enhance the international influence of the Yellow River culture in Jiaozuo till it achieves new breakthrough in the 14th Five-Year period.

Keywords: Jiaozuo City; The Yellow River Culture; Cultural Industry

Abstract: The old watercourse culture of the Yellow River is an important organic component of the Yellow River culture. The cities through which the old watercourse culture passes are faced with the same problems as the cities on the Yellow River, such as ecological protection, high-quality development and protection and promotion of the Yellow River culture. At present, ecological protection and high-quality development of the Yellow River basin has been promoted to a major national strategy, but it neglects the old Yellow River route and the cities in it. Suggestion is promoted that those which are not on the Yellow River but in the old waterway be circled into the scope of the national strategy. It is necessary to verify and preserve the cultural relics of the old watercourse of the Yellow River in Henan province. We should do enough research and disseminate the old watercourse culture and then refine the spirit of the old Yellow River waterway.

Keywords: Henan; The Old Watercourse of The Yellow River; Promotion for The Yellow River Culture

Abstract: Puyang is a city nurtured by the Yellow River. Countless laudatory titles highlight the advantages of cultural resources of the Yellow River in Puyang, such as the Emperor Zhuanxu's capital, the Emperor Shun's hometown, the Capital City of Chinese Emperors, the Capital of Chinese Loong, the home of acrobatics in China, the home of filial piety in China, the second hometown of Confucius and the source of Family Name of Zhang, etc.. The Yellow River cultural system in Puyang is composed of different categories, such as cultural sites, farming culture, religious culture, folk culture, literature and art, red culture, filial piety, family name culture, etc.. Making full use of the cultural elements, Puyang tactfully integrated the stories behind the titles into today's epidemic fighting, in the meantime, it strengthened the new pattern of top-level design, formulated "one core two belts four regions". Thereafter, it accelerated post-epidemic recovery, formulated five projects and actively push forward the work of protection, inheritance and promotion of the Yellow River culture.

Keywords: Puyang; The Yellow River Culture; Cultural and Tourism Industry

B.19 Study Report of Xinxiang City in Advancing Ecological Protection and Promotion for the Yellow River Culture

Research Group of Literature Institute of Henan Academy of Social Sciences / 286

Abstract: At the beginning of 2017, Xinxiang city started the construction of the Yellow River ecological belt and laid out its formulation in advance with the following titles as its orientation: landscape gardens on the banks of the Yellow River, ecological core of Zhengzhou metropolitan area, ecological link integrating Zhengzhou and Xinxiang, demonstration area for high-quality development, experimental area for rural revitalization, and model area for inheritance and innovation of the Yellow River culture. After ecological protection and high-quality development of the Yellow River basin became a national strategy, Xinxiang, on the basis of in-depth research, made a comprehensive deployment. It made the general principles of giving priority to ecological protection, regarding the safety of the Yellow River as important, paying attention to water conserving, taking high-quality development as core, and seeing inheritance and promotion of the Yellow River culture as soul. Nowadays, great achievements have been made in three aspects which are the ecological protection, culture and tourism industry and the inheritance and promotion for the Yellow River.

Keywords: Xinxiang City; Ecological Protection; Carrying Forward the Yellow River Culture

Back Cover Content

The year 2020 is the final year for China to complete the building of a moderately prosperous society in all respects and the 13th Five-Year Plan. It is also a crucial year for the 14th Five-Year Plan. At the beginning of this year, the sudden Covid −19 epidemic did not slow down the pace of Henan in cultural construction, instead, Henan firmly seized the major national strategy of establishing ecological protection and high-quality development of the Yellow River basin as an opportunity to make full use of advantage that Central Plains culture is the core and the main body of the Yellow River culture. Supported by the protection, inheritance and promotion of the Yellow River culture, Henan vigorously promoted the creative transformation and innovative development of Central Plains culture, advanced the integration of culture and tourism, drove the construction of a strong cultural province, and made Central Plains culture more and more prosperous.

（本书英文摘要和目录翻译者为河南农业大学外国语学院张莉教授，主要研究方向为英语翻译与文化传播）

皮书

智库报告的主要形式
同一主题智库报告的聚合

❖ 皮书定义 ❖

皮书是对中国与世界发展状况和热点问题进行年度监测，以专业的角度、专家的视野和实证研究方法，针对某一领域或区域现状与发展态势展开分析和预测，具备前沿性、原创性、实证性、连续性、时效性等特点的公开出版物，由一系列权威研究报告组成。

❖ 皮书作者 ❖

皮书系列报告作者以国内外一流研究机构、知名高校等重点智库的研究人员为主，多为相关领域一流专家学者，他们的观点代表了当下学界对中国与世界的现实和未来最高水平的解读与分析。截至 2021 年，皮书研创机构有近千家，报告作者累计超过 7 万人。

❖ 皮书荣誉 ❖

皮书系列已成为社会科学文献出版社的著名图书品牌和中国社会科学院的知名学术品牌。2016 年皮书系列正式列入“十三五”国家重点出版规划项目；2013~2021 年，重点皮书列入中国社会科学院承担的国家哲学社会科学创新工程项目。

S 基本子库
SUB DATABASE

中国社会发展数据库（下设 12 个子库）

整合国内外中国社会发展研究成果，汇聚独家统计数据、深度分析报告，涉及社会、人口、政治、教育、法律等 12 个领域，为了解中国社会发展动态、跟踪社会核心热点、分析社会发展趋势提供一站式资源搜索和数据服务。

中国经济发展数据库（下设 12 个子库）

围绕国内外中国经济发展主题研究报告、学术资讯、基础数据等资料构建，内容涵盖宏观经济、农业经济、工业经济、产业经济等 12 个重点经济领域，为实时掌控经济运行态势、把握经济发展规律、洞察经济形势、进行经济决策提供参考和依据。

中国行业发展数据库（下设 17 个子库）

以中国国民经济行业分类为依据，覆盖金融业、旅游、医疗卫生、交通运输、能源矿产等 100 多个行业，跟踪分析国民经济相关行业市场运行状况和政策导向，汇集行业发展前沿资讯，为投资、从业及各种经济决策提供理论基础和实践指导。

中国区域发展数据库（下设 6 个子库）

对中国特定区域内的经济、社会、文化等领域现状与发展情况进行深度分析和预测，研究层级至县及县以下行政区，涉及省份、区域经济体、城市、农村等不同维度，为地方经济社会宏观态势研究、发展经验研究、案例分析提供数据服务。

中国文化传媒数据库（下设 18 个子库）

汇聚文化传媒领域专家观点、热点资讯，梳理国内外中国文化发展相关学术研究成果、一手统计数据，涵盖文化产业、新闻传播、电影娱乐、文学艺术、群众文化等 18 个重点研究领域。为文化传媒研究提供相关数据、研究报告和综合分析服务。

世界经济与国际关系数据库（下设 6 个子库）

立足“皮书系列”世界经济、国际关系相关学术资源，整合世界经济、国际政治、世界文化与科技、全球性问题、国际组织与国际法、区域研究 6 大领域研究成果，为世界经济与国际关系研究提供全方位数据分析，为决策和形势研判提供参考。

法律声明